한국 제조기업의 환위험관리

권택호 지음

도서출판 두남

이 저서는 2013년 정부(교육부)의 재원으로 한국연구재단의 지원을 받아 수행된 연구임(NRF-2013S1A6A4A02014091)

This work was supported by the National Research Foundation of Korea Grant funded by the korean Government(NRF-2013S1A6A4A02014091)

머리말

소규모 개방경제의 특성을 갖는 한국의 기업들이 감당하여야 하는 환율변동의 영향 정도는 세계화의 진행과 함께 증가하고 있다. 그러나 1997년의 외환위기가 있기 전까지 한국 기업들은 환율변동이 기업에 미치는 영향의 체계적인 관리 방안에 대해 큰 관심을 갖지 않았다. 여기에는 정부의 안정적 환율운용 정책이 크게 작용하였으리라 판단된다. 이러한 현장에서의 인식은 자연스럽게 환위험에 대한 연구를 필요한 연구이기는 하지만 실질적으로는 별로 중요하지 않은, 연구를 위한 연구 정도로 생각하게 하였다.

그러나 외환위기와 글로벌금융위기는 기업이 환율변동에 대해 체계적으로 대응할 필요성이 있음을 확인시켜 주었다. 외환위기 당시 급증한 재무부실 기업은 환율변동의 문제가 단순한 손익의 문제가 아니라 기업의 생존과 관련한 문제가 될 수 있음을 확인시켜 주었다. 또한, 글로벌금융위기 당시 KIKO(knock-in knock-out)사태는 정치하지 못한 환노출관리가 더 큰 위험을 초래할 수 있다는 교훈을 남겼다.

저자는 이 저술에서 한국 기업을 대상으로 진행되었던 환위험 관련 연구들을 정리하였다. 또한, 환위험을 이해하는데 필요한 다양한 분야의 관련 지식들을 함께 모아 기술함으로서 환위험에 대해 관심이 있는 독자께서 환위험을 체계적으로 이해하는데 도움을 드리고자 하였다. 이를 위해 제1부에서는 기업의 환위험을 이해하는데 필요한 기본적인 내용을 기술하고, 제2부에서는 1980년대 이후 발표된 한국 기업을 대상으로 한 환위험 관련 연구들을 정리하였다. 이어지는 제3부에서는 실제 자료를 사용해 그동안 한국 기업의 환노출이 어떠한 특성을 가지며 변천되어 왔는지를 살펴보았다. 그리고 기업의 환위험관리 의사결정에 관한 저자의 소견을 정리하였다.

한국에서 기업의 환노출을 주제로 한 연구의 수행은 1980년대부터 시작되었다. 초기에 환노출을 연구한 학자들은 환노출의 개념을 소개하고 이의 체계화를 시도하였으며, 한국 기업의 환노출관리 실태를 파악하는 등 적지 않은 연구 성과를 발표하였다. 외환위기 이후부터는 기업의 환노출을 추정하고 이의 특성을 분석하는 연구가 시작되었고, 환노출관리를 주제로 하는 많은 연구 결과들이 발표되었다.

한국에서 기업 환노출 개념을 정리하고 체계화하는데 있어 민상기 교수(현 서울대학교 명예교수)와 조대우 교수(현 충남대학교 교수)는 큰 역할을 수행하였다. 저자는 대학원과 학부에서 두 분의 가르침을 받았다. 이 저술의 많은 부분이 두 분께서 축적해 놓은 학문적 성과와 직간접적으로 관련되어 있다. 저술과정에서 저자의 불찰로 두 분의 연구 성과임을 적절하게 표현하지 못한 경우도 있을 것으로 염려 된다. 이 저술이 두 분의 가르침으로부터 출발할 수 있었고, 두 분의 가르침이 완성을 향한 추진력이 되었음을 밝히는 것으로 누락되었을 수도 있는 인용표기를 대신하고자 한다. 또한, 저자의 미흡함으로 가르침을 정확하게 표현하지 못 한 부분이 있다면 이 자리를 빌어 사죄의 말씀을 드린다.

저자는 오래 전부터 기업의 환노출을 이해하는데 필요한 이론을 정리하고, 한국 기업을 대상으로 한 기존의 연구를 정리하는 작업에 관심을 갖고 있었다. 한국연구재단의 지원은 저자가 관심을 실천으로 옮기는데 결정적인 역할을 하였다. 저술의 필요성에 공감하고 지원과 격려를 보내 주신 분들께 감사의 인사를 전한다. 또한 출판을 맡아 주신 도서출판 두남 임직원 분들께도 감사한다. 저술이 완성될 수 있도록 자료 분석과 교정 과정에 도움을 준 조달청 김현숙 연구원과 저술의 내용에 대해 유익한 조언을 하여주신 김태중 교수께도 감사의 인사를 전한다.

저자는 한국 기업의 환위험에 관련된 내용을 한 권의 책으로 정리하고자 용기를 내어 저술을 시도하였다. 그러나 저자의 일천한 학문적 소양과 표현력으로 인해 저술 과정에서 한계를 실감하지 않을 수 없었다. 이 책이 갖고 있는 많은 미흡한 부분에 대해서 독자의 너그러운 이해를 부탁드린다.

2016년 1월

소나무가 들여다보고 있는 연구실에서 권택호 씀

차례

제1부

환위험의 이해

- 제1장 환율
- 제2장 기업가치
- 제3장 환위험

기업의 환위험은 예상하지 못한 환율변동으로 인한 기업가치의 변동정도이다. 기업에 환위험이 존재하기 위해서는 환율이 변동하는 경우 기업의 가치가 변동해야 한다. 환율이 변동할 때 기업의 가치가 변동하는 정도 즉, 환율변동과 기업가치의 변동 사이에 존재하는 민감도를 환노출이라고 정의한다. 그러나 환노출이 존재한다는 것이 곧 환위험이 존재한다는 것을 의미하지는 않는다. 환위험이 존재하기 위해서는 환율의 변동이 전제되어야 한다. 환율변동이 없다면 환위험은 존재하지 않는다.

개별 자산의 경우는 환율변동과 자산의 가치변동 간의 관계를 용이하게 파악할 수 있다. 그러나 여러 자산이 결합되어 있는 기업의 경우 환율변동에 따라 기업가치가 어떻게 변동하는지를 파악하는 것은 쉬운 일이 아니다. 기업을 구성하는 개별 자산은 환율변동에 대해 각기 다른 반응을 보이기 때문에 그러한 반응들을 종합해 환율변동과 기업가치 간의 관계를 나타내기 위해서는 기업의 가치와 환율변동 간의 관계를 나타내기 위한 적절한 가정과 방법이 필요하다.

일반적으로 기업의 환위험은 환율의 변동에 따라 기업가치가 변동하는 정도 즉, 환노출이 클수록 증가한다. 그러나 환노출이 크다는 것이 항상 환위험이 크다는 것을 의미하지는 않는다. 환노출이 있어도 환율이 변동하지 않거나 예상되는 환율의 변동이 극히 작다면 환위험은 존재하지 않거나 존재해도 미미한 수준일 것이기 때문이다. 그러나 환율변동을 외생변수로 간주한다면 환위험을 결정하는 관리 가능한 변수는 바로 환노출이 된다. 이러한 점에서 볼 때 환위험 연구에서 실질적인 의미를 갖는 연구 대상은 환노출이라고 할 수 있다.

환율의 변동과 기업가치의 변동 관계를 규명하기 위한 환노출 추정에서 환율변동은 환율변동 전체가 고려의 대상이 되는 것이 아니라 환율변동 중에 예측 가능하지 않은 부분이 고려 대상이 되어야 한다. 왜냐하면 예측 가능한 부분은 위험의 대상이 될 수 없기 때문이다. 즉, 환율변동 중에 예측 가능한 부분이 있다면 그 부분만큼은 위험의 요인을 구성한다고 할 수 없다. 따라서 환위험을 측정하기 위해서는 환율변동 중에 위험의 요인이 되고 있는 부분만을 고려할 필요가 있다. 이러한 관계는 환노출의 추정을 위해서는 일반적으로 관찰되는 명목환율을 사용하는 것이 적절하지 않을 수 있음을 시사하는 것이다.

제1부에서는 환위험을 이해하는데 필요한 개념들을 정리한다. 구체적으로 환율, 기업가치의 추정, 그리고 환율변동과 기업가치변동의 관계로부터 환노출 계수를 추정하는 방법을 설명한다. 이어서 엑셀을 사용하여 실제 기업의 환노출 계수를 추정하는 방법을 간단히 소개한다. 제1부의 마지막에서는 환위험을 관리하는데 있어서 강조되어야 할 내용에 대하여 기술한다.

제1장 환율

각국은 서로 상이한 통화를 사용하고 있기 때문에 국가 간의 거래를 위해서는 일국의 통화를 상대방 국가의 통화와 교환할 필요성이 발생한다. 이 때 일정 시점에서 어떤 한 나라의 통화와 다른 나라 통화간의 교환비율이 필요하게 되는데 이러한 교환비율을 환율이라고 한다.

환율은 한 나라 돈의 대외가치를 표시한다. 환율변동은 곧 통화의 대외가치의 변동을 의미한다. 따라서 복수의 통화로 경영활동을 하는 기업이 자국통화로 경영성과를 나타내고자 할 때 환율변동은 경영성과의 변동으로 이어진다. 환율이 기업의 경영성과에 미치는 영향을 이해하기 위해서는 환율과 환율변동에 대하여 이해할 필요가 있다.

1. 환율의 표시 방법과 종류

환율은 통화간의 교환비율이기 때문에 어떤 통화를 기준으로 하느냐에 따라 서로 다른 값을 갖는다. 예를 들어, A국 통화 2단위와 B국 통화 1단위가 교환된다고 할 때 A국 통화를 기준으로 한다면 교환비율 즉 환율은 0.5이지만 B국 통화를 기준으로 이야기하면 환율은 2가 되는 것과 같다. 따라서 환율은 표시방법에 따라 각기 다른 값으로 표기된다. 또한, 환율은 현 시점에서의 통화의 교환비율인 현물환율 이외에도 미래의 거래에 적용하는 선물환율이 있다.

1) 환율의 표시방법

(1) 자국통화 표시방법과 외국통화 표시방법

자국통화 표시방법은 직접표시법(direct quotation)이라고도 하며, 외국통화 1

단위를 구입하는데 필요한 자국통화의 단위를 표시하는 방법이다. 이 방법은 외국통화를 상품으로 보고 그 가치를 자국통화로 표시하는 것으로 이해할 수 있다. 예를 들어, ₩1,000/$와 같이 환율을 표기했다면 이는 1달러를 사는데 1,000원이 필요하다는 의미로 사과 1개에 1,000원이라고 말하는 것과 동일한 방법으로 환율을 말하는 것이다. 환율을 ₩1,000/$와 같이 표기했다면 이는 한국의 입장에서 볼 때 자국통화 표시방법이지만 미국의 입장에서 보면 외국통화 표시방법을 사용한 것이 된다. 현재 영국과 일부 국가들을 제외한 대부분의 국가들은 자국통화 표시방법을 사용한다.

외국통화 표시방법은 간접표시방법(indirect quotation)이라고도 하는데 자국통화를 상품으로 보고 자국통화 1단위를 구입하는데 필요한 외국통화의 단위를 환율로 표시하는 방법이다. 이 방법은 자국통화를 상품으로 보고 그 가치를 외국통화로 표시하는 방법이다. 예를 들어, $\frac{1}{1,000}$\$/₩와 같이 환율을 표시했다면 이는 원화 1단위를 구입하는데 1/1,000 달러가 필요하다는 것이고 이렇게 환율을 표기하는 것은 1원으로 사과를 1/1,000개 살수 있다고 표기하는 것과 동일한 방법이다. 이 방법은 영국과 과거 영연방 국가들을 중심으로 한 소수의 국가들이 사용하는 방법이다.

(2) 유럽식 표시방법과 미국식 표시방법

환율의 표시방법의 구체적인 내용은 자국통화 표시방법과 외국통화 표시방법이다. 미국의 입장에서 볼 때 외국통화 표시방법 즉, 미국 달러 1단위에 대한 외국통화의 가격을 표시하는 방법을 유럽식 표시방법(European terms) 이라고도 부른다. 또한, 미국의 입장에서 볼 때의 자국통화 표시방법 즉, 특정 외국통화 1단위에 대한 미국 달러 가격을 표시하는 방법은 미국식 표시방법(American terms)이라고도 한다.

(3) 환율의 일반적 표시방법

환율의 표시에 있어 혼동이 없기 위해서는 기준통화에 대한 상호 합의가 있어야 한다. 그렇지 않을 경우 앞의 예에서와 같이 환율을 한국에서는 1,000원이라고 표기하고 미국에서는 1/1,000달러라고 표기하는 결과가 나타날 수 있다. 환율의 표기에서 기준통화가 다를 경우 환율의 하락과 상승의 의미가 달리 해석되어 혼동이 있을 수 있다. 한국과 미국 통화간의 환율에서 한국에서의 환율상승은 원화의 가치하락을 의미하지만 미국에서의 환율상승은 원화의 가치상승을 의미한다. 이러한 혼동이 없기 위해서는 환율을 이야기 할 때마다 기준통화를 분명하게 명시해야 하는 번거로운 작업이 필요하다.

국제 외환시장에서는 미달러 1단위에 대한 외국통화의 가격을 나타내는 유럽식표시 방법을 사용하고 영국, 오스트레일리아, 뉴질랜드, 남아프리카공화국 등의 국가에서는 미국식 표시방법을 사용하는 것이 관례로 되어 있다.

환율의 표시방법과 관련해 유의해야 할 점은 국제외환시장에서 환율을 유럽식방법으로 표시를 하는 경우에도 실제 표현은 달러/유로와 같이 한다는 점이다. 예를 들어, 1 달러가 1.3600유로와 교환이 된다면 원칙적으로 환율은 유로/달러 = 1.3600과 같이 표시해야 한다. 그러나 외환시장에서는 달러/유로 = 1.3600과 같이 표기를 한다. 이러한 표기상의 차이는 실무에서의 관행이 실제 표기방법과 차이가 있어 나타난 결과로 이해할 수 있다.

환율변동과 관련해 통화가치의 하락과 상승이라는 개념을 사용하는 경우가 있다. 통화가치의 상승과 하락을 정확하게 이해하기 위해서는 두 통화 중에 어떤 통화가 기준통화인지를 명시해야 한다. 예를 들어, 원/달러 환율을 이야기 할 때 통화가치의 하락이라는 표현이 혼동 없이 사용되기 위해서는 원화의 가치하락 등과 같이 표기해야 한다. 이러한 명시적 표현이 없이 원/달러 환율을 이야기 하면서 통화가치의 하락 또는 상승이라는 표현을 사용했다면 전 후 문맥상의 흐름을 고려해 의미를 파악하여야 하는 어려움이 있을 수 있다.

환율을 이야기 할 때 통화가치의 (평가)절상 또는 (평가)절하라는 개념을 사용하는 경우도 있다. 가치의 절상 또는 절하는 과거 고정환율제도 하에서 일국의 통화가치가 하락하거나 상승하는 경우에 사용하던 표현이다. 고정환율제도 하에서는 모든 국가의 통화 간 교환비율이 고정되어 있었기 때문에 한 통화에 대한 가치하락은 동시에 모든 통화에 대해 가치가 하락하는 결과를 초래했다. 따라서 일국 통화가치의 평가절하 또는 평가절상이라는 표현이 적절한 표현이었다고 할 수 있다. 이 경우 가치하락을 이야기 하면서 특정통화를 지정할 필요는 없었다. 그러나 변동환율제도가 주된 통화제도로 자리잡은 현재의 상황에서 평가절상 또는 평가절하라는 표현은 적절한 표현이 될 수 없다. 왜냐하면 한 통화에 대해 가치가 하락한다는 것이 모든 통화에 대해 가치가 하락하는 것을 의미하는 것은 아니기 때문이다.

따라서 환율변동을 표현할 때 가치상승이나 가치하락 또는 평가절상이나 평가절하 등의 애매한 표현을 사용하는 것보다는 환율의 상승 또는 환율의 하락으로 환율변동을 기술하는 것이 혼동을 줄이는데 바람직하다고 할 수 있다. 예를 들어, 한국과 미국의 환율변동을 이야기 하면서 '환율이 상승하면'이라고 표현했다면 그것은 원/달러 환율의 상승을 의미하는 것이고, 원화가치의 하락을 의미하는 것으로 해석할 수 있기 때문에 특별히 가치하락의 대상이 되는 통화를 지정하는 수고를 하지 않아도 된다. 그러나 원화의 상대적 가치를 나타내기 위해 원화의 가치를 직접적으로 표시하는 방법으로 실질실효환율을 계산했다면 환율의 상승은 원화의 가치 상승을 의미하는 것으로 해석해야 한다.

2) 환율의 종류

(1) 현물환율

현물환율이란 현물환 시장에서 형성되는 환율로 현재의 시점에서 외환 거래를 할 때 적용하는 환율이다. 물론, 현재 현물환율로 외환을 매입한다고 해도 외환을 실제로 인도 받는 시점은 결제에 필요한 영업일(보통 2영업일) 이후가 된다. 그러나 거래에 적용하는 환율은 매입 또는 매도 시의 환율인데 이 환율이 현물환율이다. 현물환율은 은행이나 외환 전문가가 매입하겠다고 제시하는 환율인 매입률과, 은행이나 외환 전문가가 매도하겠다고 제시하는 환율인 매도율이 있다. 이 두 환율은 은행이나 외환 전문가의 입장에서 고시된 환율이므로 매입률은 '고객이 파실 때'로 매도율은 '고객이 사실 때'로 표시하기도 한다. 은행은 외환을 사고자 하는 고객에게는 외환을 매도하고, 외환을 팔고자 하는 고객으로부터는 외환을 매입해 주는 서비스를 한다. 은행은 고객에게 외환을 팔 때에는 높은 환율을 적용하며, 외환을 살 때에는 낮은 환율을 적용하는 방법으로 자신들이 제공하는 서비스의 대가를 받는데 이와 같은 서비스의 대가 즉, 매도환율과 매입환율의 차이를 스프레드(spread)라고 한다. 스프레드는 사실상 외환을 취급하는 금융기관이 수취하는 수수료와 같은 것이다.

다음의 <표 1-1>은 외환은행이 고시한 2012년 12월 31일의 환율 고시 내용의 일부이다. 환율 고시 표에서 현찰은 외국통화를 말하는데 이 경우에는 지폐만을 말하는 것이다. 외국통화 중에서 주화는 외환시장에서 환전거래를 하지 않는다. 송금(전신환)이란 외국으로 송금을 하는 경우에 적용하는 환율이다. 예를 들어, 권씨가 미국에서 공부를 하고 있는 아들에게 생활비를 송금하고자 하는 경우는 전신환율로 원화를 달러로 환전하여 송금(wire)을 하게 된다. 이렇게 송금을 하면 송금은행과 수신자가 거래하는 은행 모두에 수수료를 내는 것이 일반적이다. 전신환으로 송금을 하기 위해 달러화를 매입할 때 적용되는 환율은 1 달러에 1,081.50원이고, 송금받은 달러화를 원화로 환전하는데 적용되는 환율은 1 달러에 1,060.70원이다. T/C는 여행자수표(traveler's check)을 말하는데 우리가 외국으로 여행을 할 때 가지고 다닐 수 있는 수표이다. 과거에 여행자수표는 현금처럼 사용할 수 있고, 현금에 비해 유리한 환율을 적용받을 수 있으며, 분실 시 신속한 조치가 가능하다는 이유로 여행자들이 선호하는 경향이 있었다. 그러나 신용카드의 사용이 일반화되면서 여행자수표의 유용성은 크게 감소하였다고 할 수 있다.

〈표 1-1〉 환율 고시의 예

통화명	현찰 사실때	사실때 (스프레드율)	현찰 파실때	파실때 (스프레드율)	송금 보내실 때	송금 받으실 때	T/C 사실때	외화 수표 파실때	매매 기준율	환가 료율	미화 환산율
미국 USD	1,089.84	1.75	1,052.36	1.75	1,081.50	1,060.70	1,083.95	1,060.09	1,071.10	2.0597	1.0000
일본 JPY 100	1,269.33	1.75	1,225.67	1.75	1,259.72	1,235.28	1,259.97	1,234.63	1,247.50	2.1058	1.1647
유럽연합 EUR	1,444.44	1.99	1,388.08	1.99	1,430.42	1,402.10	1,437.50	1,401.29	1,416.26	2.0840	1.3222
영국 GBP	1,765.39	1.99	1,696.51	1.99	1,748.25	1,713.65	1,756.91	1,712.49	1,730.95	2.4700	1.6160
스위스 CHF	1,196.44	1.99	1,149.76	1.99	1,184.83	1,161.37	0.00	1,160.73	1,173.10	1.9670	1.0952
캐나다 CAD	1,097.46	1.99	1,054.64	1.99	1,086.81	1,065.29	1,092.19	1,064.39	1,076.05	3.0290	1.0046
호주 AUD	1,133.54	1.99	1,089.32	1.99	1,122.54	1,100.32	1,128.10	1,098.77	1,111.43	5.1170	1.0377
뉴질랜드 NZD	896.81	1.99	861.83	1.99	888.11	870.53	0.00	869.37	879.32	4.7950	0.8210
홍콩 HKD	140.92	1.99	135.44	1.99	139.56	136.80	0.00	136.72	138.18	2.4150	0.1290
스웨덴 SEK	168.66	2.50	160.44	2.50	166.19	162.91	0.00	162.78	164.55	3.0250	0.1536
덴마크 DKK	194.57	2.50	185.09	2.50	191.72	187.94	0.00	187.85	189.83	1.8150	0.1772
노르웨이 NOK	196.51	2.50	186.93	2.50	193.63	189.81	0.00	189.62	191.72	3.7450	0.1790
사우디 SAR	297.01	4.00	262.75	8.00	288.44	282.74	0.00	282.55	285.59	2.4750	0.2666

앞의 <표 1-1>에서 현찰사실 때 환율은 '매매기준율×(1+현찰사실 때 스프레드율)'로 계산한 것이며, 현찰파실 때 환율은 '매매기준율×(1-현찰파실 때 스프레드율)'로 계산한 것이다(고시에서 스프레드율은 %를 단위로 해서 표기한 것임). 고시은행은 US$를 매입할 때는 $1에 1,052.36원의 환율을 적용하고 매도할 때에는 $1에 1,089.84원의 환율을 적용한다는 고시이다. 따라서 환율이 낮을 때 달러화를 매입해서 환율이 높을 때 매도하는 차익거래가 이익을 실현하기 위해서는 기준율을 기준으로 판단해서는 안되며 매입률과 매도율을 적용한 차익을 계산해야 한다. 은행이 제시하는 스프레드는 거래자의 입장에서는 거래비용이다.

'송금 보내실 때' 환율은 해외로 외화를 송금을 할 때 적용하는 환율이다. 미국 달러를 송금하고자 할 때 적용되는 환율은 $1에 1,081.50원이다. 송금을 받는 경우 받을 수 있는 금액은 $1에 1,060.70원이다. 송금 시에 적용되는 스프레드는 현찰 거래에서 적용되는 스프레드보다 낮다.

환가료율은 외국환은행이 대고객 외국환거래에 따르는 자금부담을 보상받기 위해 징수하는 여신금리적 성격의 수수료이다. 수출업자가 수출품을 선적하고 필요한 서류를 갖추어 화환어음을 발행하는 경우 은행은 이를 매입하고 즉시 어음금액을 지급하게 된다. 그러나 은행이 화환어음을 수입업자로부터 추심하기 위해서는 일정한 시간이 필요하기 때문에 은행은 추심기간 동안 사실상 수출업자에게 외화로 신용을 공여한 결과가 된다. 이러한 신용공여에 대해 은행이 수출업자에게 징수하는 비용이 환가료이고 그 크기를 나타낸 것이 환가료율이다.

마지막 열에 있는 미화 환산율은 첫째 열의 통화에 대한 미국 달러화의 가격을 표시한 것이다. 예를 들어 EUR1은 $1.3222이다. 이 가격을 유럽식 환율표시방법으로 표기하면 EUR0.7563/$이다. 표에 나타난 값은 ₩/EUR과 ₩/$의 관계로부터 $/EUR을 계산한 것과 동일한 결과이다[$/EUR = ₩/EUR÷₩/$]. 국제금융시장에서는 각국의 통화와 미국 달러화와의 환율이 결정되면 다른 통화 간의 환율은 교차환율(cross exchange rate)을 계산하는 방법으로 결정된다. 따라서 이 표에 나와 있는 미화환산율은 ₩/US$, ₩/EUR의 관계에 의해 계산된 것이 아니라 미국과 EU의 관계에 의해 결정된 EUR/$ 환율을 역수로 표기하여 EUR의 달러 가치로 나타낸 것이다. 환율결정의 논리를 적용한다면 ₩/EUR의 환율은 한국과 EU의 관계에 의해 결정되어야 하지만 실제 외환시장에서 ₩/EUR는 ₩/$와 EUR/$의 관계에 의해 결정된다(₩/EUR=₩/$÷EUR/$).

(2) 선물환율

외환거래에서 거래 당시의 현물환율로 거래를 하는 경우와는 달리 미래 일정한 시점에 일정한 환율로 거래를 할 것을 약정하는 거래가 있다. 이러한 거래를 선물환거래(currency forward transaction)라고 한다. 물론, 미래의 거래에 적용하는 환율은 계약을 체결하는 시점에서 결정된 환율이다.

선물환율이 현물환율에 비해 어느 정도 차이가 있는가를 나타내는 개념이 선물환마진이다. 선물환마진은 거래비용에 차이가 없다면 두 통화간의 이자율에 차이와 같아야 하기 때문에 선물환마진과 이자율의 차이 간에는 이자율평가정리(interest rate parity theorem)가 성립한다. 국제금융시장에서 이자율평가정리가 성립하지 않으면 차익거래가 발생하기 때문에 선물환마진과 이자율 차이의 관계는 거래비용의 범위 안에서 항상 성립하는 것으로 볼 수 있다. 이자율평가정리에 관해서는 다음에 기술한다.

통화를 대상으로 미래에 일정한 조건으로 거래하기로 약정하는 계약에는 통화선물계약(currency futures contract)이 있다. 선물환과 통화선물은 미래에 정한 조건으로 통화를 교환한다는 점에서는 동일하지만 통화선물은 선물환에 비해 계약단위의 금액과 거래일자 등이 표준화되어 있으며 계약에 대해 일일정산(marking to market)이 이루어진다는 특성이 있다. 현재 한국거래소에서는 미국 달러화, 일본 엔화와 유로화에 대한 통화선물이 상장되어 거래되고 있다. 선물환거래와 통화선물거래가 거래목적이 유사하기는 하지만 실제 거래에서는 선물환거래의 거래비중이 통화선물거래에 비해 월등하게 높다.

선물환율은 기업이 환위험과 관련해 경영의사결정을 수행하는데 참고할 수 있는 중요한 정보이다. 예를 들어, 3개월 후에 결제금액이 US$100만인 수출기회가 있고 수출계약의 체결을 고려하고 있다면 3개월 후에 환율이 중요한 변수가 될 것이다. 3개월 후에 환율이 ₩1,000/US$ 된다면 결제금액은 10억원이 될 것이고, ₩1,200/US$이 된다면 결제금액은 12억원이, ₩800/US$이 된다면 결제금액은 8억원이 될 것이다. 이 때 수출업자의 입장에서 3개월 후의 원화표시 결제금액이 얼마가 될 것인가를 예상하기 위해 참고할 수 있는 정보는 3개월 만기 선물환율 자료가 될 것이다. 즉, 수출업자가 수출계약의 체결에서 기준으로 해야 하는 환율은 당시의 현물환율이 아니라 계약의 결제가 이루어지는 시점을 만기로 하는 선물환율이 되어야 한다.

기업의 환노출을 분석하는 연구에서 통화의 선택은 중요하다. 왜냐하면 기업이 수행하는 국제경영 활동은 통화지역별로 차이가 있을 것이기 때문에 기업의 환노출을 적절하게 추정하려면 기업의 국제경영 활동이 이루어지는 지역의 통화를 중심으로 환노출을 추정해야 환노출을 정확하게 이해할 수 있기 때문이다. 그러나 현실적으로 개별 기업의 환노출 통화를 정확하게 파악해 이 통화에 대한 환노출을 추정하는 것은 쉽지 않은 작업이다. 그래서 기존의 연구들은 주로 미국 달러화와 분석 대상국가의 환율을 중심으로 환노출을 추정하여 분석 결과를 보고하고 있다. 이러한 분석 결과가 기업의 환노출 상황을 정확하게 나타내고 있다고 할 수 없을 수도 있지만 미국 달러화가 실물 및 금융거래의 기축통화 역할을 하고 있다는 점을 고려하면 어느 정도 받아들일 수 있는 대안이라고 할 수 있다.

2. 환율제도

환율은 국민의 경제생활과 관련된 중요한 거시경제변수이다. 국가의 입장에서 환율은 중요한 정책 수단의 의미를 가질 수 있다. 그러나 세계자본시장이 밀접하게 연결되어 있는 요즘과 같은 상황에서 일국이 독자적으로 환율을 결정할 수 있는 가능성은 거의 없다고 할 수 있다. 환율을 결정할 수 있다고 해도 환율과 관련된 경제변수 예를 들어, 이자율이나 물가와 같은 변수들이 서로 복잡한 관계로 이어져 있어 어느 수준이 적정한 환율인지를 파악하는 것도 쉽지 않다.

국가가 환율을 운용하는데 있어 중요한 것은 환율의 결정 과정이 예측 가능해야 한다는 것이다. 환율이 결정되는 방법이 적정하게 정해져 있지 않으면 경제주체들은 큰 혼란을 겪게 될 것이고 국가에 대한 신뢰도 크게 훼손 될 것이다. 각국은 이러한 상황을 반영해 환율제도를 수립해 시행하고 있다. 환율이 국가 간의 관계에서 정의되는 특성이 있기 때문에 환율제도 역시 국제적인 관계에서 정의되어야 한다. 각국의 환율제도는 국제경제질서의 중요한 부분을 구성하고 있다.

1) 각국의 환율제도

화폐가 거래에 사용되기 이전에는 가치 있는 물건을 교환의 매체로 사용하였는데 대표적인 것이 금과 은이었다. 금을 화폐로 사용한 기록은 이집트 파라오시대까지 확인되고 있다. 그러나 금이 정식으로 화폐로 사용되기 시작한 것은 1816년 영국이 금본위제도를 법으로 정한(Coniage Act of 1816) 이후부터이다. 이어서 독일, 네덜란드, 프랑스, 미국 등이 금을 통화로 사용하기 시작하여 금본위제도라는 국제통화제도가 성립되게 되었다.

1차 세계대전 전까지 각국은 금본위제도를 유지하고 있었다. 그러나 1차 세계대전을 수행하는 과정에서 각국의 금보유량은 급격히 감소하여 더 이상 금본위제를 유지할 수 없게 되었다. 결국 각국은 관리변동환율제도로 이행하게 되었다. 이후 환율변동의 영향을 감소시키기 위해 자국의 통화를 달러화나 파운드화에 고정시키는 달러블록, 파운드블록 같은 통화블록을 형성하기도 하였다. 그러나 국제적으로 합의된 환율제도의 부재는 이후 세계공황과 맞물려 경쟁적으로 통화가치를 평가절하하는 근린궁핍화정책으로 이어지게 되었다. 당시 각국은 자국의 수출증대를 위해 자국의 통화가치를 하락시키는 정책을 사용하였는데 자국통화가치의 하락은 결과적으로 자국의 실업을 다른 나라로 수출하는 효과가 있어 각국은 자국의 통화가치를 경쟁적으로 하락시키게 되었다. 이와 같은 상황으로 인해 국제경제질서는 무너지게 되었다.

2차 세계대전이 끝나갈 무렵인 1947년 44개국 연합국 대표들은 미국 뉴햄프셔주 브레튼우즈에서 모여 전후의 새로운 국제경제질서에 대해 논의하게 되었다. 이들은 브레튼우즈협정을 체결하게 되었는데 협정의 내용은 금환본위제도, 고정환율제도, 국제통화기금(International Monetary Fund; IMF) 창설 등으로 요약할 수 있다. 금환본위제도는 일국의 통화가치를 금본위제도를 채택하고 있는 나라의 통화가치에 고정시키는 것을 말하는데 당시에 금태환성을 유지하고 있는 통화는 미국 달러화밖에 없었으므로 실질적으로는 달러본위제도를 의미하는 것이었다. 고정환율제도는 회원국 통화 간의 환율변동을 상하 1%로 제한하고 그 이상의 변동에 대해서는 국제통화기금의 승인을 얻도록 하는 것을 주요 내용으로 하고 있다. IMF는 회원국의 단기적 통화문제를 상호 보전하는 것을 목적으로 하는 기금이다.

고정환율제도를 축으로 하는 브레튼우즈체제는 1960년대까지 유지되었다. 그러나 브레튼우즈체제는 달러화에 세계경제 발전에 필요한 유동성 제공과 함께 금태환성 확보라는 서로 상충되는 두 가지 역할을 함께 요구하는 모순을 갖고 있었다. 전후의 경제성장을 위해서는 미국의 달러화가 충분히 공급되어 유동성 부족의 문제를 해결해야 했다. 미국은 이 문제를 원조의 증가와 미국의 국제수지 적자라는 방법으로 대처하였다. 결과적으로 미국의 달러화는 세계로 퍼져나가게 되었고 급기야는 미국 이외의 국가에 있는 달러화의 규모가 미국이 보유한 금의 보유량을 초과하게 되어 달러화의 금태환성은 위협을 받기 시작하였다.

미국의 닉슨 대통령은 1971년 8월 15일 미국 달러화의 금태환중지를 선언하게 되었고 이후 달러화의 금태환성을 근거로 유지되었던 고정환율제도는 의미를 상실하게 되었다. 이후 스미소니언협정(Smithsonian Agreements) 등을 통해 완화된 형태의 고정환율제도의 유지를 모색하기도 하였지만 실패하였다. 1973년부터 주요 국가의 환율제도는 변동환율제도로 이행하였고 1976년 1월 자메이카협정에서 변동환율제도의 사용을 추인함으로서 세계의 환율제도는 변동환율제도라는 질서를 형성하게 되었다.

이후 각국은 자국의 상황에 맞는 환율제도를 채택하게 되었다. 주요 국가들은 변동환율제도를 채택하였으나 자국의 통화가치가 시장에서의 수요와 공급에 의해 변동하는 환율제도를 실시할 수 없는 국가는 자국의 통화가치를 특정 국가의 통화가치에 고정시키는 이른바 연계통화제도(pegged exchange rate system)를 선택하였다. 일국의 통화가치를 경제적으로 밀접한 관계가 있는 특정국가의 통화에 고정시키는 경우 일국과 특정통화 간의 환율은 고정된다. 그러나 특정국가와 제 3국과의 환율이 변동하게 되면 일국과 제 3국과의 환율 역시 변동하게 되어 일국의 환율은 특정국의 통화와의 환율을 제외하고 다른 국가들과의 환율은 변동하게 된다. 예를 들어, 일국이 달러화에 대한 연계통화제도를 채택하여 자국의 통화가치를 미국 달러화에 연계시켜 달러화와의 환율이 고정되었다 해도 다른 국가들과 경제관계를 유지하고 있으면 환율변동에 의한 환위험은 피할 수 없다.

〈표 1-2〉 각국의 환율제도

환율제도	해당국가
No separate legal tender(13)	에쿠아도르, 엘살바도르, 마샬군도, 미크로네시아, 팔라우, 파나마, 동티모르, 짐바브웨, 코소보, 몬테네그로, 산마리노, 키리바시, 투발루
Currency board(12)	안티구아바부다, 도미니카, 그라나다, 키츠네비스, 세인트루시아, 세인트빈센트그레나딘, 지부티, 홍콩, 보스니아헤르체고비나, 불가리아, 리투아니아, 브루나이
Conventional peg(44)	아루바, 바하마, 바레인, 바베이도스, 벨리즈, 큐라소세인트마틴, 에리트리아, 요르단, 오만, 카타르, 사우디아라비아, 투르크메니스탄, 아랍에미리트, 베네수엘라, 카보베르데, 코모로스, 덴마크, 라트비아, 상투메프린시페, 베닌, 부르키나파소, 코트디부아르, 기니비소, 말리, 니제르, 세네갈, 토고, 카메룬, 중앙아프리카, 차드, 콩고, 적도기니, 가봉, 피지, 쿠웨이트, 리비아, 모로코, 사모아, 부탄, 레소토, 남비아, 네팔, 스와질랜드, 솔로몬제도
Stabilized arrangement(24)	캄보디아, 가이아나, 온두라스, 이라크, 레바논, 몰디브, 수리남, 트리니다드토바고, 마케도니아, 베트남, 벨라루스, 이란, 시리아, 튀니지, 콩고, 타지키스탄, 우크라이나, 예멘, 조지아, 앙골라, 아제르바이잔, 코스타리카, 라오스, 볼리비아
Crawling peg(2)	니카라과, 우즈베키스탄
Crawl-like arrangement(15)	에티오피아, 온두라스 자메이카, 카자흐스탄, 크로아티아, 싱가포르, 아르헨티나, 중국, 르완다, 우즈베키스탄, 도미니카, 인도네시아, 이집트, 아이티, 튀니지
Pegged exchange rate within horizontal bands(1)	통가
Other managed arrangement(19)	라이베리아, 알제리, 이란, 시리아, 바누아투, 방글라데시, 부룬디, 기니, 키르키즈공화국, 말라위, 나이지리아, 파라과이, 벨라루스, 말레이시아, 마우리타니아, 미얀마, 러시아, 수단, 스위스
Floating(35)	아프가니스탄, 감비아, 케냐, 마다가스카르, 모잠비크, 파푸아뉴기니, 세이셸, 시에라리온, 스리랑카, 탄자니아, 우간다, 잠비아, 알바니아, 아르메니아, 브라질, 콜롬비아, 가나, 과테말라, 헝가리, 아이스랜드, 한국, 멕시코, 몰디브, 뉴질랜드, 페루, 필리핀, 루마니아, 세르비아, 남아프리카공화국, 태국, 우루과이, 인도, 마우리타니아, 몽고, 파키스탄
Free floating(30)	호주, 캐나다, 칠레, 체코, 이스라엘, 일본, 멕시코, 노르웨이, 폴란드, 스웨덴, 영국, 소말리아, 미국, EMU(오스트리아, 벨기에, 키프러스, 에스토니아, 핀란드, 프랑스, 독일, 그리스, 아일랜드, 이탈리아, 룩셈부르크, 몰타, 네덜란드, 포르투갈, 슬로바키아, 슬로베니아, 스페인)

자료: International Monetary Fund(2013), Annual Report on Exchange Arrangements and Exchange Restrictions, pp.5-6의 내용을 정리한 것임.

<표 1-2>는 IMF에서 정리한 2013년 3월말 현재 세계 각국의 환율제도이다. No separate legal tender 국가 중에 에쿠아도르, 엘살바도르, 마샬군도, 미크로네시아, 팔라우, 파나마, 동티모르, 짐바브웨는 달러화를 사용하고 있으며, 코소보,

몬테네그로, 산마리노는 유로화를 통화로 사용하고 있다. Conventional peg 제도를 채택하고 있는 국가 중에 아루바, 바하마, 바레인, 바베이도스, 벨리즈, 큐라소세인트마틴, 에리트리아, 요르단, 오만, 카타르, 사우디아라비아, 투르크메니스탄, 아랍에미리트, 베네수엘라는 달러연계제도를 운용하고 있으며, 카보베르데, 코모로스, 덴마크, 라트비아, 상투메프린시페, 베닌, 부르키나파소, 코트디부아르, 기니비소, 말리, 니제르, 세네갈, 토고, 카메룬, 중앙아프리카, 차드, 콩고, 적도기니, 가봉은 유로화에 연계된 환율제도를 운용하고 있다. Stabilized arrangement제도를 운영하는 국가 중 캄보디아, 가이아나, 온두라스, 이라크, 레바논, 몰디브, 수리남, 트리니다드토바고는 달러를 중심으로 환율을 운용하고 있으며, 마케도니아와 베트남은 유로화를 중심으로 환율을 운용하고 있다. Crawl-like arrangement 국가 중에 에티오피아, 온두라스 자메이카, 카자흐스탄은 달러를 중심으로 운용하고 있으며, 크로아티아, 싱가포르는 유로화를 중심으로 환율을 운용하고 있다. 자유변동환율제도를 채택하고 있는 EMU 17개 국가는 실질적인 통화의 통합이 이루어져 Euro(€)화를 사용하고 있다. 유로화는 유럽연합의 형성과 함께 2002년 1월 1일부터 유로화를 채택한 국가들의 법정통화로 통용되기 시작하였다. 이후 유로화의 사용 국가들과의 교역에서 유로화가 결제통화로 사용되는 비중이 증가하여 달러화에 대한 환위험을 분산시키는 효과가 나타날 수 있게 되었다. 유로화의 등장이 기업의 환위험에 어떤 영향을 미쳤는가는 환위험 분석에서 중요한 연구주제 중에 하나라고 할 수 있다.

현재 세계의 주요 국가가 채택하고 있는 환율제도는 변동환율제도이다. 주요 국가들이 변동환율제도를 실시하고는 있지만 외환시장의 불안에 대처하기 위한 목적이나 국가 정책의 목적을 달성하기 위한 수단으로 환율에 개입을 하는 경우가 많아 진정한 의미에서의 자유변동환율제도를 실시하는 국가는 없다고 할 수 있다.

변동환율제도를 실시하지 않는 국가들은 자국의 환율을 특정 국가의 통화를 기준으로 결정하는 제도를 가지고 있다. 현재의 환율제도 하에서는 일국이 다른 모든 국가 통화와의 환율을 고정시킬 수 있는 방법은 없다. 예를 들어, 한국이 원/달러 환율을 고정시킨다 해도 달러화와 다른 국가 간의 환율이 변동하기 때문에 원화와 다른 통화와의 환율은 변동할 수밖에 없는 구조이기 때문이다. 따라서 경제관계가 밀접한 국가와의 환율을 고정시키고, 다른 제3국 통화와의 환율은 환율이 고정된 국가의 제3국 통화와의 환율변동에 따라 변동하게 하는 환율제도를 취할 수밖에 없다. 이처럼 특정국 통화와의 환율을 고정시켜 놓은 제도를 연계통화제도(pegged exchange rate system)라 한다.

다른 국가의 환율결정에 기준이 되는 통화(exchange rate anchor)로 사용되는 통화는 미국 달러화와 유로화가 대부분이다. IMF가 환율제도를 분류한 결과에 따르면(2013년 3월 현재) 44개 국가가 달러화를 직접 또는 간접적으로 환율결정의 기준으로 사용하고 있으며, 27개 국가는 유로화를 기준으로 사용하고 있다. 달러화를 환율결정에 기준으로 사용하는 국가가 많다는 것은 달러화가 갖는 영향력이 크다는 것을 나타내는 것으로 이해할 수 있다. 따라서 기업 환위험의 상당부분이 이들 두 통화에 대한 환위험으로 구성되고 있다고 할 수 있을 것이다. 한국의 경우는 이들 두 통화와 함께 경제구조의 특성상 일본 엔화에 대한 환위험이 상당부분 존재할 것으로 추론할 수 있다. 한국 기업을 대상으로 수행했던 실증분석 결과들은 달러화와 함께 엔화에 대한 환노출이 상당부분 존재하고 있음을 보고하고 있다.

2) 한국의 환율제도

한국은 해방 후 1964년 5월 2일까지 고정환율제도를 채택하고 있었는데 원화와 미국 달러화와의 공정환율은 15원이었다. 이후 1964년 5월 3일부터 형식적으로는 단일변동환율제도를 채택하였으나 실제로는 미국달러연계제를 채택하는 결과가 되었다. 그러나 이 기간에 수차례에 걸쳐 환율조정(평가절하)을 단행함으로써 실질적으로는 관리유동환율제도를 채택했던 기간으로 볼 수 있다.

1973년 이후 세계 각국이 변동환율제도를 채택하고 있었기 때문에 어느 국가도 고정환율제도를 유지할 수 없게 되었다. 한국은 1974년 11월 달러연계제도를 채택하였다. 이후 원화와 미국 달러화와의 환율은 고정이 되었으나 다른 제3의 통화와의 환율은 달러화와 제 3의 통화와의 환율변동을 반영하여 변동하게 되었다. 1978년 미국 달러와 일본 엔화 간의 환율하락(엔화의 가치상승)은 자연히 원화와 엔화 간의 환율을 상승시켜(원화의 가치하락) 일본으로부터의 수입거래가 많았던 우리나라 기업이 원가상승을 경험하는 결과를 초래하기도 하였다.

미국 달러화에 대한 환율을 고정시킴으로서 원화의 가치가 전적으로 달러화의 가치에 의존하게 되는 문제를 완화하기 위해 한국은 1980년 2월부터 복합통화연계제도를 채택하였다. 이 제도하에서 기준환율은 다음과 같은 방식으로 계산하였다.

$$기준환율결정 = \alpha \cdot SDR바스켓환율 + \beta \cdot 독자바스켓환율 + \gamma$$
$$\gamma : 실세반영치(정책변수)$$
$$\alpha + \beta = 1$$

달러연계제도 하에서는 달러화와 다른 통화와의 환율변동이 그대로 원화와 다른 통화와의 환율에 반영되도록 되어있었기 때문에 원화와 다른 통화와의 환율은 두 국가 간의 경제적 상황을 제대로 반영하지 못한 채 크게 변동하는 문제가 있었다. 복합통화연계제는 다수의 통화를 연계대상통화로 함으로써 이러한 문제를 완화시킬 수 있는 장점이 있었다.

예를 들어, 달러화가 일본 엔에 대하여 10% 가치가 하락하였다면 달러연계제에서는 원화가 엔화에 대하여 10% 가치가 하락하는 결과가 되나, 복합통화연계제 하에서는 엔화에 대한 가치하락이 10% 미만이 되는 결과가 된다. 즉, 달러화의 가치변동보다 작은 폭으로 다른 통화들과의 환율이 변동하게 된다.

복합통화연계제도가 달러화에 대한 의존을 완화시키고 다른 통화에 대한 반영의 폭을 증가시킬 수 있었다는 이점이 있었으나 몇 가지 문제점을 갖고 있었다. 무엇보다도 정책변수를 도입하여 환율을 완만하게 운용함으로서 시장에서 환율변동을 전제로 한 투기적 압력이 발생하는 결과를 초래하였다. 또한 정부의 명시적인 환율운용은 외국 정부로 하여금 한국의 경상수지 흑자가 적정하지 않은 환율 때문이라고 주장하게 하는 근거가 되기도 하였다. 실제로 한국은 1986년부터 시작해서 1980년대 후반까지 큰 규모의 무역수지 흑자를 기록하였는데 이러한 상황은 환율제도와 관련된 통상압력을 증가시키는 계기가 되었다.

이러한 당시의 문제점은 변동환율제도를 시행하고 있는 현재의 상황에서 우리에게는 의미가 없는 정보일 수 있다. 그러나 기업들이 활동하는 세계 시장에는 아직도 연계제도를 실시하고 있는 국가가 다수 있다는 점을 고려할 때 연계제도에 문제점과 그 문제점의 해결 방안을 이해하는 것은 국제경영 활동을 수행하는 기업에게 중요한 의미를 갖는다고 할 수 있다.

환율제도의 운용과 관련해 통상압력을 받아오던 한국은 1990년 3월부터 시장평균환율제도를 도입하여 환율제도를 운용하게 되었다. 시장평균환율제도에서는 기준환율을 전일의 외환거래결과를 기준으로 결정한다. 시장평균환율제도는 은행 간 거래환율을 거래량으로 가중평균하여 다음날의 기준환율을 결정하는 제도로 환율이 외환시장의 수급에 의한 시장메커니즘에 따라 결정되는 것을 원칙으로 하는 제도이다. 당시 은행의 환율결정 기준율은 '금융결제원 자금중개실'에서 고시하는 '기준율'이었다.

예를 들어, 갑은행과 을은행 간에 ₩690/$에 100만$를 거래하였고, 병은행과 정은행간에 ₩693/$에 50만$를 거래하였다면(시장에 두 은행간의 거래만이 있었다고 하면) 다음날 적용되는 시장평균환율은 $₩690/\$ \times \frac{2}{3} + ₩693/\$ \times \frac{1}{3} = ₩691/\$$ 과 같이 계산된다. ₩691/$는 다음날 시장의 기준율이 된다.

이 제도는 관리환율제도와 자유변동환율제도의 중간형태로 볼 수 있다. 이와 유사한 제도로 대만정부가 실시한(1982.9 ~ 1989.3) 중심환율제도를 들 수 있는데 이는 중앙은행이 환율결정에 개입하는 방법상의 약간의 차이(중앙은행과 대리은행 사이의 매매거래를 통해 외화보유고를 변동시키지 않고 환율결정에 개입하는 방법이 있었음)를 제외하면 한국이 실시한 시장평균환율제도와 유사한 제도로 볼 수 있다.

시장평균환율제도의 시행 후 원화와 미국 달러화와의 환율 변동성이 증가하였다. 이러한 환경의 변화에 대해서 기업들이 환위험관리에 보다 많은 관심을 가져야 한다는 주장들이 제기되기도 하였다. 그러나 변동성의 증가는 환위험을 걱정해야 할 정도의 규모는 아니었다고 할 수 있으며 정부 당국이 정책적으로 목표환율을 수립하여 환율을 운용하고 있다는 정황들이 확인되고 있었기 때문에 기업으로 하여금 과거에 비해 환위험에 대해 보다 많은 관심을 가져야할 필요성을 느끼게 하지는 않았을 것으로 판단된다.

1997년의 외환위기에 대처하는 과정에서 한국은 변동환율제도를 도입하게 되었고 현재까지 유지하고 있다. 변동환율제도의 도입으로 환율의 변동성이 크게 증가하였다. 금융시장의 개방과 외국인 투자의 증가는 한국경제를 세계경제와 밀접하게 연결시켜 그 연결고리가 되고 있는 환율의 변동성을 크게 확대시키고 있다. 2008년에 미국에서의 서브프라임모기지 사태로 출발한 글로벌금융위기는 한국경제가 환율이라는 연결고리를 통해 세계경제와 긴밀하게 연결되어 있음을 잘 보여주었다.

글로벌금융위기 직전까지 원화와 달러화간의 환율은 하락 일변도로 진행이 되고 있었고(원화의 가치상승) 어떠한 예측기관도 원/달러 환율의 상승(원화의 가치하락)을 예측하지는 않았었다. 기업들은 이러한 환율변동 추세를 고려하여 환율이 하락하는 경우 발생할 수 있는 손실의 보전에 초점을 둔(그 대가는 환율이 상승하는 경우 보다 큰 규모의 손실을 입게 되는 구조였음) KIKO(knock-in knock-out) 계약을 사용하여 수출로부터의 외환노출포지션을 헤지하는 환위험

관리 전략을 구사하고 있었다. 글로벌금융위기로 인한 환율의 급상승은 KIKO 계약을 체결한 기업들에게 막대한 손실을 입게 했으며 결과적으로 파산에 이르는 기업들도 다수 나타나게 되었다. 글로벌금융위기와 한국의 KIKO 사태는 환위험관리를 위해서는 환위험관리의 기본 개념에 대한 이해가 매우 중요한 것임을 보여준 사례라고 할 수 있다.

3. 환율예측

1) 시장효율성과 환율예측

환위험에 대처하는 이상적인 방법은 환율을 정확하게 예측하고 이에 입각해 관리 전략을 구사하는 것이다. 환위험관리자가 환율을 필요한 만큼 정확하게 예측할 수 있다면 환위험관리 문제는 상당히 단순화시켜 해결할 수 있는 문제가 될 수 있다. 그러나 환율을 예측하는 문제는 환위험관리 방법을 찾는 것보다는 훨씬 어려운 문제이다. 만일 금융시장이 효율적이라면 환율을 예측한다는 것은 불가능할 것이기 때문에 환율예측 결과를 통해 환위험관리의 문제를 단순화시킬 수 있는 가능성은 없다고 할 수 있다. 이하에서는 투자론에서 논의된 시장의 효율성 관점에서 환율예측의 가능성을 살펴보고 환위험관리에서 갖는 의미를 기술한다.

시장의 효율성은 자본시장을 중심으로 정립된 개념으로 배분의 효율성, 운영의 효율성, 정보의 효율성 등의 측면에서 논의되어 왔다. 배분의 효율성(efficiency of allocation)이란 증권이 수요자와 공급자 사이에서 적정한 가격으로 원활하게 거래가 이루어지는 것을 의미하며, 운영의 효율성(efficiency of operation)은 증권의 거래에 있어 거래비용이나 규제 등 거래를 제약하는 요인들이 적어 시장에서 증권거래가 순조롭게 이루어지는 것을 의미한다. 정보의 효율성(efficiency of information)은 시장에 어떠한 정보가 들어 왔을 때 그 정보가 증권가격에 신속하고 정확하게 반영됨을 의미한다. 현대 투자론에서 관심이 있는 시장의 효율성은 정보의 효율성이다. 환율의 예측과 관련해서 논의 대상이 되는 시장의 효율성도 이 정보의 효율성이다. 이하에서는 증권시장을 중심으로 정립되어 있는 시장의 효율성 개념을 살펴보고, 시장의 효율성과 환율예측과의 관계를 살펴본다.

시장의 효율성은 주로 증권시장을 중심으로 많은 논의가 있었다. 파마(Fama, 1970)는 시장의 효율성을 세 가지 유형으로 구분하여 제시하였는데 이하에서는 파마가 제시한 세 가지 유형의 효율적시장가설(efficient market hypothesis; EMH)을 살펴본다. 외환시장도 증권시장과 같이 투기적시장(speculative markets)의 특성을 갖는 시장이기 때문에 파마의 효율적시장 개념은 외환시장으로 확대 적용할 수 있을 것이다.

(1) 약형 효율적시장가설

약형 효율적시장(weak-form efficient market)이란 과거의 정보가 주가에 반영되어 있는 시장이다. 과거 주가의 움직임 속에 포함되어 있는 정보가 이미 주가에 반영되어 있기 때문에 단순히 주가의 과거 움직임을 관찰하여 주가를 예측할 수는 없는 시장이 약형 효율적시장이다.

외환시장이 약형 효율적시장이라면 과거의 환율변동으로부터 일정한 패턴을 찾아 환율변동을 예측하는 기술적 분석이나, 이미 공표된 관련 정보들을 분석해 미래의 환율을 예측하려는 노력은 의미가 없다. 예를 들어, 이미 공표되어 시장에서 알고 있는 국제수지 상황이나 물가상승률, 이자율 등의 관련변수를 분석하여 미래 환율변동의 새로운 가능성을 찾아내는 작업은 의미없다. 왜냐하면 약형 효율적시장에서는 시장에서 이미 이러한 노력이 수행되었고 그 결과가 이미 환율에 반영되어 있기 때문이다. 만일 과거의 자료를 사용한 분석이 환율변동 예측을 가능하게 했다면 외환시장은 약형 효율적시장가설이 성립되지 않는 시장이라고 할 수 있다.

(2) 준강형 효율적시장가설

준강형 효율적시장(semi-strong form efficient market)이란 대중에게 공개되는 모든 정보가 신속하고 정확하게 증권가격에 반영되는 시장을 말한다. 준강형 효율적시장은 현재의 주가에 과거 주가변동 행태에 관한 정보가 완전히 반영되어 있을 뿐만 아니라 공개되는 재무제표 또는 경제잡지의 새로운 기사 등도 반영되어 있다는 것이다. 따라서 시장에 공개된 정보를 분석하여 주가를 예측하는 것은 의미가 없게 된다.

외환시장이 준강형 효율적시장이라면 공시되는 자료를 분석해 환율을 예측하고자 하는 노력으로는 환율변동을 예측할 수 없다. 왜냐하면 관련 정보는 공시되는 순간 환율에 반영되었기 때문이다. 예를 들어, 한국은행이 $200억의 국제수지 흑자가 발생했다고 발표를 하는 경우 그 정보를 접하고 ₩/$ 환율이 하락할 것이라고 예상하는 행위 자체는 의미가 없다는 것이다. 이 정보가 발표되는 순간 이미 시장에서 환율이 정보를 반영하여 조정이 되었기 때문이다. 따라서 공표되는 환율관련 정보를 분석하는 것이 환율예측에 도움이 된다면 외환시장은 준강형 효율적시장가설이 성립되지 않는 시장이라고 할 수 있다.

(3) 강형 효율적시장가설

강형 효율적시장(strong-form efficient market)은 주가는 현재의 공개된 정보뿐만 아니라 내부정보까지 완전히 반영하고 있다는 것으로 가장 강한 정도의 시장효율성을 가정하는 것이다. 따라서 강형 효율적시장에서는 내부정보를 이용한 주가예측도 의미가 없다. 강형 효율적시장은 이상적인 효율적시장이기는 하지만 현실적으로 이러한 시장이 존재한다고 믿는 사람은 없을 것이다.

<그림 1-1>은 외환시장에서의 이용 가능한 정보와 효율적 시장가설의 관계를 정리한 것이다.

환율예측의 문제는 경제학의 중요한 관심 주제이다. 여러 가지 첨단의 예측모형을 개발하고 첨단의 장비를 활용하여 예측을 시도하여 왔다. 그러나 환율예측 문제는 인간의 심리적 요인에 대한 고려의 필요성까지 제기되면서 점점 복잡한 문제로 인식되어지고 있다. 특히, 환위험을 관리하고자 환위험에 관심을 갖고 있는 경제 주체는 환율을 예측한다는 것이 소망스럽기는 하지만 가능한 것은 아니라는 것을 인식할 필요가 있다.

환위험관리자가 환위험을 관리하는데 있어 환율의 예측 결과를 활용하는 데는 주의가 필요하다. 왜냐하면 환위험관리라는 것은 환율의 변동과 관계없이 자산의 가치가 일정하도록 조치를 취하는 것을 말하기 때문이다. 환율이 상승할 것으로 예측하고 이를 근거로 환위험관리 전략을 구사해 놓았는데 환율이 갑자기 하락한다면 기업의 환위험관리는 오히려 기업의 환손실을 증가시킬 수 있다. 기업이 경영활동을 하는 과정에서 부득이하게 환율에 대한 예측치가 필요한 경우라면 시장에서 예측한 환율의 예측치를 기준으로 할 수 있다. 그러나 그 예측치를 기준으로 환위험관리 전략을 구사하는 것은 적절한 위험관리 방법이 될 수 없다.

〈그림 1-1〉 외환시장에서의 효율적시장가설과 이용 가능 정보

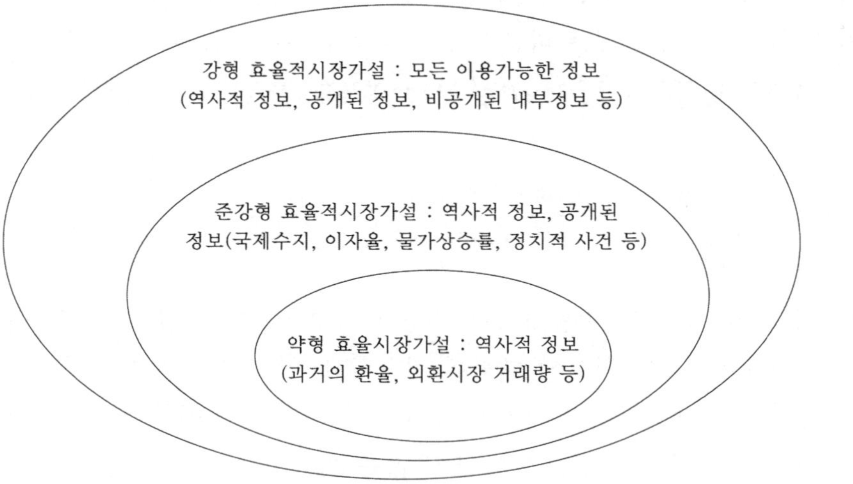

2) 환율변동, 물가, 이자율의 관계

환율, 이자율, 물가는 중요한 거시경제 변수들이다. 이들 변수들은 상호 밀접한 관련성을 가지고 있는데 경제학 분야에서는 오래 전부터 이들 변수의 관계에 관심을 가져 왔다. 이하에서는 환율, 이자율 그리고 물가의 개념을 환위험관리 관점에서 기술하고 이들의 관계를 정리한다.

(1) 환율변동

환율은 통화 간의 교환비율이므로 두 통화 간의 상대적 가치가 변동할 경우 환율은 변동한다. 환율의 변동은 통화 구매력의 상대적 변동이며, 통화의 구매력 변동은 물가의 변동이다. 그런데 환율은 특정 국가와의 관계만을 의미하기 때문에 환율의 변동이 통화의 가치와 관련해서 갖는 의미를 파악하기 위해서는 관련 국가들의 물가와 환율을 함께 고려하여 종합적으로 평가하여야 한다. 이하에서는 물가의 상대적 차이를 반영하는 실질환율과 국가 간의 경제적 관련성을 고려하여 통화가치의 변동을 측정하는 실효환율 개념 등을 기술한다.

가. 실질환율(real exchange rate)

금융기관에서 통화를 교환할 때 적용하는 환율이 명목환율이다. 즉, 명목환율

(nominal exchange rate)은 일상생활에서 적용하는 화폐의 교환비율이다. 명목환율(환율)을 관련국 간의 물가수준을 적용하여 조정한 환율이 실질환율인데 명목환율과 실질환율의 관계는 다음과 같이 나타낼 수 있다. RR은 실질환율을 나타내고, NR은 명목환율을, P^*, P는 각각 외국과 한국의 상품 가격을 나타낸다.

$$RR \equiv NR(₩/\$) \times \frac{P^*(\$)}{P(₩)}$$

실질환율의 경우 그 수준보다는 변동이 의미가 있다. 실질환율의 변동을 계산하기 위해서는 실질환율의 계산이 필요하다. 앞의 실질환율을 나타내는 식에서 실질환율을 계산하기 위해서는 양국의 물가를 알아야 한다. 그런데 물가라고 하는 것은 실제로 측정하기가 쉽지 않은 변수이다. 설명의 편의상 한국과 미국에는 노트북 컴퓨터만 있다고 가정한다. 그리고 노트북의 가격이 다음 표와 같이 변동되었다고 가정한다.

〈표 1-3〉 한국과 미국의 환율과 노트북 컴퓨터 가격

국가	t_0시점		t_1시점	
	환율	노트북 가격	환율	노트북 가격
한국 미국	₩1,200/$	1,800,000원 1,299달러	₩1,120/$	1,500,000원 999달러

<표 1-3>에 근거해 실질환율을 계산하면 다음과 같다.

$$t_0 \text{ 시점의 실질환율} = ₩1,200/\$ \times \frac{\$1,299}{₩1,800,000} = 0.78$$

$$t_1 \text{ 시점의 실질환율} = ₩1,120/\$ \times \frac{\$999}{₩1,500,000} = 0.75$$

실질환율을 기준시점 0에서의 환율 및 물가수준에 대비하여 나타내면 다음과 같은 실질환율지수가 된다. 실질환율지수는 수출의 국제경쟁력과 자국통화의 외국통화에 대한 상대적 구매력을 나타내는 지표로 이용되고 있다. IRR_t는 t시점의 실질환율지수이다.

$$IRR_t \equiv \frac{NR_t(₩/\$)}{NR_0(₩/\$)} \times \frac{\frac{P_t^*}{P_0^*}}{\frac{P_t}{P_0}} \times 100$$

실질환율지수가 갖는 의미는 다음과 같다.

① '실질환율지수 < 100'이면 외국통화에 대한 자국통화의 상대적 가치가 고평가된 경우로 자국상품의 수출가격 경쟁력이 저하되었음을 의미한다. 달리 말하면, 자국통화의 외국상품에 대한 구매력이 기준시점에 비해 상승한 것이다.

② '실질환율지수 > 100'이면 자국통화가치가 저평가되어 있는 경우로 자국상품의 수출가격 경쟁력이 향상되었음을 의미한다. 달리 말하면, 자국통화의 외국상품에 대한 상대적 구매력이 기준시점에 비해 하락한 것이다.

앞의 예에서 실질환율지수를 계산하면 86.13으로 실질환율이 상대적으로 하락하여 원화의 가치가 상승했다.

수출에 있어 환율의 변동은 중요한 변수이다. 일반적으로 환율이 상승하면 자국상품의 가격경쟁력이 상승하고 따라서 수출이 잘되는 것으로 인식하고 있다. 그러나 우리가 일상적으로 접하는 환율인 명목환율의 변동을 가지고는 이러한 주장을 할 수 없다. 가격경쟁력을 이야기하기 위해서는 명목환율이 아닌 실질환율의 변동에 대한 정보가 있어야 한다. 다음의 예는 명목환율과 실질환율의 관계에서 확인할 수 있는 한국 수출품의 대외가격경쟁력을 정리한 것이다.

한국의 물가상승률이 10%이고, 미국의 물가상승률은 3%라고 가정하고 명목환율과 실질환율의 변동이 다음 표와 같다고 할 때 한국 수출품의 경쟁력은 표의 맨 오른쪽 열과 같이 된다.

〈표 1-4〉 명목환율, 실질환율, 그리고 수출경쟁력

명목환율의 변화	실질환율의 변화	실질환율지수 (기준지수 = 100)	한국상품의 대외경쟁력
원화 5%가치하락	원화 2%가치상승	98	하락
원화 7%가치하락	변화 없음	100	변화 없음
원화 9%가치하락	원화 2%가치하락	102	상승

나. 실효환율(effective exchange rate)

실효환율은 자국통화와 여러 교역 상대국 통화들 사이의 상대가격으로, 일국통화의 각 교역 상대국 통화에 대한 환율을 가중평균한 것이다. 이 때 가중치는 대개 교역량 또는 경쟁력지수 등에 근거하여 산출한다. 실질환율지수를 가중평균하여 계산한 경우를 실질실효환율이라고 하며 이것은 국가의 수출가격경쟁력을 평가하는 지수로 많이 활용되고 있다.

다. 실질실효환율(real effective exchange rate)

실질실효환율은 교역국 간의 물가변동을 반영한 실효환율로서 교역 상대국과의 상대물가지수를 이용하여 산출한다. 명목실효환율을 교역상대국의 가중상대물가지수로 나누면 실질실효환율을 계산할 수 있다.

일반적으로 실질실효환율은 통화의 고평가 혹은 저평가를 판단하는 기준으로 많이 사용되고 있다. 그러나 실질실효환율은 기준년도, 디플레이터(물가상승률), 대상통화 및 가중치 등에 따라 매우 상이한 결과가 나오므로 이를 통화의 고평가 혹은 저평가를 판단하는 자료로 사용할 때는 주의가 필요하다.

실질실효환율을 계산할 때에는 기준시점의 선정이 중요하다. 고평가 혹은 저평가를 판단하기 위해서는 기준시점의 환율이 적정했다는 것이 전제되어야 하는데 실제로 환율이 언제 적정수준에 와 있었는지는 정확히 알 수가 없다. 따라서 일반적으로 대외거래가 균형이 된 시점을 기준으로 채택하나 무역수지가 환율뿐만 아니라 성장률 등 기타 요인에 의해서도 크게 영향을 받으며 환율변동과 수출입 간에 시차가 존재하기 때문에 이것도 정확한 것이라고 보기 힘들다.

물가의 선택도 중요하다. 물가에는 생산자물가, 수출물가, 소비자물가, GDP 디플레이터 등을 사용할 수 있는데 최근에는 소비자물가를 사용하는 경우가 많이 나타나고 있다. 그러나 어떤 물가지수가 최적인지를 객관적으로 판단할 수 있는 기준은 없다.

실질실효환율 계산에서는 어떤 통화를 어떤 가중치로 포함시키는가에 의해서도 큰 영향을 받는다. 강세통화의 비중이 크면 자국통화의 가치가 낮게 나타날 것이고, 반대로 약세통화의 비중이 크면 자국통화의 가치가 높게 나타날 것이다. 각 통화의 가중치로 교역액의 비중을 사용하는 경우가 많으나 경우에 따라서는 수출액, GNP 규모, 경쟁도 등을 사용하기도 한다.

실질실효환율을 통화의 고평가 또는 저평가를 나타내는 지표로 활용할 경우는 이러한 변수들을 잘 선정해야 하며, 해석을 하는 데에 있어서도 이러한 한계를 잘 인식하고 있어야 한다.

(2) 이자율

자본도 일반 재화와 같이 사용하는데 대한 대가를 지불하여야 한다. 자본을 사용하는데 따르는 비용이 이자이다. 재무금융 분야에서는 이자를 화폐의 시간가치(time value of momey) 관점에서 다루고 있다. 통화도 자본이기 때문에 통화를 사용하기 위해서는 비용을 지불해야 하는데, 이 비용은 통화에 따라 다를 수 있다. 즉, 통화의 자본적 특성 때문에 환율과 이자율은 밀접한 관계를 갖고 있는데 이하에서는 이자율에 대한 일반적인 특성을 기술한다.

이자율은 자본을 사용하는 대가로 지불하는 비용으로 자본의 가격이라고 할 수 있다. 이자를 지급하는 단위 기간은 임의로 정할 수 있으나 이자율은 연간이자율로 표시하는 것이 관례이다. 명목이자율은 '$\frac{\text{이자}}{\text{원금}} \times 100$'으로 계산하며 단위는 %이다. 일반적으로 국내에서 실질이자율이라고 할 때에는 명목이자율에 물가상승률 즉 인플레이션율(inflation rate)을 반영시켜 계산한 이자율을 의미한다. 예를 들어, 1년 동안의 명목이자율이 7%이었는데 그 기간 동안에 물가상승률이 4%이었다면 자금의 소유자에게 실질적인 이익은 3%가 된다. 왜냐하면 이자는 7%를 받았지만 물가상승으로 인한 자금의 실질가치 하락부분인 4%을 제외하면 실질적으로는 3%의 이익만이 발생했기 때문이다. 이 3%가 실질이자율이다. 명목이자율과 물가상승률의 관점에서 해당 기간에 물가상승률이 명목이자율보다 크다면 실질이자율은 음수의 값을 갖게 되어 실질이자율이 마이너스(-)인 상태가 되기도 한다.

그러나 환율을 고려하는 경우에 실질이자율(real interest rate)은 명목이자율에 환율변동의 영향을 반영시킨 이자율을 의미한다. 예를 들어, 궁동실업이 미국 달러화로 자금을 조달하였는데 이자율이 6%이었다. 자금 차입 당시 환율이 ₩1,000/$이었다. 1년 후에 차입한 자금을 상환하려고 할 때 환율이 ₩1,050/$으로 되어 1년 동안에 달러화의 가치가 5% 상승했다면, 기업이 달러 자금 조달에 지불한 비용은 이자 6%와 환율상승으로 인한 비용 5%를 합한 11%이다. 이 11%가 달러표시 자금 조달에서 발생한 실질이자율이다.

(3) 환율, 물가, 이자율의 관계

환율과 이자율은 실물시장에서의 물가와 밀접한 관계를 갖고 있다. 이하에서는 이들 경제관련 변수들 간의 관계를 살펴본다.

가. 환율과 물가

화폐로 물건을 살 수 있는 것은 화폐가 구매력을 갖고 있기 때문이다. 물가가 상승한다는 것은 화폐의 구매력이 감소한다는 것을, 물가가 하락한다는 것은 화폐의 구매력이 상승한다는 것을 의미한다.

환율은 두 화폐의 교환비율이므로 두 화폐의 구매력의 변화는 환율에 반영되어야 한다. 물가가 더 많이 상승한 국가의 화폐는 구매력이 그만큼 더 많이 하락했음을 의미하므로 환율에 그러한 사실이 반영되어야 한다. 즉, 양국의 물가상승률에 차이가 있는 경우 이는 환율에 반영되어야 한다. 이와 같은 물가상승률의 차이와 환율변화 간에 존재할 것으로 생각되는 균형관계를 구매력평가(purchasing power parity; PPP)가설이라고 한다.

구매력평가가설은 단지 이론적인 관계에 의해 도출된 것으로 이것의 성립여부는 가설의 검증을 통하여 밝혀져야 할 문제이다. 현실적으로 구매력평가가설이 성립할 것이라고 생각할 수 있는 근거는 바로 이러한 균형관계가 성립하지 않을 경우 균형을 성립하게 하는 차익거래가 있기 때문이다. 예를 들어, 한국과 미국의 환율이 ₩1,400/$이고, 상품 A의 가격이 한국에서는 1,400원이고 미국에서는 1달러이었다고 하자. 그 후 1년 동안 한국의 물가상승률(인플레이션율)은 10%이었고 미국의 물가상승률은 1%이었다. 이때 상품 A의 한국에서의 가격은 1,540원이 되고 미국에서의 가격은 1.01달러가 된다. 이러한 상황에서 환율의 변동이 없었다고 하면, 물가상승이 있기 전에 비해 상품 A의 가격이 한국에서 상대적으로 더 크게 상승해 있다고 할 수 있다. 이러한 상황을 이용해서 다음과 같은 차익거래를 할 수 있다. 미국에서 상품 A를 $1.01에 구입해서 한국으로 가져와(수입) ₩1,540에 판매한다. 그리고 판매 대금을 달러로 환전하면 $1.10 [₩1,540÷(₩1,400/$)]이 되어 $0.09(약 8.9%)의 이익이 발생한다. $0.09의 이익이 거래비용을 상쇄하고 남는 정도의 이익이라면 이러한 이익이 소멸할 때까지 거래가 계속될 것이다. 이러한 거래를 차익거래라고 한다.

예에서 이익의 기회가 발생한 이유는 물가상승률의 차이에도 불구하고 환율이 변동하지 않았기 때문이다. 많은 사람들이 원화를 달러로 바꾸어 미국에 가서 상품 A를 수입해서 한국에 파는 거래를 반복한다면 미국에서 상품의 가격이 상승하고 외환시장에서 달러의 가치가 상승하는 방향으로 환율이 조정되어 새로운 균형환율이 형성될 것이다. 이러한 차익거래가 기능을 발휘하기 위해서는 거래(무역)에 제약이 없어야 한다. 정부의 규제, 거래비용, 불확실성 등이 존재할 경우 구매력평가가설은 제대로 성립할 수가 없을 것이다.

실제로 구매력평가가설이 성립하는가의 여부를 검증하는 데는 몇 가지 현실적인 문제점들이 있다. 우선, 구매력평가가설은 내용상 다음과 같은 가정들을 전제로 하고 있다. 첫째, 실물시장이 완전하여 정보의 괴리, 관세, 수송비용, 정부규제 등이 없다. 둘째, 차익거래자는 위험중립적 선호(risk neutral preference)를 가진다. 셋째, 양국에 동일한 하나의 재화만 존재하거나, 하나 이상의 재화가 있다면 양국의 소비바스켓(consumption basket)에 포함되어 있는 상품 구성과 각 상품의 구성 비중이 동일하다. 넷째, 소비바스켓을 구성하고 있는 각 재화의 물가상승률은 동일하다(neutral inflation). 이와 같은 가정들이 충족된 상태에서만 구매력평가의 엄밀한 검증이 가능하다고 할 수 있다. 또한, 실증분석을 위해서는 인플레이션을 무엇으로 추정할 것인가의 문제도 해결해야 하는 문제이다.

결국 구매력평가의 검증은 여러 가지 가정을 전제로 이루어지는 것이기 때문에 실증분석에서 구매력평가가설이 기각되었다고 해서 구매력평가가 성립하지 않는다고 결론지을 수는 없다. 그보다는 검증과정에서 설정한 가정이 성립하지 않는 것으로 해석하는 것이 옳은 해석이라고 할 수 있다. 그동안의 검증 결과는 단기적으로는 구매력평가가 성립되지 않지만 장기적으로는 성립한다는 것으로 정리할 수 있다.

구매력평가에 대한 논의는 두 가지 관점에서 진행되어 왔다. 첫째, 환율이 두 통화가 가지는 구매력의 상대적 비율과 일치한다고 하는 절대적 구매력평가이다. 절대적 구매력평가에 의한 환율은 다음과 같이 나타낼 수 있다. P^*는 미국의 물가, P는 한국의 물가이며, S_t는 한국과 미국의 환율을 나타낸다.

$$S_t = \frac{\frac{1}{P_t^*}}{\frac{1}{P_t}} = \frac{P_t}{P_t^*}$$

(구매력은 물가의 역수임)

둘째, 일정한 기간 동안의 환율변화율은 그 기간 동안의 두 국가의 물가상승률의 차이와 같다는 상대적 구매력평가이다. 절대적 구매력평가가 성립한다면 이에 기초해 다음의 관계식을 도출할 수 있다. I_t는 한국의 물가상승률이고 I_t^*는 미국의 물가상승률이다. E는 미래의 모르는 값에 대한 기대값을 나타내는 연산자이다.

$$\frac{E(S_{t+1})}{S_t} = \frac{\dfrac{\dfrac{1}{E(P_{t+1}^*)}}{\dfrac{1}{E(P_{t+1})}}}{\dfrac{\dfrac{1}{P_t^*}}{\dfrac{1}{P_t}}} = \frac{\dfrac{E(P_{t+1})}{E(P_{t+1}^*)}}{\dfrac{P_t}{P_t^*}} = \frac{\dfrac{E(P_{t+1})}{P_t}}{\dfrac{E(P_{t+1}^*)}{P_t^*}} = \frac{1+E(I_t)}{1+E(I_t^*)}$$

$$\therefore \quad \frac{E(S_{t+1})-S_t}{S_t} = \frac{E(I_t)-E(I_t^*)}{1+E(I_t^*)}$$

〈그림 1-2〉 구매력평가가설

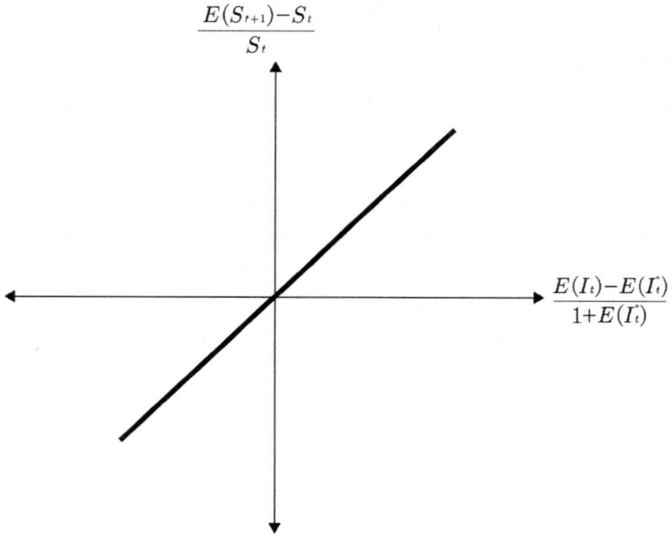

즉, 예상 환율변동률은 양국의 기대물가상승률의 차이와 같다고 할 수 있다.

이와 같은 환율변동률과 물가상승률과의 관계를 구매력평가가설이라고 한다. 구매력평가가설의 내용을 그림으로 표시하면 <그림 1-2>와 같이 나타낼 수 있다. 그림에서 굵은 선으로 나타낸 우상향 직선이 환율변동률과 기대물가상승률의 관계를 나타낸 것이다.

나. 이자율과 환율

금융거래에서 이자율은 기초에 결정된다. 이 때의 이자율은 명목이자율을 의미하는 것이다. 거래자에게 있어 중요한 것은 명목이자율에서 물가상승률을 제외한 실질이자율이다. 예를 들어, 물가상승률이 명목이자율보다 높다면 실질이자율은 음(-)이 되는데 이 경우는 금융거래 결과 원금의 구매력 일부가 상실된 것이라고 할 수 있다. 이러한 관점에서 생각하면 이자율은 기대물가상승률에 실질이자율을 더해서 결정하는 것으로 이해할 수 있는데 이러한 논리를 피셔효과(Fisher effect)라고 한다. 피셔효과는 다음과 같은 식으로 표시할 수 있다. i_t는 명목이자율, r_t는 실질이자율, 그리고 $E(I_t)$는 기대물가상승률이다.

$$1+i_t=(1+r_t)(1+E(I_t))$$

위의 관계를 국제적으로 확장한 것이 국제피셔효과(international Fisher effect)이다. 국제피셔효과는 다음과 같이 도출할 수 있다. 한국과 미국의 이자율을 피셔효과를 이용해서 표시하면 식(1-1), 식(1-2)와 같다. 위첨자 *는 미국을 나타내는 기호이다.

$$1+i_t=(1+r_t)(1+E(I_t)) \tag{1-1}$$

$$1+i_t^*=(1+r_t^*)(1+E(I_t^*)) \tag{1-2}$$

금융시장이 완전 개방되어 국가 간에 실질이자율의 차이가 존재하지 않는다고 $(r_t=r_t^*)$ 가정하고 식(1-1)을 식(1-2)로 나누어주면 식(1-3)을 얻는다.

$$\frac{1+i_t}{1+i_t^*}=\frac{1+E(I_t)}{1+E(I_t^*)} \tag{1-3}$$

식(1-3)에서 양변에 1을 빼주고 정리하면 식(1-4)가 된다.

$$\frac{i_t - i_t^*}{1 + i_t^*} = \frac{E(I_t) - E(I_t^*)}{1 + E(I_t^*)} \tag{1-4}$$

식(1-4)에서 우측항은 구매력평가가설에 의해 환율변동률과 같으므로 식(1-5)와 같이 쓸 수 있다.

$$\frac{E(S_{t+1}) - S_t}{S_t} = \frac{i_t - i_t^*}{1 + i_t^*} \tag{1-5}$$

식(1-5)에서 우측항의 분모인 '1+미국의 이자율' 즉, $(1+i_i^*)$은 1과 크게 다르지 않으므로 분자의 항만 가지고 설명을 할 수 있다. 예를 들어, 원화의 1년 만기 이자율이 15%이고 미국의 1년 만기 이자율이 5%라면 향후 1년 동안에 원화는 달러화에 대해 가치가 10% 하락할 것이라고 예측할 수 있다는 것이다. 즉, 이자율이 상승하는 것은 통화의 구매력 하락과 연결된다고 할 수 있다.

그러나 이자율상승이 물가상승에 대한 기대 때문이 아니라 정책적 결정에 의한 것이었다면 결과는 달라질 수 있다. 예를 들어, 한국이 미래에 물가상승이 기대되지 않는 상황에서 정부가 정책적으로 이자율을 인상했다면 외국의 투자자본이 유입될 것이고 그것이 환율을 하락시켜 이자율의 상승이 환율의 하락을 유발시키는 결과로 나타나게 될 수 있다. 이처럼 이자율의 상승은 통화의 구매력 상승으로 이어질 수도 있다.

다. 이자율과 선물환율

실물시장과 외환시장의 균형관계가 두 시장에 걸쳐 발생하는 차익거래(무역)의 결과 성립된다고 할 수 있는 것처럼 금융시장과 외환시장의 균형관계도 두 시장에 걸쳐 발생하는 차익거래의 결과로 설명할 수 있다.

설명을 위해 t시점에서 갑돌이가 1백만원을 갖고 투자를 하고자 한다고 가정하자. 물론 투자의 목적은 이익의 극대화이다. 여러 가지 투자안들 중에서 첫 번째 투자안으로 한국의 예금상품에 투자를 고려한다면 1년 후에 투자에 따른 원리합계는 100만원$\times(1+i_t)$이 된다. 두 번째 투자안으로 100만원을 미국 달러로 바꾸어 동일한 위험의 달러표시 예금상품에 투자한다면 1년 후에 투자안으로부터 얻을 수 있는 예상 원리합계는$(100만원 \div S_t) \times (1+i_t^*) \times E(S_{t+1})$이 된다. 앞의 식에서 '$100만원 \div S_t$'는 원화 100만 원을 달러로 바꾼 금액이고, '$1+i_t^*$'는 달러화를 예금하여 1년 후에 얻은 원리합계 금액이고 '$E(S_{t+1})$'는 1년 후에 달러화를 원화로 교환할 때의 예상되는 ₩/$ 환율이다. 갑돌이는 위의 두 투자안 중에서 거래비용을 제한 후의 수익이 높은 투자안을 선택할 것이다. 다른 투자자들도 동일하게 행동할 것이므로 두 투자안으로부터의 수익이 동일해지는 선에서 환율과 이자율의 조정이 이루어 질 것으로 볼 수 있다. 예를 들어, 두 번째 투자안의 예상 수익이 높다면 투자자들이 원화를 달러로 바꾸어 투자할 것이기 때문에 금융시장과 외환시장에서 이러한 이익기회가 상실되는 방향으로 조정이 이루어져(환율이 상승하고, 미국의 이자율은 하락하여) 결국 예상수익이 첫 번째 수익과 같아질 것이다. 이 균형 관계는 $100만원 \times (1+i_t) = (100만원 \div S_t) \times (1+i_t^*) \times E(S_{t+1})$와 같이 나타낼 수 있다.

위의 관계를 이용해 차익거래를 하는 데는 $t+1$시점의 기대환율[$E(S_{t+1})$]이 불확실하다는 문제가 있다. 이 문제를 해결하기 위해서 선물환시장에서 F_t^{t+1}의 선물환율로 이미 알고 있는 금액인 '$100만원 \div S_t \times (1+i_t^*)$' 달러만큼의 선물환 매도계약을 채결한다면 앞의 균형관계 식은 다음과 같이 나타낼 수 있다. F_t^{t+1}은 t시점에서 형성된 1년 후의 선물환율이다.

$$100만원 \times (1+i_t) = (100만원 \div S_t) \times (1+i_t^*) \times F_t^{t+1}$$

위의 식을 정리하고 양변에서 1을 빼주면 다음과 같은 식을 얻는다.

$$\frac{F_t^{t+1} - S_t}{S_t} = \frac{i_t - i_t^*}{1+i_t^*}$$

식에서 좌변은 선물환 할증 또는 할인을 의미하는 것으로 선물환마진이라고도 하며 양(+)이면 선물환시장에서 원화의 가치가 하락한 것을, 음(-)이면 선물환시장에서 원화의 가치가 상승한 것을 의미한다. 위의 균형조건은 이자율평가정리(interest rate parity theorem; IRPT)라고 하며 이 장에서 다루고 있는 다른 균형조건과는 달리 실질적으로 시장에서 항상 성립하는 조건이다. 다만 거래비용 때문에 일정한 범위 내에서 성립한다고 할 수 있다.

실제로 선물환율의 변동률 즉, 선물환마진은 관련통화국의 이자율의 차이이고 식으로 나타내면 다음과 같다. n은 선물환이 만기가 되는 월이다. $\frac{12}{n}$은 현물환율대비 선물환율의 변동률을 연간 변동률로 전환하기 위해 사용한 것이다.

$$\text{선물환마진} = \frac{F_t^{t+n} - S_t}{S_t} \times \frac{12}{n} \times 100 \qquad (1\text{–}6)$$

선물환마진은 해당 통화를 선물환 만기까지의 기간에 활용하는 대가라고 할 수 있다. 즉, 차입한 달러를 현재의 환율로서 원화로 바꾸어(s_t) 운용을 하고 n월 후에 원화로 달러를 매입해(F_t^{t+n}) 차입한 달러를 상환한다고 할 때 결과적으로 달러를 차입해 원화로 바꾸어 운용한 후에 다시 원화를 달러로 바꾸어 상환한 것과 같은 결과이다. 따라서 선물환율은 원화와 달러화의 이자율의 차이와 같아야 한다. 물론, 거래비용의 차이 때문에 선물환마진이 양국의 이자율 차이와 정확하게 일치하지는 않는다.

〈그림 1-3〉 이자율평가조건과 거래비용

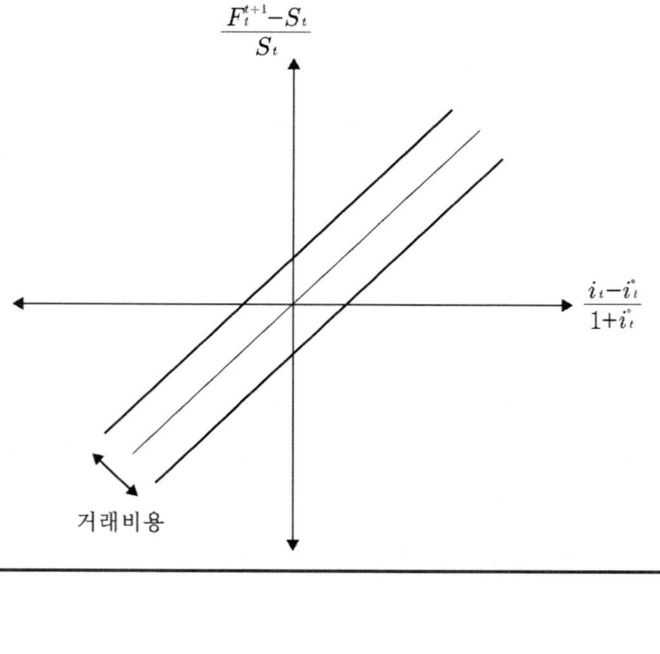

환율과 물가의 관계나 물가와 이자율의 관계와는 달리 이자율평가조건은 실제로 시장에서 성립하는 조건이다. 다만 앞에서 예로 든 갑돌이의 투자에서와 같은 차익거래를 하기 위해서는 거래비용이 필요하기 때문에 이자율평가조건은 거래비용을 범위로 하는 일정한 조건 하에서 성립한다. 이자율평가조건을 그림으로 표시하면 <그림 1-3>과 같다.

IRPT가 성립하지 않을 경우(균형상태가 아닐 경우) 무위험이자차익거래의 기회가 존재하는데 이자평가정리와 무위험이자차익거래 관계는 <표 1-5>와 같이 정리할 수 있다. 이러한 기회가 존재할 경우 비록 자금을 갖고 있지 않다고 하더라도 외환시장과 금융시장에서의 거래 능력만 있으면 추가적인 위험부담 없이 이러한 기회를 활용할 수 있으므로 불균형이 발생한다 하더라도 순간적으로 소멸한다고 보아야 할 것이다.

<표 1-5>는 선물환마진과 이자율 차이에 따른 차익거래의 방법을 정리한 것이다.

〈표 1-5〉 이자율평가정리와 무위험이자차익거래

부등호의 방향	무위험차익거래의 내용
$\frac{F_t^{t+1}-S_t}{S_t} < \frac{i_t-i_t^*}{1+i_t^*}$	달러화의 차입 → 달러화 현물환 매도, 달러화 선물환 매입 → 원화로 투자
$\frac{F_t^{t+1}-S_t}{S_t} > \frac{i_t-i_t^*}{1+i_t^*}$	원화의 차입 → 달러화 현물환 매입, 달러화 선물환 매도 → 달러화로 투자

라. 미래 현물환율의 불편추정치로서의 선물환율

증권시장이 효율적이라면 증권 가격 예측을 위한 노력은 의미가 없게 된다. 이 경우에 미래의 가격은 현재 시장에서 형성된 균형가격인 현재의 가격으로부터 무작위(random walk)하게 움직일 것이기 때문이다. 외환시장에서도 시장이 효율적이라면 환율예측을 위한 노력은 의미가 없다. 이 경우에도 미래의 환율은 현재의 균형환율로부터 무작위적으로 움직일 것으로 볼 수 있기 때문이다.

외환시장이 효율적이라면 시장의 모든 정보가 이미 환율에 반영되어 있을 것이기 때문에 그러한 정보를 활용해서 환율을 예측하는 것은 의미가 없다. 이러한 상황에서 미래 환율의 예측치로 사용할 수 있는 환율은 시장에서 형성된 균형환율이 된다. 외환시장에서 미래 특정시점의 환율이라고 형성된 균형환율은 선물환율이기 때문에 미래의 현물환율의 예측치는 선물환율이라고 할 수 있다. 물론, 이 경우에 선물환율이 항상 미래의 현물환율과 일치할 것이라는 의미는 아니며 다만 평균적으로 선물환율이 미래의 현물환율과 일치할 것이라는 의미에서의 불편예측치(unbiased estimate)라고 볼 수 있다는 것이다.

환위험의 관리에서 선물환율이 갖는 의미는 선물환율이 미래 환율의 예측치가 되어야 한다는 것이 아니라 선물환율을 사용해 기업의 환위험을 헤지할 수 있다는 것이다. 즉, 선물환율 자체가 미래 환율이 된다는 것이 아니라 그 선물환율로 미래의 수익을 고정시킬 수 있다는 것이 환위험관리와 관련해 선물환율이 갖는 의미이다.

마. 물가, 환율, 이자율의 균형조건 정리

예상 환율변동과 물가, 이자율의 관계를 도식화 하면 <그림 1-4>와 같다.

〈그림 1-4〉 환율, 물가, 이자율의 균형관계

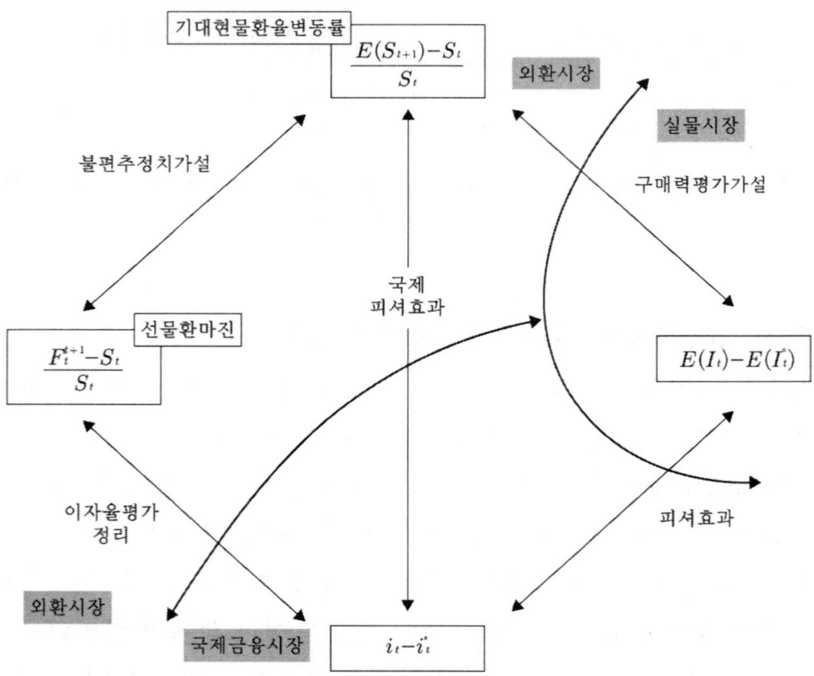

4. 주요 통화와의 환율

<그림 1-5>는 1980년부터 2012년까지 원/달러, 원/엔, 원/유로의 명목환율을 연도말 환율을 기준으로 나타낸 도표이다(원/유로 자료는 1996년부터의 자료이다). <그림 1-6>은 명목환율변동을 소비자물가상승률로 조정한 실질환율변동을 나타낸 것이다. <그림 1-7>은 무역비중을 가중치로 한 실질실효환율을 나타낸 것이다. 환율자료는 국제결제은행(Bank for International Settlement; BIS)에서 제공하는 자료를 사용한다.

명목환율의 경우 1997년 외환위기 이전에는 환율이 비교적 안정적으로 상승하는 모습을 보여준다. 그러나 외환위기가 시작되었던 1997년에 환율이 급격하게 상승하였고 외환위기를 수습하는 과정에서 변동환율제도를 도입한 이후 환율은 급격하게 변동하는 모습을 보여주고 있다. 즉, 외환위기를 계기로 환율이 상승하고 이후는 환율의 변동성이 크게 증가하는 특성을 보이고 있다.

〈그림 1-5〉 원화와 주요국 통화 간 명목환율의 변동

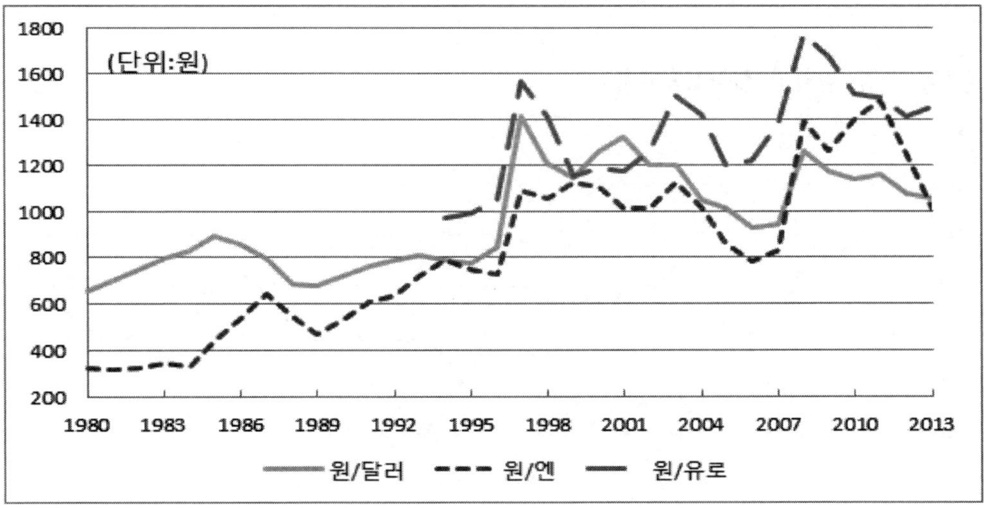

자료: 한국은행 경제통계시스템의 자료를 사용하여 작성함.

주요 통화와의 명목환율은 물론이고 실질환율과, 무역가중치를 적용하여 계산한 실질실효환율이 모두 변동하고 있다. 명목환율의 경우 원화의 가치가 하락하는 추세를 나타내고 있지만 주요국 통화와의 실질환율은 추세 없이 변동하는 특성을 보여주고 있다. 그러나 실질실효환율은 원화의 가치가 하락하는 경향이 있음을 보여주고 있다.[1] 환위험의 분석에서 중요한 환율은 명목환율이 아니라 실질환율이라고 할 수 있다.

〈그림 1-6〉 원화와 주요통화 간의 실질환율 변동

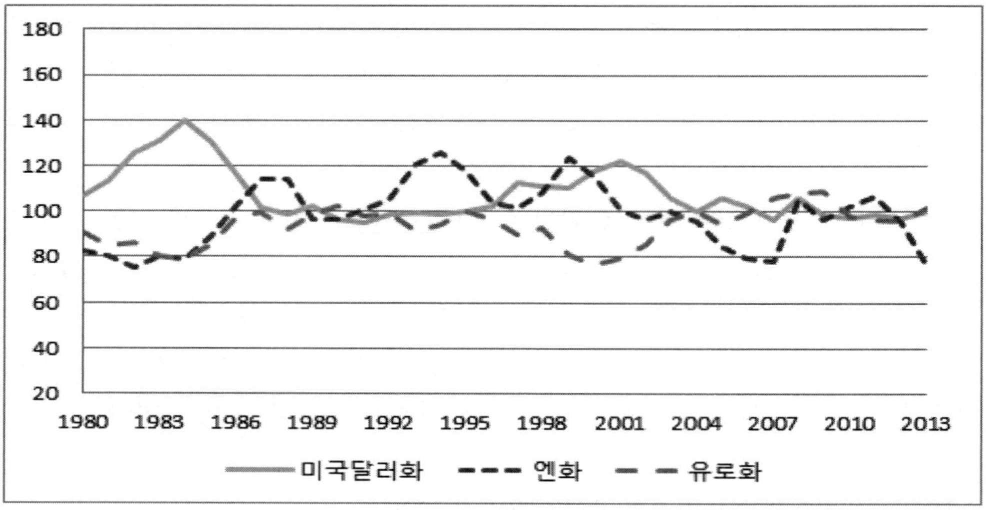

자료: 한국은행 경제통계시스템의 자료를 사용하여 작성함.

〈그림 1-7〉 원화의 실질실효환율

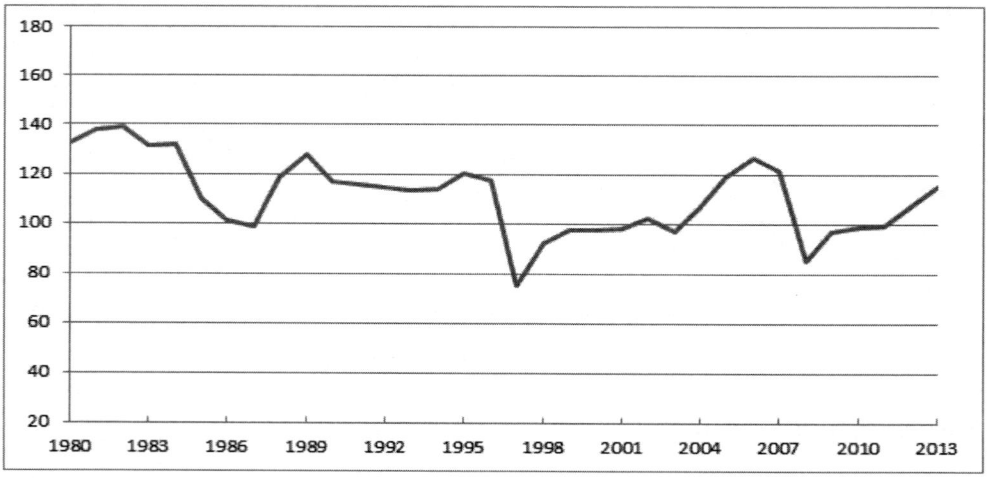

자료: Bank for International Settlement.

1) BIS에서 제공하는 실질실효환율은 원화의 가치를 직접 나타내고 있으므로 실질실효환율의 하락은 원화가치의 하락을 의미한다.

제2장 기업가치

기업의 경영성과는 기업의 가치에 반영되어 주가의 변동으로 나타난다. 기업의 경영성과가 변동하거나 성과에 대한 기대가 변하는 경우 주가가 변한다. 환율이 기업의 경영성과에 영향을 줄 수 있는 상황이라면 환율이 변동하면 기업의 주가는 변한다. 환율의 변동이 기업의 가치에 유리하게 작용한다면 주가는 상승할 것이고, 기업가치에 불리하게 작용한다면 주가는 하락할 것이다. 예를 들어, 수출활동이 기업의 중요한 경영활동인 경우 환율의 상승은 주가를 상승시킬 것이고, 환율의 하락은 주가를 하락시킬 것이다.

환율의 변동이 기업의 가치에 미치는 영향의 분석을 위해서는 기업가치를 평가하는 일반적인 방법에 대한 이해가 필요하다. 기업을 포함한 자산의 가치는 자산이 미래에 창출할 수 있는 현금흐름의 현재가치를 사용하여 평가한다. 현금흐름의 시점이 각기 다른 경우 시점의 차이를 반영하여 현재가치로 전환하여야 하는데 이를 위해서는 할인율의 사용이 필요하다.

이하에서는 화폐의 시간가치 개념을 설명하고, 자산의 현금흐름을 사용하여 자산의 가치를 계산하는 방법을 설명한다. 이어서 순현재가치계산을 위해 필요한 기업의 현금흐름추정과 할인율에 대해 기술한다. 마지막으로 환율이 기업가치를 결정하는 현금흐름과 할인율에 미치는 영향을 기술한다.

1. 화폐의 시간가치

화폐의 시간가치는 재무금융 분야의 근간을 이루는 중요한 원리이다. 화폐의 시간가치가 의미하는 바를 간단하게 표현하면 오늘의 10,000원은 내년의 10,000원보다 더 가치있다는 것이다. 오늘의 10,000원과 내년의 10,000원의 차이는 바로 이자가 된다. 따라서 재무금융 분야에서는 화폐의 시간가치를 이자 개념을 사용하여 설명한다.

편의상 은행에 예금을 한 경우를 예로 들어 설명한다. 이자는 금융기관의 입장에서는 자금의 차입을 위해 지불하는 대가이고, 예금자의 입장에서 보면 예금에 따른 투자수익이다. 10,000원을 예금하여 1년 후에 10,500원을 돌려받았다면 500원이 이자가 되고 이자율 또는 투자수익률은 5%가 된다. 10,000원을 1년 동안 예금해서 받을 수 있는 금액을 계산하기 위해서는 예금액에 이자율을 곱하여 계산한다[10,500=$10,000 \times (1+0.05)$]. 1년 후에 금액인 10,500원으로부터 현재의 금액인 10,000원을 계산하기 위해서는 10,500원을 수익률(이자율)인 5%로 할인하여 계산한다[10,000= $10,500 \div (1+0.05)$]. 결국, 현재의 금액을 미래의 금액으로 전환하기 위해서는 '(1+이자율)'을 곱하여 계산하지만, 미래의 금액을 현재의 금액으로 전환하기 위해서는 '(1+이자율)'로 나누어 계산한다. 현재 금액을 미래 금액으로 전환하기 위해 사용하는 이자율과 미래 금액을 현재 금액으로 전환하기 위해 사용하는 이자율은 사실상 동일한 이자율이다. 그러나 구분을 위해 미래의 금액을 현재의 금액으로 전환할 때 사용하는 이자율은 할인율이라 부른다.

1) 이자

오늘 소비할 수 있는 10,000원은 1년 후에 소비할 수 있는 10,000원보다 더 가치 있는 돈이다. 그 이유는 오늘의 10,000원을 은행에 예금하면 1년 후에는 원금 10,000원과 함께 이자를 받을 수 있기 때문이다. 10,000원을 예금하여 1년 동안 500원의 이자를 받았다면 현재의 10,000원은 1년 후의 10,000원에 비해 1년 후를 기준으로 할 때 500원만큼 더 가치가 있는 돈이 되는 것인데, 이 500원이 바로 '화폐의 시간가치(time value of money)'이다. 이와 같이 화폐의 가치가 시간과 관계를 갖는 이유는 자본이 시간의 흐름에 따라 이자를 발생시키는 특성을 갖고 있기 때문이다. 오늘의 10,000원과 1년 후의 10,000원이 동일할 수 없는 이유는 바로 이 이자 때문이다.

이처럼 이자의 존재는 자본의 가치를 시점에 따라 달리 인식하여야 하는 이유가 된다. 이자가 연 5%라면 현재의 10,000원을 예금하고 1년 후에 10,500원을 찾을 수 있기 때문에 현재의 10,000원은 1년 후의 10,500원이 된다. 또한 약

9,524원을 예금하면 1년 후에 10,000원을 찾을 수 있기 때문에 1년 후의 10,000원은 현재의 9,524원과 동일한 것이다. 1년 후의 10,000원과 동일한 현재의 자본은 1년 후의 10,000원에서 1년의 이자인 476원을 감하여 계산한다. 이 476원은 현재의 원금인 9,524원의 5%에 해당하는 금액이다. 이 5%는 미래의 10,000원에 해당하는 현재의 가치를 계산하기 위해 적용한 할인율이 된다. 따라서 화폐의 시간가치를 계산하는 데 있어 이자율과 할인율은 동일한 것이며 개념적으로만 구분한 것이다. 자산의 현재가치를 미래 시점의 가치로 계산할 때에는 이자율이라고 부르며 미래의 가치를 현재의 가치로 계산할 때에는 할인율이라고 부른다.

이자는 자본을 사용하기 위해서 지불하는 대가인데 관례상 1년간의 이자율 즉, 연리를 기준으로 표시한다. 이자율을 계산하는 방법에는 매 기간 원금에 대한 이자만을 계산하는 단리 방법과 전기의 이자를 합한 금액을 이번 기 계산의 원금으로 보고 이자를 계산하는 복리 방법이 있다. 이자를 단리로 계산하는가 아니면 복리로 계산하는 가에 따라 명목상의 이자율은 동일해도 기초에 투자한 원금에 대해 기간 중에 벌어들인 이자액의 비율을 나타내는 실효이자율(effective rate of interest)은 차이가 발생한다. 예를 들어, 연리 5%의 이자를 주는 5년 만기의 금융상품이 있을 때 매년 발생하는 이자에 대해서는 이자를 계산하지 않기로 한 경우와, 이자에 대한 이자를 계산하기로 한 경우에 만기에 받게 되는 원리금 합계는 차이가 있다. 이자에 대한 이자를 계산하지 않는 경우가 단리로 이자를 계산하는 경우이며, 이자에 대한 이자를 계산하는 경우가 복리로 이자를 계산하는 경우이다. 복리로 이자를 계산하는 경우에는 이자에 대한 이자를 계산하는 빈도에 따라 이자의 크기가 달라진다.

연리 5%의 이자율로 원금 10,000원에 대해서 5년 동안 단리로 이자를 계산하면 원금과 이자는 다음과 같다. 원금과 5년간의 이자를 합하면 10,000원+500원+500원+500원+500원+500원=12,500원이 된다.

원금 : 10,000원
처음 1년간 이자 : 10,000×0.05 = 500원
다음 1년간 이자 : 10,000×0.05 = 500원
다음 1년간 이자 : 10,000×0.05 = 500원
다음 1년간 이자 : 10,000×0.05 = 500원
다음 1년간 이자 : 10,000×0.05 = 500원

그러나 연 복리로 이자를 계산한 결과는 다음과 같다. 원금과 5년간 이자를 합하여 계산하면 10,000원+500원+525원+551원+579원+608원=12,763원이다. 이는 단리로 계산한 경우보다 263원 많은 금액이다.

원금 : 10,000원
처음 1년간 이자 : 10,000×0.05 = 500원
다음 1년간 이자 : (10,000+500)×0.05 = 525원
다음 1년간 이자 : (10,000+500+525)×0.05 ≒ 551원[2)]
다음 1년간 이자 : (10,000+500+525+551)×0.05 ≒ 579원
다음 1년간 이자 : (10,000+500+525+551+579)×0.05 ≒ 608원

이자의 계산에서 단리의 경우는 매년 동일한 원금으로 그 해의 이자를 계산하지만 복리의 경우는 전년 말의 '원금+이자'가 원금이 되어 새로운 이자를 계산하기 때문에 원금이 매년 증가한다. 복리의 경우 이러한 관계를 이용해 원리금 합계를 계산하면 다음과 같다. 10,000원×(1+0.05)×(1+0.05)×(1+0.05)×(1+0.05)× (1+0.05)=10,000원×$(1+0.05)^5$≒12,763원. 단리로 이자를 계산하는 경우 4년에서 5년 사이의 실효이자율을 계산하면 약 4.17%(=500원÷12,000원×100)이 되어 5%보다 훨씬 작다. 이처럼 단리의 경우 실효이자율은 기간이 지남에 따라 감소한다.

복리의 경우에도 이자를 계산하는 기간에 따라 만기에 받는 이자에 차이가 있다. 이자를 매월 받는다고 가정하고 복리로 이자를 계산하는 이자 계산을 생각해 보자. 1개월이 지난 후에 받을 수 있는 원금과 이자는 10,000원×(1+0.05/12) 이다. 이 금액으로부터 다음 1개월 후에 받을 수 있는 원금과 이자의 합계는 10,000원×(1+0.05/12)×(1+0.05/12) 즉 10,000원×$(1+0.05/12)^2$이다. 따라서 1년 후에 받을 수 있는 원금과 이자는 10,000×$(1+0.05/12)^{12}$원이 되며, 5년 후에 받을 수 있는 금액은 10,000원×$(1+0.05/ 12)^{60}$=12,834원이다. 이는 연을 기준으로 이자를 지급한다고 가정하는 경우보다 71원 많은 금액이다.

이와 같이 이자에 대하여 이자를 계산하는지의 여부와, 이자의 이자를 계산하는 경우 얼마 간격으로 계산을 하는지에 따라 실제로 수령하는 이자의 크기가 달라진다. 따라서 금융기관 등에서 취급하는 금융상품의 실효이자율을 비교하기 위해서는 이와 같은 점들을 고려해야 한다.

2) 실효이자율 계산 등 재무 관련 계산에서 소수점 이하의 숫자에 대한 계산이 필요한 경우가 있다. 이 경우에 소수점 이하의 숫자를 처리하는 과정에서 계산 결과가 약간씩 차이가 날 수 있다.

2) 현재가치

미래에 발생할 것으로 예상되는 금액의 현재가치는 해당 기간에 적용되는 이자율을 할인율로 하여 계산한다. 미래에 여러 기간에 걸쳐 현금흐름이 발생하는 경우 각 시점에서의 현금을 해당 시점에 적용할 수 있는 이자율을 할인율로 하여 현재가치를 계산하고 이렇게 계산한 현재가치를 모두 합산하여 전체의 현재가치를 계산한다. 이 때 각 시점에서 발생하는 현금 흐름의 크기가 일정하고 (또는 일정한 비율로 증가하고), 기간에 적용되는 할인율이 일정할 경우 계산 과정을 단순화시킬 수 있다.

미래 현금의 현재가치를 계산하는 과정을 설명하기 위해 많이 도입되는 예가 연금의 현재가치를 계산하는 것이다. 연금에서 매월 일정한 금액을 받는 것으로 가정하고 그렇게 받는 연금을 현재 일시불로 받으면 얼마를 받을 수 있을까를 계산하는 과정을 설명하는 것으로 미래 현금흐름의 현재가치 계산 과정을 설명한다. 그러나 공적연금인 국민연금, 공무원연금, 사립학교교원연금, 군인연금은 연금지급액이 전년도의 소비자물가상승률을 반영해 조정되도록 되어 있기 때문에 연금지급액이 일정하게 고정되어 있지 않다. 또한 물가상승률이 일정하게 정해진 것이 아니기 때문에 연금지급액의 상승률이 일정한 경우에 해당되지 않는다. 따라서 공적연금의 경우 예상 수령액의 현재가치를 정확하게 계산하기 위해서는 매기의 연금지급액을 현재가치화하고 그 금액들을 합산하여 연금의 현재가치를 계산하여야 한다. 이하에서는 설명의 단순화를 위해 연금의 지급액이 일정하다고 가정하고 연금흐름의 현재가치를 계산하는 과정을 설명한다.

(1) 현재가치의 계산

보통 연금이라 하면 기말에 지급하는 기말연금(ordinary annuity)을 의미한다. 매월 말에 60만원씩 현금을 수령하는 연금이 기말연금의 예가 된다. 기말연금의 현재가치를 계산하는 방법을 생각해 보자. 수령연금의 현재가치는 매 시점에 수령할 연금의 현재가치들을 합산하면 된다. 각 시점에서 수령할 연금의 현재가치를 시점별로 표시하면 <그림 2-1>과 같다. 할인율은 5%이고 연금의 지급횟수는 n이라고 가정한다.

〈그림 2-1〉 기말연금의 현재가치

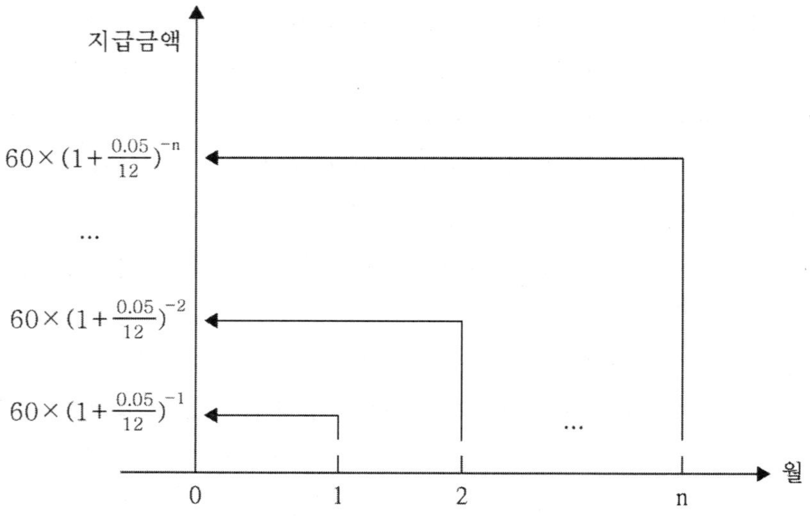

<그림 2-1>은 연금의 현재가치를 계산하는 시점이 0시점이라고 가정하고 수령하는 연금의 현재가치를 종축 왼쪽에 표시한 것이다. 첫 번째 지급금액인 60만원×$(1+0.05/12)^{-1}$은 0기간의 말일에 수령하는 연금의 현재가치를 나타내는 것이다. 이는 연금 수령액인 60만원을 1개월 동안 이자율로 할인한 금액이다. 두 번째 이후의 연금들도 같은 방법으로 계산한다.

만일 10년간(즉, n=120) 매월 말에 수령하는 연금이라면 이 기말연금 각각의 현재가치는 다음과 같이 계산한다.

1번째 수령연금 : 60만원×$(1+0.05/12)^{-1}$ = 597,510원
2번째 수령연금 : 60만원×$(1+0.05/12)^{-2}$ = 595,031원
3번째 수령연금 : 60만원×$(1+0.05/12)^{-3}$ = 592,562원

⋮

120번째 수령연금 : 60만원×$(1+0.05/12)^{-120}$ = 364,297원

위의 계산 결과를 합하여 연금의 현재가치를 계산하면 56,568,810원이 된다. 그런데 매회 지급되는 연금의 현재가치는 <그림 2-1>의 종축 왼쪽에 있는 항들이다. 이를 수열의 관점에서 보면 60만원×$(1+0.05/12)^{-1}$을 처음 항으로 하고 다음

항부터 (1+0.05/12)$^{-1}$을 곱해서 항을 만들어 가는 등비수열이다. 결과적으로 기말 연금의 현재가치는 이 등비수열의 합과 같다.

초항이 a이고, 곱해 주는 배수 즉 등비가 γ, 그리고 항의 개수가 n인 등비수열의 합을 계산하는 공식은 다음 식과 같다.

$$\sum_{t=1}^{n-1} a\gamma^t = \frac{a(\gamma^n - 1)}{\gamma - 1}, \ (\gamma \neq 1)$$

이 공식을 이용하여 앞의 예에서 설명한 매월 말에 60만원씩 10년간 수령하는 연금의 현재가치를 계산하면 다음과 같다.

기말연금의 현재가치

$$= \frac{\text{월수령액} \times (1 + \frac{\text{할인율}}{12})^{-1} \times [(1 + \frac{\text{할인율}}{12})^{-\text{수령횟수}} - 1]}{(1 + \frac{\text{할인율}}{12})^{-1} - 1}$$

$$= \frac{60\text{만원} \times (1 + \frac{0.05}{12})^{-1} \times [(1 + \frac{0.05}{12})^{-120} - 1]}{(1 + \frac{0.05}{12})^{-1} - 1}$$

= 56,568,810원

앞의 예는 현금흐름이 미래 일정 기간에만 발생하는 경우이다. 만일 그러한 현금흐름이 미래 영구적으로 발생하는 경우라면 이는 무한등비수열의 합을 계산하는 것이 된다. 앞의 식에서 등비 γ가 $-1 < \gamma < 1$ 의 조건을 만족하는 경우 n이 무한한(∞) 경우의 합을 계산하는 식은 등비수열의 합을 계산하는 일반식으로부터 $\frac{a}{1-\gamma}$로 나타낼 수 있다(식에서 γ^n은 n이 무한이 커지면 0에 수렴함).

매월 말일에 60만원씩 영구히 받기로 한 기말연금의 현재가치를 위의 공식을 사용해 계산하면 다음과 같다.

$$\text{영구연금의 현재가치} = \frac{60\text{만원} \times (1 + \frac{0.05}{12})^{-1}}{1 - (1 + \frac{0.05}{12})^{-1}} = 144{,}000{,}000\text{원}$$

앞의 무한등비수열의 합을 계산하는 식 $\frac{a}{1-\gamma}$에서 초항을 나타내는 a는 월연금액×(1+할인률)$^{-1}$이며, 등비를 나타내는 γ는 (1+할인율)$^{-1}$이다. 연금 지급액을 C로 나타내고 할인율을 r로 나타내면 영구연금의 현재가치는 다음과 같이 정리된다. 즉, 매기 지급하는 연금액이 C이고, 할인율이 r인 기말연금의 현재가치는 $\frac{C}{r}$이다.

$$\frac{a}{1-\gamma}=\frac{\frac{C}{1-r}}{1-\frac{1}{1-r}}=\frac{\frac{C}{1-r}}{\frac{r}{1-r}}=\frac{C}{r}$$

이 공식을 이용해 앞의 영구연금의 현재가치를 계산하면,

$$\text{영구현금의 현재가치}=\frac{600,000}{\frac{0.05}{12}}=144,000,000\text{원}$$

미래의 현금흐름에는 기말연금과 같이 매기 말에 발생하는 현금흐름도 있지만 기초연금과 같이 매기 초에 발생하는 현금흐름도 있다. 기초에 발생하는 현금흐름의 경우 기말에 발생하는 현금에 비해 (1+이자율) 만큼 더 가치있는 현금이다. 이러한 관계에 의해 기초연금(annuity due)의 현재가치는 기말연금의 현재가치에 (1+이자율)을 곱하여 계산한다. 또한, 연금의 미래 현금흐름의 가치를 나타내는 방법에는 현재 시점에서의 가치인 현재가치 외에도 미래 시점에서의 가치를 나타내는 방법도 있다. 미래가치의 경우 현재가치를 미래 해당 기간만큼 투자한 결과라고 할 수 있으므로 미래가치는 현재가치×(1+이자율)^{기간}으로 계산할 수 있다. 앞의 예에서 매월 말 600,000원을 10년간 받는 연금을 매월 초에 받는 경우로 가정하면 현재가치는 다음과 같다. 즉, 기초연금의 경우 기말연금에 비해 현재가치가 235,703원 크다.

$$\text{기초연금의 현재가치}=56,568,810\times\left(1+\frac{0.05}{12}\right)=56,804,513\text{원}$$

또한 매월 말 600,000원을 10년간 받는 기말연금의 마지막 연금수령 시점에서의 가치를 계산하면 다음과 같다.

$$\text{기말연금의 미래가치} = 56,568,810 \times (1 + \frac{0.05}{12})^{120} = 93,169,367\text{원}$$

화폐의 시간가치 계산은 재무금융 분야에서 매우 중요하게 다루어져야 할 주제이므로 모든 재무관리 교재에서 자세히 다루고 있다. 여기에서는 기업의 환위험을 이해하는데 필요한 수준으로 한정하여 기술하였다. 화폐의 시간가치에 대해 보다 구체적인 내용이 필요한 독자는 일반 재무관리 교재를 참고할 수 있다.

(2) 엑셀(Excel)을 이용한 현재가치 계산

앞에서 연금의 현재가치를 계산하는 문제를 설명한 이유는 현재가치 계산 원리를 이해하는 것이 환율과 기업가치 간의 관계를 이해하는데 필요하기 때문이었다. 실제로 현재가치를 계산해야 하는 경우 공식을 직접 사용하는 것보다는 이미 수식이 내장되어 있는 프로그램을 사용하는 것이 편리하다. 마이크로소프트(Microsoft)사의 엑셀(Excel) 프로그램을 사용하면 현재가치 계산을 비롯해 다양한 재무금융 분야의 계산을 손쉽게 해결할 수 있다. 이하에서는 앞에서 계산한 예를 중심으로 엑셀을 이용해 연금의 가치를 계산하는 방법을 설명한다.

엑셀도 다른 프로그램들처럼 시간이 흐르면서 새로운 버전이 나와 버전에 따라 기능과 화면 배열에 약간씩 차이가 있다. 여기에서는 2010년 버전을 기준으로 설명한다. 상이한 버전의 경우에는 화면에 약간 차이가 있을 수 있으나 기본적인 내용은 차이가 없으므로 여기에서 설명한 내용을 활용해 계산을 할 수 있을 것이다. <그림 2-2>는 엑셀을 실행시키고 윗줄의 메뉴바에서 수식 → 함수삽입 → 범주선택에서 선택버튼을 누른 후 '재무'를 선택한 결과 창이다.

재무를 선택하면 그 안에 재무 분야에서 사용하는 여러 가지 수식들을 내장하고 있는 함수이름들이 나타난다. 그림에서 마크된 함수 'ACCRINT'에 대해서는 함수들이 보이는 창 아래에 함수를 실행하기 위해 입력이 필요한 인수들과 함께 함수에 대한 간단한 설명이 나타나 있다.

앞에서 예로든 매월 600,000원을 10년간 받는 연금의 현재가치를 할인율이 5%인 경우를 가정하여 연금의 현재가치를 계산하기 위해서는 함수 중에 PV를 사용한다. <그림 2-3>은 <그림 2-2>에서 PV를 선택해 필요한 인수를 입력한 후의 모습이다.

〈그림 2-2〉 엑셀에서 '수식 → 함수삽입 → 범주선택 → 재무'를 선택한 화면

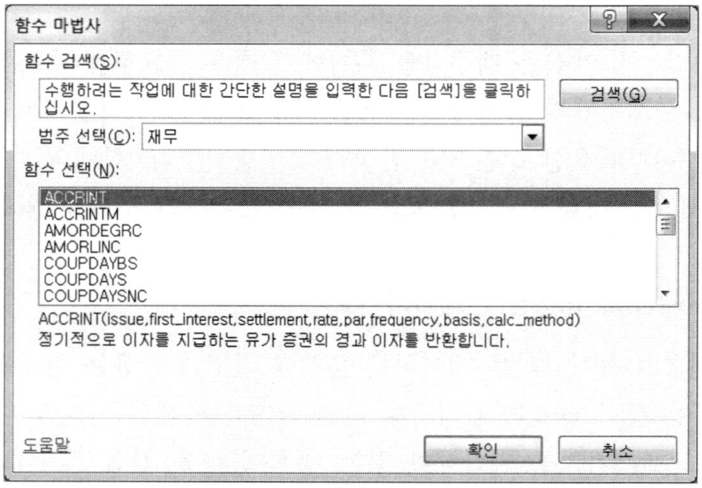

〈그림 2-3〉 PV를 선택한 후 필요한 인수를 입력한 결과

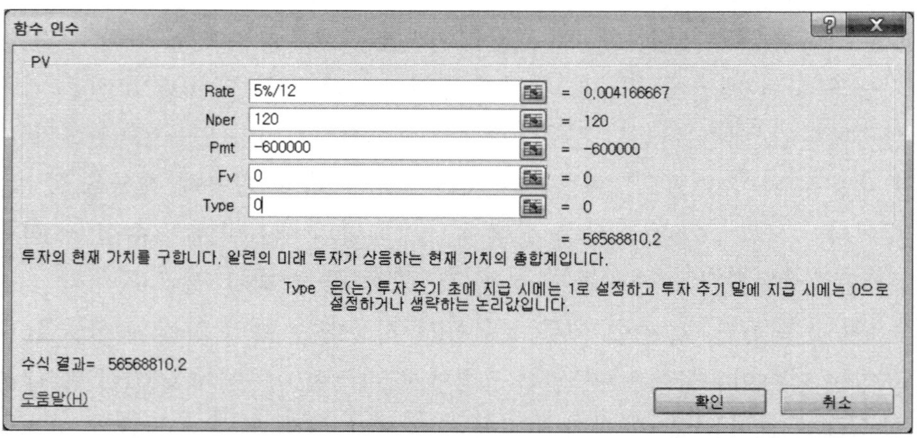

앞의 그림에서 각각의 입력 창을 클릭하면 창에 어떠한 값을 입력해야 하는지를 보여준다. 그림에서 클릭이 되어 있는 창은 연금의 형태를 나타내는 값을

입력하는 창으로 기말연금에는 0, 기초연금에는 1을 입력하게 되어 있는데 이에 대한 설명이 입력 창 아래에 나타나고 있다. 입력창에서 Pmt는 매회 지급받는 금액이며 '-'부호가 붙은 것은 함수를 정의할 때 투자를 하는 것으로 가정했기 때문에 지급받는 것을 편의상 음수의 부호를 붙여 표현한 것이다. 위의 상태에서 확인 버튼을 누르면 지정한 셀에 ₩56,568,810이라고 표시된다. 이 때 엑셀의 메뉴바 아래에 있는 입력창에는 '=PV(5%/12,120,-600000,0,0)'라고 입력되어 나타나는데 이것은 입력한 인수를 순서대로 표기한 것이다. 입력한 인수를 수정하고자 한다면 입력창에 있는 숫자를 직접 수정하면 된다. 예를 들어, 현재는 기말연금으로 가정해 현재가치를 계산했지만 기초연금으로 바꾸어 현재가치를 계산하고 싶으면 마지막에 0(기말연금)을 1(기초연금)로 바꾸면 된다. 입력창에서 직접 수정을 하면 앞에서 계산한 결과와 동일한 ₩56,804,514의 결과를 확인할 수 있다.

엑셀에는 재무금융 이외에도 다양한 분야의 함수들이 내장되어 있다. 재무분야의 함수에도 현재가치 외에 미래가치, 월불입액 등 다양한 계산이 가능한 함수들이 내장되어 있다.

2. 기업의 현금흐름과 가치평가

자산의 가치는 자산이 미래에 창출할 수 있는 현금흐름을 추정하고 그 현금흐름의 현재가치를 합산하는 방법으로 추정할 수 있다. 기업의 가치도 기업이 미래에 창출할 수 있는 현금흐름을 사용해 추정할 수 있다. 기업이 미래에 창출할 것으로 예상되는 현금흐름은 현금을 인식하는 주체에 따라 구분을 할 수 있다.

1) 배당과 기업가치평가

주주의 입장에서 볼 때 기업이 창출하는 현금흐름은 배당이다. 한국의 경우 배당률이 매우 낮은 편이기 때문에 주주가 기업의 주식에 투자하여 얻을 수 있는 현금흐름이 배당이 아닌 자본이득이라고 주장할 수도 있다. 그러나 자본이득이 발생하기 위해서는 누군가 그 주식을 구입해야 한다. 주식을 구입하는 사람이 왜 주식을 구입할까를 생각해 보면 결국에는 주주가 주식을 구입한 이유는 배당을 받기 위한 것이라는 결론에 도달할 수 있다. 주가가 상승하는 것은 시장에서 기업의 배당금이 증가할 것이라고 기대하고 있기 때문이다. 따라서 기업의 가치는 배당을 사용하여 평가할 수 있다.

기업이 주주에게 지불하는 배당 즉, 주주의 현금흐름을 사용해 기업가치를 평가할 때 적용하는 모형이 배당평가모형(dividend discount model)이다. 기업이 지불할 기대배당을 $E(D_1)$, $E(D_2)$, $E(D_3)$, $\cdots$, $E(D_\infty)$ 로 나타낸다. 앞의 표기는 배당을 다음 기부터 지급하며 매년 변하는 것으로 나타낸 것이다. 배당이라는 미래의 현금흐름을 현재가치로 전환하기 위해 적용해야 할 할인율은 $k_{e,1}$, $k_{e,2}$, $k_{e,3}$, $\cdots$, $k_{e,\infty}$ 와 같이 표기하기로 한다. 배당을 현재가치로 계산하기 위해 사용하는 할인율 또한 매년 변하는 것으로 나타낸 것이다. 기업이 배당을 안정적으로 실시하기 위해 노력은 하겠지만 배당은 기본적으로 기업의 성과를 주주에게 분배하는 것이므로 성과가 좋은 기간에는 배당도 증가하고 성과가 좋지 않은 기간에는 배당도 감소할 수 있다. 배당의 현재가치를 계산하기 위해 적용하는 할인율도 시장에서 이자가 변하듯 기간별로 차이가 있다고 보는 것이 타당하다.

배당액과 할인율이 매기 변하는 상황에서는 기업가치의 계산이 사실상 불가능하다. 미래의 기대배당을 사용해 기업가치를 평가하기 위해서는 배당과 할인율을 단순화시키기 위한 가정이 필요하다. 미래에 배당을 일정하게 유지할 것으로 가정하면 배당은 $E(D)$로 나타낼 수 있고, 배당에 대한 할인율이 일정하다고 가정하면 할인율은 k_e로 나타낼 수 있다. 기업이 당기순이익을 회사에 유보시키는 부분 없이 모두 배당으로 지급한다면 배당은 곧 주당순이익(당기순이익/발행주식수)이 되며 이 때의 기업가치는 영구연금의 현재가치를 계산하는 공식을 적용하여 다음과 같이 계산할 수 있다.

$$FV = \frac{E(D)}{k_e}$$

예를 들어, 기업이 1년 후부터 주당 10,000원의 배당을 매년 지급할 것으로 예상할 수 있고 배당의 현재가치를 계산하기 위해 적용하는 할인율이 10%라면 주식의 가치는 100,000원(10,000원÷0.1)이다. 이 경우 기업의 가치는 '100,000원×발행주식 수'인데 기업의 발행주식 수가 일정하다면 주가의 변동은 곧 기업가치의 변동과 같다.

앞서 기술한 배당평가모형은 기업이 주당이익을 모두 배당으로 주주에게 지급한 경우이다. 이 기업이 성장을 하기 위해서는 당기순이익을 유보하여 재투자를 하여야 하는데 주당이익을 모두 배당으로 지급하였다는 것은 성장이 없는 상황을 가정한 것과 같다. 이러한 이유로 앞의 배당모형을 무성장모형이라고도 한다.

기업이 당기순이익을 모두 배당으로 지급하는 것이 아니라 그 중 일부를 사내에 유보하고 나머지를 배당으로 지급한다면 배당의 크기는 '당기순이익×(1-유보율)'이 된다. 이 경우 기업은 유보된 금액을 재투자하여 성장을 하게 될 것인데 이로부터 기대할 수 있는 성장률은 기업의 '자기자본이익률×유보율'이 된다. 즉, 기업의 자기자본이익률을 r_e라고 표기하면 유보율이 b인 기업의 성장률 g는 다음과 같다.

$$g = b \times r_e$$

기업이 당기순이익의 일부를 유보하여 성장을 하는 경우 당장의 배당은 줄어들겠지만 성장을 하게 되므로 미래 배당에 대한 기대가 증가하여 기업의 가치는 증가할 수 있다. 이처럼 이익의 사내유보가 기업의 가치 증가를 가져오기 위해서는 자기자본이익률이 무성장모형에서의 할인율 k_e보다 커야 한다. 나중에 설명을 하겠지만 k_e는 자기자본비용을 말하는 것이기 때문에 자기자본이익률이 자기자본비용보다 큰 경우($r_e > k_e$)에 한하여 투자활동이 기업의 가치를 증가시킬 수 있다는 점은 당연한 것이다.

이처럼 당기순이익의 일부를 유보하여 성장을 하는 기업의 가치를 추정하기 위해 사용하는 배당평가모형을 성장모형이라고 한다. 성장모형에서 성장률이 g로 일정하다면 배당은 매년 g의 비율로 성장하는 것을 의미하기 때문에 금년의 배당이 D_0라면 다음해의 배당은 $D_0(1+g)$ 다음해의 배당은 $D_0(1+g)^2$, $D_0(1+g)^3$, ⋯ , $D_0(1+g)^\infty$와 같이 될 것이다. 각 시점의 배당의 할인율은 k_e이다. 이와 같은 성장률이 일정한 항상성장모형을 사용하여 기업의 가치를 나타내면 다음과 같다.

$$FV = \frac{D_0(1+g)}{1+k_e} + \frac{D_0(1+g)^2}{(1+k_e)^2} + \frac{D_0(1+g)^3}{(1+k_e)^3} +, \cdots, + \frac{D_0(1+g)^\infty}{(1+k_e)^\infty}$$

위의 식은 초항이 $\frac{D_0(1+g)}{1+k_e}$, 등비가 $\frac{1+g}{1+k_e}$ 인 무한등비수열의 합을 나타낸다. 무한등비수열의 합을 계산하기 위해 필요한 조건인 $-1 < \frac{1+g}{1+k_e} < 1$의 조건이 충족된다면 위 식은 무한등비수열의 합을 계산하는 공식을 적용해 계산할 수 있다. 성장률이 자기자본비용보다 작은 경우 항상성장모형은 무한등비수열의 합을 계산하는 공식을 사용해 다음과 같이 표현할 수 있다. 즉, 항상성장모형에서 기업의 가치는 다음기의 배당을 '자기자본비용-성장률'로 할인한 값이다. 식은 다음과 같이 유도된다.

$$FV = \frac{\frac{D_0(1+g)}{1+k_e}}{1-\frac{1+g}{1+k_e}} = \frac{\frac{D_0(1+g)}{1+k_e}}{\frac{k_e-g}{1+k_e}} = \frac{D_0(1+g)}{(k_e-g)} = \frac{D_1}{k_e-g}$$

2) 기업잉여현금흐름과 기업가치 평가

기업이 창출하는 현금흐름은 기업자체의 관점에서도 파악해 볼 수 있다. 기업이 경영활동을 수행한 결과 기업 안에 남겨 놓은 현금을 기업잉여현금흐름(free cash flow to the firm; FCF)이라 한다. 잉여현금은 기업 안에 남겨져 있는 현금이기 때문에 회계적으로 산출한 당기순손익과는 다른 개념이다.

기업잉여현금흐름은 다음과 같은 방법으로 계산한다.3)

FCF = 세후 영업현금흐름 – 자본적지출 – 순운전자본의 변동에 따른 현금지출

세후 영업현금흐름은 세후 영업이익에 영업활동수익 중 현금수입이 없는 항목을 차감하고 영업활동의 비용 중 현금지출이 없는 항목을 더하여 계산한다. 이를 정리해 나타내면 다음과 같다. 영업활동의 비용 중 현금지출이 없는 항목의 대표적인 것이 감가상각비이다.

3) 박정식·박종원, 현대투자론, 다산출판사, 2010, p.500.

세후 영업현금흐름 = 영업이익×(1−법인세율)
+ 영업활동의 비용항목 중 현금지출이 없는 항목
− 영업활동의 수익항목 중 현금수입이 없는 항목

자본적지출은 기업의 투자활동에 따른 현금지출을 나타내며, 순운전자본의 변동에 따른 현금지출은 현금예금을 제외한 영업활동과 관련된 유동자산과 유동부채 항목의 변동에 따른 현금소요액을 나타낸다.

기업잉여현금흐름을 매 기간별로 추정할 수 있다면 잉여현금흐름의 현재가치를 계산하여 기업가치를 계산할 수 있다. 잉여현금흐름을 사용하여 기업가치를 계산하는 과정을 식으로 나타내면 다음과 같다. $E(FCF_t)$는 t시점의 기업잉여현금의 기대값을 나타낸다. 기대잉여현금흐름을 할인하는 할인율은 k_0로 매 기간 동일하다고 가정하고 표기한 것이다.

$$FV = \frac{E(FCF_1)}{(1+k_0)} + \frac{E(FCF_2)}{(1+k_0)^2} + \frac{E(FCF_3)}{(1+k_0)^3} +, \cdots , + \frac{E(FCF_\infty)}{(1+k_0)^\infty}$$

앞으로 실현될 기업의 잉여현금흐름을 추정할 수 있다면 앞의 모형을 사용해 기업가치를 추정할 수 있을 것이다. 그러나 이 모형을 사용해 실제로 기업가치를 추정하기 위해서는 잉여현금흐름을 단순화하기 위한 가정이 필요하다.[4)]

3. 기업 가치평가에서의 할인율

배당평가모형에서는 미래 배당의 현재가치를 계산하여 기업의 가치를 평가하고, 기업잉여현금흐름평가모형에서는 기업이 영업활동을 중심으로 창출하는 잉여현금의 현재가치를 계산하여 기업의 가치를 평가한다. 배당은 주주의 입장에서 본 현금흐름이고, 기업잉여현금은 기업의 관점에서 본 현금흐름이다. 따라서 이 두 현금흐름을 할인하는 할인율은 각기 달라야 한다.

4) 현금흐름을 사용하여 기업가치를 평가하는 방법에 관해서는 박정식·박종원(2010) 14장을 참고할 수 있다.

1) 자기자본비용

배당평가모형에서의 할인율은 주주가 투자를 했을 때 기대하는 수익률이 되어야 한다. 주주가 투자를 하면서 기대하는 수익률은 기업의 입장에서 본다면 자기자본조달비용이다. 기업이 주주가 기대하는 요구수익률에 부응하지 못하는 경우 주주는 투자를 철회할 것이고 결과적으로 주가가 하락할 것이다. 이러한 주주의 기대를 알고 있는 경영자는 주주의 기대수익률에 부응할 수 있도록 경영활동을 할 것이다. 결국 주주가 기대하는 기대수익률은 기업이 자기자본을 조달하는데 지불하는 자본조달비용이 된다. 기업이 조달한 자기자본비용은 배당평가모형과 자본자산가격결정모형(capital asset pricing model: CAPM)을 사용하여 계산할 수 있다.

(1) 배당평가모형에서의 자기자본비용

항상성장모형에서 기업의 가치(FV)는 다음과 같다.

$$FV = \frac{D_1}{k_e - g}$$

FV는 기업의 주가와 같으므로 위 식을 주가를 중심으로 정리하면 다음과 같다. P_0는 현재의 주가이다.

$$P_0 = \frac{D_1}{k_e - g}$$

$$k_e = \frac{D_1}{P_0} + g$$

앞의 식은 자기자본비용(k_e)은 현재의 주가와 다음기의 배당 그리고, 성장률로 나타낼 수 있음을 보여주고 있다. 이 모형은 비교적 용이하게 자기자본비용을 계산할 수는 있지만 기업이 갖고 있는 위험을 명시적으로 고려하지 못한다는 문제를 갖고 있다.

(2) 자본자산가격결정모형에서의 자기자본비용

주식회사의 경우 자기자본은 주식의 형태로 거래되며 주식을 매입한 투자자는 회사의 지분을 보유한 주주가 된다. 투자자는 수익을 기대하고 주식에 투자한다. 주주가 특정의 주식에 투자하고 기대하는 투자수익률은 기업의 미래 위험에 따라 다르다. 투자자는 위험이 높은 기업의 경우 높은 수익을 기대할 수 있어야 투자를 결정할 것이다. 반면 위험이 낮은 기업이라면 기대수익이 위험이 높은 기업의 기대수익에 미치지 못해도 투자를 결정할 수 있다. 이처럼 투자자산이 갖는 위험과 투자자산으로부터 기대하는 기대수익 간에 존재하는 관계를 재무금융 분야에서는 위험-기대수익 상충관계라는 이름으로 다루고 있다.

위험-기대수익 상충관계가 시사하는 것은 시장에서 투자자가 투자를 할 때에 위험이 높은 투자자산에 대해서는 그에 상응하는 기대수익을 요구한다는 것이다. 만일 기대수익이 요구하는 수준에 미치지 못한다면 투자자는 해당 자산에 투자를 하지 않게 될 것이고 그 결과 자산의 가치는 하락해 결과적으로 높은 기대수익을 기대할 수 있는 조건이 형성된다. 따라서 위험에 대해서는 이에 상응하는 프리미엄이 존재하게 되는데 이를 위험프리미엄이라고 부른다. 즉, 위험프리미엄은 위험한 자산에 투자하는 대가로 투자자가 추가로 요구하는 수익률이라 할 수 있다.

투자론에서 자산의 가치평가이론으로 널리 알려져 있는 자본자산가격결정이론은 자산의 위험에 따라 기대수익률이 어떻게 결정되는지를 보여주는 균형이론이다. 자본자산가격결정모형에서 위험은 시장에서 분산시킬 수 없는 체계적 위험을 의미한다. 자본자산가격결정모형에서는 개별 자산이 갖고 있는 체계적 위험을 개별 자산의 기대수익률과 시장기대수익률 간의 공분산 관계를 이용해 측정하고 있다. 자본자산가격결정모형에서는 개별 자산수익률과 시장수익률 간의 공분산을 시장수익률의 분산으로 나눈 값을 시장베타(market beta: β)라고 부르고 이를 개별 자산의 체계적 위험의 대용치로 사용하고 있다.

자본자산가격결정모형에서 개별 자산의 기대수익률을 결정하는 요소는 개별 자산의 체계적 위험 즉, β이다. β는 미래의 개별 자산 기대수익률과 시장기대수익률 간의 관계에 의해 계산되어야 한다. 그래야 그것을 가지고 개별 자산의 체계적 위험 대비 요구수익률을 계산할 수 있다. 아래에서는 간단한 예를 들어 개별 자산의 체계적 위험 즉, β를 계산한다.

다음 자료는 대덕물산(주)의 주식수익률과 시장수익률을 예측된 상황별로 예상하여 정리한 것이다. 미래에 각 상황이 발생할 확률은 ⅙로 동일하다고 가정한다.

〈표 2-1〉 미래의 상황별 시장수익률, 대덕물산수익률

상황	상황이 발생할 확률	시장수익률	대덕물산수익률
1	⅙	0.12	0.10
2	⅙	-0.03	-0.05
3	⅙	0.27	0.15
4	⅙	0.12	0.25
5	⅙	0.10	0.30
6	⅙	0.30	0.50

대덕물산의 수익률과 시장수익률의 공분산은 0.0134이고 시장수익률의 분산은 0.0123이다. 대덕물산의 시장베타는 약 1.09(=0.0134÷0.0123)이다.[5] 베타가 1.09라는 것은 시장수익률이 1% 상승(하락)하면 대덕물산의 수익률은 1.09% 상승(하락)할 것이라는 것을 의미한다.

그러나 기업이나 연구자가 미래에 발생 가능한 상황들을 정의하고 그 상황이 발생할 확률과 각 상황에서의 시장기대수익률, 개별 자산의 기대수익률을 예상하는 것은 쉽지 않은 일이다. 이러한 어려움으로 인해 실제 분석에서는 시장수익률과 주식수익률의 과거 자료를 사용해 베타를 추정한다. 구분을 위해 앞에서 상황을 예측한 결과를 사용해 추정한 베타를 사전적 베타라고 부르고, 과거의 자료를 가지고 예측한 베타를 사후적 베타라고 부르기도 한다.

---

5) 시장수익률 기대수익률 :

$$0.12 \times \tfrac{1}{6} + (-0.03) \times \tfrac{1}{6} + 0.27 \times \tfrac{1}{6} + 0.12 \times \tfrac{1}{6} + 0.10 \times \tfrac{1}{6} + 0.30 \times \tfrac{1}{6} = 0.1467$$

대덕물산 수익률 기대수익률 :

$$0.10 \times \tfrac{1}{6} + (-0.05) \times \tfrac{1}{6} + 0.15 \times \tfrac{1}{6} + 0.25 \times \tfrac{1}{6} + 0.30 \times \tfrac{1}{6} + 0.50 \times \tfrac{1}{6} = 0.2083$$

시장수익률과 대덕물산 수익률 공분산 :

$$(0.12-0.1467)(0.10-0.2083) \times \tfrac{1}{6} + (-0.03-0.1467)(-0.05-0.2083) \times \tfrac{1}{6} \\ +(0.27-0.1467)(0.15-0.2083) \times \tfrac{1}{6} + (0.12-0.1467)(0.25-0.2083) \times \tfrac{1}{6} \\ +(0.10-0.1467)(0.30-0.2083) \times \tfrac{1}{6} + (0.30-0.1467)(0.50-0.2083) \times \tfrac{1}{6} \\ =0.0134$$

시장수익률 분산:

$$(0.12-0.4767)^2 \times \tfrac{1}{6} + (-0.03-0.4767)^2 \times \tfrac{1}{6} + (0.27-0.4767)^2 \times \tfrac{1}{6} \\ +(0.12-0.4767)^2 \times \tfrac{1}{6} + (0.10-0.4767)^2 \times \tfrac{1}{6} + (0.30-0.4767)^2 \times \tfrac{1}{6} \\ =0.0123$$

과거의 자료를 가지고 대덕물산의 사후적 베타를 계산하고자 시장수익률과 대덕물산의 과거 수익률 자료를 다음과 같이 정리하였다.

〈표 2-2〉 시장수익률과 대덕물산수익률의 과거 자료

기간	시장수익률	대덕물산수익률
2007	0.01	0.10
2008	-0.01	-0.02
2009	0.14	0.15
2010	0.12	0.25
2011	-0.1	-0.20
2012	0.20	0.10

과거 자료를 사용해 시장수익률과 대덕물산 수익률의 공분산을 계산하면 0.0139이고 시장수익률의 분산은 0.0125이다.[6] 사후적 베타를 계산하면 약 1.1이다. 과거의 실제 자료를 가지고 계산한 베타(사후적 베타)는 사전적 추정 자료를 가지고 계산한 베타와는 다르다. 두 베타가 우연하게 일치할 수는 있지만 서로 다른 값을 갖는 것이 일반적인 경우라 할 수 있다. 이론적으로는 사전적 베타를 추정하여 사용하는 것이 바람직한 방법일 수 있으나 현실적 어려움 때문에 대부분의 분석에서는 사후적 베타를 사용하고 있다.

과거의 자료를 가지고 사후적 베타를 추정하고 그 베타를 사용해 자산의 요구수익률을 결정하는 방법의 유용성은 미래에도 과거와 같은 상황이 지속될 것인가의 여부에 달려 있다고 할 수 있다. 재무금융 분야의 연구에서 과거의 수익률 자료를 사용해 베타를 추정하고 이에 근거해 분석 결과를 도출하는 것은 과거의 상황이 미래에도 지속될 것이라는 가정을 포함하고 있는 것이다.

시장수익률과 개별 자산 수익률의 공분산과 시장수익률 분산의 비율로 계산하는 베타는 개별 자산의 수익률을 종속변수로 하고 시장수익률을 독립변수로 하는 회귀모형의 회귀계수와 동일하다. <표 2-3>은 대덕물산의 베타를 엑셀(Excel)의 데이터분석의 회귀분석 기능을 사용해 추정한 결과이다. 표에서 독립변수인 시장수익률(X1)의 계수인 1.108626이 대덕물산의 베타이다.

6) 각각 표본의 공분산과 분산을 계산한 것임.

〈표 2-3〉 엑셀의 회귀분석을 사용해 베타를 추정한 결과

요약 출력

회귀분석 통계량	
다중 상관계수	0.79631
결정계수	0.63411
조정된 결정계수	0.542637
표준 오차	0.10535
관측수	6

분산 분석

	자유도	제곱합	제곱 평균	F 비	유의한 F
회귀	1	0.076939	0.076939	6.932242	0.058009
잔차	4	0.044395	0.011099		
계	5	0.121333			

	계수	표준 오차	t 통계량	P-값	하위 95%	상위 95%
Y 절편	-0.00318	0.04988	-0.06384	0.952162	-0.14167	0.135306
X1	1.108626	0.421064	2.632915	0.058009	-0.06044	2.277688

균형하에 위험과 기대수익 간의 관계를 나타내는 자본자산가격결정모형에서 위험과 기대수익의 관계를 나타내는 것이 증권시장선이다. 증권시장선(security market line)은 다음의 식과 같다. $E(r_i)$는 주식 i의 기대수익률이고 r_f는 무위험이자율, $E(r_m)$은 기대시장수익률이고 β_i는 자산 i의 체계적 위험을 나타내는 베타이다. $E(r_m)-r_f$는 시장위험프리미엄이고 $[E(r_m)-r_f]\times\beta_i$는 자산 i의 위험프리미엄이다. 따라서 증권시장선에서 자산 i의 기대수익률은 무위험이자율에 자산 i의 위험프리미엄을 더하여 결정된다.

$$E(r_i)=r_f+[E(r_m)-r_f]\times\beta_i$$

기술한 바와 같이 주식에 투자한 투자자는 β_i의 위험이 있는 자산 i에 투자하면서 $E(r_i)$의 기대수익을 예상한다. 이는 곧 기업 i가 주주에게 이정도의 수익을 제공할 수 있어야 함을 의미하는 것으로 기업이 자기자본을 조달하는데 따르는 자기자본비용을 의미하는 것으로 해석할 수 있다. 앞의 대덕물산의 예인

<표 2-1>에서 기대시장수익률은 14.67%이다. 무위험이자율이 6%라면 사전적 베타를 기준으로 한 대덕물산의 기대수익률은 약 21.27%이다.[7)]

2) 가중평균자본비용

기업잉여현금흐름평가모형에서 잉여현금흐름은 기업이 자기자본과 타인자본을 조달하여 운영함으로서 창출한 것이다. 따라서 기업가치를 평가하기 위해 현금흐름의 현재가치를 계산할 때 적용하는 할인율은 기업의 자본비용 즉 가중평균자본비용이 되어야 한다. 가중평균자본비용 k_0를 식으로 나타내면 다음과 같다. k_e는 자기자본비용이고 k_d는 타인자본비용 그리고 E, D는 각각 자기자본과 타인자본을 나타낸다. t는 세율이다.

$$k_0 = k_e \times \frac{E}{E+D} + k_d(1-t) \times \frac{D}{E+D}$$

4. 기업 가치평가와 환율

앞에서 기업의 가치를 평가하기 위해서는 기업이 창출하는 현금흐름과 그 현금흐름의 현재가치를 계산하기 위해 적용하는 할인율이 필요함을 기술하였다. 여기에서는 환율변동이 기업의 현금흐름과 할인율에 미치는 영향 관계를 기술한다. 환율변동이 현금흐름과 할인율에 미치는 영향을 구분해서 이해하면 환율변동이 기업가치에 미치는 영향을 보다 명확하게 이해할 수 있다.

1) 기업 현금흐름과 환율

기업의 가치를 기업이 창출할 것으로 기대하는 현금흐름의 현재가치로 평가한다고 할 때, 환율변동이 미래 현금흐름에 영향을 미친다면 환율변동은 기업가치에 영향을 미치게 된다. 환율변동이 기업의 당기순이익에 영향을 주어 배당을 변화시킨다는 관점에서 본다면 환율변동은 미래 배당의 현재가치 변화를 통해 기업가치를 변동시킬 것이다. 한편, 환율변동이 수출이나 수입에 영향을

---

7) 6%+[14.67%-6%]×1.1=21.27%.

주어 영업현금흐름에 영향을 주고 결과적으로 미래 기업잉여현금흐름에 영향을 줄 것이라는 관점에서 본다면, 환율변동은 기업잉여현금흐름의 현재가치에 영향을 주고 이는 기업가치의 변화를 가져올 것으로 생각할 수 있다. 기업의 미래 배당금이나 기업잉여현금흐름은 모두 영업활동으로부터의 현금흐름 즉, 영업현금흐름의 영향을 받는다. 환율변동이 영업현금흐름에 미치는 영향은 주로 환율과 수출과의 관계, 환율과 수입과의 관계를 중심으로 논의되어 왔다. 이하에서는 환율과 수출, 수입과의 관계를 중심으로 환율과 기업가치 간의 관계에 대해 설명한다.

(1) 환율의 변동과 무역에서의 마크업 조정[8)]

환율이 변동하면 수출품의 가격이 변한다. 예를 들어, 단위당 가격이 $1인 수출품의 판매수익은 원/달러 환율이 ₩1,000/$인 경우 1,000원이 된다. 환율이 10%상승하여 ₩1,100/$으로 되면 판매수익은 1,100원이 되어 다른 요인이 일정하다면 영업이익은 그만큼 증가한다. 이 경우 기업은 원화표시 판매 가격을 1,000원에서 1,100원으로 인상하여 마크업을 100원 증가시킨 결과가 된다. 이러한 상황은 분명 기업의 현금흐름을 증가시켜 기업의 가치를 증가시킨다. 그러나 환율이 10% 상승했다고 해서 항상 원화표시 가격을 10% 인상할 수 있는 것은 아니다. 예를 들어, 외국의 수입업자가 환율상승분만큼 달러표시 가격을 인하해 줄 것을 요구한다면 원화표시 가격은 1,100원 이하가 될 가능성이 크다. 수출기업의 제품경쟁력이 낮을수록 원화표시 가격의 인상폭은 작아질 것이다. 반면, 수출업자의 가격경쟁력이 커 외국의 수입업자가 가격 조정을 요구하지 못하는 상황이라면 원화표시 수출가격은 1,100원이 될 것이다.

환율변동이 수출품의 가격에 미치는 영향은 환율변동과 수입가격의 변화를 나타내는 환율의 가격전가(pass through)에 대한 논의에서 출발하였다. 환율전가(exchange rate pass through)는 환율변동에 대한 수입 또는 수출가격의 반응 정도를 의미한다. Branson(1972)은 1970년대 초 미국의 환율과 국제수지 관계를 설명하면서 전가(pass through)라는 개념을 처음 사용하였다. 그는 일본과 독일로부터의 수입품 가격에 환율변동분이 완전히 반영되지 않기 때문에 미국의 국제수지 개선이 이루어지지 않는다고 주장하였는데 당시에 이러한 불완전 전가 현

8) 이하의 내용은 권택호·황희곤(1999a), 권택호·주경원(2002)의 내용을 보완 정리한 것으로 구체적인 내용에 대해서는 해당 논문을 참고할 수 있음.

상은 계약의 관행, 계약과 인도기까지의 시차 등의 이유로 발생하는 단기적 현상으로 받아들여졌다. 그러나 80년대 들어오면서 환율전가는 산업조직론과 시장불완전 경쟁의 관점에서 연구되기 시작하였다.

Krugman(1987)은 80년대 독일의 대미국 수출품 가격을 분석하고 환율전가가 완전하게 이루어지지 않는 이유를 환율이 변동할 경우 독일의 수출기업들이 자신들의 마크업을 조정하여 대미국 수출가격을 조정하기 때문이라고 주장하였다. 그는 이것을 시장별 가격전략(pricing-to-market; PTM)이라고 정의하고 PTM 정도는 산업별로 차이가 있다고 주장하였다. 그는 PTM의 원인으로 불완전경쟁, 마케팅과 판매하부구조의 확충, 기업의 가격이미지 유지 등을 지적하였다. PTM에 대한 초기의 분석은 불완전경쟁 상황을 중심으로 연구되었는데 Knetter(1989, 1993, 1995), Marston(1990), Gagnon and Knetter(1995) 등은 정태적 모형 분석의 관점에서, Froot and Klemperer(1989), Giovannini(1988), Le Cacheux and Reichlin (1992), Kasa(1992) 등은 동태적 모형 분석의 관점에서 PTM 문제를 다루었다. 국내에서는 김기홍·곽노성(1995), 장봉규(1996), 이환호(1996), 신봉호·곽태운·안철원(1997) 등이 정태적 분석 모형을 이용한 분석을 수행하였다.

환율변동에 따른 가격전가가 완전히 이루어지지 않는다는 것은 수출업자가 환율변동의 영향을 수출가격 조정을 통하여 스스로 흡수한다는 것을 의미한다. 수출자의 가격은 수출품의 생산원가(cost)와 원가에 대한 가산액인 마크업(mark-up)으로 구성된다. 환율변동이 원가에 미친 영향만큼만 수출가격을 조정하는 것이 아니라면 환율변동에 따라 수출가격을 조정한다는 것은 마크업의 조정을 의미한다.

기업이 가격 조정 능력을 갖고 있다고 가정하면 기업의 마크업 조정은 다음과 같은 부분균형 모형을 이용하여 설명할 수 있다(Knetter, 1989, 1993, 1995; Marston, 1990; Gagnon and Knetter, 1995). 조정비용(adjustment cost)과 불확실성이 없다고 가정하고 독점자가 하나의 생산요소를 투입해 주어진 수출시장에 판매를 위해 생산을 한다고 가정한다. 독점자의 해외 판매로부터의 이익 R은 식 (2-1)과 같다. P는 수출자의 통화로 표시된 수출가격이고 Q는 수요량으로 수입통화표시 가격의 함수이다. E는 수출자 통화 1단위당 수입자 통화 단위로 표시한 환율이고 ω는 수출자 통화표시 투입요소 가격이다. $C[Q(EP), \omega]$는 기업의 비용함수이다.

$$R = PQ(EP) - C[Q(EP), \omega] \tag{2-1}$$

식(2-1)을 가격(P)으로 미분하고 이익극대화를 위한 1계조건을 구하면 식(2-2)와 같다.

$$\frac{\partial R}{\partial P} = PQ'(EP) + Q(EP) - MC \times Q'(EP) = 0 \tag{2-2}$$

식(2-2)에서 MC는 비용함수를 수요량(Q)으로 미분한 한계비용을 표현한 것이다. 식(2-2)를 정리하면 수출가격(P)은 식(2-3)과 같이 나타낼 수 있다. η는 수입국에서의 가격변화에 대한 수요 탄력성의 절대값이다.

$$P = MC[\frac{\eta}{(\eta - 1)}] \tag{2-3}$$

식(2-3)을 변형하면 식(2-4)와 같이 표시할 수 있다.[9)]

$$P = MC(1 + \frac{1}{\eta - 1}) \tag{2-4}$$

식(2-4)는 수출가격이 한계생산비와 이를 초과하는 마크업으로 구성되어 있으며, 마크업은 수입시장 수요의 가격탄력성에 의해 결정됨을 의미한다. 따라서 수입시장 통화와의 환율변동은 수량이나 투입요소 가격의 변화로 인한 한계생산비 변화, 그리고 수입시장의 수요탄력성 등을 고려한 마크업의 조정을 통하여 수출가격에 영향을 주게 된다.[10)] 마크업 조정 정도는 일반적으로 수입국 현지시장의 가격경쟁 정도, 시장 집중(market concentration) 정도, 제품의 동질성과 대체성, 수출기업의 수입국 현지 국내 경쟁자들에 대한 시장 점유율 등과 관련이 있다. Krugman(1987) 이후에 마크업 조정을 통한 PTM 현상을 분석하는 많은 연구는 이와 같은 기업의 가격 조정 능력을 전제로 하고 있다.

---

9) $\frac{\eta}{\eta - 1} = \frac{\eta - 1 + 1}{\eta - 1} = 1 + \frac{1}{\eta - 1}$

10) 수출가격 결정 통화와 동일한 통화로 생산요소를 구입한다면 환율변동에 의한 마크업 조정의 영향은 수출과 수입에서의 마크업 조정 정도를 비교하여 판단해야 할 것이다.

이 경우에 기업은 자신의 가격전략에 따라 행동할 수 있다. 기업이 환율의 변동과 관계없이 수입국 현지에서의 가격을 안정적으로 유지하고자 한다면, 자국통화 가치 하락(상승) 시에 자국통화표시 수출가격을 상승(하락)시키는 방향으로 마크업을 조정하여 현지 가격의 안정화를 추구한다. Knetter(1989, 1993)는 이처럼 수출기업이 현지의 가격을 안정화시키는 것을 'local-currency price stability'라고 정의하였다. 기업이 환율전가 대신에 마크업을 조정하여 현지가격을 안정화시키고자 하는 이유는 이력현상(hysteresis effect)으로도 설명할 수 있다.[11] 기업이 공급 측면에서 서비스, 유통·분배와 관련한 투자를 하는 경우 이는 회수가 불가능한 매몰비용(sunk cost)의 성격을 갖기 때문에 환율변동에 의해 손실이 발생하는 경우에도 이를 모두 가격에 전가시키지 못한다는 것이다(Baldwin, 1988; Dixit, 1989; Baldwin and Krugman; 1989). 이것은 시장에서 상표나 가격 이미지를 이미 구축한 기업에 대해서도 동일하게 적용할 수 있다(Froot and Klemperer, 1989). 이러한 설명은 환율변동으로 기업들이 현지에서 가격을 인하시킬 수 있는 여력이 있는 상황에서도 가격을 인하하지 않는 경우에도 적용할 수 있다.

환율변동에 따른 수출업자의 가격 조정은 통화가치 상승 시에만 자국통화표시 가격을 하락시키고, 자국의 통화가치 하락 시에는 가격조정을 하지 않는 방향으로 마크업을 조정하여 수출시장에서의 시장점유율을 유지 및 확대하는 방향으로 이루어질 수 있다. 반면에 통화가치 상승 시에는 가격조정을 하지 않고 (환율변동의 영향을 수입업자에게 전가시키고) 통화가치 하락 시에는 가치 하락만큼을 수출가격에 반영하여 통화가치 하락에 따른 이익을 확보하는 전략을 구사할 수 있다. 수입시장에서 수입쿼터 등의 설정으로 수출물량을 확대하는 것이 불가능하고 제품에 대한 수입수요가 많을 경우 또는, 수출업자가 수입시장에서 적극적으로 공급을 확대할 의사가 없는 경우 수출업자는 이러한 방향으로 마크업을 조정할 수 있다. 이처럼 환율의 변동 방향에 따라 마크업 조정 정도를 달리할 경우 마크업 조정 정도는 환율의 변동 방향에 따라 비대칭적으로 나타난다. Ohno(1989), Marston(1990), Knetter(1994) 등은 마크업 조정의 비대칭적 특성을 분석하였다. 특히 Knetter(1994)는 시장 유지를 위해 주로 통화가치 상승 시에 마크업을 조정하는 경우를 시장점유율(market share)모형으로, 자국통화가치 하락 시에 이익을 추구하고자 하는 마크업 조정을 병목(bottleneck)모형으로 부르고 실증분석을 통하여 두 가설을 검증하고자 하였다.

---

11) 이력현상은 변화의 원인이 제거되었을 때 최초의 값으로 돌아가지 못하는 성질을 말함.

기업이 환율변동에 대응하기 위해 마크업을 조정하는 경우는 기업이 가격 조정 능력이 있기 때문에 조정을 하는 경우도 있겠지만 거래관계에 의해 어쩔 수 없이 가격을 조정하는 경우도 있을 수 있다. 특히 무역에서 가격탄력성이 높고 상품경쟁력이 없는 경우 이러한 현상이 나타날 수 있다. 기업의 마크업 조정을 조정능력과 대칭적 조정 여부를 기준으로 분류하면 다음 표와 같이 나타낼 수 있다.

〈표 2-4〉 환율변동과 수출가격 조정

<table>
<tr><th rowspan="3">가격조정 여부 / 가격조정 능력</th><th rowspan="3">비가격조정
(가격전가)</th><th colspan="3">가격조정</th></tr>
<tr><th rowspan="2">대칭적 가격조정</th><th colspan="2">비대칭적 가격조정</th></tr>
<tr><th>수출국 통화가치하락</th><th>수출국 통화가치상승</th></tr>
<tr><td>있음</td><td>능동적
가격전가
모형</td><td>현지가격 안정화 모형 : 현지가격 안정화 추구</td><td>병목모형 : 수출품 가격을 인상하여 수출국 통화가치 하락으로부터 이익을 추구</td><td>시장점유율모형 : 수출품 가격을 인하하여 수출시장 유지 및 시장확장에 주력</td></tr>
<tr><td>없음</td><td>수동적
가격전가
모형</td><td></td><td>단기이익모형 : 통화가치 하락분을 마크업에 반영</td><td></td></tr>
</table>

자료: 권택호·황희곤(1999a), p.146.

한국의 기업이 환율변동을 반영하여 마크업을 조정하는지의 여부에 대한 실증분석 결과는 한국의 기업들도 환율변동에 따라 마크업을 조정하고 있다는 결과를 지지하고 있다. 권택호·주경원(2002)은 1996년~2000년까지의 기간을 대상으로 한국의 주요 수출품에 대하여 환율의 변동에 따른 마크업 조정 여부를 분석하였다. 그들은 마크업 조정 계수를 추정하기 위해 각 품목의 원화표시 수출가격 변화율을 종속변수로 하고 환율변동률, 국내 생산자물가상승률 그리고 전기의 수출가격 변화율을 독립변수로 하여 회귀분석을 수행하였다. 품목-국가별 마크업 추정 모형은 식(2-5)와 같고 품목별 마크업 추정 모형은 식(2-5)'과 같다. 식(2-5)에서, $XPr_{i,k,t}$는 품목 k에 대한 i국으로의 원화표시 수출가격 변동률, $Err_{i,t}$는 수입국(i)통화에 대한 원화가격을 표시하는 환율(₩/수입국통화) 변동률, $PRr_{k,t}$는 품목k의 생산자물가지수변동률이다. 시차변수인 $XPr_{i,k,t-1}$은 수출가격의 지속성을 고려하기 위한 변수로서, 원화표시 수출가격에 지속성이 있다면 계수는 양(+)일 것으로 예측할 수 있다. $a_{1,i,k}$는 품목 k의 i국으로의 수출가격의 환율탄력성(마크업 조정 계수)으로, 일반적으로 0과 1사이의 양의 값으로 예측할 수 있다.[12] $a_{1,i,k} > 0$ 경우 원화가치가 상승(하락)할 경우 마크업을 하향(상향) 조정하여 수출품의 원화가격을 하락(상승)시켜 수출품의 현지(수출대상지역) 가격을 안정화시키는 것을 의미한다. 품목별 조정 계수인 $a_{1,k}$도 동일한 방법으로 해석할 수 있다.

$$XPr_{i,k,t} = a_{0,i,k} + a_{1,i,k}Err_{i,t} + a_{2,i,k}PRr_{k,t} + a_{3,i,k}XPr_{i,k,t-1} + \epsilon_{i,k,t}, \qquad (2\text{–}5)$$

$$XPr_{i,k,t} = a_{0,k} + a_{1,k}Err_{i,t} + a_{2,k}PRr_{k,t} + a_{3,k}XPr_{i,k,t-1} + \epsilon_{i,k,t}, \qquad (2\text{–}5)'$$

환율변동에 대한 마크업 조정은 단기간에 이루어질 수도 있지만 시차를 두고 장기적으로 이루어질 수 있다. 마크업이 장기적으로 어떻게 조정되는가를 분석하기 위하여 환율과 생산자물가지수의 시차변수를 추가한 식(2-6)을 이용하여 분석한다. 식(2-6)은 장기적 마크업 조정을 고려하면서 품목별 마크업 계수를 추정하는 식이다. $Err_{i,t-3}$과 $PRr_{k,t-3}$은 각각 환율과 생산자물가지수에서 t시점에서 고려한 시점 이전 3개월 평균값이다.

$$XPr_{i,k,t} = b_{1,k}Err_{i,t} + b_{2,k}Err_{i,t-3} + b_{3,k}PRr_{k,t} + b_{4,k}PRr_{k,t-3} + b_{5,k}XPr_{i,k,t-1} + \epsilon_{k,t} \qquad (2\text{–}6)$$

수출가격은 품목을 SITC(Standard International Trade Classification) 5단위로 구분한 후 수출대상국별 수출단가를 계산하여 사용한다. 한국은행에서 발표하는 품목별 원화표시 수출물가지수는 수출대상국을 구분하지 않아 품목의 수출금액은 무역협회의 월별 무역통계 자료를 이용하여 계산한다. 수출단가는 수출금액을 중량으로 나누어 계산하였다. 환율은 통계청의 데이터베이스로부터 검색하여 사용하고, 대만의 경우에는 한국은행의 조사통계월보 자료를 이용한다. 환율은 월 평균 환율이다.

---

12) Knetter(1993) 등은 다수국에 가격차별을 하는 독점기업의 경우에 환율변동에 대한 수출가격 탄력성 계수를 마크업 조정으로 해석하고 있다. 환율변동에 대해 원가변동부분을 통제할 경우에 환율변동에 대한 수출가격탄력성을 마크업 조정으로 해석할 수 있다. 물론 과점적인 시장상황을 고려할 경우에 환율변동에 대한 수출가격탄력성은 마크업뿐만 아니라 수출기업의 현지시장점유율, 경쟁기업의 수출가격 등의 복합적 영향이 반영될 수 있으므로 마크업 조정 계수의 의미는 해석에 주의가 필요하다.

분석에 필요한 생산비용은 한국은행이 발표하고 있는 생산자물가지수를 품목별로 대응시켜 사용한다. 품목의 분류에 사용한 SITC 5단위 분류 품목에 대해 앞의 추정식을 적용하기 위해서는 SITC 품목과 생산자물가지수 상의 품목을 일치시켜야 한다. 분석에서 주요 수출품으로 정리된 SITC 품목명과 각 품목에 해당하는 생산자물가지수의 연결 관계를 <표 2-5>에 정리한다.

〈표 2-5〉 수출품목과 생산자물가지수(기본분류지수)의 대응

SITC	품목명	생산자물가지수
51124	크실렌	혼합크실렌, 파라크실렌의 평균
51125	스티렌	스티렌모노머
57111	비중 0.94미만의 것(폴리에틸렌)	저밀도폴리에틸렌수지
57112	비중 0.94이상의 것	고밀도폴리에틸렌수지
57292	아크릴로니트릴-부타디엔-스티렌 공중합체 (ABS 수지)	ABS수지
57511	폴리프로필렌	폴리프로필렌수지
58226	폴리카보네이즈, 알킷수지 또는 기타 폴리에스테르 것	플라스틱물질
64132	필기용, 인쇄용 또는 기타 그래프용지와 판지	종이 및 판지
64133	필기용, 인쇄용 또는 기타 그래프용지와 판지	종이 및 판지
65163	기타의 합성필라멘트사	화학섬유사
65314	합성된 필라멘트사의 직물	혼방합성섬유직물
65315	합성된 필라멘트사의 직물	혼방합성섬유직물
65316	합성된 필라멘트사의 직물	혼방합성섬유직물
65383	재생섬유직물(주로 인조필라멘트와 혼방한 것)	혼방합성섬유직물
65522	기타 편직물(폭이 30 cm를 초과하는 것)	편직물
65523	기타 경편직의 직물류	편직물
65732	플라스틱을 침투.도포.피복 또는 적충한 방직용섬유의 직물류도포직물	도포직물
67413	철의 평판압연제품(기타 도금 또는 코팅한 것)	열간압연품(중후판, 열연박판, 열연대강)
67554	스텐인레스강의 평판압연제품 (폭이 600MM이상 두께가 0.50MM이상 1MM이하의 것)	스텐레스냉연강판
69311	철강선(철강재의 것)	철강선
69741	달리 명시되지 않은 철강제의 가정용품 및 그 부분품	주방용기 및 위생용기
72322	360도 회전의 상부구조를 가진 기계식 삽 및 굴착기	굴삭기
74151	창문 또는 벽면 부착식 공기조절장치(자장식의 것)	공기조절용장치
74315	냉동설비용의 압축기	공기압축기
74412	기타의 자주식 작업트럭계	산업운반용기계
74918	고무 또는 플라스틱재료 성형용의 주형 (사출식 또는 압축식의 것)	사출성형기
76381	음성기록용 또는 재생용기기	VTR
76425	가청주파증폭기	확성기
76432	수신기를 갖춘 송신기기	무선송수신기
77511	가정형 또는 세탁소형 세탁기기	세탁기
77521	가정형 냉장고	냉장고
77586	오븐,쿠커,조리판,보일링 링,그릴러 및 로우스터	가스오븐렌지
77611	TV음극선관(천연색의 것)	TV 브라운관(CRT)
77623	기타의 음극선관	산업용브라운관
77632	전력 낭비율 1W미만의 트랜지스터	트랜지스터
77641	디지탈식 모노리크 집적회로체	반도체

77812	축전지	축전지
78311	압축점화식 피스톤 내연기관의 것	승용차
85148	달리 명시되지 않은 신발 (바깥바닥을 가죽으로 만든 것)	가죽갑피신발
89471	낚시대, 낚시바늘품	낚시용구
89845	마그네틱 테이프(폭 6.5MM 초과의 것)	비감광성기록매체

자료: 권택호 · 주경원(2002), p.91.

<표 2-6>은 식(2-5)를 사용해 주요 수출품에 대해 국가-품목별 마크업 조정 계수를 추정하고 결과를 정리한 것이다. 표에서 x는 수출금액이 1개월 이상 누락되어서 마크업 조정 계수를 추정할 수 없는 품목-국가 조합이다. ***는 1%, **는 5%, *는 10% 유의수준을 표시한다. 분석 결과 수출지역과 관계없이 일부 품목을 제외한 모든 품목에서 유의적인 마크업 조정 현상이 나타났다. 마크업 조정 계수는 양수로 나타나 환율이 상승하면 마크업도 상향 조정하는 것으로 나타나고 있다.

〈표 2-6〉 국가-품목별 수출 마크업 조정 계수 추정 결과

추정식:

$$XPr_{i,k,t} = a_{0,i,k} + a_{1,i,k}Err_{i,t} + a_{2,i,k}PRr_{k,t} + a_{3,i,k}XPr_{i,k,t-1} + \epsilon_{i,k,t}, \qquad (2\text{–}5)$$

SITC 품목 \ 국가	미국	독일	영국	일본	중국	호주	홍콩	싱가포르	말레이지아	대만	브라질
51124	x	x	x	x	0.57***	x	x	x	x	x	x
51125	x	x	x	x	0.49***	x	x	x	x	0.49***	x
57111	x	x	x	0.84***	0.85***	1.10***	0.95***	x	1.19***	1.24***	x
57112	x	x	x	x	0.85***	1.01***	0.71***	x	x	0.98***	x
57292	0.47***	x	0.54***	0.31	0.65***	0.53***	0.59***	0.95	0.66***	0.57***	x
57511	x	x	x	0.66***	0.70***	0.95***	0.75***	x	x	0.96	x
58226	0.55***	0.17**	0.62***	0.86***	0.68	0.83***	0.20	0.91***	0.17	1.03	x
64132	0.77***	x	x	x	0.85***	0.73***	0.86***	x	0.69***	x	x
64133	0.97***	x	x	x	0.87***	0.80***	0.80***	1.35***	0.57**	x	x
65163	0.60***	0.68	0.70***	0.47*	0.81***	0.54	0.88*	x	0.08	0.75*	0.37*
65314	x	x	x	0.47*	0.83***	0.67*	1.02***	x	1.26**	x	x
65315	0.65***	0.31	0.97***	x	1.26***	0.90***	1.00**	1.15***	1.10*	0.69***	0.32***
65316	0.91***	0.16	1.07***	0.97***	0.81***	1.08***	0.59***	0.79***	0.83*	0.74***	0.19
65383	0.71***	0.40**	0.85***	0.03	0.72***	0.71***	1.00***	1.10*	x	x	x
65522	0.75***	x	x	0.67***	0.75***	1.02***	1.12***	x	x	x	x
65523	0.63**	0.13	0.92*	0.52***	0.89***	1.38***	0.96***	x	x	-0.50	0.33
65732	0.74***	1.11***	0.75*	0.53***	0.81***	2.25***	0.98***	-0.27	x	0.57*	0.75**
67413	x	x	x	0.58***	0.92***	0.78***	0.77***	0.78***	0.41***	0.59*	x
67554	0.66***	x	x	0.67***	0.62***	x	0.55***	1.15***	x	x	x
69311	0.94***	0.29	0.20	0.83***	0.73**	1.61***	1.15***	0.87***	1.78*	1.15**	x

69741	0.82***	0.26**	0.73***	0.25	0.74*	1.10***	0.77***	0.82*	x	1.03**	x
72322	0.85***	x	0.80***	x	1.80***	0.89***	x	x	x	x	x
74151	0.54	x	x	x	x	0.67***	x	0.63*	x	x	x
74315	0.76***	x	x	x	0.35*	1.64***	-0.01	x	x	1.31**	-0.005
74412	1.03***	x	0.76***	x	x	1.25***	x	x	x	x	x
74918	1.04	x	0.90	0.81***	0.40	x	1.36***	1.07	0.19	x	x
76381	1.36***	0.77	0.65	0.01	0.80	0.48**	0.11	x	x	x	0.53**
76425	0.80***	0.32**	1.02***	0.43*	x	1.17***	1.29***	0.70**	x	1.52***	x
76432	0.52*	0.42	0.39	x	x	1.07***	0.75***	x	x	x	x
77511	x	x	x	0.39	x	x	x	0.86***	x	0.97***	x
77521	0.73***	x	x	0.69***	x	x	1.02***	0.97***	0.91***	1.15***	x
77586	0.83***	0.67***	x	0.71***	x	x	x	x	x	x	x
77611	0.50	x	x	0.73***	0.96***	x	0.66***	0.86***	0.20	0.75***	-0.54
77623	0.29	x	0.62***	0.99**	0.45***	x	0.47***	x	0.33	0.35*	x
77632	1.27***	0.04	x	0.53***	1.21	x	0.71***	0.83***	x	1.25***	x
77641	1.05***	0.35	0.88*	0.48	-0.19	0.42	0.86***	1.39***	0.94***	0.95**	1.57
77812	-0.63	0.29*	0.93***	1.00***	x	x	x	-0.93	x	1.49***	0.23
78311	x	x	x	x	-0.03	x	x	x	x	x	x
85148	0.73***	0.53***	0.89***	0.64***	x	x	1.00**	x	x	0.89**	x
89471	0.62***	0.40**	0.28	0.75***	1.13***	x	0.42	1.04**	-0.41	0.88**	x
89845	0.57***	0.40**	x	0.84***	0.62***	x	0.87***	1.00***	0.76	1.23***	x
전체	0.71***	0.36***	0.73***	0.61***	0.70***	0.95***	0.74***	0.87***	0.57***	0.84***	0.30**

자료: 권택호·주경원(2002), p.81.

<표 2-7>은 마크업 조정 계수를 산업별로 추정한 결과이다. 표에서 장기 마크업 조정 계수는 마크업 조정 계수 추정식에 과거의 환율변동을 나타내는 변수를 포함한 식(2-6)을 추정하고 결과를 정리한 것이다. 상수항은 정리하지는 않았으나 모든 품목에서 유의적이지 않았다. ***는 1%, **는 5%, *는 10% 수준에서 유의적임을 의미한다.

국가-품목별 마크업 조정 계수 추정 결과에서와 같이 양수의 유의적인 마크업 조정 계수를 보여주고 있다. 표의 오른쪽 열에 있는 장기 마크업 조정 계수 추정 결과는 당기의 환율변동에 의한 마크업 조정 계수와 과거의 환율변동에 의한 마크업 조정 계수가 반대의 부호를 보이고 있다. 이는 환율이 상승할 경우 동시적으로는 마크업을 상향 조정하는 결과가 되지만 이후는 마크업이 다시 환원되고 있음을 보여주는 것이다. 즉, 환율이 상승하는 경우 상승했던 원화표시 수출가격이 이후 다시 하락하여 조정됨을 나타내고 있는 것으로 해석할 수 있다. 이러한 마크업 조정 계수의 변화 특성은 한국 수출기업의 마크업 조정 특성이 권택호·황희곤(1999a)에서 제시한 단기이익모형에 가까운 특성이 있음을 보여준 것으로 해석할 수 있다.

〈표 2-7〉 품목별 마크업 조정 계수 추정 결과

추정식:

$$XPr_{i,k,t} = a_{0,i,k} + a_{1,i,k}Err_{i,t} + a_{2,i,k}PRr_{k,t} + a_{3,i,k}XPr_{i,k,t-1} + \epsilon_{i,k,t}, \quad (2-5)$$

$$XPr_{i,k,t} = b_{1,k}Err_{i,t} + b_{2,k}Err_{i,t-3} + b_{3,k}PRr_{k,t} + b_{4,k}PRr_{k,t-3} + b_{5,k}XPr_{i,k,t-1} + \epsilon_{k,t} \quad (2-6)$$

SITC	$a_{1,k}$	$a_{2,k}$	$a_{3,k}$	R^2	관찰수	장기 마크업 조정 계수	
						$b_{1,k}$	$b_{2,k}$
51124	0.57***	-0.07	0.46***	0.40	56	0.56***	-0.14
51125	0.49***	-0.05	0.51***	0.49	112	0.88***	-0.38**
57111	0.97***	-0.63**	0.34***	0.53	336	0.76***	-0.36***
57112	0.86***	-0.44***	0.32***	0.62	224	0.76***	-0.20**
57292	0.62***	0.30***	0.12***	0.24	504	0.57***	-0.21**
57511	0.77***	-0.36***	0.27***	0.57	280	0.73***	-0.24***
58226	0.39***	0.56***	0.21***	0.24	560	0.25***	-0.29***
64132	0.76***	-0.45**	0.37***	0.78	280	0.69***	-0.19***
64133	0.86***	-0.31*	0.25***	0.52	336	0.78***	-0.20***
65163	0.57***	0.07	0.38***	0.23	560	0.49***	-0.33***
65314	0.82***	0.07	0.15***	0.21	280	0.72***	-0.22
65315	0.74***	0.07	0.16***	0.25	560	0.60***	-0.36***
65316	0.55***	0.12**	0.29***	0.33	616	0.49***	-0.15**
65383	0.68***	-0.01	0.03	0.15	448	0.64***	-0.16**
65522	0.83***	-0.14	0.18***	0.40	280	0.85***	-0.15
65523	0.48***	-0.28	0.26***	0.15	504	0.49***	0.03
65732	0.80***	-0.81***	0.24***	0.19	560	0.74***	-0.17
67413	0.75***	0.38	0.05	0.40	392	0.62***	-0.28***
67554	0.71***	-0.08	0.26***	0.54	280	0.66***	-0.28***
69311	0.76***	1.96*	0.10***	0.14	560	0.70***	-0.17
69741	0.67***	-2.17*	0.03	0.13	504	0.63***	-0.001
72322	1.02***	0.50	0.12**	0.19	224	0.96***	0.008
74151	0.65***	0.37	0.31***	0.19	168	0.61***	-0.15
74315	0.53***	-0.75**	0.25***	0.12	336	0.57***	0.45
74412	0.97***	0.23	-0.01	0.58	168	0.93***	-0.10
74918	0.87***	1.19	-0.004	0.04	392	0.80***	-0.55
76381	0.54***	0.54	0.30***	0.14	448	0.59***	-0.12
76425	0.78***	-0.29	0.15***	0.28	448	0.72***	-0.09
76432	0.47***	-1.09*	0.42***	0.22	280	0.45***	0.06
77511	0.67***	0.14	0.10	0.23	168	0.61***	-0.14
77521	0.84***	0.29*	0.14***	0.65	336	0.77***	-0.16**
77586	0.71***	-0.17	0.21***	0.59	168	0.61***	-0.12**
77611	0.49***	-0.25	0.20***	0.12	448	0.50***	-0.10
77623	0.58***	0.04	0.16***	0.10	392	0.52***	-0.46***
77632	0.77***	0.31	0.18***	0.11	392	0.75***	0.06
77641	0.70***	-0.28	0.30***	0.14	616	0.52***	-0.32*
77812	0.42***	-0.27	0.29***	0.11	448	0.29*	-0.009
78311	-0.03	-0.78	0.15	0.02	56	0.003	0.14

85148 89471 89845	0.76*** 0.62 *** 0.67***	0.19 -1.0 0.69	0.03 0.07* 0.17*	0.24 0.09 0.11	336 504 448	0.75** 0.53** 0.57**	-0.06 -0.11 -0.15
전체	0.65***	-0.001	0.22***	0.15	15008	0.65***	-0.14***

자료: 권택호·주경원(2002), p.83.

앞에서 인용한 분석 결과는 수출품을 대상으로 마크업 조정 계수를 추정한 결과이다. 한국 기업의 경우 원료와 부분품을 수입해 가공하여 해외 및 국내에 판매하는 형태의 사업을 하고 있는 기업들이 많이 있다. 특히, 원료의 경우 국내가격이 원료의 국제가격변동에 연동되어 있는 경우가 많다. 이 경우 환율변동이 기업의 현금흐름에 미치는 영향은 일반적으로 인식되고 있는 것보다 훨씬 적을 수 있다.

권택호·주경원(2004)은 석유화학제품을 대상으로 환율이 변동하는 경우 수출가격 및 국내가격에서 마크업 조정이 어떻게 이루어지는지를 추정하였다. 그들은 석유화학제품의 특성을 반영하기 위해 국제원유가격변동을 모형에 반영하고 과거의 환율변동의 영향을 고려하기 위해 식(2-7)과 같은 추정 모형을 설정하고 석유화학제품의 마크업 조정 계수를 추정하였다. XPr은 가격변동률이고, Err과 $OILPCr$은 각각 환율변동률과 유가변동률이며, n은 품목을 나타내는 첨자이다. 제품의 가격은 원화표시 가격이고 환율은 원/달러 환율이다. 원유정제시 생산되는 나프타가 석유화학 제품의 중요한 원료라는 점을 고려하여 모형에 생산원가를 통제하기 위한 변수로 유가변동률($OILPCr$)을 포함하였다. 기업들이 환율의 변동과 유가의 변동을 시차를 갖고 가격에 반영한다는 점을 고려하기 위하여 독립변수에 Err과 $OILPCr$의 시차변수를 사용하였으며, j와 k는 시차를 나타내는 첨자이다. $a^m_{n,j}$는 환율변동에 따른 마크업 조정 계수이다. $a^m_{n,j}$가 양으로 추정이 되면 환율이 상승(하락)하면 기업이 제품의 마크업을 인상(인하)하는 것을 의미한다.

$$XPr_{n,t} = \alpha_{n,0} + \sum_{j=0}^{J} \alpha^m_{n,j} Err_{t-j} + \sum_{k=0}^{K} \alpha^c_{n,k} OILPCr_{t-k} + a_{n,l} XPr_{n,t-1} + \eta_{n,t} \qquad (2\text{–}7)$$

분석 결과는 <표 2-8>에 정리한다. 표에서 [a]는 1995년 1월부터 자료가 이용가능한 경우이다. ( ) 안의 숫자는 p값이다. { } 안의 숫자는 계수가 통계적으로 유의한 과거시차를 나타낸 것이며 다음의 +/-는 계수의 부호를 타나낸 것이다. <표 2-8>의 패널 A에 정리된 수출품의 마크업 조정 계수는 많은 품목에서 유의적으로 마크업을 조정하고 있는 것으로 나타나고 있다. 과거의 환율변동도 마크업 조정의 원인이 되고 있는 것으로 나타나 과거 환율변동의 영향을 합산할 경우 상당한 정도의 마크업 조정이 이루어지는 것을 확인할 수 있다. 이러한 결과는 석유화학제품의 수출에 있어 환율의 변동이 기업의 현금흐름에 큰 영향을 미치고 있음을 시사하는 것이다.

패널 B는 석유화학제품을 국내에서 판매하는 경우 환율변동이 국내가격의 마크업 부분에 미치는 영향을 정리한 것이다. 국내에 판매하는 제품의 가격에서도 수출과 유사한 마크업 조정이 이루어지고 있다. 이는 석유화학제품이 국제적으로 표준화된 제품이라 수출시장과 국내시장이 세분화되지 않았기 때문일 수 있다. 즉, 환율이 상승해 수출품의 원화표시 가격이 상승(마크업이 상승)한 경우 국내 판매가격도 상승해 마크업이 상승하는 것으로 추론할 수 있다.

환율변동에 따른 마크업 조정이 수출품에서뿐만 아니라 내수시장의 판매에서도 이루어지고 있다는 것은 환위험의 측면에서 볼 때 유의해 살펴볼 필요가 있는 결과라고 할 수 있다. 이러한 결과는 환율변동에 따르는 기업 현금흐름의 변화가 수출에서만 나타나는 것이 아니라 국내 판매에서도 이루어지고 있음을 나타내기 때문이다.

〈표 2-8〉 환율변동에 따른 석유화학제품의 마크업 조정 계수 추정

추정식:

$$XPr_{n,t} = \alpha_{n,0} + \sum_{j=0}^{J} \alpha_{n,j}^{m} Err_{t-j} + \sum_{k=0}^{K} \alpha_{n,k}^{c} OILPCr_{t-k} + a_{n,l} XPr_{n,t-1} + \eta_{n,t} \quad (2\text{–}7)$$

A. 수출품의 마크업 조정 계수

제품	상수	Err_{t-j} (j=0)	Err_{t-j} (j=1,2,3)	$OILPCr_{t-k}$ (k=1…12)	XPr_{t-1}	D-W	Adj. R^2
석유제품	0.004(0.41)	0.27(0.01)	{1}0.38(0.01)	0.55(0.000) {12}-	-0.20(0.07)	2.08	0.25
나프타	0.003(0.52)	0.30(0.00)	{1}0.42(0.00)	0.36(0.003) {8}-	-0.05(0.63)	2.03	0.29
화학제품	-0.003(0.24)	0.32(0.00)	{1}0.52(0.00) {2}-0.14(0.07)	0.08(0.10)	0.35(0.00)	1.86	0.69

기초화학제품	-0.001(0.75)	0.30(0.00)	{1}0.43(0.00)	0.18(0.02) {6}+, {7}-	0.33(0.00)	1.92	0.50
에틸렌[a]	0.001(0.92)	0.93(0.00)		0.10(0.73) {1}0.67(0.02)	0.15(0.25)	1.89	0.35
프로필렌[a]	-0.006(0.63)	0.45(0.04)		0.09(0.68)	0.23(0.07)	1.81	0.21
부타디엔[a]	-0.001(0.88)	0.33(0.01)	{1}0.42(0.01)	0.18(0.23) {7}-	0.25(0.04)	1.87	0.39
톨루엔	0.004(0.55)	-0.05(0.67)	{1}0.35(0.01) {3}-0.29(0.04)	0.31(0.02) {6}+, {8}-	0.01(0.84)	2.01	0.13
크실렌	0.002(0.62)	-0.07(0.47)	{1}0.35(0.00)	0.31(0.003)	0.10(0.28)	2.02	0.14
스티렌 모노머(SM)	-0.004(0.95)	0.32(0.03)	{1}0.53(0.00)	0.44(0.003) {4, 7}-, {6}+,	0.33(0.00)	1.95	0.36
무스프탈산[a]	-0.010(0.20)	0.40(0.01)	{1}0.30(0.07)	0.45(0.01) {8}-, {10}+	0.19(0.13)	1.90	0.36
테레프탈산 (TPA)a	-0.005(0.52)	0.18(0.14)	{1}0.57(0.00) {2}-0.28(0.06)	-0.003(0.98) {1}0.25(0.07) {7}-	0.40(0.00)	1.97	0.36
합성고무 및 플라스틱물질	-0.001(0.59)	0.22(0.01)	{1}0.59(0.00) {2}-0.16(0.10)	0.16(0.02) {7}-	0.37(0.00)	1.83	0.51
폴리에틸렌 수지(PE)	-0.001(0.76)	0.23(0.01)	{1}0.63(0.00)	0.15(0.07) {1}0.19(0.03) {10}+	0.38(0.00)	1.74	0.56
폴리스틸렌 수지	-0.001(0.74)	0.17(0.17)	{1}0.54(0.00)	0.28(0.01) {6}+, {7,12}-	0.27(0.00)	2.04	0.32
ABS수지	-0.001(0.69)	0.28(0.00)	{1}0.62(0.00)	0.23(0.01) {6}+, {7}-	0.23(0.01)	1.99	0.42
PVC수지	-0.001(0.83)	0.28(0.01)	{1}0.48(0.00)	0.22(0.02) {6,9}+, {7,8}-	0.35(0.00)	1.96	0.42
폴리프로필렌 수지(PP)	-0.000(0.93)	0.10(0.29)	{1}0.69(0.00)	0.20(0.04) {5,10}+	0.30(0.00)	1.89	0.39
기타화학제품	-0.004(0.00)	0.41(0.00)	{1}0.55(0.00)	-0.03(0.21) {1}0.07(0.01) {6}+	0.25(0.01)	1.94	0.86
복합비료	-0.004(0.31)	0.35(0.00)	{1}0.71(0.00)	0.47(0.33) {2}0.14(0.08) {3}-0.13(0.09)	-0.10(0.27)	2.01	0.47

자료: 권택호·주경원(2004), p.46의 내용을 편집함.

B. 내수 판매 제품의 마크업 조정 계수

제품	상수	Err_{t-j} (j=0)	Err_{t-j} (j=1,2,3)	$OILPCr_{t-k}$ (k=1⋯12)	XPr_{t-1}	D-W	R^2
석유제품	0.002(0.32)	0.69(0.00)	{1}0.51(0.00) {2}0.41(0.00)	0.23(0.00) {1}0.20(0.07) {5,9}-, {8}+	-0.22(0.02)	2.00	0.75
나프타	0.001(0.88)	0.38(0.00)	{1}0.24(0.00) {2}0.30(0.00)	1.04(0.00),{3,5,8,10}-, {4,9}+	0.09(0.28)	1.93	0.68
화학제품	-0.001(0.41)	0.29(0.00)	{2}0.06(0.04) {3}0.08(0.01)	0.12(0.00) {2}0.08(0.02)	0.11(0.18)	1.56	0.47

기초화학제품	-0.009(0.71)	0.21(0.00)	{1}0.07(0.07) {2}0.10(0.02)	0.18(0.00) {2}0.11(0.01) {6}+, {10}-	0.25(0.00)	1.76	0.40
에틸렌	-0.001(0.95)	0.34(0.00)	{2}0.432(0.00)	0.497(0.00)	0.25(0.01)	1.70	0.39
프로필렌	0.002(0.77)	0.27(0.05)	{1}0.25(0.07)	0.47(0.00) {1}-0.35(0.02) {2}0.33(0.03)	0.17(0.05)	1.92	0.17
부타디엔	0.000(0.97)	0.35(0.00)	{1}-0.35(0.00) {2}1.03(0.00)	0.09(0.43) {3}0.24(0.06)	0.22(0.01)	1.83	0.39
톨루엔	0.003(0.56)	0.22(0.01)	{2}0.32(0.00)	0.38(0.00), {7,12}+	0.03(0.72)	1.86	0.23
혼합크실렌	0.002(0.71)	0.43(0.00)	{2}0.25(0.02)	0.34(0.00), {5,10}-	0.08(0.39)	1.82	0.22
스티렌모노머(SM)	0.000(0.93)	-0.24(0.00)	{1}0.13(0.14)	{1}0.21(0.02), {9}-	0.26(0.00)	1.75	0.20
무스프탈산	0.001(0.86)	0.20(0.05)	{1}0.20(0.05)	0.13(0.19) {2}0.51(0.00) {3,8,10}-	0.26(0.00)	1.99	0.29
테레프탈산(TPA)	0.000(0.90)	0.05(0.38)	{3}0.12(0.07)	0.02(0.74)	0.24(0.01)	2.02	0.03
합성고무 및 플라스틱물질	-0.001(0.63)	0.32(0.00)	{1}0.03(0.42)	0.15(0.00) {2}0.06(0.10) {6}+, {8}-	0.25(0.01)	1.93	0.53
고밀도폴리에틸렌(HDPE)	-0.002(0.94)	0.10(0.08)	{1}0.25(0.00)	0.25(0.00) {2}0.14(0.04), {6}+	0.30(0.00)	1.95	0.37
저밀도 폴리에틸렌	-0.000(0.90)	0.29(0.00)	{1}0.21(0.00) {2}0.16(0.01) {3}0.10(0.04)	0.18(0.00)	0.04(0.64)	1.84	0.36
폴리스틸렌수지	-0.002(0.71)	0.72(0.00)		0.23(0.00) {5,8}-, {6,7}+	0.23(0.01)	2.01	0.50
ABS수지	0.001(0.84)	0.28(0.00)	{1}-0.10(0.04)	{1}0.09(0.06), {8}-	0.12(0.15)	2.01	0.28
PVC수지	-0.001(0.64)	0.38(0.00)	{3}0.08(0.04)	0.05(0.25) {1,6}+,{9,12}-	0.22(0.01)	2.04	0.47
폴리프로필렌수지(PP)	0.001(0.79)	-0.06(0.27)	{1}0.16(0.01)	0.23(0.00) {6}+, {8}-	0.40(0.00)	1.91	0.27
기타화학제품	0.000(0.95)	0.27(0.00)	{3}0.24(0.00)	0.12(0.03) {1}-0.14(0.03) {2,4,9}+,{12}-	0.23(0.01)	1.87	0.30
복합비료	-0.003(0.32)	0.06((0.87)		{2}0.31(0.08)	0.011(0.80)	2.68	0.91

자료: 권택호·주경원(2004), p.47의 내용을 편집함.

환율변동에 따른 무역에서의 마크업 조정 분석 결과들은 환율이 변동하는 경우 기업의 현금흐름에 영향이 나타날 것이라는 추론을 뒷받침하고 있다. 이러한 영향은 제품의 수요와 경쟁력 등 시장에서의 상황과 관련이 있기 때문에 실증분석을 통해 영향의 정도를 일반화하는 것은 쉽지 않다. 그러나 환율변동이 기업 현금흐름에 직접적으로 영향을 준다는 것은 잘 확인시켜주고 있다.

2) 할인율과 환율

환율변동과 마크업 조정의 관계 분석은 환율변동이 기업의 현금흐름에 미치는 영향에 초점을 둔 분석이었다. 그러나 앞에서 설명한 바와 같이 기업의 가치는 현금흐름과 할인율에 의해 결정된다. 배당평가모형의 관점에서 보면 할인율은 자기자본비용이 되어야 한다. 그러나 기업잉여현금흐름평가모형의 관점에서 보면 할인율은 기업의 가중평균자본비용이다.

환율변동이 기업의 위험을 증가시키며, 증가된 위험이 시장에서 분산될 수 없는 체계적 위험이라면 환위험은 투자자의 요구수익률을 증가시킬 것이다. 이러한 변화는 배당평가모형의 관점에서 볼 때 자기자본비용이 증가해 미래 배당의 현재가치를 계산하는데 필요한 할인율의 증가를 의미한다. 따라서 미래 배당의 현재가치로 계산한 기업가치는 감소한다. 환위험의 존재는 미래 배당의 크기에 직접적인 영향을 주지 않는다 해도 할인율을 증가시켜 기업의 가치가 낮아지는 원인이 될 수 있다.

환율변동은 외화표시 부채의 실질이자율(명목이자율+환율변동률)을 상승시켜 외화부채를 사용하는 기업의 타인자본비용을 상승시킬 수 있다. 타인자본비용의 상승은 가중평균자본비용상승의 원인이 된다. 또한 외화부채를 사용하는 경우 외화부채로부터의 환위험이 시장에서 분산불가능한 체계적 위험의 특성을 갖는다면 이는 주주의 위험을 증가시켜 주주의 요구수익률을 상승시키고 기업의 자기자본비용을 상승시켜 기업의 가중평균비용을 상승시키는 원인으로 작용할 수 있다. 결국, 외국통화표시로 타인자본을 조달하는 경우 실질이자율이 낮아지는 효과를 기대할 수 있다고 해도 결과적으로 기업의 가중평균자본비용을 낮추는 결과를 가져올 수 있는가는 자기자본비용에 미치는 영향을 고려해야 판단할 수 있다.

외화표시 부채의 사용과 자기자본비용의 관계를 이해하는데 필요한 내용 중에 하나가 외화부채의 사용이 기업의 외환노출포지션에 미치는 영향이다. 예를 들어, 유성기업은 수출기업이고 외환롱포지션 상태에 있다고 가정한다. 따라서 유성기업은 환율의 변동에 따라 기업가치가 변동하는 환위험에 노출되어 있다. 유성기업의 환위험이 시장에서 분산불가능한 체계적 위험이라면 유성기업의 주식에 투자하는 투자자는 추가되는 환위험에 상응하는 위험프리미엄을 고려하여 기대수익률을 설정할 것이다. 따라서 유성기업의 자기자본비용은 상승한다. 이 때 유성기업이 외화표시 자금을 조달하여 자금 조달면에서 외환숏포지션을 창출했다면 기업의 전체적인 외환노출포지션은 감소할 것이며 유성기업의 환위험은 자금 조달 이전에 비해 감소한다. 결과적으로 기업의 환위험은 감소하고 투자자가 요구하는 위험프리미엄은 감소해 다른 조건이 동일하다면 자기자본조달비용은 감소할 수 있다.

외화부채의 사용이 기업가치를 증가시킬 수 있는지의 여부는 직접적으로 지불하는 자본조달비용과 함께 외화부채의 사용이 자기자본비용의 변화를 통해 가중평균자본비용에 미치는 영향까지 고려하여야 판단할 수 있다.

환위험에 대한 연구에서 관심을 가질 수 있는 주제 중에 하나가 환위험과 직접적인 관련이 있는 외화표시 부채의 사용이 기업의 가치에 미치는 영향에 대한 분석이다. 앞에서 기술한 바와 같이 외화부채의 사용이 기업가치에 미치는 영향은 외화표시 부채 조달이 환위험에 영향을 주어 기업의 자기자본조달비용에 미치는 영향과도 관련이 있다. 따라서 외화부채의 사용이 기업가치에 미치는 영향을 분석하기 위해서는 기업의 가중평균자본비용을 추정하여야 한다.

기업의 자기자본비용을 증권시장선을 사용해 추정하기 위해서는 기업의 베타와 무위험이자율 그리고 시장수익률이 필요하다. 이 때, 베타는 사전적 베타가 되어야하기 때문에 시장수익률은 기대시장수익률이 되어야 한다. 그러나 기대수익률을 추정하는데 따르는 어려움 때문에 실제로는 과거의 수익률 자료를 사용한 사후적 베타와 시장의 과거 수익률 자료를 사용해 증권시장선 상의 기업의 수익률을 계산하고 이를 기업의 기대수익률로 사용한다. 그러나 이렇게 기업의 기대수익률을 계산하는 경우 '미래에도 과거와 같은 상황이 지속될 것인가?'에 대한 문제와 함께 과거의 수익률 자료에는 주가에 영향을 주는 다양한 정보(information shock)에 의한 잡음(noise)이 반영되어 있다는 문제가 있다. 따라서 과거의 수익률 자료를 사용해 기업의 자기자본비용을 추정하는 것은 신뢰성 면에서 많은 문제를 갖고 있는 방법이다.

최근에 기업의 예상 수익률에 대한 에널리스트의 예측 자료를 사용해 기업의 자기자본비용을 추정하는 방법이 제안되어 활용되고 있다(Gebhart et al., 2001; Claus and Thomas, 2001; Easton, 2004). 이들이 제안하고 있는 방법의 기본적인 논리는 미래의 모든 기대현금흐름의 현재가치를 주가와 동일하게 하는 할인율이 자기자본비용이라는 것이다. 이러한 관점에서 추정한 자기자본비용(equity cost of capital)을 내재자기자본비용(implied cost of capital)이라고 한다. 예측 자료에 근거해 기업의 자기자본비용을 추정할 수 있다는 장점이 있기는 하지만 이 방법을 적용하기 위해서는 자기자본비용을 추정하려는 기업에 대해 장기에 걸친 다수의 예측 자료가 필요하다는 현실적 제약이 있다. 특히, 애널리스트의 활동이 활발하지 않은 한국의 상황에서 이 방법으로 자기자본비용을 추정할 수 있는 기업의 수는 많지 않을 것으로 예상된다.

이러한 현실적인 어려움 때문에 환위험이 기업의 자본비용에 미치는 영향을 직접적으로 분석하는 연구는 이루어지지 못하였다. 그러나 권택호(2013a)가 보고한 외화부채의 사용과 기업가치 간의 관계 분석 결과는 환위험과 기업 자본비용의 관계를 추론하는데 필요한 정보를 시사하고 있다.

권택호(2013a)는 2002년~2009년 기간에 한국거래소 유가증권시장 상장 제조기업을 대상으로 기업의 외화부채사용과 기업가치의 관계를 분석하였다. 그는 기업이 보고한 외화표시 자산과 부채의 현황자료를 사용해 기업이 외화자금 조달을 목적으로 보유하고 있는 항목들을 합산하여 외화표시 자본 조달 금액을 계산하고 외화표시 자금 조달과 기업가치의 관계를 분석하였다. 외화부채의 사용이 기업가치에 영향을 미칠 수도 있지만 기업가치가 외화부채의 사용에 영향을 미칠 수도 있는(기업의 가치가 높은 기업만이 국제금융시장에서 부채를 조달할 수 있는 것과 같이) 내생성의 문제를 완화하고자 대응표본을 구성하여 외화부채사용과 기업가치 간의 관계를 분석하였다.

그는 Harris(1989), Bae, Kwon and Park(2004, 2009) 등이 변동성 분석에서 사용한 방법에 따라 다음과 같이 기업의 특성은 유사하면서 자금 조달 면에서 통화의 차이가 있는 대응표본을 구성하였다. ① 각 산업별로 기업들을 외화부채 사용기업과 원화부채 사용기업으로 분류한다. ② 기업들의 매출액영업이익률을 계산하여 이를 종속변수로 하고 기업 특성변수들을 독립변수로 하여 회귀계수를 추정한다. 특성변수로는 기업규모, 부채비율, 다각화지수, 수출비율을 사용한다. 기업규모는 보통주와 우선주의 시장가치와 부채의 장부가치를 합한 금액의 자연로그 값으로 대용한다. 부채비율은 장부가 부채비율이다. 다각화지수는 Caves의 다각화 지수이다(다각화지수 계산은 Bae, Kwon and Lee, 2011 참고). ③ 외화부채 사용기업 중에 대응기업을 찾고자 하는 기업을 하나 선택한다. 선택한 외화부채 사용기업과 원화부채 사용기업 간의 특성변수들의 차이를 동종 산업의 모든 원화부채 사용기업들에 대하여 계산한다. 벡터공간(vector space) 상에서 특성변수의 차이의 거리(norm) 가중합을 동일산업의 모든 원화부채 사용기업에 대하여 계산한다. 이때 차이의 거리는 특성변수의 차이의 제곱으로 계산하며, 특성변수의 가중치는 ②에서 추정한 회귀계수를 사용한다. ④ 원화부채 사용기업 중에서 ③에서 추정한 거리의 가중합이 가장 작은 기업을 선택하여 외화부채 사용기업의 대응기업으로 한다. ⑤ ③ 이하의 과정을 모든 외화부채 사용기업의 대응기업이 추출될 때까지 반복한다.

분석표본을 외화표시 부채사용기업과 원화표시 부채사용기업 중에 대응기업으로 선택된 기업으로 구성하고(외화표시 부채조달기업 수 = 원화표시 부채조달기업 수) 외화표시 부채조달기업과 원화표시 부채조달기업을 구분하는 더미변수를 구성하여 다음과 같은 분석모형을 설정하였다. FV는 기업가치이며, $FDDUMMY$ 는 외화부채 사용기업은 1, 대응기업은 0의 값을 갖는 더미변수이다. Z는 통제변수로 기업가치방정식에서 사용하는 설명변수이다. 이 연구에서는 영업이익률, 수출비율, 연구개발비비율, 배당성향, 제품다각화, 해외현지법인과의 내부거래, 기업규모 그리고 재벌소속더미 변수를 사용한다. ϵ는 회귀식의 잔차이다. i, t는 각각 기업과 연도를 나타내는 첨자이다. 추정에서는 산업의 특성과 연도별 차이를 통제하기 위해 산업더미와 연도더미변수를 추가한다. 외화부채의 사용이 기업의 가치를 증가시켰다면 β_1이 양의 유의적인 값으로 추정될 것이다. 그러나 기업가치를 감소시키는 요인이 되었다면 음수의 유의적인 값으로 추정될 것이다.

$$FV_{i,t} = \beta_0 + \beta_1 FDDUMMY_{i,t} + \sum_{k=2}^{K} \beta_k Z_{i,t} + \epsilon_{i,t} \tag{2-8}$$

기업의 외화자산과 부채 현황과 재무제표 자료는 TS2000에서 검색하여 사용하고 기업가치는 토빈의 큐(Tobin's q)로 대용한다. 기업의 해외현지법인과의 내부거래현황 자료는 기업의 관계기업과의 내부거래 현황 자료를 지수화하여 사용한다. 관계기업 중에 해외법인을 구분하고 해외법인과의 내부거래 금액을 합산 한 후 해당기업의 매출액으로 나누어 내부거래 지수를 계산한다. 재벌기업집단 소속 여부는 공정거래위원회에서 발표하는 기업집단 순위를 이용하여 표본기업의 재벌집단 소속 여부를 판단한다. 기업의 다각화 정도는 기업의 매출액을 품목별로 구분하여 각 품목에 대해 KSIC코드를 부여한 후에 주력 품목을 선택하고 이를 기준으로 다각화 지수를 계산하였다. 기업의 규모는 부채의 장부가치에 주식(우선주와 보통주)의 시장가치를 합하여 계산한다. 주식의 시장가치는 KIS Value의 자료이다. 기업 중에 자본잠식이 있던 기업은 제외한다. 대응기업은 연 단위로 구성한다.

외화부채 사용기업과 원화부채 사용기업의 기업가치의 차이 추정 결과는 <표 2-9>와 같다.

〈표 2-9〉 외화부채 사용기업과 원화부채 사용기업의 기업가치 차이 분석

추정식:

$$FV_{i,t} = \beta_0 + \beta_1 FDDUMMY_{i,t} + \sum_{k=2}^{K} \beta_k Z_{i,t} + \epsilon_{i,t} \qquad (2\text{–}8)$$

변수	전체기간	원화가치상승기간 (2002년-2006년)	세계금융위기기간 (2007년-2009년)
상수	-1.985***(-6.94)	-1.454***(-4.46)	-2.747***(-5.34)
외화부채조달더미	-0.058**(-2.06)	-0.058*(-1.71)	-0.082*(-1.92)
영업이익률	0.042(0.81)	-0.495(-1.29)	0.102**(2.45)
수출비율	-0.150***(-2.64)	-0.146*(-1.72)	-0.138(-1.49)
연구개발비비율	0.077***(3.67)	0.001(0.07)	0.112***(5.64)
배당성향	-0.032(-1.46)	-0.025(-0.54)	-0.011(-0.37)
제품다각화	0.090*(1.82)	0.179***(2.69)	-0.011(-0.14)
해외현지법인과의 내부거래	0.047(0.42)	0.098(0.64)	-0.113(-0.65)
기업규모	0.142***(10.03)	0.122***(7.28)	0.182***(6.92)
재벌소속더미	-0.103(-1.55)	-0.036(-0.40)	-0.176*(-1.66)
업종더미	포함	포함	포함
연도더미	포함	포함	포함
관측치수	772	424	348
조정된 결정계수	0.304	0.229	0.389

자료: 권택호(2013a), p.67.

표에서 외화표시 부채조달 기업의 기업가치는 유사한 특성을 가진 원화표시 부채를 사용한 기업에 비해 낮은 것으로 나타나고 있다. 이러한 특성은 원/달러 환율의 하락 기간(2002-2006)과 상승 기간(2007-2009) 모두에서 공통적으로 나타난 현상이다. 외화부채 사용기업의 기업가치가 낮은 것은 외화부채기업의 할인율이 높거나 현금흐름이 낮았기 때문일 것으로 추측해 볼 수 있다.

할인율의 관점에서 본다면 위의 결과는 외화부채의 사용이 자기자본비용을 증가시켰거나 타인자본비용(환율변동을 고려한 실질이자율)을 증가시켰기 때문인 것으로 해석할 수 있다. 기업이 외화표시 자본조달을 하는 중요한 이유가 바로 저렴한 자본조달비용이라는 점을 고려하면 타인자본비용의 증가보다는 자기자본비용이 증가했을 가능성이 높을 것으로 생각해 볼 수 있다. 이러한 추론이 적절하다면 한국의 기업들이 외화자본을 조달할 때 외화자본조달이 수반하는 자기자본비용의 증가를 간과해 외화자본조달의 비용을 과소평가하는 경향이 있었을 수도 있음을 시사하는 결과로 해석할 수 있다. 이러한 해석은 1997년의 외환위기와 2008년의 글로벌금융위기를 겪으며 외화부채 사용의 위험성을 인식한 한국 시장의 투자자들이 외화표시 부채를 사용한 기업에 대한 투자에서 높은 위험프리미엄을 요구한 경우 가능할 수 있다. 물론, 이러한 해석이 타당한지의 여부는 외화표시 부채 사용기업과 원화표시 부채 사용기업의 자기자본비용을 추정해 비교하면 확인할 수 있을 것이다.

그러나 외화표시 부채 사용기업의 기업가치가 낮게 나타나는 원인은 할인율이 아닌 현금흐름의 측면에서도 생각해 볼 수 있다. 외화표시 부채 자본조달기업의 경우 이에 따른 환위험관리에 관심을 갖는다. 선물환 계약을 체결하거나 스왑 계약을 체결하는 것 등이 이에 해당한다. 이러한 외부시장을 사용한 환위험관리는 높은 거래비용이 발생하는데 이러한 거래비용이 기업가치를 감소시키는 원인으로 작용할 수 있다. 기업의 헤지활동이 기업가치를 증가시키기 위해서는 헤지로 감소시킨 위험에 상응하는 프리미엄이 헤지를 위해 지불한 비용보다 작아야 한다. 외화부채를 사용한 기업의 과도한 환위험관리 비용은 기업가치 감소의 원인이 되었을 수도 있을 것이다.

제3장 환위험

1. 환위험과 환노출

환위험은 환율변동으로 인해 기업가치가 변동하는 정도이다. 환위험이 존재하기 위해서는 환율이 변동해야 하고, 환율이 변동하는 경우 기업가치가 변동하는 환노출이 존재해야 한다. 이러한 의미에서 보면 환위험은 환노출과 구분되는 개념이다. 그러나 환위험을 연구하는 연구자들은 환위험에 대한 연구를 주로 환노출에 대한 연구의 관점에서 진행하여 왔다.

1) 환위험

1973년 브래튼우즈 체제의 한 축이었던 고정환율제도가 붕괴되면서 주요국 통화 간의 환율은 변동하게 되었다. 이러한 상황의 변화로 인해 해외직접투자와 무역과 같은 국제경영 활동을 확장해 나가던 기업들은 환율변동이 초래하는 위험 즉 환위험의 중요성을 인식하게 되었다. 학계에서도 환위험에 대해서 정의와 측정 문제를 중심으로 논의가 시작되었다.

초기의 환위험에 대한 연구는 환율의 변동이 회계적 관점에서 기업에게 미치는 영향을 측정하고 분석하는데 중심이 두어져 있었다. 계약의 체결 시점과 이행 시점 사이에 환율이 변동해 발생하는 거래적 환위험이나, 회계연도 말에 외화표시 자산과 부채를 보고통화로 환산하는 과정에서 발생하는 환산환위험에 대한 논의는 바로 회계적 관점에서 환위험을 논의한 결과라고 할 수 있다(민상기, 1988). 그러나 환위험을 환율변동이 기업의 가치에 미치는 영향이라는 관점에서 본다면 환위험을 회계적 관점에 한정해서 정의하는 것은 문제가 있었다. 이러한 문제점을 해결하기 위해 경제적 환위험이라는 개념이 나타났는데 이후 환위험은 거래적 환위험, 환산환위험, 경제적 환위험으로 분류되어 논의되기도 하였다.

기업의 경제적 환위험을 예상하지 못한 환율변동으로 인해 기업의 가치가 변동하는 정도라고 정의한다면 회계적 환위험인 거래적 환위험이나 환산환위험은 분명 경제적 환위험 중에 회계적으로 측정가능한 부분이라고 정의할 수 있다. 따라서 환위험을 거래적 환위험, 환산환위험, 경제적 환위험으로 분류하거나 또는 회계적 환위험, 경제적 환위험으로 분류하는 것은 논리적으로 옳지 않은 분류이다. 이후의 연구에서는 거래적 환위험에 미래에 발생할 계약에 의한 환위험을 포함시키거나 경제적 환위험을 경쟁구조의 변화 관점에서 정의하려는 시도가 나타나기도 하였다. 그러나 경제적 환위험이라는 개념의 출현 배경이 환위험을 회계적 관점에 한정하여 정의하려는 경향에 대해 환위험의 실체를 분명하게 하려는 의도였다는 점을 고려하면 경제적 환위험을 환위험의 분류에 포함하는 것은 환위험에 대한 정의가 확립된 지금의 상황에서 보면 적절한 분류라고 할 수 없다.

환위험이란 경제적 환위험을 말하는 것이고 환위험의 분류는 이 환위험에 대한 이해를 높일 수 있도록 환위험을 분해하는 것이다. 환위험에 대한 분류는 다양한 시도가 있었다. 국내의 연구 중에 조대우(1985)는 기업의 환위험관리 대상은 거래적 환노출, 환산환노출과 같은 회계적 환노출이 아니라 환율의 변동이 기업에 미치는 영향의 전체인 경제적 환노출이 되어야 한다는 점을 강조하고 새로운 환위험의 분류를 제시하였다. 그가 제시한 환위험의 분류는 <표 3-1>과 같다. 표에서 특정일[a)]이란 당해 연도 내에 만기가 도래하는 거래의 결제일 또는 결산일을 의미한다. 미래의 불특정일[b)]이란 당해 회계연도 이후에 다가올 확정되지 임의의 일자를 의미한다. 현행거래[c)]란 ① 과년도에 거래가 발생하여 당해 연도에 결제될 거래 ② 당해 연도에 거래가 발생하여 당해 연도에 결제된 거래와 ③ 과년도 또는 당해 연도에 거래가 발생하였으나 차기에 결제되기로 되어 있는 거래 등을 포함한다. 미래거래[d)]란 아직 발생하지 않았으며 또한 계약이 체결되지 않은 거래를 의미한다.

저자가 제시한 새로운 환위험 분류는 환위험에 노출된 거래 중에 현행거래는 물론이고 미래에 발생할 미래 거래를 포함시켰으며, 거래가 발생하는 시점도 특정일로 정해진 거래는 물론이고 정해지지 않은 미래의 거래도 포함시켰다는 특징이 있다. 저자가 주장한 (광의의)환위험은 환율변동에 따른 기업가치의 변화로 정의되는 경제적 환위험을 잘 반영하고 있다고 할 수 있다.

〈표 3-1〉 조대우(1985)에서 정의한 환위험 분류

<table>
<tr><th>(환위험)인식시점
(환위험)측정대상</th><th colspan="2">특 정 일[a]</th><th>미래의 불특정일[b]</th></tr>
<tr><td rowspan="2">현 행 거 래[c]</td><td rowspan="2">현재 확정 환위험(A)</td><td>현재실현 환위험(A-1)</td><td rowspan="2">현재 미확정 환위험(B)</td></tr>
<tr><td>현재미실현 환위험(A-2)</td></tr>
<tr><td>미 래 거 래[d]</td><td colspan="2">미래 확정 환위험(C)</td><td>미래 미확정 환위험(D)</td></tr>
<tr><td colspan="4">(광의의) 환위험</td></tr>
</table>

자료: 조대우(1985), p.296.

환율변동이 기업에 미치는 영향에 대한 초기의 연구들은 환위험의 의미를 분명히 하고 이론적인 관점에서 이의 특성을 파악하는데 관심이 있었다. 환위험은 환율이 변동하면 가치가 변동하는 자산을 보유하고 있는 상황에서 환율이 변동하는 것을 전제로 논의되는 위험이다. 즉, 기업이 환율변동에 따라 가치가 변동하는 자산을 보유하고 있지 않거나, 환율변동이 발생하지 않는다면 환위험은 존재하지 않는다. 기업의 입장에서 환율변동을 당연히 발생하는 주어지는 상황으로 본다면 환위험의 문제는 결국 기업이 보유한 자산이 환율변동에 따라 가치가 변동하는가의 문제로 귀결된다. 이러한 이유로 환위험에 대한 논의는 자연스럽게 환노출에 대한 논의를 중심으로 전개되어왔다. 물론, 환위험에 대한 기존의 논의 결과는 환노출에 대한 논의에 적용할 수 있다. 회계적 환위험은 회계적 환노출의 관점에서 해석할 수 있으며, 경제적 환위험은 경제적 환노출의 관점에서 해석할 수 있다. 또한, 조대우(1985)의 환위험 분류역시 환노출에 대한 분류로 적용할 수 있다. 환위험 연구에서 환위험이라는 개념 보다 환노출이라는 개념을 더 많이 사용하게 된 이유는 환위험에 대한 연구가 환위험의 관리라는 측면에 초점이 있었기 때문이라고 할 수 있을 것이다.

재무금융 분야에서는 위험을 미래수익(또는 수익률)의 변화 정도로 정의하고 이를 분산으로 측정하여 위험의 특성을 분석한다. 환위험은 환율의 변동과 관련해 발생한 위험이므로 환위험은 환율변동과 자산가치 변동의 공분산으로 측정할 수 있다. 환율변동률과 주가수익률의 공분산 계산식은 다음과 같이 표시할 수 있다. Err, r은 각각 환율변동률과 주가수익률이다. j는 상황을 나타내는 첨자이고 P_j는 상황 j가 일어날 확률이다.

$$Cov(Err,r) = \sum_{j=1}^{m} [(Err_j - E(Err))(r_j - E(r))] \times P_j$$

환위험의 측정 방법을 간단한 예를 들어 설명한다. 현재의 환율은 ₩1,050/$이며, 궁동기업은 $100만의 외화자산이 있어 외화자산의 가치는 10.5억원이다. 이 기업의 주가는 10,000원이다. 환율변동에 의한 위험을 추정하기 위해 환율변동과 이에 따른 자산가치의 변동을 다음 표와 같이 가정한다. 첫 번째 표는 각 변수의 수준을 나타낸 것이고, 두 번째 표는 환율변동과 자산가치 변동 간의 공분산을 계산하기 위해 변동률을 계산한 결과이다.

〈표 3-2〉 궁동기업의 환위험 계산 자료

수준자료

상황	확률	예상환율(₩/$)	달러자산의 가치(만원)	주가(원)
상황 Ⅰ	0.3	1,200	120,000	11,500
상황 Ⅱ	0.2	1,100	110,000	11,200
상황 Ⅲ	0.5	970	97,000	9,800

변동률 자료

상황	확률	환율변동률(Err)	달러자산의 가치변동률	주가수익률(r)
상황 Ⅰ	0.3	0.143	0.143	0.15
상황 Ⅱ	0.2	0.048	0.048	0.12
상황 Ⅲ	0.5	-0.076	-0.076	-0.02
평균		0.014	0.028	0.029

환율변동률과 보유한 달러 자산가치 변동률의 공분산은 약 0.0093으로 환율변동률의 분산과 동일하다. 환율변동률이 자산가치의 변동률과 동일하기 때문에 이 두 변수의 공분산은 환율변동률의 분산과 동일하다.[13)]

궁동기업은 달러표시 자산을 보유하고 있지만 다른 자산들도 보유하고 있기 때문에 환율변동률과 궁동기업의 기업가치 변동률(=주가수익률)의 공분산은 환

---

13) 환율변동률의 분산은 다음과 같이 계산한다.

$$Var(Err) = (0.143 - 0.014)^2 \times 0.3 + (0.048 - 0.014)^2 \times 0.2 + (-0.076 - 0.014)^2 \times 0.5 = 0.0093$$

율변동률과 달러자산의 가치변동률의 공분산과 다르다. 환율변동률과 주가수익률 간의 공분산은 약 0.0073이다.[14)]

기업의 환위험이 기업이 보유한 달러표시 자산의 환위험보다 작은 이유는 기업이 달러표시 자산 외에 다양한 자산을 가지고 있기 때문인데 위의 예는 이러한 내용을 전제로 설정한 것이다.

2) 환노출

Adler and Dumas(1984, p.42)는 환노출을 다음과 같이 정의했다.

> "The amounts of foreign currencies which represent the sensitivity of the future, real domestic-currency(market) value of any physical or financial asset to random variations in the future domestic purchasing powers of these foreign currencies, at some future date."

이 정의에서 주목해야 하는 부분은 환율변동이 구매력의 확률적 변동을 의미한다는 것이다. 환율변동은 명목환율의 변동이 아니라 구매력의 변동 이어야 한다. 환율변동 중에 구매력의 변동을 반영한 것이 실질환율변동이다. 예를 들어, 원/달러 환율이 5% 상승한 경우 해당 기간에 원화의 구매력이 5% 하락했다면 명목환율의 변동은 구매력에 영향을 준 것이 아니다. 이 경우는 환위험 분석 관점에서 볼 때 환율이 변동했다고 볼 수 없다는 것이다. 또한, 어떠한 이유로든 환율변동을 일정부분 예상할 수 있다면 예상할 수 있는 환율변동은 더 이상 위험요소가 아니다. 예상된 환율변동에 따른 가치변동은 환손익이지 환위험은 아니기 때문이다. 이러한 이유로 환위험에 관한 실증분석에서는 환율변동으로 실질환율변동을 사용한다.

환위험 관련 연구 중에는 시계열분석 모형을 사용해 예측가능하지 않은 환율변동부분을 추출하고 이를 환율변동으로 사용한 연구가 있다. 이 경우 환율변동 중에 예측가능하지 않은 부분 즉, 확률적 변동부분을 정의할 수는 있지만 실

---

14) 환율변동률과 주가수익률 간의 공분산 계산식은 다음과 같다(편의상 숫자는 반올림한 수로 표기하였다).

$$Cov(Err,r) = (0.143-0.014)(0.15-0.029)\times 0.3 + (0.048-0.014)(0.12-0.029)\times 0.2 + (-0.076-0.014)(-0.02-0.029)\times 0.5 = 0.0073$$

질구매력의 변동은 충족시키지 못할 수 있다.

Adler and Dumas(1984)는 환노출을 외화표시 자산과 환율의 공분산을 환율의 분산으로 나누어 계산할 수 있음을 보여 주었다. 또한 이렇게 계산한 환노출은 결국 외화표시 자산 금액과 동일함도 보였다. 즉, 보유하고 있는 외화금액이 곧 환노출의 규모이다. 앞의 궁동기업의 예에서 $100만으로부터의 환노출은 100만이다. ₩/$환율이 ₩1,050/$에서 ₩1,060/$으로 상승하면 자산의 가치는 10원×100만 = 1,000만원 증가한다.

이들의 방법을 기업가치의 변동을 나타내는 주가수익률과 환율변동률의 관점에서 해석한다면 기업의 환노출은 환율변동률과 주가수익률의 공분산을 환율변동률의 분산으로 나누어 준 값이다. 이는 변동성의 관점에서 보면 환위험을 환율변동의 분산으로 나누어 표준화한 것으로 볼 수 있다. 즉, 환위험을 환율변동의 분산 1단위를 기준으로 나타낸 것으로 볼 수 있다. 그런데 환율변동과 주가수익률의 공분산을 환율변동률의 분산으로 나누어준 값은 주가수익률을 종속변수로 하고 환율변동률을 독립변수로 하는 회귀모형의 회귀계수와 같다. 따라서 추정한 환노출은 1단위의 환율변동에 대해 주가수익률이 변동하는 단위수를 나타내는 민감도의 의미로도 해석할 수 있다.

이처럼 회귀모형을 사용해 추정한 환노출 계수는 환율변동률의 분산으로 표준화한 환위험이라는 의미로 해석할 수도 있고, 1단위의 환율변동에 대해 몇 단위의 기업가치 변동이 초래 되는가를 나타내는 환율변동과 기업가치변동 간의 민감도를 나타내는 계수로도 해석할 수 있다. 따라서 환노출 계수는 환위험으로 해석할 수 있으며, 환노출로도 해석할 수 있다. 그러나 기존의 연구 중에 많은 연구들은 회귀모형으로 추정한 공분산과 분산의 비율을 환노출 계수로 부르고 있다.

앞의 궁동기업 예에서 달러자산 $100만의 환노출을 금액으로 계산하면 100만이지만 환율변동과 자산의 가치변동 간의 민감도로 측정하면 환노출 계수는 1이다. 즉, 환율변동률이 1단위 변할 때 자산의 가치변동률도 1단위 변하는 관계이다. 궁동기업의 경우 환노출 계수는 약 0.78이다(=0.0073÷0.0093). 이는 환율변동률이 1단위 변할 때 기업가치 변동률은 0.78단위 변하는 관계임을 의미한다.

환노출에 대한 이해를 위해서는 환노출을 적절하게 분류하고 분류된 각 환노출의 특성을 이해하는 것이 필요하다. Bodnar and Martson(2002)은 간단한 모형을 도출하여 수출비율과 수입비율 그리고 매출총이익률을 사용해 기업이 영업활동으로 인해 부담하게 되는 환노출을 추정하는 방법을 제시하였다. 그들은 이 환노출을 예측환노출(expected exchange exposure)이라고 정의하였다. Bartram, Brown and Minton(2010)은 Bodnar and Martson(2002)의 모형을 확장하고, 수입자료의 추정이 용이한 글로벌 자동차 기업들을 대상으로 실제 자료를 사용하여 예측환노출을 추정하였다. 그들은 추정한 예측환노출과 주가수익률로 추정한 관찰환노출을 비교해 기업들이 환노출의 70% 정도를 관리하고 있다고 주장하였다. Bodnar and Martson(2002), Bartram, Brown and Minton(2010)의 연구는 기업에 남아 있는 환노출(관찰환노출)에서 기업의 기본적인 영업활동(생산 및 판매)에서 발생하는 환노출인 예측환노출을 분리해 생각했다는 점에서 환노출 분류에 큰 의의를 갖는 연구라 평가할 수 있다.

이들의 연구를 확장해 본다면 환노출을 영업활동과 관련되어 발생한 영업환노출과 재무활동과 관련되어 발생한 재무환노출로 구분할 수도 있을 것이다. 환율변동률과 주가수익률의 관계를 이용해 추정하는 환노출(관찰환노출)은 이 두 환노출이 결합되어 나타난 환노출이다. 제조기업의 경우 환노출이 주로 영업활동의 결과로 발생하고 이를 재무적 활동을 통해 관리하고 있다면 이들 두 환노출을 구분해 이해하는 것은 환노출관리에 도움이 될 수 있다. 환노출을 영업적 관점과 재무적 관점으로 나누어 인식하고자 하는 시도는 곽태운·정창영·진성휘·최세형(2003)에서도 나타나고 있다.

2. 환노출의 추정 – 회귀모형의 활용

1) 환노출과 회귀모형

Adler and Dumas(1984)는 외화표시 자산을 보유하고 있는 경우 자산으로부터의 환노출은 외화자산의 자국통화표시 가격과 자국통화와 외국통화 간 환율의 공분산을 환율의 분산으로 나누어 계산할 수 있음을 보였다. 이처럼 환노출을 공분산과 분산의 비율로 계산하는 경우 이는 외화자산의 국내통화 가치를 종속변수로 하고 환율을 독립변수로 하는 회귀모형의 계수와 같다. Adler and Duma (1984)는 미래의 상황과 각 상황에서 가정한 환율을 적용하여 환노출을 계산해 보면 그 환노출 금액은 원래 외화표시 금액과 동일하다는 결과를 도출해 제시하였다. 그가 제시한 결과는 환노출의 크기는 바로 보유한 외화금액 자체가 된다는 직관과 일치하는 것이다. 즉, $100만의 부채를 갖고 있는 기업의 환노출은 미래의 상황에 따른 환율의 변동과 관계없이 100만이 된다. 그들이 제시한 환노출 계산 방법의 의의는 미래의 환율변동과 그 상황에서의 외화자산 가치를 고려해 환노출을 추정하는 경우에 환노출은 각 상황에서 자산의 가치와 환율의 관계에서 구한 공분산을 환율의 분산으로 나누어 계산할 수 있다는 것을 보여준 것이라 할 수 있다.

Adler and Dumas(1984)는 기업이 여러 개의 외화표시 자산을 보유하고 있는 경우 다중회귀모형(multiple linear regression model)을 사용하여 환노출을 계산할 수 있음도 보여주었다. 그러나 기업의 환노출 중에는 이처럼 현재 보유하고 있는 자산으로부터의 환노출뿐만 아니라 앞으로 예상되는 자산으로 인한 환노출도 있다. 예를 들어, 수출을 하고 있는 기업의 경우 환율변동의 영향은 현재까지 완료된 수출에 의한 영향뿐만 아니라 앞으로 체결할 계약에 나타날 수 있는 영향까지를 포함하여 파악하여야 한다. 기업에는 환율변동에 영향을 받지 않는 자산도 포함되어 있다. 또한, 기업의 자산 중에는 환율변동의 영향이 서로 상쇄될 수 있는 특성을 가진 경우도 있다. 따라서 개별 자산의 특성을 관찰해 환율의 변동에 따른 기업가치 변동을 계산하는 것은 쉽지 않다.

Jorion(1990)은 기업의 환노출을 주가수익률로 추정하는 방법을 제시하였다. 그는 다음과 같은 환노출 계수 추정 모형을 제시하였다. r은 주가수익률이고 Err은 환율변동률 r_M은 시장수익률이다. Jorion(1990)은 환율로 무역가중평균환율(trade-weighted exchange rate)을 사용하였다. 그는 환율이 예상하지 못한 환율변동이어야 하는데 환율은 사실상 예상할 수 없는 변수이기 때문에 현물환율을 그대로 사용해도 분석 결과에 차이가 없을 것이라고 주장하였다. 첫 번째 모형의 β_{1i}는 주가수익률에 포함된 환율변동률의 영향을 모두 반영하여 추정한 환노출 계수이다. 그러나 두 번째 모형의 β_{2i}는 주가수익률에 반영된 환율변동률의 영향 중에 시장수익률에 반영된 영향을 제외한 환노출 계수이다. 이러한 의미에서 β_{2i}를 잔여 환노출 계수(residual exchange exposure coefficient)라 부른다.

$$r_{i,t} = \beta_{0i} + \beta_{1i} Err_t + \epsilon_{i,t} \tag{3–1}$$

$$r_{i,t} = \beta_{0i} + \beta_{2i} Err_t + \beta_{3i} r_{M,t} + \eta_{i,t} \tag{3–2}$$

주식시장이 효율적이어서 환율변동의 영향이 기업가치에 적절하게 반영되고 있다면 환율변동의 영향을 주가의 변동을 통해 관찰한다는 것은 논리적인 접근이다. 특히, 기업의 경영활동이 복잡해 기업 환노출의 추정이 쉽지 않을 경우 환율이 변동할 때 기업가치가 변하는 정도(주가수익률)에 대한 정보는 기업의 환노출 정도를 추정하는데 유용하게 활용될 수 있다. 주가수익률과 환율변동률을 회귀모형에 적합시켜 추정한 환노출 계수는 환율변동과 주가수익률 간에 존재하는 탄력성이다. 직관적으로 회귀계수 즉, 환노출 계수가 0.4라면 환율이 1% 상승(하락) 할 때 기업가치가 0.4% 증가(감소)하는 경우를 나타낸다. 환노출 계수 0.4는 기업의 환노출 자산 규모를 직접적으로 나타내지는 않지만 환율변동이 기업가치에 어느 정도의 영향을 미칠 것인가에 대한 정보를 담고 있다고 할 수 있다.

Jorion(1990)이 주가수익률과 환율변동률을 회귀모형에 적합시켜 환노출 계수를 추정하는 방법을 소개한 후에 많은 연구들이 회귀모형을 사용하여 환노출 계수를 추정하고 이의 특성을 분석하였다. 이후 환노출 계수 추정 모형은 환노출의 특성을 반영할 수 있는 다양한 모형으로 진화 발전하였다. 과거의 환율변동에 의한 환노출인 지연된 환노출(lagged exchange rate exposure)을 추정할 수 있는 모형, 환율변동의 방향에 따라 기업가치의 변동 정도가 비대칭적으로 발생하는 비대칭적 환노출(asymmetric exchange rate exposure) 추정 모형, 시장환노출을 포함한 전체 환노출 추정 모형 등 다양한 특성의 환노출을 추정하는 모형들이 제시되었다.

그러나 환노출을 추정하여 분석한 연구 중에는 환노출 계수가 통계적으로 유의적이지 않다고 보고한 연구들이 다수 있었다. 기업의 국제경영 활동에도 불구하고 기업 환노출 계수가 통계적으로 유의하지 않은 경우가 자주 나타나는 것과 관련해 기존의 연구는 환노출 추정 방법 상의 문제를 개선해 환노출 계수의 유의성이 낮은 결과의 원인을 규명해 보려 하였다. 이와 관련해 Bartram and Bodnar(2007)는 기존의 연구를 검토하고, 기업의 환노출 계수 유의성이 낮은 소위 환노출퍼즐(exchange exposure puzzle)의 원인은 기업이 환노출관리를 잘 하고 있기 때문에 나타난 현상이라고 주장하였다. 그들은 문제가 있다면 기업의 환노출이 유의적일 것이라고 생각하는 연구자들의 믿음이라고 주장하였다.

환노출 계수와 관련한 Bartram and Bodnar(2007)의 주장은 환노출 계수를 추정하고 이의 특성을 분석할 때 환노출 계수가 유의적인 경우를 대상으로 분석을 수행하여야 함을 시사한다. 왜냐하면, 환노출 계수가 유의적이지 않다는 것은 기업에 환노출이 없거나 이를 효율적으로 관리하고 있음을 의미하기 때문에 환노출 계수와 기업특성변수 간의 관계는 환노출 계수를 분석해서는 찾을 수 없기 때문이다. 예를 들어, 환노출이 큰 기업이 통화파생상품거래를 하여 환노출을 효율적으로 관리하고 그 결과 환노출 계수가 통계적으로 유의하지 않게 되었다고 하면 이러한 기업의 자료를 사용해 파생상품거래와 환노출 계수 간의 관계를 분석하는 것은 불가능하기 때문이다.

2) 엑셀(Excel)을 활용한 환노출 계수의 추정

환위험 분석에서 환노출 계수의 추정은 일반적으로 회귀모형을 사용한다. 여기에서는 일상에서 비교적 쉽게 접할 수 있는 엑셀의 데이터분석에 포함되어 있는 회귀분석 기능을 사용해 간단하게 환노출 계수를 추정하는 방법을 소개한다. 실습을 위해 유가증권시장에 상장된 한 제약회사(이하 ㅇ제약회사)의 주가수익률 자료와 시장수익률 자료 그리고 원/달러 실질환율변동률 자료를 아래 표와 같이 정리하였다. 실질환율변동률은 '원/달러 명목환율변동률 - (한국물가상승률-미국물가상승률)'과 같이 계산하며 모든 변수는 연속형자료이다. 자료의 기간은 2005년-2008년이며 월별 자료이다.

〈표 3-3〉 환노출 계수 추정을 위한 자료

연월	시장수익률	원달러 실질환율 변동률	ㅇ제약 주가수익률		연월	시장수익률	원달러 실질환율 변동률	ㅇ제약 주가수익률
200501	0.040	-0.025	0.062		200701	-0.053	0.013	-0.080
200502	0.081	-0.016	0.046		200702	0.041	-0.004	0.183
200503	-0.046	0.018	0.017		200703	0.025	0.006	-0.035
200504	-0.058	-0.016	-0.024		200704	0.060	-0.009	-0.127
200505	0.063	0.000	-0.028		200705	0.098	0.005	0.198
200506	0.038	0.025	0.193		200706	0.025	-0.001	-0.129
200507	0.097	0.004	0.217		200707	0.103	-0.008	0.160
200508	-0.025	0.005	0.071		200708	-0.032	0.015	-0.144
200509	0.120	0.014	0.000		200709	0.038	-0.023	0.007
200510	-0.053	0.009	0.231		200710	0.059	-0.015	-0.142
200511	0.114	-0.010	-0.039		200711	-0.080	0.030	-0.069
200512	0.061	-0.030	-0.149		200712	-0.005	0.004	0.006
200601	0.015	-0.041	0.225		200801	-0.155	0.007	-0.188
200602	-0.020	-0.002	0.086		200802	0.052	-0.008	-0.010
200603	-0.009	0.007	-0.012		200803	-0.004	0.056	-0.248
200604	0.043	-0.024	0.002		200804	0.069	0.009	0.061

200605	-0.075	0.005	-0.026		200805	0.014	0.031	0.029
200606	-0.017	0.017	-0.075		200806	-0.101	0.015	-0.094
200607	0.002	-0.008	-0.025		200807	-0.049	-0.036	0.114
200608	0.041	0.003	0.047		200808	-0.079	0.068	-0.151
200609	0.014	-0.023	0.027		200809	-0.018	0.091	-0.147
200610	-0.005	-0.002	-0.021		200810	-0.263	0.075	-0.261
200611	0.048	-0.012	0.062		200811	-0.034	0.121	-0.208
200612	0.002	-0.002	0.173		200812	0.044	-0.175	0.045

엑셀에서 회귀분석을 하기 위해서는 데이터→ 데이터분석→ 회귀분석을 선택한 후 종속변수에는 환노출을 추정하고자 하는 기업의 수익률 범위를 지정하고 독립변수에는 시장수익률과 원/달러 실질환율변동률이 포함된 셀의 범위를 지정한다(사용하고 있는 엑셀에서 데이터를 선택했음에도 불구하고 오른쪽 상단에 '데이터 분석'이 나타나지 않으면 'Excel옵션(I) → 추가기능 → 분석도구-VBA → 이동 → 분석도구(체크) → 확인'을 차례로 선택해 데이터 분석 프로그램들을 불러와야 한다).

필요한 자료를 A열에 연월, B열에 시장수익률, C열에 실질환율변동률, D열에 ㅇ제약수익률을 입력한다. 회귀분석을 위해서는 각 변수를 열(column)을 기준으로 위에서 아래로 입력하여야 한다. 다음 그림은 엑셀에 자료를 입력한 후에 일부분을 캡처한 것이다.

〈그림 3-1〉 환노출추정을 위해 엑셀 창에 자료를 입력한 화면

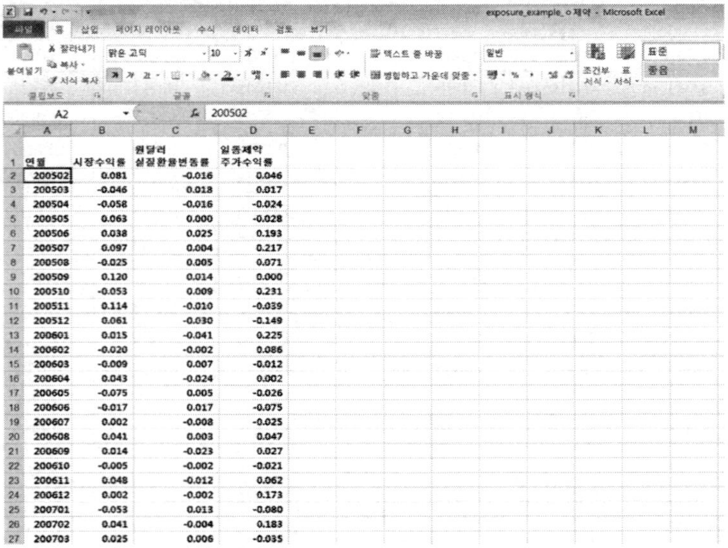

연월	시장수익률	원달러 실질환율변동률	일동제약 주가수익률
200502	0.081	-0.016	0.046
200503	-0.046	0.018	0.017
200504	-0.058	-0.016	-0.024
200505	0.063	0.000	-0.028
200506	0.038	0.025	0.193
200507	0.097	0.004	0.217
200508	-0.025	0.005	0.071
200509	0.120	0.014	0.000
200510	-0.053	0.009	0.231
200511	0.114	-0.010	-0.039
200512	0.061	-0.030	-0.149
200601	0.015	-0.041	0.225
200602	-0.020	-0.002	0.086
200603	-0.009	0.007	-0.012
200604	0.043	-0.024	0.002
200605	-0.075	0.005	-0.026
200606	-0.017	0.017	-0.075
200607	0.002	-0.008	-0.025
200608	0.041	0.003	0.047
200609	0.014	-0.023	0.027
200610	-0.005	-0.002	-0.021
200611	0.048	-0.012	0.062
200612	0.002	-0.002	0.173
200701	-0.053	0.013	-0.080
200702	0.041	-0.004	0.183
200703	0.025	0.006	-0.035

회귀분석을 선택한 후 나타나는 입력창에 종속변수(ㅇ제약 주가수익률)의 범위와 독립변수(시장수익률과 환율변동률) 범위를 입력하고 확인을 누르면 별도의 창에 <표 3-4>와 같은 결과가 나타난다. 회귀계수의 추정 결과는 마지막 3줄에 나타나 있다. Y절편은 상수항이다. Y절편 아래의 X1, X2는 독립변수의 계수를 의미하는데 변수의 범위 지정에서 왼쪽에 있던 변수부터 순서대로 제시된다. 이 예에서는 왼쪽부터 시장수익률, 환율변동률 순으로 입력되어 있기 때문에 X1은 시장수익률의 계수, X2는 환율변동률의 계수이다. 따라서 환노출 계수는 환율변동률의 계수인 X2행의 계수 -0.87064이다.

계수값의 오른쪽에 있는 t통계량과 p-값은 추정된 계수의 통계적 유의성을 나타내는 통계량이다. 회귀식의 계수값은 독립변수와 종속변수 간에 관계와 무관하게 항상 어떤 값으로든 추정이 된다. 따라서 추정된 값이 정말로 유의적인 관계를 나타내는 값인지를 판단할 필요가 있는데 이때 사용하는 값이 t통계량 또는 p-값이다. t통계량과 p-값은 동일한 내용을 담고 있는 값으로 회귀모형 추정 결과에서는 항상 제시되는 것이다.

P-값을 간단히 표현하면 '귀무가설을 기각할 때 그 기각이 잘못될 확률'을 의미한다. 회귀모형에서 귀무가설은 '독립변수와 종속변수 간에는 관계가 없다'이다(대립가설은 '독립변수와 종속변수 간에 관계가 있다'이다). 우리의 예에서 본다면 'ㅇ제약의 주가수익률과 환율변동률 간에는 관계가 없다'이다. 회귀모형에서 귀무가설을 이렇게 설정하는 것은 독립변수와 종속변수 간의 관계가 아직 밝혀져 있지 않은 상황에서 분석을 통해 이 관계를 밝히려 하고 있기 때문이다. 그런데 환노출을 추정하는 연구자가 ㅇ제약에 환노출이 존재한다고 주장하는 순간 ㅇ제약의 기업가치는 환율변동에 의해 영향을 받는다는 새로운 사실이 확인된 것이라고 볼 수 있다.

연구자가 ㅇ제약에 환노출이 있는지를 검정하고 그 결과를 제시할 때 범할 수 있는 오류에는 환노출이 없음에도 불구하고 있다고 주장할 수 있는 오류와, 환노출이 있음에도 불구하고 이를 밝히지 못해 없다고 주장하는 오류가 있다. 이 중에서 연구자가 특히 주의해야 하는 것은 환노출이 없음에도 불구하고 있다고 주장하는 오류이다. 변수간에 관계가 존재하지 않음에도 불구하고 그 관계를 주장하는 오류를 범하는 것이 환노출이 있는데 발견하지 못하는 오류보다 더 심각한 오류이다. 이러한 관점은 연구자들이 새로운 사실을 발견해 이를 주장하기 위해서는 충분한 증거가 있어야 한다는 것과 관계가 있다.

통계적 방법으로 가설을 검정하고 이에 근거해 새로운 주장을 할 때에는 항상 주장하는 바가 참이 아닌데 참이라고 주장하는 오류와, 주장하고자 하는 바가 참인데 참이라고 주장하지 못하는 오류가 있는데 이 두 오류가 가설검정의 오류이다. 통계적 용어로는 귀무가설이 참인데 이를 잘못 기각하는 오류를 α오류(1종오류), 귀무가설이 틀렸음에도 불구하고 이를 채택하는 오류를 β오류(2종오류)라고 부른다. 통계적 가설검정의 방법에 따르면 연구자가 하나의 오류 수준을 결정하면 나머지 오류는 자동적으로 결정되게 되어 있다. 달리 말하면 연구자가 α오류와 β오류 중 하나의 오류 수준을 정하면 다른 오류는 자동으로 결정되게 되어 있는 구조이다. 두 오류 중에서 연구자가 신경을 써서 관리해야 하는 오류는 α오류이다. 즉 귀무가설을 잘못 기각할 확률을 사전에 결정하고 이에 따라 검정 결과를 해석해야 한다는 것이다.

이러한 가설의 설정은 마치 검사가 용의자를 심문할 때 용의자가 무죄라는 것을 전제로 해서 범죄사실을 밝히고자 노력해야 하는 것에 비유할 수 있다. 만일 검사가 용의자를 범죄자로 판정하는데 있어 충분한 검토를 거치지 않고 약간의 혐의만 있어도 범죄자라고 판단을 해 버린다면 범죄자를 범죄자라고 밝혀낼 가능성은 높아질 것이다. 즉, '범죄자가 아니다'라는 귀무가설을 기각했을 때 잘못될 확률을 아주 높게 설정한 경우에 해당한다. 그러나 이렇게 설정을 할 경우 용의자가 범죄자가 아닌 상황에서 이를 밝혀낼 가능성은 줄어들 수밖에 없다. 즉, α오류를 크게 설정하면 β오류가 작아지고, α오류를 작게 설정하면 β오류가 커진다. 이 상황에서 연구자가 선택해야 하는 중요한 기준이 α오류의 수준이다. 가설검정에서 α오류 수준은 연구자가 설정하는 것이지만 통계프로그램에서는 자료를 가지고 계산한 α오류의 수준을 직접 보여 준다. 이것이 p-값이다. p-값은 유의수준(significance level)이라고도 부르며 보통 1%, 5% 10%를 기준으로 해서 유의성 여부를 판단한다.

ㅇ제약의 환노출 계수 -0.87064의 유의수준은 0.049758이다. 이의 의미는 환노출 계수 -0.87064가 통계적으로 0과 유의적으로 다른 숫자라고 판단했을 때 그것이 잘못될 확률이 0.049758이라는 것이다. 따라서 ㅇ제약이 환위험에 노출되어 있다고 주장했을 때 그 주장이 잘못된 주장일 확률이 5% 미만이라고 해석할 수 있다. 즉, 'ㅇ제약의 환노출 계수는 5% 유의수준에서 유의적이다'라고 표현할 수 있다.

〈표 3-4〉 회귀모형으로 ㅇ제약의 환노출 계수를 추정한 결과

추정식: $r_t = \beta_0 + \beta_1 r_{M,t} + \beta_2 Err_t + \eta_t$

요약 출력

회귀분석통계량	
다중상관계수	0.509837
결정계수	0.259933
조정된결정계수	0.226294
표준오차	0.111314
관측수	47

분산 분석

	자유도	제곱합	제곱평균	F비	유의한F
회귀	2	0.191489	0.095745	7.727057	0.00133
잔차	44	0.545197	0.012391		
계	46	0.736686			

	계수	표준오차	t통계량	P-값	하위95%	상위95%
Y절편	-0.00376	0.016396	-0.22945	0.819582	-0.03681	0.029281
X 1	0.58428	0.245778	2.377262	0.021854	0.088946	1.079614
X 2	-0.87064	0.431521	-2.0176	0.049758	-1.74031	-0.00096

환노출 계수가 -0.87064라는 것은 환율이 1% 상승(하락)할 때 기업가치가 0.87064% 감소(증가) 한다는 것이다. 환율이 상승(하락)할 때 기업가치가 감소(증가)하는 것은 기업의 수입활동 비중이 높거나 외화부채를 가지고 있는 경우에 해당한다.

앞에서 추정한 환노출은 기업의 환노출 중에 시장위험(시장베타)에 포함되어 있는 환노출은 제외하고 남아 있는 잔여 환노출을 추정한 것이다. 기업의 시장위험에 포함되어 있는 환노출을 포함한 전체 환노출을 추정하기 위해 Jorion (1990)이 제시한 시장수익률을 포함하지 않는 추정 모형을 사용해 환노출 계수를 추정한 결과를 다음 <표 3-5>에 제시하였다. 시장위험에 포함된 환노출 계수를 포함하는 경우 환노출 계수는 -1.25346이며 계수의 유의수준은 1% 미만(0.004627)으로 앞서 추정한 잔여 환노출보다 환노출의 정도가 더 크며, 유의수준도 더 높다. 이러한 결과는 환노출의 많은 부분이 시장에서의 시장위험에 포함되어 있기 때문인 것으로 해석할 수 있다.

〈표 3-5〉 시장위험에 포함된 환노출을 포함한 전체 환노출 계수 추정 결과

추정식: $r_{i,t} = \beta_{0i} + \beta_{1i}Err_t + \epsilon_t$

요약 출력

회귀분석통계량	
다중상관계수	0.406053
결정계수	0.164879
조정된결정계수	0.146321
표준오차	0.116926
관측수	47

분산 분석

	자유도	제곱합	제곱평균	F비	유의한F
회귀	1	0.121464	0.121464	8.884415	0.004627
잔차	45	0.615222	0.013672		
계	46	0.736686			

	계수	표준오차	t통계량	P-값	하위95%	상위95%
Y절편	9.16E-05	0.017138	0.005342	0.995761	-0.03443	0.034609
X 1	-1.25346	0.420529	-2.98067	0.004627	-2.10045	-0.40647

3. 환노출의 관리

기업은 경영활동을 수행하는 과정에서 환율변동에 따라 가치가 변동하는 특성의 자산을 보유할 수 있다. 이러한 자산들이 기업의 환노출을 결정한다. 환율변동에 따라 가치가 변동하는 자산을 보유하고 있지 않다면 기업은 환위험에 노출되지 않는다. 따라서 환위험을 관리한다는 것은 기업의 환노출을 관리한다는 것을 의미한다. 기업이 환노출을 관리할 수 있는 방법은 내부적으로 경영활동을 수행하는 과정에서 환노출이 없도록 관리하는 방법과 발생한 환노출을 외부 금융시장을 활용해 관리하는 방법이 있다. 외부시장을 활용하는 경우는 경영에서 노출된 포지션과 반대방향의 포지션을 금융시장에서 창출해 노출된 포지션으로부터의 영향을 상쇄하는 것이다.

기업이 내부적으로 환노출을 관리하는 방법이나 금융시장을 활용해 노출포

지션을 관리하는 방법과 이때 주로 사용하는 파생상품의 특성 등에 대해서는 참고할 수 있는 많은 자료들이 존재한다. 이 저술에서는 환위험관리와 관련하여 강조하고자 하는 내용과 직접적인 관련이 있는 내용만을 기술하기로 한다.

1) 환노출의 내부적 관리 방법

기업의 환노출을 관리하는 가장 좋은 방법은 경영과정에서 환노출을 관리해 환위험이 자연적으로 헤지(natural hedge)가 되도록 하는 것이다. 기업이 이처럼 경영활동을 수행하는 과정에서 환노출을 관리하는 방법을 내부적 환위험관리 방법이라 부른다. 내부적 관리 방법에는 단기적 방법과 장기적 방법이 있다.

(1) 단기적 관리 방법

단기적 방법에는 다국적기업의 본사와 지사 또는 지사 상호간에 발생하는 채권과 채무관계를 개별적으로 결제하지 않고 일정기간이 경과한 후에 이들 채권과 채무 차액만을 정기적으로 결제하는 제도인 상계(netting)가 있다. 외화자금의 유입과 지급을 통화별 및 만기별로 일치시킴으로써 외화자금 흐름의 불일치에서 발생할 수 있는 환위험을 원천적으로 제거하기 위해 외화자금의 흐름을 일치시키는 매칭(matching)도 단기적으로 사용할 수 있는 방법이다. 이 밖에도 환율변동에 대비하여 외화자금 흐름의 결제시기를 의도적으로 앞당기거나 또는 지연시키는 리딩과 래깅(leading and lagging)이 있다. 리딩과 래깅은 기본적으로 환율에 대한 예측을 전제로 하고 있는 경우가 많으므로 이 방법을 사용할 때에는 환율변동에 대한 예측에 지나치게 의존하지 않도록 유의해야 한다. 재무상태표에 나타난 외화표시 자산과 부채가 균형을 이룰 수 있도록 관리하는 자산부채종합관리 방법을 활용할 수도 있다. 또한, 경영활동에서 다양한 통화를 사용하여 환노출이 특정 통화에 집중적으로 발생하지 않도록 하는 방법인 포트폴리오 방법을 활용할 수 있다. 상품거래의 결제통화를 신축적으로 선택하여 환위험을 회피할 수 있는 결제통화조정 방법도 활용할 수 있다. 예를 들어, 한국의 수출업자가 원화표시로 수출대금을 결제할 수 있다면 한국 수출업자의 환노출은 크게 감소할 것이다. 본사와 지사간 이종통화 표시 채권과 채무를 별도의 재송장센터에서 집중적으로 관리하도록 함으로서 환위험을 관리하는 재송장(reinvoicing) 방법을 활용할 수도 있다.

(2) 장기적 관리 방법

기업이 환노출관리를 위해 내부적으로 장기적 관점에서 이용할 수 있는 방법은 생산, 마케팅, 인사, 재무 등의 분야에서 다양한 방법이 있을 수 있다. 환율변동에 대비하기 위해 매출(수출)수익이 실현되는 통화와 동일한 통화로 생산비를 지출해 외환포지션의 노출을 최소화하기 위해 생산시설을 이전하는 것도 환노출관리의 관점에서 실행할 수 있는 전략이다. 또한, 해외파견 된 직원의 임금을 지불할 때 표시통화를 선택하는 문제도 인사관리와 관련해 기업이 환노출을 최소화하기 위해 결정할 수 있는 의사결정변수가 될 수 있다.

수출기업과 같이 외환롱포지션 상태에 있는 기업이 해당 통화로 자본을 조달하여 환노출을 관리하는 방법을 사용할 수 있다. 이 때 외화자본조달이 환노출관리에서 갖는 효과는 수출로 인한 외환롱포지션과 외화자본조달에 따른 외환숏포지션의 상대적 크기에 따라 결정될 것이다. 경우에 따라서는 외화자본조달에 따른 환노출의 규모가 커서 기업이 전체적으로 외환숏포지션 상태에 있음에도 불구하고 이를 인지하지 못하는 경우도 있을 수 있다. 권택호(2007)는 한국 제조기업의 경우 외화부채가 수출로부터의 환노출을 관리하는 측면보다는 환노출을 발생시키는 요인으로 작용하고 있다는 점을 보고하였다. 또한, 외화부채가 기업의 비대칭적 환노출 발생의 원인이 되고 있다는 실증적 결과를 보고하기도 하였다.

장기적 전략 중에서 가장 중요한 의사결정 변수는 가격이다. 앞의 마크업 계수 추정에서 기술한 바와 같이 환율이 변동하면 기업은 가격에 포함된 마크업을 조정한다. 기업이 환율의 변동을 고려해 마크업을 조정하는 것은 기업의 가치를 극대화하기 위한 것이기 때문에 환율변동에 대해 마크업을 어느 정도 조정해야 하는지를 결정하는 것은 중요한 결정이다. 수출기업 입장에서는 마크업을 조정하지 않고 모두 현지에서의 수입가격에 전가할 수 있으면 좋을 것이다. 그러나 가격전가가 수요를 감소시켜 기업에게 궁극적으로 손실을 가져다준다면 기업은 적정한 선에서 마크업을 조정하여 수요를 유지하고 손실을 최소화하려는 정책을 구사하는 것이 유리하다. 이것은 결국 환율변동에 대응하기 위해 기업이 마크업 조정을 할 필요가 있음을 의미한다.

기업이 환율변동에 대한 마크업 조정과 이에 따른 가격결정은 다음과 같이 설명할 수 있다. 설명의 편의상 한국으로부터 수출되는 모자의 수출가격이 ₩2,000이고, 환율은 ₩1,000/$, 그리고 수입국인 미국(현지국)에서의 가격은 $2라고 가정한다.

가. 완전 가격전가(complete pass through)

환율이 변동해도 수출지에서는 가격을 조정하지 않아 결과적으로 수입지에서만 가격이 변동되는 경우이다. 이러한 상황에서는 환율변동의 영향이 모두 수입자에게 전가된다. 예를 들어, 환율이 ₩500/$으로 되는 경우 미국에서의 가격은 $4로 책정하고, 환율이 ₩2,000/$으로 되는 경우는 미국에서의 가격을 $1로 책정하는 것이다.

나. 불완전 가격전가(incomplete pass through)

환율이 변동하는 경우에 수출업자가 환율변동에 의한 영향 중 일부를 흡수하여 수입지에서의 가격안정을 추구하는 경우이다. 이 경우 환율변동 영향의 일부만이 수입업자에게 전가된다. 예를 들어, 환율이 ₩500/$로 된 경우, 국내가격을 ₩1,500으로 조정하여 미국에서의 가격을 $3로 책정하여 가격의 급격한 변화를 피하는 것이다. 이 경우 500원이 마크업 조정(인하)에 해당한다. 반면, 환율이 ₩2,000/$로 된 경우는 국내가격을 ₩2,500으로 조정하여 미국에서의 가격을 $1.25로 책정하는 것이다. 이 경우는 마크업을 500원 인상한 경우에 해당한다.

이처럼 환율의 변동에 대해 기업이 마크업 조정을 통하여 가격이 크게 변동하지 않도록 조정하는 것을 시장별 가격정책(pricing to market)이라고도 부른다.

기업이 시장에서의 급격한 가격변동을 피하고 자신의 마크업을 조정하여 수입지에서의 가격안정을 추구하는 이유는 다음과 같이 설명할 수 있다. 첫째, 현지에서 시장점유율, 고객 신뢰도 등을 유지하기 위해서 현지에서의 가격을 안정적으로 유지할 필요가 있다. 한국에서 미국으로 모자를 수출하는 앞의 예에서 환율이 달러당 2,000원 할 때에 미국에서의 모자의 가격은 1달러이었다. 환율이 500원으로 되자 미국에서의 모자 가격이 4달러로 인상되었다면 분명 미국의 소비자들은 한국에서 수입된 모자의 구입을 포기할 것이고 '가격이 왜 이래?' 라는 반응을 보일 것이다.

둘째, 시장 확장에 따르는 위험 때문에 가격을 안정시킬 필요가 있다. 예를 들어, 어느 날 환율이 ₩2,000/$로 상승하여 개당 2달러씩 하던 모자가격이 1달러로 하락하였다. 한국의 모자 수출업자는 증가된 수요만큼을 공급하기 위해서 생산시설을 확충하였다. 이러한 상황에서 몇 달 후에 환율이 ₩1,000/$로 환원되어 모자가격이 2달러로 상승하고 수요가 원래 수준으로 회귀하였다면 수출업자는 확충한 생산시설을 가동할 수 없는 상황에 처하게 될 것이다. 문제는 생산시설에 대한 투자비용은 매몰원가(sunk cost)의 성격을 갖고 있기 때문에 생산시설을 가동시키지 않는다고 해도 투자된 비용을 다시 회수할 수가 없다는 점이다. 이러한 위험 때문에 기업은 환율변동 때문에 유발되는 일시적인 수요의 증가보다는 그러한 상황을 이용하여 가격 즉, 마크업을 조정하여 보다 큰 이익을 얻기를 원할 수 있다.

그러나 환율의 변동에 대하여 모든 경우에 수출업자가 자신의 가격을 조정하여 수입지에서의 가격을 안정화하고자 노력한다고 할 수는 없다. 예를 들어, 미국에서 미국의 국내 차에 비하여 큰 인기를 누리고 있던 일본의 자동차에 대하여 미국 정부가 수입 쿼터를 적용하여 일정한 수량만큼만 수입할 수 있도록 규제를 했던 때가 있었다. 이 때 엔/달러 환율이 하락하여(엔화의 가치가 상승하여) 일본의 자동차 수출업자들은 미국으로의 수출을 유지하기 위해서는 엔화표시 가격을 낮추어야 했다. 그러나 미국 시장에서의 일본 자동차에 대한 수요가 많았기 때문에 일본의 자동차 제조업자들은 환율변동을 그대로 전가하여 달러표시 가격을 인상한 사례가 있다. 이 경우는 현지가격 안정화보다는 수익의 극대화를 위해 환율변동의 영향을 모두 수입지 가격에 전가한 경우이다. 이러한 가격전가가 가능했던 이유는 미국 시장에서 일본산 차에 대한 수요의 가격탄력성이 낮았기 때문이다.

이상의 설명에서 유의할 점은 상품의 가격은 '원가(cost) + 가산액(markup)' 임으로 수출업자가 자신의 가격을 조정했다는 것은 원가의 변화가 없는 경우라면 자신의 마크업 즉, 이익을 조정했다는 것을 의미한다는 점이다.

그러나 수출업자의 가격조정 능력에는 한계가 있다. 극단적으로 환율의 변동이 수출업자가 흡수할 수 있는 수준 이상의 변화라면 수출업자가 수출을 포기해야 하는 상황도 있을 수 있다. 권택호·주경원(2002)은 한국의 대표적 수출품의 마크업 조정 계수를 결정하는 요인을 실증 분석하였다. 분석 결과 대부분의 국가-품목에서 환율변동에 따라 수출품의 가격조정이 이루어짐을 확인하였다고 보고하였다. 그들은 마크업 조정 계수의 크기는 품목의 수요탄력성, 수출비율, 해당 국가에 대한 수요집중도 등과 관련이 있다고 보고하였다. 그들은 이러한 결과에 대해 기업이 제품차별화와 시장다변화를 이루었을수록 환율변동에 적극적으로 대응하고 있기 때문인 것으로 해석하였다.

2) 환노출의 외부적 관리 방법

기업의 경영활동 과정에서 발생하는 환위험은 기업의 경영활동 과정에서 관리하는 즉, 내부적으로 관리하는 것이 바람직하다. 그러나 기업의 경영활동 과정에서 자연스럽게 환위험을 관리할 수 없는 경우에는 외부시장을 이용하여 관리할 필요가 있다. 외부시장을 이용하여 환위험을 헤지하는 방법으로는 금융시장을 이용하는 방법, 선물(futures)이나 선도(forward) 옵션(option) 스왑(swap) 등 파생상품을 이용하는 방법 그리고 보험을 이용하는 방법 등이 있을 수 있다. 외부적 환위험관리는 주로 기업의 노출된 포지션(open position)을 특정 자산의 매입을 통하여 스퀘어 포지션(square position)으로 만드는 방법의 헤지를 의미한다. 헤지는 일반적으로 '다른 요인에 의해 부(富)가 변동하지 않도록 자산 또는 자산의 포트폴리오를 매입하는 것'으로 정의된다. 외부적 관리 방법의 큰 단점은 거래에 따르는 비용을 부담해야 한다는 점이다.

(1) 외부시장을 이용한 헤지 활동의 필요성

기업이 외부시장을 이용해 환위험을 헤지할 필요가 있는가에 대한 논의는 환위험이 실제로 실현될 경우 기업에 미칠 수 있는 영향을 고려해 판단해야 할 문제이다. 환율변동은 기업이 예측할 수 없기 때문에 미래 환율변동으로 인해 기업이 손실을 입거나 이익을 볼 가능성은 적어도 사전적으로 볼 때는 동일하다고 볼 수밖에 없다. 기업이 환노출 상황에 있을 때 미래 환율변동으로부터 손실이나 이익이 발생할 사전적 확률은 동일하다. 따라서 노출된 포지션을 그때그때 관리하지 않아도 장기적으로 보면 매번 비용을 들여 관리한 것과 큰 차이가 없다고 할 수도 있는 것이다. 그러나 만일 환노출을 관리하지 않아서 실현된 환위험이 기업의 존립을 위협하는 정도의 위험이 될 수 있다면 기업은 환위험을 관리해야 하는 것이다. 예를 들어, 연간 $100만을 수출하는 의류 수출업체가 $1만 수출계약을 체결한 경우에 이의 위험을 관리하기 위하여 선물환 계약을 체결할 필요는 없겠지만, $50만를 수출하는 계약을 체결했다면 선물환 계약을 비롯한 환위험헤지 방법에 대하여 검토할 필요가 있을 것이다. 기업의 환위험헤지 필요성에 대해서는 앞에서 지적한 파산위험 외에도 절세효과나 경영자의 유인 등 다양한 측면에서 설명이 되고 있다. 이하에서는 수출기업의 예를 중심으로 외부시장을 활용한 환위험헤지에 대하여 기술한다.

(2) 금융시장을 이용한 수출 환위험헤지

수출업자가 3개월 후인 10월 10일에 $12만을 받기로 하고 7월 10일 수출계약을 체결하였다면, 수출업자는 대금 결제 당시의 환율에 의해서 자신의 수입이 결정되는(변동하는) 환위험에 노출된다.

이 경우 수출업자는 금융시장을 이용하여 환위험을 헤지할 수 있다. 수출업자는 10월 10일 지급해야 할 원리합계가 달러 표시 수출대금($12만)과 동일하게 되도록 계약 시점에서 달러화를 차입하고 이 차입금을 원화로 바꾸어 10월 10일까지 예치한다면 결제 시의 원화표시 금액을 계약 시점에서 확정지을 수 있다.

(3) 파생상품시장을 이용한 수출 환위험헤지-선물환 계약 활용

선도거래(forward transaction)는 거래 당사자 쌍방의 사적(私的) 계약으로서 조직화된 거래소가 아닌 장외에서 개별 접촉에 의해 이루어지는 거래이다. 선도거래를 활용하는 데는 거래의 상대를 찾는 데 따르는 어려움, 거래상대의 신용확인의 어려움, 거래되는 상품의 질과 양이 특수하기 때문에 이를 제3자에게 양도하는데 따르는 어려움 등이 있다. 선도거래가 갖고 있는 이러한 문제점을 보완하기 위해 고안된 것이 선물 계약(futures contracts)이다. 선물 계약은 조직화된 선물거래소에서 장래의 특정시점(만기일)에 품질, 규격, 수량 등이 표준화된 기초자산(underlying asset)을 현재 시점에서 정한 가격으로 매입 또는 매도하기로 하는 계약이다. 선도 계약과 선물 계약은 계약의 특성과 계약을 이행하는 방법에는 차이가 있지만 계약을 체결하는 목적은 동일하다.

선도거래의 경우 계약의 체결 시점과 크기 등을 자율적으로 정할 수 있어 환노출을 헤지하는 데 유리한 점이 있다. 일반적으로 forward transaction은 선도거래라고 변역하고, futures transaction은 선물거래라고 번역을 하는데 통화에 대한 forward transaction은 선물환거래로, futures transaction은 통화선물로 부르고 있다. 여기에서는 선물환을 중심으로 환노출의 헤지 원리를 기술하지만 통화선물의 경우에도 최적헤지비율 결정의 문제를 제외하면 동일하게 적용할 수 있다.

수출업자가 3개월 후인 10월 10일에 $12만을 받기로 하고 7월 10일 수출계약을 체결하기로 한 앞의 예에서 수출업자가 수출계약을 체결할 때 결제일에 환율이 ₩1,100/$이면 정상적인 이윤을 확보할 수 있으며, 환율이 그 이하로 떨어지면 원화표시 금액이 감소하여 손실이 발생하고, 그 이상이 되면 추가적인 이득이 발생할 것으로 예상하였다고 하자. <그림 3-2>는 이러한 상황을 반영한 미래 환율변동과 수출계약을 체결한 수출업자의 손익구조를 나타낸다.

〈그림 3-2〉 수출계약의 미래 환율에 따른 손익

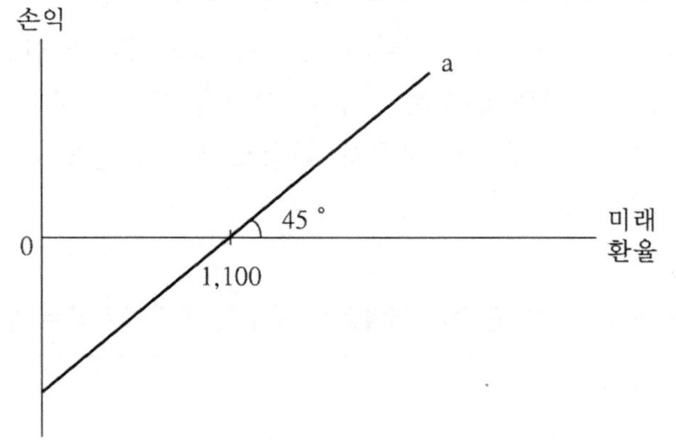

수출업자가 미래의 환율변동에 관계없이 결제되는 수출대금을 확정하기 위해 선물환 매도계약을 체결한 결과가 다음의 그림이다. 선물환 매도계약을 선물환율 ₩1,100/$로 체결한 것으로 표시한 것이다. 그러나 선물환율이 반드시 이 기업의 정상적인 이윤이 확보될 수 있는 수준에서 결정되는 것은 아니다. 만일 선물환율이 ₩1,000/$에서 결정되어 있다면 기업은 이 환율을 기준으로 수출의 수익성을 판단하여야 한다. 선물환율이 ₩1,200/$으로 형성되어 있다면 기업이 수출로부터 수익성을 계산할 때의 기준은 ₩1,200/$이 되어야 할 것이다. 여기에서는 편의상 선물환율이 기업의 정상적인 수익성을 유지하는 ₩1,100/$이라고 가정한다.

〈그림 3-3〉 선물환 매도계약의 미래 환율변동에 따른 손익구조

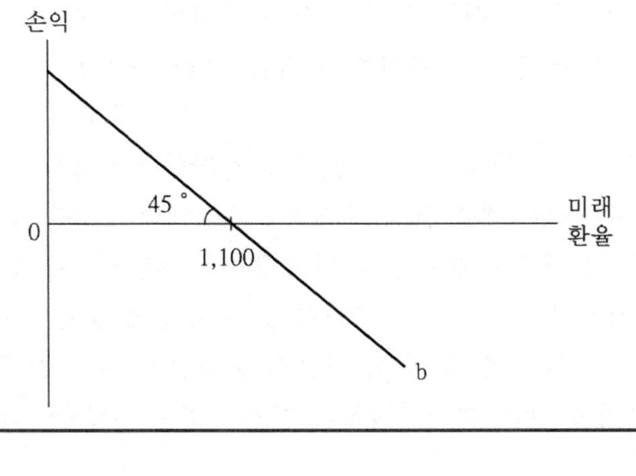

수출로부터의 손익구조와 선물환 매도계약으로부터의 손익구조를 결합하면 다음의 <그림 3-4>에서 그림의 횡축과 동일한 'a+b'와 같은 미래 환율변동과 손익의 관계가 나타난다. 즉, 수출계약과 선물환 매도계약을 결합하면 미래의 환율변동과 관계없이 기업의 손익은 일정한 수준을 유지할 수 있게 된다. 이것이 수출업자가 선물환 매도계약을 사용해 수출로부터의 환노출을 관리하는 원리이다.

〈그림 3-4〉 수출계약과 선물환 매도계약으로 구성된 포트폴리오의 환율과 손익구조

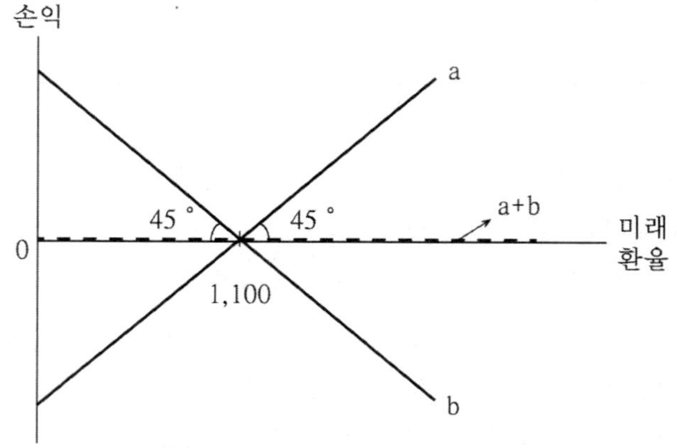

앞의 상황에서 수출업자는 선물환(currency forward) 계약을 활용하여 10월 10일의 원화표시 결제 금액을 계약 시점에서 확정지을 수 있었다. 선물환을 이용할 경우 은행에서 당시에 형성된 10월 10일 만기 선물환율로 $12만 매도계약을 체결한 후에 10월 10일에 $12만을 인도하고 약정된 금액을 수취하면 된다. 물론 약정된 금액이라는 것은 계약 체결 당시에 약정한 금액이다.

통화선물을 활용할 경우도 유사한 효과를 얻을 수 있다 그러나 통화선물을 활용하는 경우 선물환을 이용하는 경우보다 복잡한 문제가 발생한다. 먼저 선물(futures) 계약이 표준화 되어있기 때문에 정확하게 $12만을 매도할 수 없는 경우도 발생할 수 있다. 예를 들어, 원달러 선물 계약이 $5만을 단위로 되어 있다면 이 수출업자는 $10만 통화선물 매도계약을 체결하는데 만족해야 할 것이다. 또한 선물 계약의 만기도 표준화되어 있기 때문에 정확히 대금결제일에 맞추어 헤지를 할 수 없을 수도 있다. 원달러 통화선물 계약 중에서 10월 10일에 가장 가까운 만기를 갖는 계약이 9월에 만기가 되는 9월물이라면 이 수출업자는 통화선물 9월물 2계약을 매도하는 방법으로 헤지를 해야 할 것이다. 결국 통화선물 계약을 이용해서 헤지를 하는 경우 선물환 계약을 이용하는 것과 같이 완전한 헤지를 할 수는 없게 된다. 이러한 이유로 통화선물 계약을 이용하여 헤지를 하는 경우에는 최적의 헤지비율 결정의 문제가 대두되게 된다. 즉, 10월 10일 수취하는 수출 대금 $12만의 원화표시 금액을 확정하기 위해서 9월물 원달러 통화선물 몇 계약을 매도해야 되는가를 결정해야 한다. 이때 결정한 계약수를 현물대비 비율로 나타낸 것이 헤지비율이다. 통화선물 계약을 사용해 환노출을 헤지할 때에는 헤지 대상 자산과 통화선물 계약으로 구성된 포트폴리오의 위험을 최소화할 수 있는 통화선물 계약 수 즉, 헤지비율에 대한 검토가 필요하다. 그러나 선물환 계약에서는 원하는(필요한) 만큼, 원하는 시점에 해당하는 계약을 체결할 수 있기 때문에 통화선물을 사용한 헤지에서와 같은 최적헤지비율의 결정 문제는 발생하지 않는다.

그러나 환노출포지션 중 어느 정도를 환노출관리의 대상으로 보아야 하는가는 외부시장을 이용한 모든 헤지에서 최적헤지비율의 결정과 관련해 검토해야 하는 또다른 문제이다. 예를 들어, $100만 수출금액 중에서 40%인 $40만이 달러($)로 지급되는 생산비이라면, 60%에 해당하는 $60만이 환율변동에 따라 가치가 변동하는 금액이다. 이 경우 환노출포지션의 50% 정도를 헤지하는 것이 최적이라고 판단하고 있다면 최적헤지비율은 수출금액의 30%(=60%×50%)가 된다. 최적헤지비율의 결정은 헤지를 수행하는데 필요한 중요한 의사결정이다.

제조업종의 기업이 경영활동 결과 발생한 환노출을 파생상품을 사용해 헤지한다는 것은 실물시장에서 발생한 위험을 금융시장에서의 반대 포지션을 통해 헤지한다는 것을 의미한다. 이러한 헤지전략은 환율변동에 대한 실물시장에서의 반응과 금융시장에서의 반응이 미래의 환율변동에 대해서도 헤지전과 동일한 관계를 유지한다는 것을 전제로 한다. 예를 들어, 기업이 보유한 환노출로부터 환율이 1% 상승(하락)했을 때 자기자본 가치가 0.3% 증가(감소)하는 관계를 파악하고(환노출 계수=0.3), 환율하락에 따른 가치감소를 헤지하기 위해 금융시장에서 필요한 만큼의 선물환 매도계약을 체결할 수 있다. 기업이 환노출을 모두 헤지하려 한다고 가정하고 단순하게 계산을 한다면 기업은 환율이 1% 하락하는 경우 '0.3%×자기자본 가치'의 이득이 발생하도록(또는 '환율상승의 경우 0.3%×자기자본 가치'의 손실이 발생하도록) 파생상품시장에서 포지션을 취했을 것이다. 헤지 후 환율이 급격히 변동하여 50%상승했다면 기업은 헤지를 위해 설정한 금융파생상품으로부터 '0.15(=50×0.003)×자기자본 가치'만큼의 파생상품거래 손실이 발생한다. 기업이 의도한 대로라면 이 손실은 기업이 보유한 외환노출포지션의 가치상승으로 상쇄되어야 한다. 그러나 금융시장에서와는 달리 기업이 보유한 외환노출포지션으로부터의 가치상승은 자기자본 가치의 15%에 이르지 않을 수 있다. 환율의 급격한 변화는 실물시장에 구조적인 변화를 초래할 수 있기 때문에 50%의 환율상승이 1% 환율상승의 50배에 이르는 효과가 나타나지 않을 수 있기 때문이다. 그러나 금융시장에서 통화파생상품에 의한 손익은 별도의 조건이 없는 한 계약금액과 환율변동의 크기에 비례해 결정되기 때문에 50%의 환율상승 효과는 1% 환율상승 효과의 50배가 된다. 환노출의 헤지가 필요한 경우가 바로 환율의 급격한 변동이 있는 경우라는 점을 감안할 때, 급격한 환율변동이 실물분야와 금융분야의 관계 변화를 초래할 수 있다는 점은 금융시장을 이용해 헤지를 할 때 특히 유의해야 할 문제이다.

이처럼 제조기업이 통화파생상품 계약을 사용해 환노출을 헤지할 때에는 자신이 헤지하려는 환노출과 통화파생상품의 특성 간에 존재하는 관계를 잘 이해하여야 한다. 2008년에 글로벌금융위기 시 원/달러 환율이 급격하게 상승하였는데 이 때 KIKO(knock-in knock-out)라는 파생상품을 사용해 환노출을 헤지했던 수출기업들이 큰 손실을 경험하였다. 기업 중에는 KIKO의 영향으로 기업이 파산에 이른 경우도 있었다. 이처럼 파생상품을 사용해 환노출을 관리하는 것은 또 다른 위험을 자초할 수 있는 어려운 결정이다. 파생상품은 양날의 칼에 비유할 수 있다. 잘 사용하면 유용하게 활용할 수 있지만 자칫 잘못하면 자신을 다치게 할 수 있기 때문이다. 파생상품을 유용하게 활용하기 위해서는 무엇보다도 스스로 관리를 하고자 하는 환노출의 특성과 파생상품의 특성을 이해하고 환노출과 파생상품 계약을 결합한 포트폴리오가 환율변동에 대해 어떻게 반응할 것인가를 잘 파악하고 있어야 한다.

(4) 파생상품시장을 이용한 수출 환위험헤지–옵션 계약 활용

앞에서 예로 든 수출업자는 옵션 계약을 이용해서도 환위험헤지 전략을 구사할 수 있다.[15] 즉, 풋옵션 매입을 통하여 미래에 수취할 원화표시 수출대금의 최소 수입금액을 계약 당시에 확정지을 수 있다. 선물환이나 통화선물 계약에 비해 다른 점은 최소 금액은 확정하면서 유리한 환율변동으로부터의 이익은 무한대로 확보하고 있다는 점과 계약 시에 옵션의 매입에 따른 옵션 프리미엄(가

15) 구체적인 내용은 파생상품관련 서적을 참고할 수 있다.

격)을 지급해야 한다는 점이다. 거래소 옵션의 경우 통화선물 계약에서와 같은 제약이 따르게 된다. 특히, 옵션은 국제입찰 등과 같이 미래의 상황이 확실하지 못한 경우에 환위험관리 전략으로 사용하기에 적합한 파생상품이다. 옵션 계약을 사용하는 경우에도 최적헤지비율 문제는 중요한 의사결정 변수이다.

옵션은 거래 당사자 간에 일방에게는 기초자산을 매입 또는 매도할 수 있는 권리를, 상대방에게는 동 자산을 매도 또는 매입할 의무를 부여하는 계약을 말한다. 따라서 옵션이란 장래의 일정 시점(만기일) 또는 일정 기간 동안에 거래 시점에서 약정한 가격(행사가격)으로 대상이 되는 기초자산의 매매계약을 성립시킬 수 있는 권리를 당사자 일방(옵션 매입자)에게 부여하고 그 권리를 부여받은 옵션 매입자는 상대방(옵션 매도자)에게 그 권리에 대한 대가(옵션가격, 옵션프리미엄)를 지급할 것을 약정하는 거래를 의미한다. 옵션거래가 선물거래와 다른 점은 선물거래가 거래 당사자 모두에게 계약에 따른 권리와 의무를 동시에 부여하는 반면, 옵션거래는 매입자에게는 권리를, 매도자에게는 의무를 부여함으로써 옵션 매입자는 시장 상황을 고려해 옵션의 행사가 자신에게 불리한 경우에는 권리 행사를 포기함으로써 손실을 사전에 지불한 프리미엄으로 제한할 수 있다는 점이다.

통화옵션(currency option)은 특정 통화를 미래 일정 시점 또는 일정 기간 내에 계약 일에 약정된 가격으로 매입 또는 매도할 수 있는 권리를 말한다. 옵션 매입자(option buyer 또는 option holder)는 옵션프리미엄(옵션가격)을 대가로 일정량의 통화를 계약 시 미리 약정된 가격(행사가격)으로 미래에(만기일 또는 일정 기간 안에) 매입 또는 매도할 수 있는 권리를 취득하게 된다. 반면 옵션 발행자(option seller 또는 option writer)는 옵션 매입자의 매입 또는 매도 요구에 응해야 하는 의무를 지게 된다. 옵션의 매입자가 자신에게 유리할 경우에만 옵션 계약의 이행을 요구할 것임은 물론이다. 따라서 통화옵션은 계약의 매입자에게 권리만을 부여한다는 점에서 선물환 계약이나 통화선물 계약과는 차이가 있다. 옵션에서 살 수 있는 권리를 콜옵션(call option) 이라고 하며 팔 수 있는 권리를 풋옵션(put option) 이라고 한다. 만기일에만 옵션을 행사할 수 있는 옵션이 유럽식 옵션이며, 만기일 이전에 언제든지 옵션을 행사할 수 있는 옵션이 미국식 옵션이다. 또한 옵션에는 조직화된 거래소에서 거래되는 거래소 옵션과 금융기관이 특정 고객을 위하여 디자인하여 장외시장에서 거래하는 딜러옵션이 있다.

옵션 계약을 매입하기 위해서는 프리미엄(옵션가격)을 지불해야 하기 때문에 특정 조건의 옵션가격이 얼마나 될 것인가에 관해서 많은 연구가 있었다. 일반적으로 옵션의 가격에 영향을 미치는 변수로는 기초자산의 가격, 옵션의 행사가격, 만기, 기초상품가격의 변동성 그리고 이자율 등을 들 수 있다. 옵션의 가치는 내재가치와 시간가치로 구성된다.

옵션 계약자는 향후 가격의 변동에 의한 손익의 변동에 관심을 갖게 되는데 미래 환율변화에 따른 옵션 계약별 손익의 변화는 <그림 3-5>, <그림 3-6>과 같이 나타낼 수 있다. 콜옵션을 매입한 경우는 만기시 환율이 행사가격보다 높은 경우 이득이 발생하는데 실질적인 이득은 차액에서 행사가격으로 지급한 옵션 프리미엄을 제외한 금액이 된다. 콜옵션을 매도한 경우는 옵션 매입자의 콜에 응해야 한다. 옵션 매입자는 미래의 환율이 행사가격 이상으로 상승하면 옵션을 행사할 것이므로 매도자는 미래 환율이 행사가격 이상으로 상승할 때 손실이 발생한다. 이 경우는 매도자의 손실은 행사가격과 미래 환율의 차이에서 계약 시 받은 옵션프리미엄을 제한 금액이 된다.

콜옵션을 매도한 경우는 환율이 행사가격보다 낮게 형성될 경우 이미 받은 옵션프리미엄만큼 이득을 얻을 수 있다. 그러나 콜옵션 발행자는 만기에 환율이 행사가격 이상으로 상승할 경우 환율과 행사가격 차이가 프리미엄보다 커지는 시점부터 손실이 발생한다.

〈그림 3-5〉 콜옵션의 손익구조

a. 콜옵션 매입

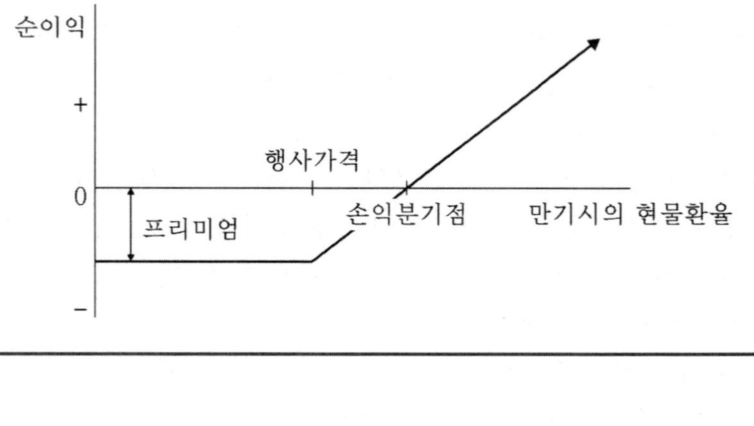

b. 콜옵션 매도(발행)

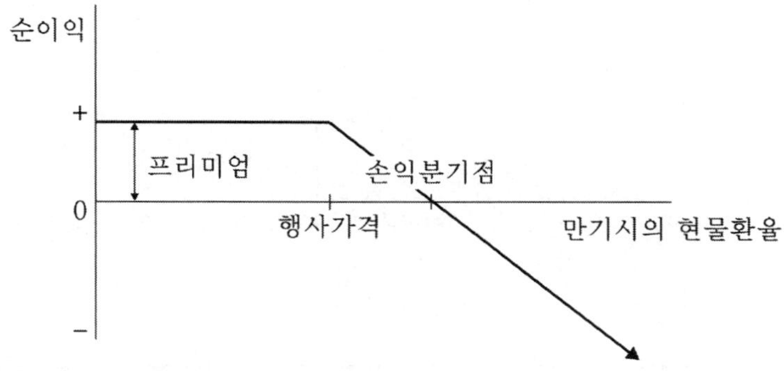

풋옵션의 경우는 콜옵션과는 반대의 손익관계가 형성된다. 풋옵션의 매입자는 미래 환율이 행사가격 이하로 떨어지면 정해진 행사가격(당시의 현물환율보다 높은 가격)으로 매도를 할 수 있으므로 이득이 발생한다. 반면 풋옵션의 매도자는 미래 환율이 행사가격 이하로 떨어지면 손실이 발생한다. 풋옵션의 경우에도 손익을 계산할 때 옵션프리미엄에 대한 고려가 필요하다.

옵션 계약을 매입한 사람은 옵션을 행사할 권리만을 보유하기 때문에 환율이 유리하게 변동하는 경우 옵션을 행사해 이득을 얻고 불리하게 변동하는 경우는 옵션을 행사하지 않고 지불한 옵션프리미엄만큼의 손실을 감수하면 된다. 수출업자의 경우는 풋옵션을 매입하면 환율이 하락하는 경우 발생하는 수출계약으로부터의 손실을 관리할 수 있다.

〈그림 3-6〉 풋옵션의 손익구조

a. 풋옵션 매입

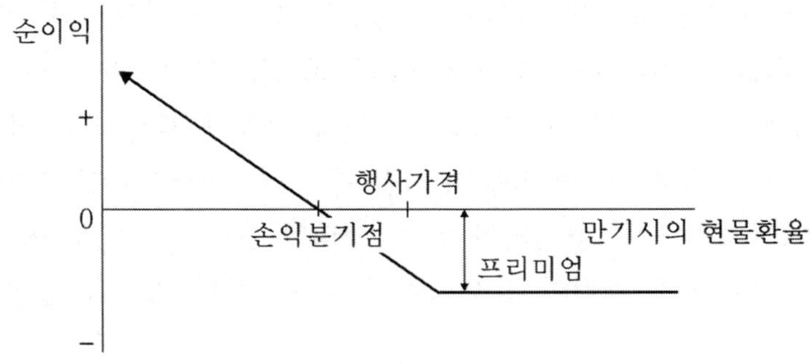

b. 풋옵션 매도(발행)

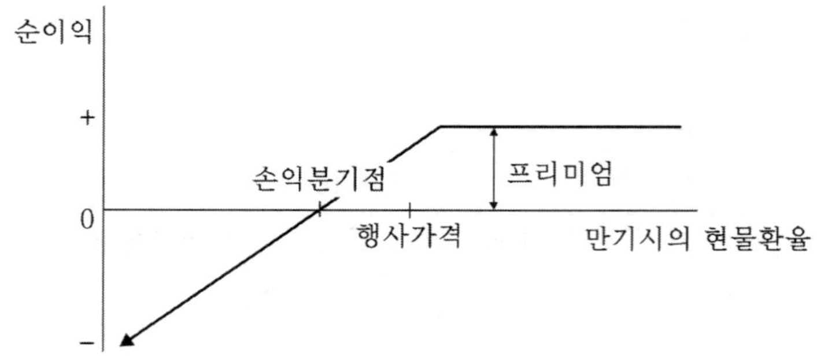

앞에서 설명한 옵션 계약은 기본적인 형태로 이들 계약을 결합하면 다양한 특성을 가진 파생상품들을 합성해 낼 수 있다. 콜옵션 매도계약과 풋옵션 매입계약을 결합하여 선물환 매도계약과 같은 손익구조의 파생상품을 만들어 내는 것이 한 예이다. 글로벌금융위기 당시 수출기업들이 수출 환위험을 헤지하기 위해 체결했던 KIKO 계약은 조건이 있는 풋옵션 매입계약과 콜옵션 매도계약을 결합한 구조화선물(structured forward contracts)의 한 형태이다.

이하에서는 옵션 계약을 결합한 KIKO 계약 그리고 수출업자가 KIKO 계약을 체결했을 때의 헤지포트폴리오의 손익구조를 살펴본다. 마지막으로 손익구조에 나타나는 수출업자의 헤지상품으로서의 KIKO 계약의 문제점을 정리한다.

여기에서 기술하고자 하는 내용의 초점은 KIKO 계약이 파생상품으로서 가질 수 있는 문제가 아니라 수출업자가 수출로부터의 환노출을 헤지하기 위해 KIKO 계약을 체결하는 경우에 나타날 수 있는 문제이다.

KIKO 계약은 옵션 계약을 결합하여 수출기업의 환노출을 관리할 수 있도록 설계된 파생상품이다.[16] 글로벌금융위기 당시 문제가 되었던 KIKO 계약에는 조건에 따라 다양한 특성의 계약들이 있었는데 그중 대표적인 것이 녹아웃(knock-out) 풋(put) 1계약 매입과 녹인(knock-in) 콜(call) 2계약 매도를 결합하여 선물환 매도계약과 유사한 손익구조를 갖도록 설계한 계약이다. 이 계약은 녹인과 녹아웃 구간에서는 풋옵션을 행사할 수 있어 선물환 매도계약을 체결한 것과 같은 효과를 얻도록 설계되어 있다. 그러나 환율이 녹아웃 베리어(barrier)에 도달하면 풋옵션의 효력이 상실되어 환노출헤지의 기능을 상실한다. 또한

16) KIKO 계약에 관해서는 이상제·김영도(2009), “키코 파생상품의 이해”, 한국금융연구원을 참고.

환율이 녹인 베리어에 도달하면 콜옵션의 효력이 발생하여 환율상승에 따른 손실이 발생하게 되는 구조의 상품이다. 한국 기업이 KIKO 계약을 사용해 환노출을 헤지했던 사례를 이해하는 것은 파생상품거래와 환노출관리를 이해하는데 도움이 될 수 있다.

KIKO 계약은 상품의 설계에 따라 다양한 형태가 있을 수 있는데 여기에서는 편의상 앞에서 예로 든 일반적인 형태의 계약을 단순화하여 설명한다. KIKO 계약의 특징은 결합한 옵션 계약에 베리어(barrier)가 있다는 점이다. 환율이 일정값 이하로 하락하면 풋옵션의 효력이 상실되는데 이 환율 수준을 녹아웃 베리어(knock-out barrier)라고 한다. 반대로 환율이 일정수준 이상으로 상승하면 콜옵션의 효력이 발생하도록 설계되어 있는데 이 수준을 녹인 베리어(knock-in barrier)라고 한다. 따라서 KIKO 계약자는 녹아웃 베리어와 녹인 베리어 사이에서는 풋옵션을 매입한 상태가 되어 수출계약으로부터의 환노출을 관리할 수 있다. 환율이 녹인 베리어에 이르면 수출계약으로부터는 이득을 보지만 콜옵션으로부터는 손실이 발생한다. 이때 콜옵션을 2계약 매도했으므로 풋옵션의 계약수가 정상적인 헤지비율이었다면 수출계약과 콜옵션으로 구성된(이 경우 풋옵션은 가치가 없음) 포트폴리오는 환율상승 시에 손실을 나타내게 되어있다.

KIKO 계약은 환율이 상승할 가능성이 낮은 상황에서는 선물환 계약보다 계약자에게 유리한 계약이었다. 실제로 계약이 판매되기 시작했던 초기에는 환율이 예상한 대로 하락하고 있었고 녹아웃 베리어에는 이르지 않았기 때문에 계약 체결 자는 KIKO 계약으로부터 이득을 얻는 유리한 상황이 지속되었다.

기술한 예를 중심으로 KIKO 계약의 구조를 대략적으로 그려보면 <그림 3-7>과 같다. 이 계약은 녹아웃이 발생하는 환율이 885원이고 녹인이 발생하는 환율이 965원이다. 옵션의 행사환율은 950원이다.[17] 예를 들어, 환율이 925원이 된다면 950원을 행사가격으로 해서 풋옵션을 행사할 수 있어 차이만큼 이득이 발생한다. 환율이 880원이 된다면 풋옵션은 녹아웃 되어 효력을 상실해 헤지의 기능은 상실하고 수출업자는 수출계약으로부터의 손실을 모두 부담한다. 베리어가 있는 풋옵션 매입계약으로부터의 손익을 그림으로 나타내면 ①과 같다. 환율이 1,000원이라면 콜옵션이 행사되어 행사가격으로 달러를 매도하게 되고 '(당시의 환율-콜옵션 행사가격)×2'만큼의 손실이 발생한다. 그림의 ② 부분이

17) 녹인, 녹아웃, 행사가격 환율은 KIKO의 설계에 따라 각기 다르게 설정되는 것이고 여기에서 제시한 환율은 예를 들기 위해 임의로 설정한 것임.

다. 따라서 KIKO 계약으로부터의 손익흐름은 ①과 ②를 합쳐놓은 것과 같다. 헤지의 대상인 수출계약의 손익은 ③과 같다.

〈그림 3-7〉 KIKO 계약의 손익구조와 수출계약의 손익구조

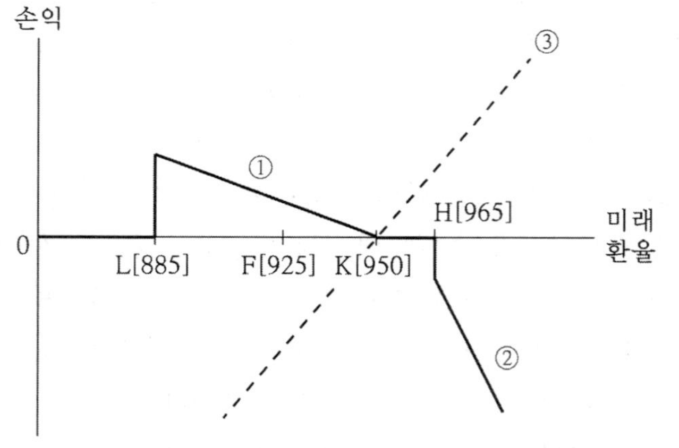

KIKO 계약의 손익과 수출계약을 결합한 포트폴리오의 손익을 합하면 다음 <그림 3-8>과 같다. 손익구조를 보면 환율이 885원 이하로 되면 KIKO는 파생상품으로서의 의미가 없어지고(수출기업의 손실을 보전해 줄 수 없고), 965원 이상이 되면 콜옵션이 발효되어 손실이 발생하는 구조이다.

〈그림 3-8〉 KIKO 계약과 수출계약으로 구성된 포트폴리오의 손익구조

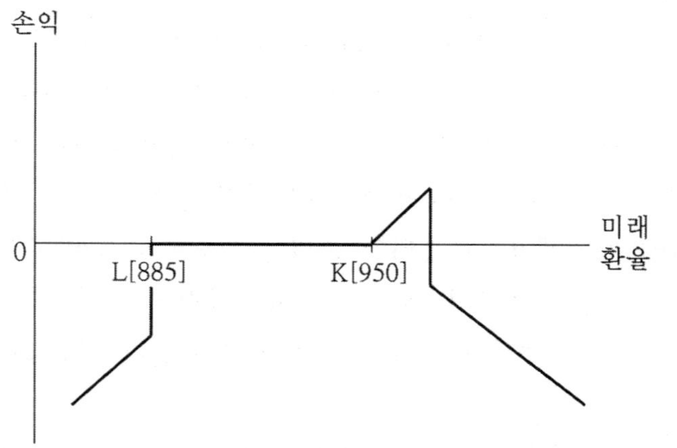

앞의 그림에 나타난 수출계약과 KIKO를 결합한 포트폴리오의 손익구조를 보면 KIKO가 수출계약으로부터의 환노출을 헤지하기에 적절하지 않은 상품이라는 것을 확인할 수 있다. 글로벌금융위기 당시 한국에서 문제가 되었던 KIKO 계약은 다양한 조건의 계약들이 있었기 때문에 앞에서 제시한 특정한 조건의 계약에 대한 분석만으로 KIKO 계약이 수출기업의 헤지상품으로서 적절하지 못했다는 결론을 이끌어 내는 것은 위험한 접근일 수 있다. 여기에서는 KIKO 계약이 갖고 있던 문제를 구체적으로 분석한다기 보다는 KIKO 계약과 선물환 매도계약의 차이 관점에서 KIKO 계약이 수출로부터의 오픈포지션을 헤지하는데 갖는 문제점과 한계를 기술하고자 한다.

KIKO 계약이 수출로부터의 환노출을 헤지하기에 적절하지 못한 상품인 이유는 다음과 같이 정리할 수 있다. 첫째, 환노출관리를 환위험의 관리라는 측면에서 고려할 때 중요한 것은 손실에 대처하는 것이다. KIKO 계약의 경우 수출계약으로부터의 손실에 대한 헤지가 필요한 경우인 환율이 크게 하락하는 경우에는 풋옵션의 효력이 상실되는데 이것은 KIKO가 수출계약으로부터의 위험에 대한 적절한 관리 수단이 되지 못한다는 것을 나타내는 것이다. 둘째, 환율이 베리어의 사이에 있는 경우 풋옵션이 수출로부터의 환노출을 적절하게 관리할 수 있는 상황이었다면 녹인 베리어 이후에는 수출포지션으로 충분히 상쇄할 수 없는 큰 손실이 콜옵션으로부터 발생하도록 설계되어 있다. 이것은 환율이 상승했을 때 새로운 위험이 발생됨을 의미하는 것이다. 만일 수출계약의 이득으로 콜옵션 2계약으로부터의 손실을 모두 상쇄시킬 수 있다면 환율이 베리어 사이에 있는 경우 유효했던 풋옵션이 충분한 규모가 아니었음을 의미한다. 따라서 구조적으로 적정한 헤지가 이루어질 수 없는 구조이다. 셋째, KIKO는 기본적으로 환율이 하향 안정적으로 유지될 것이라는 예측을 전제로 수출업자에게 매력적인 상품이었다. KIKO 계약을 체결했던 기업들이 글로벌금융위기 당시 큰 어려움을 겪게 된 기본적인 이유는 바로 환율의 움직임에 대한 예측을 근거로 환노출을 헤지하는 계약을 체결했다는 점에 있다. 만일, KIKO 계약을 체결할 당시 미래에 환율이 반전되어 상승할 수도 있다는 것을 충분하게 인지하고 있었다면 계약을 체결한 기업이 많지 않았을 수 있다. 넷째, 무엇보다도 중요한 것은 파생상품의 구조가 복잡하다는 것이다. 제조업에 종사하는 기업의 입장에서 이처럼 금융의 전문적인 지식을 필요로 하는 파생상품 계약을 사용해 기업의 환노출을 관리한다는 것은 매우 소망스럽기는 하지만 실현 가능한 것은 아닐 수 있다. 파생상품을 유용하게 활용하기 위해서는 파생상품의 특성을 잘 이해하고 있어야 한다. KIKO 계약으로 인한 문제가 불거졌을 때 기업들이 그것이 무엇인지 제대로 모르고 계약을 체결했다고 주장한 경우가 많이 있었다. 파생상품 계약의 경우 그 특성을 정확하게 알지 못하고 사용을 하면 위험에 처할 수 있다는 것을 잘 보여준 사례라 할 수 있다.

환노출관리에서 중요한 것은 환율변동이 기업의 가치에 영향을 주지 않도록 환노출을 관리하는 것이다. 적어도 환율변동의 영향을 기업이 감당할 수 있는 수준으로 관리하는 것이 되어야 한다. 기업의 경영자는 기본적으로 기업의 가치를 극대화하려는 목적을 갖고 있기 때문에 환노출을 관리하는 과정에서도 이득을 얻으려는 성향을 보일 수 있다. 이러한 관점에서 본다면 당시에 KIKO 계약을 체결한 기업의 행위에 문제가 있었던 것이 아니라 그저 운이 나빠 손실을 본 것뿐이라고 생각할 수도 있다. 그러나 헤지의 목적은 위험을 관리하는 것이지 이득을 얻기 위한 것이 아니라는 관점에서 본다면 당시의 기업의 KIKO거래는 분명 환위험관리의 기본에서 벗어난 행위였다고 할 수 있다.

제2부

환위험 기존 연구

한국 기업을 대상으로 한 환위험에 관한 연구는 1980년대 초반부터 시작되었다. 초기의 연구들은 환위험의 개념 정의와 분류, 기업 환위험의 실태 파악 등에 초점이 두어져 있었다. 외환위기 이후 기업의 환위험 연구에 대한 관심이 확대되었고, 글로벌금융위기는 한국 기업을 대상으로 한 환위험 관련 연구에 중요성을 확인하는 계기가 되었다.

환위험에 관한 연구는 개념의 정립과 실태의 파악에서 나아가 환노출 계수의 추정과 특성 분석, 환위험의 가격결정, 환위험과 재무부실, 환노출과 금융파생상품거래 등의 영역으로 확장되었다. 2부에서는 한국 기업을 대상으로 수행되었던 환위험 관련 연구들을 시대별로 구분해 정리한다. 환위험 관련 기존 연구의 정리는 권택호(2014)의 내용을 참고하였다.

제4장 환위험 연구의 출발 - 1980년대

한국은 1980년 복합통화바스켓제도로 통화제도를 변경하였는데, 이는 주요통화인 미국 달러화와의 환율이 변동하게 되었음을 의미했다. 당시의 기업들은 수출과 수입 중심이기는 했지만 국제경영 활동을 수행하고 있었기 때문에 환율변동이 기업에 미치는 영향에 대해 관심을 가질 수밖에 없었다. 또한, 국제경영학의 태동기에 있었던 한국의 학계 역시 환율변동이 기업에 미칠 수 있는 영향을 분석하는데 큰 관심을 갖기 시작했던 시기였다.

이 시기의 연구는 주로 환위험의 개념을 정리하고 환위험관리 방법을 제시하는데 초점이 있었다. 연구의 주제는 이론적 관점에서 환위험 정의의 정치화를 모색하는 것과, 사례분석을 통해 기업 환위험관리 실태를 파악해 시사점을 도출하고자 하는 것이었다. 한국에서 경영학 관련 논문을 게재하는 학회의 학술지들이 대부분 1980년대 후반에 발간되기 시작했기 때문에 이 기간에 수행된 연구 결과는 주로 대학교의 부설 연구소에서 발간하는 학술지에 발표되었다.

1. 환위험 정의

민상기(1982)는 환위험관리 방법에는 적극적 방법과 소극적 방법이 있을 수 있다고 설명하였다. 그는 환율의 예측에 기반한 적극적 방법의 경우 외환시장이 경쟁적인 점을 고려하면 환율예측은 불가능한 목표이기 때문에 환위험관리 방법은 환율의 변동에도 불구하고 환위험이 발생하지 않도록 하는 소극적 방법을 사용해야 한다고 주장하였다. 소극적 방법으로 환위험을 관리하기 위해서는 기업이 보유한 외환포지션을 스퀘어포지션(square position)으로 만들어야 한다. 외환스퀘어포지션(foreign currency square position)이란 외환롱포지션(foreign currency long position)과 외환숏포지션(foreign currency short position)이 일치해

노출된 포지션이 없는 상태를 말한다.

그는 스퀘어포지션의 정의와 관련해 장부가격(book value)기준 스퀘어포지션, 대체가격(replacement value) 기준 스퀘어포지션, 순현가(net present value) 기준 스퀘어포지션에 대해 각 기준의 유용성과 한계를 설명하였다. 그는 결론적으로 스퀘어포지션의 구성은 순현가 기준의 스퀘어포지션이 되어야 한다고 설명하였다. 그는 기업의 환위험을 경제적 환위험의 관점에서 정의하고 이를 현금흐름의 관점에서 관리할 필요가 있음을 제시하였다.

민상기(1983)는 환위험에 대한 개념 정의를 명확히 하고자 하였다. 그는 기업들이 환위험에 대해 관심을 갖기 시작한 이유가 환율의 변동이 회계적 보고서상에 미치는 영향 때문이었다는 점을 지적하였다. 그러나 환위험은 회계적으로 측정할 수 있는 부분뿐만 아니라 측정할 수 없는 부분까지도 포함해야 하기 때문에 환위험은 경제적 환위험의 관점에서 다루어져야 한다고 주장하였다. 따라서 환위험을 회계적 환위험과 경제적 환위험으로 분류해 논의하는 것은 적절하지 못하다는 점을 분명히 하였다. 민상기(1983)는 기존의 환위험 분류에서 포함하고 있는 환위험의 내용을 외화표시 재무제표의 환산, 당회계년도 내에 결제되지 않을 내국법인의 외화자산 및 부채, 당회계년도에 결제될 내국법인의 외화자산 및 부채, 환율변동 이후의 순 현금흐름의 현가 등 4가지 기준으로 설정하였다. 이 4가지 기준을 적용하여 기존 연구에서 주장한 환위험(환노출) 분류를 재정리하여 <표 4-1>과 같이 제시하였다.

모든 분류에서 경제적 환위험을 환위험의 한 대상으로 포함하고 있다. 그러나 당시까지의 연구들은 경제적 환위험에 대한 정의를 명확하게 하지 않고 환위험을 경험적으로 나타나는 회계적 환위험과 대응되는 관점에서 정의하려 했다. 실제로 이 연구에 인용된 환위험에 대한 정의가 있기 전 이미 환율변동에 의한 영향을 회계적 방법으로는 충분하게 측정할 수 없다는 주장이 제기되었으나(Shapiro, May 1975), 환위험을 기업가치의 관점에서 정의해야 한다는 주장으로 정리되지는 않았다. 민상기(1983)의 연구는 환위험을 경제적 환위험으로 정의하고 다른 유형의 환위험은 이 경제적 환위험의 일부분으로 간주되어야 한다는 주장을 명확하게 했다는 점에 의의가 있다.

조대우(1985)는 기업의 환노출을 설명할 수 있는 새로운 환위험 분류 모형을 제시하였다(I장 참고). 그는 환위험의 측정 대상을 현행거래와 미래거래로 나누고, 환위험 인식 시점을 특정일과 미래의 불특정일로 나누어 환위험을 유형화하였다. 그는 자신의 환위험 분류 방법을 기존의 분류와는 구분되는 새로운 분류 방법이라고 주장하였다. 그의 분류는 환위험을 회계적 환위험과 경제적 환위험으로 분류하던 이전의 환위험 분류에 비해 환위험 분류 체계를 보다 정치화시키고자 한 점에서 의의가 있다고 평가할 수 있다.

〈표 4-1〉 초기 환위험 연구에서의 환위험 분류

분석대상 학자	외화표시 재무제표 (해외사업장)	당회계년도내에 결제되지 않을 내국법인의 외화 자산 • 부채	당회계년도내에 결제될 내국법인의 외화 자산 • 부채	환율변동이후의 총 현금흐름의 현가
Prindle (1976)	unrealized	gain or loss Accounting Exposure	realized gain or loss	
Giddy (1977)	Accounting Exposure	Contractual cash flow	Economic Exposure	Non-contractual cash flow
George (1978)	Accounting Effect	Cash Flow Effect		Economic Effect
Jacque (1979)	Translation Exposure	Accounting Exposure	Transaction Exposure	Economic Exposure
McRae & Walker (1980)	Accounting Translation Exposure I Exposure associated with the ownership of foreign currency denominated assets & liabilities		Transaction Exposure II Exposure inherent in foreign currency transaction	Economic(cash flow) Exposure
Wihlborg (1980)	Translation Exposure	Accounting Exposure	Transaction Exposure	Economic Exposure
Eiteman & Stonehill (1982)	Translation Exposure Accounting Exposure	Transaction	Exposure Economic Exposure	Economic Exposure
Shapiro (1982)	Accounting (Translation) Exposure	Transaction	Exposure Economic Exposure	Real Operating Exposure

자료: 민상기(1983), p.77.

2. 환위험관리 실태 분석

한편, 조대우(1985)는 설문조사를 통하여 한국 기업의 환위험관리 실태를 유형화하였다. 기업의 업종을 무역, 제조, 금융으로 나누고 이들 기업을 대규모기업과 중소규모기업으로 분류해 각 유형별 환위험관리 실태를 분석하였다. 구체적으로 각 유형을 대표하는 기업군을 종합무역상사와 일반무역상사, 국제제조기업과 국내제조기업, 그리고 국제 및 시중은행과 지방은행으로 정하고 각 기업군에 속하는 기업들을 대상으로 설문조사를 하였다. 그는 기업의 환위험에 대한 인식을 기존의 환위험 분류 기준을 적용했을 때와 새로운 방법을 적용했을 때로 구분해 정리하였다. <표 4-2>는 설문조사 결과를 기존의 환위험 분류 기준으로 정리한 결과이고 다음에 나오는 <표 4-3>은 새로운 환위험 분류 기준으로 조사 결과를 정리한 결과이다.[18]

기존의 환위험 분류를 기준으로 환위험의 인식을 조사한 결과와 새로운 환위험 분류를 기준으로 환위험 인식을 조사한 경우의 환위험 인식 정도에 차이가 있다. 그는 이러한 차이에 대해 기존의 환위험 분류가 적절하지 않기 때문이라고 주장하였다. 이 연구는 환위험 연구에서 환위험의 정의와 분류가 중요한 문제임을 보여주고 있다.

조대우(1985)는 기업에 대한 조사 연구에서 얻은 결과를 기초로 한국 기업의 환위험관리 실태를 <표 4-4>와 같이 정리하고 있다. 환위험관리 실태를 정리해 보면 환위험관리를 위해 외환시장이나 외부금융기관을 활용한 기업은 종합무역상사와 금융기관뿐인 것으로 나타나고 있다. 일반무역상사나 제조기업은 모두 즉흥적으로 관리를 하거나 내부적인 관리 방법으로 환위험에 대처를 하고 있는 것으로 나타났다.

조대우(1985)는 설문조사에 기초해 한국 기업의 환위험관리 목표를 분석하였는데 그 결과는 <표 4-5>와 같다. 표에서 보는 바와 같이 당시의 종합무역상사들은 가장 적극적으로 환위험을 관리하고 있었던 것으로 나타나고 있다.

18) 표에 나오는 환위험 관련 개념에 대해서는 3장에서 기술함(<표 3-1> 참조).

〈표 4-2〉 전통적 분류에 의한 환위험 인식

대상업체 / 빈도	무역회사		제조기업		금융기관	
전통적 환위험의 유형	종합 무역상사	일반 무역회사	국제 제조기업	국내 제조기업	국책 및 시중은행	지방은행
	[4]	[16]	[4]	[12]	[6]	[3]
거래적환위험	3	7	3	6	2	-
환산환위험	3	4	2	1	3	-
경제적환위험	4	9	4	-	3	1
무응답	-	3	-	2	2	2
환위험인식 분석내용	종합무역상사의 거래는 규모가 크고 빈도가 잦아 외환 손익이 크게 발생하므로 전통적 분류에 의한 환위험 전부를 인식하고 있음.	환산환위험보다 거래 및 경제적 환위험에 대한 인식이 높은데, 이는 해외사업장의 수와 규모가 적은데 기인하며, 따라서 연결재무제표작성이 크게 필요치 않으며, 외화차관사용량이 상대적으로 적은데 기인함.	위의 3가지 환위험을 모두 인식하고 있으며, 이는 원자재의 수입 및 해외판매 등 외화거래 금액이 커서 환위험에 노출되는 양이 많음을 의미함.	외화표시 거래 규모가 작고 판매시장의 확보, 내부 운영 자금조달 문제 등이 선결문제이므로 환위험에 대한 인식이 부재한 상태임.	위의 3가지 환위험을 대체로 모두 인식을 하고 있는바, (갑류외국환은행이므로) 최근에 들어서 ('80년대 들어서 금융국제화에 발맞춰) 외환사무가 은행의 주 기능화되었다고 보고 있음	외환취급업무 규모가 상대적으로 적을뿐 아니라, 을류 외국환은행 업무를 대부분 수행하고 있는바, 환위험에 대한 인식이 낮은 편임).

자료: 조대우(1985), p.298.

〈표 4-3〉 새로운 분류에 의한 환위험 인식

<table>
<tr><th rowspan="3">대상업체 / 빈도
새로운 환위험의 유형</th><th colspan="2">무역회사</th><th colspan="2">제조기업</th><th colspan="2">금융기관</th></tr>
<tr><th>종합 무역상사</th><th>일반 무역회사</th><th>국제 제조기업</th><th>국내 제조기업</th><th>국책 및 시중은행</th><th>지방은행</th></tr>
<tr><th>[4]</th><th>[16]</th><th>[4]</th><th>[12]</th><th>[6]</th><th>[3]</th></tr>
<tr><td>현재확정환위험(A형)</td><td>3</td><td>7</td><td>3</td><td>5</td><td>3</td><td>-</td></tr>
<tr><td>· 현재실현 환위험(A-1형)</td><td>3</td><td>7</td><td>3</td><td>5</td><td>2</td><td>-</td></tr>
<tr><td>· 현재미실현 환위험(A-2형)</td><td>3</td><td>4</td><td>2</td><td>1</td><td>3</td><td>-</td></tr>
<tr><td>현재미확정 환위험(B형)</td><td>4</td><td>15</td><td>2</td><td>8</td><td>-</td><td>-</td></tr>
<tr><td>미래확정 환위험(C형)</td><td>3</td><td>8</td><td>2</td><td>-</td><td>3</td><td>1</td></tr>
<tr><td>미래미확정 환위험(D형)</td><td>4</td><td>9</td><td>3</td><td>-</td><td>3</td><td>1</td></tr>
<tr><td>(광의의) 환위험(E형)</td><td>4</td><td>10</td><td>3</td><td>4</td><td>3</td><td>1</td></tr>
<tr><td>무응답</td><td>-</td><td>1</td><td>-</td><td>2</td><td>2</td><td>2</td></tr>
<tr><td rowspan="2">환위험인식 분석내용</td><td>외화거래의 규모가 클뿐만 아니라, 그 발생형태가 다양하므로 위의 새로운 환위험 분류체계에 의한 환위험 전부를 인식하고 있음.</td><td>구로공단 입주업체인 일반무역 회사의 대부분은 직접 제조하여 수출하는 형태를 가지므로 위의 제환위험 중에서 특히 환율변동으로 인한 수출가격 변경시 발생할 수 있는 '현재 미확정 환위험'에 대해 거의 모든 기업이 환위험을 인식하고 있음.</td><td rowspan="2">거의 모든 기업이 위 분류에 의한 환위험 유형에 대해 인식을 하고 있음.
이는 국제 제조기업의 경우 내수 판매 외에 수출시장 의존도가 전체 매출액의 약 40~60%를 점유하는데 기인함.</td><td rowspan="2">환위험에 대한 인식이 상대적으로 부재하지만, 현재미확정환위험'의 경우 10개 중 8개 기업이 인식하고 있으며, C형 및 D형 환위험은 국내 제조기업의 해외 프로젝트의 규모, 빈도 및 경영전략의 장기성 부재에 기인함.</td><td rowspan="2">다른 환위험 분류에 대해서는 전부 인식하고 그 비중도 크다 하겠으나, B형 환위험의 경우는 전혀 인식이 없는 것은 외화표시계약의 변경 및 중간해지 등으로 발생하는 환위험의 비중이 작음을 알 수 있음.</td><td rowspan="2">전반적으로 환위험에 대한 경험 및 인식이 매우 낮음.</td></tr>
<tr><td colspan="2">응답업체 모두가 '현재미확정 환위험(B형 환위험)에 대해 인식하고 있으며, 이에 전적으로 노출되어 있음을 알 수 있음.</td></tr>
</table>

자료: 조대우(1985), p.300.

〈표 4-4〉 한국 기업의 환위험관리 실태

업체 대상 기업 유형 조사항목	무역회사		제조기업		금융기관	
	종합 무역상사	일반 무역회사	국제 제조기업	국내 제조기업	국책 및 시중은행	지방은행
A. 환위험 관리 방법	①기업내 외환부서 에서 관리 ②금융 기관으로 부터의 도움	①좌동 ②좌동 ③즉흥적 관리	①좌동 ②좌동	①즉흥적 관리 ②내부의사 결정 체계 이용	①외환부서 ②금융기관 도움	①즉흥적 관리 ②내부의사 결정 체계 이용
B. 환위험 관리기법의 선호도	①외환시장 선택 ②내부기법 사용 ㉠매칭 ㉡포트 폴리오	①좌동 ②내부기법 사용 ㉠선지급· 후지급 방법 ㉡매칭	①좌동 ②내부기법 사용 ㉠좌동 ㉡포트폴리 오	특별한 관리 대책이 없음 ③내부기법 사용 ㉠자산부채 조정방법 ㉡포트 폴리오	①외환시장 선택 ②금융시장 선택	①좌동 ②좌동
C. 환위험 관리부서	외환 관계부서	무역부	외환 관계부서	경리부	국제부	국제부

자료: 조대우(1985), p.309.

〈표 4-5〉 한국 기업의 환위험관리 목표

업체 대상 기업 유형 항목의 내용	무역회사		제조기업		금융기관	
	종합 무역상사	일반 무역회사	국제 제조기업	국내 제조기업	국책 및 시중은행	지방은행
A. 환위험관리의 목표	전사적 목표와 동등	환위험 관리목표 개념의 불명	전사적 경영목표의 하위개념	실제로는 고려하지 않음	전사적 경영목표의 하위개념	환위험 관리목표 개념의 불명
B. 목표의 구체적 내용	· 환차익의 극대화 · 환차손의 극소화	좌동	환차손의 극소화	좌동	환차익의 극대화	불명확함

자료: 조대우(1985), p.310.

민상기(1988)는 사전조사에 기초해 환위험관리 수준이 높은 종합무역상사 3사와 전자부문 제조기업 1개 사를 대상으로(이하 기업 (A), (B), (C), (D)) 환위험관리 사례분석을 실시하고 이의 결과를 정리하였다. 이 연구는 당시에 환위험에 크게 노출되어 있으면서, 관리활동을 적극적으로 하고 있던 기업들을 분석한 결과로 한국 기업의 환위험관리 발전과정에 대한 이해와, 유사한 상황에 있는 신흥시장 기업들의 환위험관리 실태를 이해하는데 유익한 정보를 줄 수 있을 것이다. 또한, 실무적으로 환위험관리 모델을 구축하는데도 활용될 수 있을 것이다. 여기에서는 연구 결과의 주요 부분만을 인용 기술한다.

환위험관리 분석을 위해 조사 항목을 4개의 큰 주제와 각각 2개의 하위주제로 구분하여 총 8개의 주제를 조사하였다. 조사 주제는 관리정책(관리목적, 관리대상), 조직체계(조직구조, 업무흐름), 정보체계(환율예측, 환노출파악), 의사결정(의사결정흐름, 내부통제)이다.

관리대상과 관련해 환위험을 조대우(1985)의 연구를 참고해 현재확정환위험(A형), 현재미확정환위험(B형), 미래확정환위험(C형), 미래미확정환위험(D형), 총체적환위험(E)로 구분하였다. 현재확정환위험은 다시 (i)현재확정 실현환위험과 (ii)현재확정 미실현환위험으로 구분하였다.

다음의 <표 4-6>의 내용은 그의 분석 결과를 정리한 것이다. 그는 사례조사 결과를 분석하고 한국 기업의 환위험관리와 관련하여 다음과 같은 내용을 문제점으로 제시하였다. 첫째, 환위험관리의 지침에 목적과 관리 대상 범위가 명시되지 않아 기업들이 환차익을 염두에 두고 거래를 하는 경우가 있어 환위험관리가 담당자의 주관에 따라 영향을 받을 수 있다. 둘째, 환위험관리 전담조직을 갖출 필요가 있다. 셋째, 환위험관리에 최고경영자가 직접 참여할 수 있는 방안의 마련이 필요하다. 넷째, 환위험관리 부문의 관리내역을 평가할 수 있는 평가체계의 마련이 시급하다.

〈표 4-6〉 기업별 환위험관리 실태 분석 결과

A-1 관리목적

	(A)	(B)	(C)	(D)
관리 목적의 내용과 명시화 수준	① 대외거래에서 수수되는 모든 외환에 대해서 외환거래의 발생이 확실시되는 시점에서 환포지션의 전액을 커버하는 것을 원칙으로 하며 환차손의 극소화에 의해 영업이익 확보를 목적으로 한다. ② 그룹 <외환관리지침>을 따르며 본사의 환관리규칙을 마련하여 지침으로 한다.	① 명시된 외환관리지침을 가지고 있지 못하며, 따라서 명시된 환관리 목적을 가지고 있지 못하다. ② 또한 B기업은 커버여부의 결정 권한을 현업부서에 위양하는, 분권화된 환위험 관리체제를 채택하고 있는바 암묵적으로 가진 환차손 극소화의 인식과는 달리, 실제로는 각 사업부마다 심한 수준의 차이를 보인다.	① 은 B기업과 동일(암묵적) ② 부서 내부적 지침에 환차손 극소화를 도모하는 것으로 정해두고 있으나, 지침위배시의 제재 등의 통제에 관한 사항은 명시화되어 있지 않다. 그룹차원에서는 <그룹 외환관리 협조체제>가 지침으로 마련되어 업무흐름 등이 명시되어 있다.	D기업에서는 금년(1988년) 4월부터 환위험관리지침을 제정하고 운영하고 있다. 지침에는 환위험관리 목적이 하나의 항목으로 명시되어 있지는 않으나 환위험의 제거에 의한 환차손의 극소화 이외에 환포지션 조작에 의한 환차익의 도모도 허용하고 있음을 볼 수 있는 부분이 여러곳에 존재한다. 지침위배시의 통제에 관한 내용은 명시화되어 있지 않다.
환차익 도모의 정도	A기업은 사내선물환제도를 채택하여 각 현업부서는 환위험관리 전담부서에 반드시 무조건 커버를 원칙으로 하고 있다. 따라서 현업의 입장에서는 환차손의 극소화를 통해 영업이익의 안정확보만을 도모한다. 그러나 전담부서가 대외적으로 대은행계약을 통한 커버시에는 환율예측에 의거 선택적 헷지도 사용하고 있으나 그 비율은 상대적으로 낮다.	B기업은 분권적 환위험관리를 수행함에 따라 환관리 의사결정권이 각 사업부에 있고 환관리체제의 미비로 담당부서는 단순대행의 역할만을 하고 있는바 실제 완전 노출(결과적으로 환차익 도모를 위한 환투기)의 비중이 상당한 비중을 차지하고 있다.	C기업은 일찍이 적극적 외환관리를 실시하여 왔으나(1981~1984년) 1985년 이후 최근까지는 완전커버 위주의 소극적 관리를 택하였다. 그러나 올해(1988년) 들어 외환관리 조직을 확대하고 적극적 환관리 전략을 채택하여 선택적 헷지의 비율이 계열사 대행의 경우 80%이상, C기업 자체의 경우 80~90% 이상으로 늘어났다. 선택적 헷지의 사용조건은 명시화되어 있지 않다.	D기업은 손익관리부서(현업)에서 1차적으로 커버한 환노출에 대해 2차적인 환율지원조작을 국제금융부에 허용함으로써 실제 환차익 도모를 위한 거래의 규모가 사례의 여타 기업에 비해 상대적으로 높다. 이는 D기업이 목표환차 손익을 정해두고 운용하고 있다는 데서도 추론할 수 있다.
최고 경영층의 관심도 및 신뢰도	A기업은 회사의 이미지 자체가 관리체제의 우수성이라고 하듯 환위험관리에 있어서도 사내선물환제도를 구비하는 등 선도적 입장에 있다. 담당자가 '관리상에 문제가 있으면 바로 상층에 제한하여 수정된다'고 말할 정도로 최고경영층의 관심도도 높다.	B기업은 전통적으로 사업부 중심제도에 의해 각 사업부의 독자적의사결정부여 및 성과 평가에 중점을 두어 왔다. 최근 B기업은 국제금융부의 환위험관리체제를 정비하여 집권적인 체제로의 전환을 모색하고 있다. 아직까지는 안(案)에 그치고 있으나 이의 실행을 위해서는	기업 내 최고경영층의 환위험관리에 대한 인식도가 높고 부서장이 회사의 초창기에 직접 환관리를 담당했던 경험을 가지고 있어 본부장실에 AP-DJ telelater가 설치되어 있을 정도로 참여 및 관심 수준이 높다.	기업 내 환위험관리에 대한 인식은 점차 높아가고 있는 상태이다. 환위험관리조직을 외환과 단위로 승격시키고 금년 내 기업 내에 국내의 자금운영을 위한 딜링룸을 설치할 계획이다. 이러한 변화는 작년, 환차익이 기업이익의 상당한 부분을 차지하게 됨에 따라 인식이 새로워진

		최고 경영층의 환위험 관리의 성격에 대한 이해가 중요한 변수라고 본다.		데 기인한다.

A-2 관리대상

	(A)	(B)	(C)	(D)
기업의 환노출 특성 및 인식도	환포지션의 특성별로 확정, 불확정 외화부채 포지션을 나누어 인식하고 있다. 종합상사인 A기업은 US$ 표시통화 거래가 90% 이상을 차지하며 기간상으로 단기적이며 발생이 단속적이라는 일반적인 특징을 갖는다. -US$ 선물환시장의 미비로 US$표시통화 환노출의 커버 방법이 존재하지 않으므로 실제 환노출관리의 대상이 되는 거래는 기타통화표시거래에 한정된다.	종합상사로서 환노출 발생은 A기업과 거의 유사하다. 포지션 특성별 파악은 않고 있다.	C기업은 무역부문과 건설부문의 2개 부문으로 구성된다. 무역부문의 차변과 대변은 대부분 US$로 구성되나 건설부문의 경우에는 US$, 중동통화로 구성되는 차변과 하도급으로 인해 주로 DM과 ¥으로 구성되는 대변간에 환노출이 발생하고 있다. 중동통화는 US$로 모두 즉시 전환되는데 따라서 DM, ¥과 US$간의 환노출 관리가 주요 환위험 관리대상이 되고 있다.	D기업은 제조기업으로 상사인 A~C 기업과는 달리 환노출이 거래단위별로 단속적으로 나타나는 것이 아니라 제조, 판매의 전 과정에 걸쳐 연속적으로 발생한다. 따라서 엄밀한 의미의 환위험 관리보다는 계약 시점에서 포괄적으로 커버를 한다.
관리 대상 환 노 출 의 범위	A기업은 4개 기업 중 유일하게 현재 확정포지션(A형) 외에 현재미확정 포지션(B형)을 관리대상으로 하고 있다. 전자에 대해서는 관할부서의 무조건 신청에 의한 즉시 커버, 후자에 대해서는 건별로 최적 방법을 고려하여 결정을 한다. 외화표시 부채에 대해서는 필요시에만 커버를 한다.	B기업의 관리대상 환노출은 주로 A-1형의 거래적 환노출로 미확정계약에 대해서는 관리를 하지 않고 있다. 이는 해당사업부의 환위험에 대한 인식수준과 관련을 가지는데, 재무부문의 외화차입금은 자금부(US$)와 국제금융부(기타통화)에 의해 불완전한 관리가 이루어지고 있으며, 외화예금은 자금부가 관리하고 있다.	C기업의 관리 대상 환노출은 그룹차원의 환관리를 모색하는데에 따라, 다소 범위에 제한을 받아 현재확정 환노출(A형)만을 주로 대상으로 하고 있다. 또한 C기업은 자체의 건설부문 프로젝트와 관련하여 미래 확정환노출(C형)에 대해서도 인식은 하고 있으나, 실제 커버하는 경우는 드물다.	D기업의 관리대상 환노출은 이종 통화수출입금, 자재대, 경비, 외화부채로 구성된다. 이들은 사업계획상의 예측 환노출로 3개월에서 12개월 기간까지가 포함된다. 환노출을 발생시키는 제조 및 영업부서(손익관리부서라고 함)는 크게 가전, 정보통신, 반도체의 3개 부문으로 나눌수 있다. 현지투자법인에 대한 환관리는 이루어지지 않으며 유럽 3개 지사 간 거래도 현지 지사끼리 자체 해결하도록 하고 있다.
그룹 차원의 포함 여부	그룹 비서실에서 그룹 전체의 환위험 관리규칙을 만들어 각 사가 이를 준수하도록 하며 실제 각 사의 환관리 성과 평	B기업 자체의 환위험관리도 책임경영 제도에 입각한 사업부 중심의 분권적 관리를 하고 있어 그룹전체의 환위험관	C기업은 그룹차원의 환관리 협조체제를 마련하여 i)가족각 사가 안정적 영업을 하도록 도모하고 ii)그룹내 환관리 경	그룹 국제금융팀이 별도로 조직되어 있어서 외환시장정보를 수집하여 각사에 배포하며, 그룹내 소규모 기업의 환위

	가를 하며 실제 국제 금융정보를 수집·배포하고 있다. 그러나 그룹 전체의 환관리를 하고 있지 않으며 관리체제도 각 계열사별로 특성과 능력에 따라 개별적으로 운영하고 있다.	리는 더 더욱 이루어지지 못하며 정보교환 등의 협력체제도 원활히 운영되지 못하고 있다.	비를 절감하고 iii)자금을 효율적으로 운영하도록 하고 있다. 그 방안은 정보의 상호교환뿐 아니라 C기업이 그룹 가족사의 환관리를 대행하고 각사의 외환매매를 C기업으로 집중하여 그룹내 네팅(netting)을 하는 것을 포함한다.단, 이는 -US$에 대해서만 적용되고 이종통화에 대해서는 각 기업이 운용하는 것을 허용하고 있다.	험관리를대행하고 있다.

B-1 조직구조

	(A)	(B)	(C)	(D)
환위험 관리 조직의 기업 전체 에서의 위치	A 기업의 환위험관리조직은 국제금융과 내의 외환관리팀(팀장인 대리 외 7인)이다. 인원 상으로는 비교적 많으나 전담조직의 수준은 조직전체에 비해 낮은 수준이다. 그러나 환위험지침에 의해 사내선물환 계약이 의무화되어 있고 이의 위반 시 제제규정까지 명시되어 있어 실질적인 기업전체에서의 위치는 높다고 할 수 있다.	B기업의 환위험관리 전담조직은 국제금융부 기획과내 환관리팀(팀장인 과장 외 3인)이나, 앞서 계속 언급했듯이 기업전체에서 전담조직의 역할은 분권화에 따라 '단순대행'의 역할인 바 실제위치는 타 기업에 비해 낮다. 또한 업무의 분담에 있어 자금소요와는 연계의 필요성을 이유로 자금부에서 -US$ 선물환거래를 담당하고 있다.	C기업의 전담조직은 외환관리부내 외환1과(팀장인 과장 외 5인)이다. 그러나 실제적인 기업전체에서의 위치는 그룹 내 외환관리를 통괄하여 업무를 수행하고 있어 타 기업에 비해 더 높다고 할 수 있다. 오히려 현재의 전담조직이 인원면에서나 수준면에서 부족하다고 할 수 있으며 최근 부서 명칭을 업무 1부에서 외환 관리부로 변경한 것도 외환부문에 대한 기업의 관심을 나타내는 것이라고 볼 수 있다.	D기업의 환위험관리조직은 외환대책위원회의 전사적인 방침 및 전략설정(경영심사실을 통한 추진내용 통제 포함)과 국제금융부를 통한 포지션파악 통제 및 대외적 포지션 관리의 이중구조로 되어 있다. 집권화 - 분권화구조에서 볼 때 의사결정의 권한이 일차적으로 현업에 있다는 점에서 분권화이나, 국제금융부의 환조작이 폭넓게 인정된다는 면에서는 집권화이다.
환위험 관리 조직 내의 업무 분장의 적정성	환위험 관리조직은 2부분으로 나뉘어 양조직 모두 대리직급의 담당자가 관할한다. 2부분이란 환위험관리의 실행과 사후관리를 전담하는 조직과(대리1인-사원 5인) 환율정보분석 및 예측을 전담하는 조직(대리1인-사원 3인(2인은 안))이다. 통화별 분담은 이루어지지 못하고 있다.	B기업의 환위험관리조직의 특징은 첫째, 딜러와 오퍼레이터의 독립이 이루어지지 않아 딜러의 업무분담이 과중하며 실수의 체크 및 부정의 방지가 사전적으로 불가능하다는 점과 둘째, 외화자금의 이체시 인장사용 및 BEP 환율 결정 등에 있어 자금부에 결제를 얻어야 되는 등의 관행이 현존하여 국제금융부 자체의 독자적인 관리가 이루어지지 못하고 있다는 점이다.	일반사원이 한사람씩 기타통화와 -US$ 환거래를 담당하며, 오퍼레이터가 분리되어 있어, 대리가 규모가 큰 거래, 계열사 업무거래의 통제를 담당한다. 과장은 정책적 포지션관리 협의를, 본부장은 전반적인 지원을 한다.(오퍼레이터의 경험미숙으로 만기거래의 체크 등은 딜러가 직접하고 있다.)	최하조직 단위인 외환과는 과장, 3급 사원 1인, 평사원 3인으로 구성된다. 외환과내의 업무분장은 형식상 통화별로 US$-¥, US$-유로통화, US$- 을 평사원 3인이 각각 분담하고, 이자율관리, 스왑, 통화 전반에 대해 3급 사원이 관장하며, 과장은 사후관리를 담당하고 있다. 그러나 각 통화의 환율추세나 환포지션 조작은 5인 합의제를 채택한다.
관련 부서 와의 조정을 위한 제도적 장치	공식적인 조직은 없다. 단지 비공식적이며, 개별적으로 국제금융부에서 필요시 현업부서에 협조를 요청하는 것은 가능하다.	국제금융부의 위치가 단순거래 대행의 위치이며, 각 사업부는 독자적인 의사결정체계에 의해 분권적인 환위험관리가 이루어지므로, 관련부서와의 조정을 위한 제도적 장치의 필요성을 별반 느끼지 못하고 있다. 국제금융부에서는 수시로 현업담당자를 교육하는 과정이 있다.	C기업의 경우는 실무담당자 차원에서 현업과의 조정을 위한 조직은 구비되어 있지 않고, 다만 부서장급을 대상으로 월 1회의 환율대책위가 열린다. 여기서는 각 지역을 전담하는 부서장의 현지감각에 근거한 환율변동 추세에 관한 정보의 교환이 이루어진다. 또한 매주 1회의	D기업은 전사적인 환위험관리를 위해 외환대책위를 운영하고 있는데 이에는 국제금융부, 심사부, 수출기획부, 해외구매기획부, 경리부 등의 부서가 참여하고 있다. 운영은 심사부에서 주관하며 대책위에서는 방침, 회의록 등을 통해 적용환율, 통화변경지침 등을 각 부서에 전달한다.

			임원회와 월 1회의 그룹사 임원 업무협의회에 C기업 실무담당자가 참여하여 정보의 전달을 하게 된다.	

B-2 업무흐름

	(A)	(B)	(C)	(D)
업무처리과정	① 사전협의 단계 : 현업부서는 국제 금융과에 거래통화, 오퍼시기, 성사시기, 네고(nego) 예정일 등의 정보를 제공하고 적정수주환율을 협의한다. ② 수출계약 및 선물환 계약 : 합의 내용에 의거 계약을 체결하고 즉시 국제금융과에 전액 사내 선물환 신청을 한다. 국제금융과는 사전협의 단계부터 커버 여부를 결정하고, 내부환매칭 가능성을 검토하여 매칭이 불가능할 때 대 은행 선물환 계약을 수행한다.	현업부서에서 기타 통화 네고계획을 통보하면 국제금융부는 자금부와 BEP합동협의를 하고, 은행에 계약을 한 뒤 부장끼리 보고한다. 자금 이체 시에는 자금부에 자금의뢰를 하고 자금부에서 네고은행에 이체신청을 한다. 국제금융부는 자금부에서 이체금을 수취하여 계약은행에 이를 제출한다. 계약확인서에 소요되는 대표이사 인감은 자금부에 신청하여 취득하게 된다.	i) 각 사는 수출입거래 및 자본거래에서 발생하는 이종통화포지션을 발생 즉시 C기업으로 통보한다. ii) C기업은 통보받은 즉시, 이종통화포지션을 각 사의 명의로 선물환거래 등 기타 적절한 수단으로 커버한다. iii) 선물환 등 환거래계약 후 서류준비 및 계약이행은 각 사가 직접수행하며 C기업은 이에 협조한다.	① 손익관리부서는 경영계획(사업계획 또는 자금계획)을 근거로 일정기간(3~12개월) 동안의 통화별 환노출 규모를 파악·인식하고 월별·통화별 입출금 사항으로 구분 작성하여 매 분기시작 전월 20일까지 국제금융부로 통보한다. ② 손익관리부서는 해당부문별 노출규모, 선물환포지션 현황, 경영계획상 적용환율 및 향후 환율전망 등을 고려하여 환위험커버를 위한 외환거래를 사전협의 과정을 거쳐 자기책임하에 국제금융부에 의뢰할 수 있다. ③ 국제금융부는 손익관리부서의 외환관리의 대행이외에 파악된 전사 총 환노출을 기준으로 환포지션 조작을 하며 전사 환차손익 관리에 대해 궁극적인 책임을 진다.
업무처리단계별소요기간	A기업은 사내선물환제도를 채택하고 있다. 따라서 현업부서(영업 및 재무)는 포지션 발생 즉시 국제금융과로 사내선물환 계약을 신청해야 한다. 국제금융과는 현업과의 사전협의 단계부터 커버 여부가 결정되어 있으므로 내부 전결규정에 따라 대은행 선물환 계약을 즉시 체결한다.	B기업이 업무처리 과정에 있어 여타기업과 다른 점은 딜러가 오퍼레이터 업무를 함께 취급하고 있다는 점과 BEP 환율협의, 자금이체, 계약확인서의 인장사용 등에 있어 자금부의 승인을 받아야 하는 업무상의 관행과 규정이 있다는 점이다.	C기업의 업무처리 과정은 계열사 환관리의 대행인 경우 2단계로 구성된다. 우선 계열사 자체내에서 커버 의사결정이 내려지기까지의 과정에 시간이 소요되며 커버 신청을 받은 C기업 내부의 커버 수락여부 결정에 시간이 소요된다. C기업은 그룹 내 모기업으로 계열사 신청을 거부할 수 있다. 소요시간 면에서는 계열사 자체의 의사결정과정에 많은 시간이 소요된다.	

<table>
<tr><td rowspan="5">내부 전결 규정의 내용</td><td rowspan="2"></td><td colspan="2">계약체결 결정</td><td rowspan="2">환계약 보고에 대한 결제</td><td rowspan="5">분권화에 따라 영업부서의 자체 전결규정에 의해 내려진 결정내용을 대행해 주기만 하므로 국제금융부의 전결규정은 마련되어 있지 않다.
모든 의사결정은 현업부서의 책임하에 내려지므로 현업이 요청한 BEP범위 연결만 담당한다.</td><td rowspan="5">전결규정은 명시화되어 있지 않다. 단지 관행적으로 C기업 내부의 일장적인 거래는 딜러(대리)가 선계약 후 후결제를 하며, 중요한 큰 거래나 계열사의 대행의 경우에는 과장결제에 의해 선계약후 후결제가 이루어진다. 환율변동의 폭에 따른 전결처리의 변동은 고려되고 있지 않다.</td><td rowspan="5">내부전결규정은 손익관리부서의 신청에 의한 환커버의 경우와 국제금융부의 환조작에 의한 커버로 나누어 볼 수 있다. 그러나 양자의 경우 전결규정에 차이가 없이 금액과 보유포지션 비율에 따라 각각 과장, 부장, 임원, 부회장 순으로 1천만, 2천만, 3천만, 5천만불 또는 보유 포지션의 10%, 20%, 30%, 50%로 정해져 있어 양자 중 큰 것을 각 계층의 전결한도로 정해두고 있다. (전결규정이 관리지침 상에 명시된 것은 아님)</td></tr>
<tr><td>관할 부서 신청</td><td>신청 없을 시</td></tr>
<tr><td>담당 임원</td><td>1,000 만불 미만</td><td>500 만불 미만</td><td>· 1,000만불 이하 계약
· 지침의 위배로 인상조치 필요시</td></tr>
<tr><td>부장</td><td>500 만불 미만</td><td>100 만불 미만</td><td>· 500만불 이하
· 지침위배에 대해 사유서 청구 및 시정 요구시</td></tr>
<tr><td>과장</td><td>100 만불 미만</td><td>50 만불 미만</td><td>· 100만불 이하
· 선물환 계약 취소시 (사후관리)</td></tr>
</table>

C-1 환율예측

	(A)	(B)	(C)	(D)
정보원의 적정성과 선택 기준	A기업은 AP-DJ screen을 통해 매일의 환율자료를 받고 있으며, 10여종의 문서 환율자료를 구독하고 있다. 또한 해외지사로부터의 현지정보제공도 체제가 갖추어져 수시로 보고 받고 있다.	정기 환율 정보원으로 FX-Ma -rket report 등 10여종의 정기간행물과 단기정보원으로 BTC Weekly 등 5종, 금리 정보원으로서 Interest Projection 등 5종이 있다. 또 AP-DJ Printer, Citi-terminal screen을 통해 매일의 환율자료를 받아보고 있다.	AP-DJ telelater screen을 구비하여 매일의 환율자료를 받고 있으며 WEFA의 10여종의 문서자료와 지사의 정보 제공에 의존하고 있다. 한 가지 특이한 것은 C기업이 AP-DJ telelater를 구비한 것이 국내제조기업 및 상사로서는 거의 최초로 1983년도 이었다는 것이다.	사례의 여타기업과 마찬가지로 AP- DJ screen과 WEFA 외 10여종의 문서자료와 은행의 코멘트(comment)가 주요 정보원이다.
정보의 획득, 처리, 확산, 저장 과정	① 한 주관부서에서 각 관할부서의 업무에 참고할 수 있도록 다음과 같은 각종 외환정보를 정기적으로 작성, 배포한다. i) 일일통화별 환율 및 이자율(일별) ii) 국제금융시장 동향 속보(수시) iii) 주요국 경제 및 환율동향(월별) iv) 국제금융 동향 및 전망(분기별) ② 환율정보는 월별로 각 사업부에 확산되며, 환율자동 응답전화를 가동하여 현업의 문의에 신속히 응답하고 있다.	① AP-DJ 통신의 FX/money mkt. high light 보고서로 본부장까지 보고하면 통화별로 환율그래프를 작성(현물환율 및 1주일, 1개월 이동평균곡선)하고 전산터미널에 입력하여 해당 파일에 영구 보존한다. ② 예측치의 폭과 방향을 중시하여 일정 양식으로 요약하며 각 원·처별 가중평균 값을 80%, 담당부서 의견을 20% 반영하여 예측환율을 결정하다.	① 1일 외환정보, 외환시장 개황 등 1일 정보지와 월별로 환율금리정보, 외환시장 동향 등을 작성 배포하고 있다. 환율그래프는 작성하지 않고, 은행의 정보에 의존한다. 정보의 처리 분석을 위해 금년에 담당자 1인을 보강하였다. ② 각종 정보는 부서원이 부장-과장-대리-사원의 순으로 회독 합의된(우세한) 의견을 예측치로 한다.	AP-DJ screen과 코멘트로부터 얻어진 자료는 1일 환율동향 이라는 정보지를 통해 100여 군데의 그룹 내 전기전자부문 기업 및 부서에 배포된다. 국제금융부에서는 부서 내 한쪽 벽면에 환율차트를 붙여 놓고 매일 갱신하고 있다. 환율자료는 파일에 저장되며 환율분석만을 전담하는 전담자는 특별히 지정하지 않고 있다.
정보원의 예측에의 반영정도	각종 정보원으로부터 수집된 정보는 환위험 관리팀(팀장:대리)의 담당자가 분석하여 정리하고 팀 구성원의 의견 중 우세한 것(구체적 기준은 미비)을 예측치로 한다. 환율정보의 분석과 예측을 전담하는 조직(대리 외 3인)이 딜링 조직과 분리되어 편성되어 있다.	B기업은 여타기업에 비해 환율예측 정보의 분석과정에 대한 체제가 잘 되어 있다고 할 수 있다. 5개 정보의 주요 정보원을 선택하여 이들이 상이할 경우의 처리과정의 명시라든가 가중치의 산정, 수집된 정보의 배포를 위한 7종의 일간부터 기간까지의 자료, 중요문제(hot issue)의 보고 등이 구비되어 있다.	형식상 팀 구성원의 합의에 의하나, 담당딜러의 의견이 주로 반영된다.	B기업은 분권적 환위험관리를 병행하는 제조기업인 바 환율고시의 필요성은 없으며 제조 및 영업부서의 문의시에만 환율의 추세, 현재 환율 등의 정보를 제공하고 있다. 국제금융부의 환율조작을 위한 환율예측 과정을 외환관리과 부서원들의 합의제로 운영하고 있다.

C-2 환노출파악

	(A)	(B)	(C)	(D)
정보원 및 파악의 방법과 절차	A기업은 경영정보시스템을 구축하여 전사적인 환노출도 각 사업부가 거래내역을 입력함과 동시에 전산처리되어 국제금융부에서 수시로 이를 파악하고 있다.	B기업은 영업부문의 US$노출을 제외한 전사의 확정 및 불확정 환노출을 파악하고 있다. 영업부문은 i)자발적 보고에 의한 방법 ii) 전산온라인을 이용한 방법 iii)수시체크에 의한 방법을 통해 환노출이 파악되는데 포지션 현황은 전산으로 자동 파악되나 각 사업부의 실제 커버 내역은 국제금융부서에서 파악할 수 없다는 관리상의 단점이 있다. 재무부문의 포지션은 장부를 이용하여 파악하고 있다.	영업부문의 수출에 따른 수취통화에 대해서는 1984년 말부터 온라인화 되어 매일 1회 이상 프린트하여 파악하며 수입에 따른 지급 통화에 대해서는 유선통보 후 공문에 의해 파악하고 있다.	D기업은 제조기업이므로 생산과정이 개입되는 바 건별보고에 의한 건별 커버가 의미가 없다. 따라서 환노출파악을 위한 주요 정보원은 연초 사업계획에서의 통화별 수입/지출예상에 의해 사전적으로 예측된 환노출이다. (3~12개월) 이와 아울러 D기업은 월별로 실제 발생된 외화수지 실적보고를 통해 커버내역을 수정하는 방법을 취하고 있다.
전산화 시스템의 설치 정도	1987년부터 환노출을 전산처리하여 파악하고 있으며, 수주 내용, 대은행 커버, 인도금액, 잔액 등이 입력되어 필요시 온라인 전산망을 통해 즉시 출력이 가능하다. 환노출 파악이외에도 거래 결과 발생한 환차손익 계산과정도 전산화되어 있어 여타기업에 비해 가장 정치한 정보시스템에 운영하고 있다.	B기업에서 전산 온라인을 통해 파악하는 것은 수출포지션, 수입포지션, 선물환포지션이다. 수출포지션의 경우 주문 확정시 입력하여 부서별 기타통화 현황표를 작성 매주 수출주문 잔액을 파악하고 수입포지션의 경우 L/C 개설시 L/C개설 현황표를 작성, 매주 잔액을 파악하며 그 형식은 전산실에 출력의뢰를 통해 한다.	포지션 파악부분은 수취통화(수출)의 경우는 전산화가 되어 있고 지급통화부분(수입)은 건수가 적어 전산처리가 되고 있지 않다. 그러나 거래시점 이후부터는 즉 포지션의 사전, 사후 관리 측면에서는 전산화가 대부분 이루어져 거래리스트, 커버안된 거래리스트, 만기가 안된 거래리스트, 오더리스트는 전산에 의해 수시(1일 1회 이상)로 직접 출력할 수 있다.	부분별 환노출 파악의 주체는 손익 관리부서이며 분기별로 서면에 의해 매분기 시작전월 20일까지 월별, 통화별 입·출금 사항으로 구분 작성하여 보고 하고 있다. 포지션 파악 자체는 수작업에 의해 하고 있지만 환차손의 세분내역은 발생 원인별로 세분되어 파악되고 있다. 최근 D기업은 시티은행으로부터 환노출 파악 PC 컴퓨터 프로그램을 구입 운용하려 하고 있다.
예측환노출의 파악 및 잠재적 환손실 계산 여부	예측환노출은 파악하고 있지 않다. 잠재적 환손실도 딜러가 개인적으로 의사결정시에만 고려할 뿐 제도화되어 있지는 않다.	좌동	좌동	기본적으로 경영계획(사업계획, 3개월 자금계획)이 예측환노출에 의해 짜여지며 이때 심사부에서 예상환손익을 계상하여 이사회에 보고한다. 국제금융부에서는 사업계획상의 예상환율을 실제환율과 비교하여 평가환차손익을 계산한다. 기준커버 포지션도 현재환율로 환산하여 잠재적 환손실을 계산하여 반대거래 등의 환조작을 실행한다.

D-1 의사결정

	(A)	(B)	(C)	(D)
의사 결정 권한의 소재 및 상층의 참여 정도	A기업의 의사결정 과정은 현업의 커버신청이 있는가 없는가에 따라 구별되어 정해진 위임전결규정에 의해 처리된다는데 특징이 있다. 그러나 이러한 관련규정이 금액기준으로 고정되어 있어서 환율변동 위험의 수준에 따른 전결처리는 이루어지지 못하고 있다. A기업의 의사결정 과정의 또 하나 특징은 사전협의 단계부터 커버 여부 결정이 이미 내려져 있다는데 있다. 또한 현업부분에는 사내선물환 계약을 통해 무조건 커버를 의무화함으로 의사결정과정을 단순화하고 있다.	기업 전체적으로 볼 때 영업부문의 노출은 해당 현업부서에서, 재무부문은 국제금융부와 자금부가 공동으로, 현지금융에서의 노출은 해외현지법인이 관리하여 의사결정을 하고 있다.(B기업은 점차 국제금융부 중심 체제로 전환하기 위해 계획 중에 있다.) B기업의 경우 외환에 대한 인식수준이 아직 낮아서 커버를 투기라고 회피하여 오히려 투기를 하게 되는 경우가 많다.	C기업의 의사결정 과정은 C기업자체와 그룹전체의 환노출에 대해서도 동일한 절차로 처리된다. 일반적으로 달러에 대한 선커버 후결제의 원칙이 적용되며 결제과정도 관련 규정에 의해 처리된다. 그룹내 거대 은행의 경우 커버여부의 결정권한은 각 사의 담당부서에 있다. 그룹내 환관리는 개별기업의 경우보다 전체적 환노출의 파악이 어려우며 각 사의 협조가 필요하다는 점에서 보다 효율적인 체제를 전제로 한다.	경영계획상 원가 및 수익을 확정시키기 위해 손익관리부서의 환투기를 금지하여 100% 커버를 원칙으로 하고 있고, 손익관리부서의 기간 평균 환노출의 50% 이상을 유지하도록 한다. 즉, 커버 의사결정권은 1차적으로 손익관리부서에 있으며, 국제금융부는 자기책임하에 외환조작을 통해 반대거래, 또는 미커버된 부분의 커버 등의 의사결정을 내릴 수 있다.
커버 기법 사용 내용과 우선 순위 고려 과정	대부분 선물환거래를 통해 커버가 이루어지며 따라서 주요 의사결정문제가 커버냐 오픈 포지션이냐 간의 선택의 문제이다. 불확정거래가 아닌 한 옵션은 사용하지 않으며 건설수주계약에서 몇 차례 옵션을 사용한 바 있다. 각 기법간의 비용의 비교는 하고 있지 않다.	A기업과 동일	A기업과 동일	기본적으로 선물환거래가 대부분을 차지하고 있다. 외환대책위를 통해 지침전달 및 사용내역의 파악이 이루어지며 여러 내부기법 중 상대적으로 결제통화변경, 선지급 후지급 등을 많이 사용하고 있다.
의사 결정 내용의 수정 및 취소 과정의 제도화	사내선물환 계약의 인도가 불가능해졌을 경우 지체없이 관한부서는 국제금융부에 사유서와 함께 취소신청을 해야 한다.	미비	미비	D기업에서는 경영계획 (3~12개월 사업계획과 자금계획)에 의거하여 손익관리부서에만 가능한 한 50% 이상의 커버를 한다. 그러나 이러한 손익관리부서 책임하의 커버는, 차후의 환율의 추세, 환노출 내역의 변동 등의 경우에 있어 국제금융부의 책임에 의한 환조작에 의해 수정 및 상쇄(off-set)될 수 있다.

D-2 내부통제

	(A)	(B)	(C)	(D)
딜러 -오퍼레이터-콘트롤러의 상호견제	딜러는 대 은행 계약 즉시 매입/매도통화, 금액, 인도일을 재확인하고 오퍼레이터에게 계약서를 전달한다. 오퍼레이터는 딜러로부터 계약서 수령 즉시 은행의 오퍼레이터에게 계약내용을 재확인하여 계약서 내용과 비교 검토한다. 대은행 선물환 계약대장에 기입하여 당일 중 일어난 거래는 당일 결제를 받아서(부장전결) 계약내용을 전산 입력한다.	B기업의 경우에는 한사람의 딜러가 오퍼레이터의 역할까지 함께 수행하고 있다. 이런 경우 관리적 측면에서 부정과 오류의 문제, 딜러 자신에게는 과정한 업무부담의 문제가 발생한다. 또 타 기업과는 달리 콘트롤러가 일일이 확인서를 확인해야 하는 부담도 갖고 있다. 이러한 현상은 B기업이 분권적 환위험관리방식을 채택함에 따라 선물환 계약 신청비율이 낮고 따라서 오퍼레이터의 필요성을 느끼지 못하는 데에 있다고 할 수 있다.	<표 4>처럼 대부분 동일하게 업무 분장이 이루어져 있고 상호견제가 되어 있으나 확인서의 수위 및 결제가 과장에 의해 이루어지며 오퍼레이터의 업무능력부족으로 만기거래 리스트 등과 같은 업무를 딜러가 직접 체크하는 점이 다르다. A기업과는 달리 딜러에 의한 계약의 내용이 은행의 확인서가 오기까지는 통제가 되지 않는다. 계약내용은 전산 입력된다.	C기업과 마찬가지로 오퍼레이터에 의한 즉시 재확인 과정이 없으며 은행의 확인서가 온 후에야 계약서와 비교 통제가 가능하다.
환위험 관리 전담 부서의 관리 내역 평가 기준	미비 (단. A기업은 사내선물환제도를 채택하는 바그 운용실적에 의해 평가가 가능하며 또한 필요하다고 본다.) 한 주관부서-시간의 경중에 따라	미비	미비 (단, 환위험 관리부서의 평가체계의 마련을 위한 자체 내의 준비가 있으며 또한 C기업에서는 영업부서와 관리부서의 우수부서에 대해 평가하여 포상을 하는 제도가 있는데 외환관리부에서는 커버를 통한 손실의 축소분이라는 객관적인 지표가 존재하므로 하나의 동기부여 요인이 될 수 있다.)	손익관리부서와의 외환거래 결과로 발생한 환차손익은 해당부문으로 직접 배부한다. 반면, 환포지션 조작에 의한 환차손익에서 부문별 직접 귀속분을 제외한 차액이 국제금융부의 업적평가 기준이 되는 환차손익이며, 이는 기존의 환차손익 배부기준(수출실적)에 따라 부문별로 배부한다. 업적평가는 담당임원 인사고과 기업의 목표환차익을 정해 놓고 운용하고 있다. (1988년 20억원)
사내 선물환 제도의 구비	외환전담부서가 현물환율(전 영업일 뉴욕시장 마감 현물환율)에 선물환마진과 국제금융부 거래비용을 더한 사내선물환율을 현업부서에 고시하고 부여함으로 이 환율로 무조건 커버를 하게하여 내부 환매칭 후 대은행 선물환 계약을 체결하고 있다. 외환전담부서(국제금융부)는 거래비용을 조	미비	미비	미비

	정하는 방법에 의해 국제금융부 귀속 환차손익이 영업부서 귀속 환차손익과 같도록 제도를 운영한다.			

자료: 민상기(1988), pp.1743-1750.

원종근·이성돈(1988)은 환노출의 개념과 관리 방법 등을 정리하고 기업에 대한 설문조사를 통해 한국 기업들의 환노출관리 현황과 특성을 분석하였다. 제조, 건설, 무역, 운수업종 기업을 대상으로 환위험관리 실태를 다각적으로 분석하였다. 조사 결과에 나타난 업종별 환위험관리 방법은 <표 4-7>과 같다. 기업의 환위험관리는 업종과 관계없이 외부시장을 사용한 환위험관리에 치중하고 있는 것으로 나타나고 있다. 특히, 선물환거래의 사용이 큰 비중을 차지하는 것으로 나타나고 있다.

원종근·이성돈(1988)은 분석의 결과를 기초로 한국의 기업들이 환율의 변동에 충분히 대응하고 있지 못하고 있다고 주장하였다. 저자들은 기업이 환율변동에 대응하기 위해서는 환위험관리를 위한 다양한 기법의 활용과 함께 생산성 증대, 산업구조의 고도화, 현지생산 확대 등 경영 전반에 걸친 노력이 필요하다고 주장하였다.

〈표 4-7〉 업종별 많이 사용하는 환위험관리 기법

기법 / 업종	외 부 기 법			내 부 기 법				合 計
	선물환 거래	자금시장 거래	각 종 SWAP	Lead & Lag	Net & Match	외화보유	가격정책	
제 조	20 (34.5)	7 (12.1)	13 (22.4)	5 (8.6)	5 (8.6)	3 (5.2)	5 (8.6)	58 (100.0%)
건 설	4 (40.0)	2 (20.0)	3 (30.0)	0 (0.0)	0 (0.0)	0 (0.0)	1 (10.0)	10 (100.0%)
무 역	12 (34.3)	2 (5.7)	5 (14.3)	6 (17.1)	3 (8.6)	3 (8.6)	4 (11.4)	35 (100.0%)
운 수	2 (25.0)	1 (12.5)	1 (12.5)	0 (0.0)	0 (0.0)	3 (37.5)	1 (12.5)	8 (100.0%)
합 계	38 (34.3)	12 (10.8)	22 (19.8)	11 (9.9)	8 (7.2)	9 (8.1)	11 (9.9)	111 (100.0%)
총 순 위	①	③	②	④	⑦	⑥	④	

자료: 원종근·이성돈(1988), p.195.

기업의 회계적 환손익을 계산하기 위해서는 적절한 회계기준이 필요하다. 회계적 환손익을 적절하게 계산하는 방법에 관해서도 이 시기에 논의가 시작되었다. 고정섭(1982)은 1981년 12월 23일 제정한 기업회계기준에 나타난 외화환산(foreign currency translation) 규정에 내포된 문제를 당시의 미국 회계기준인 FASB(Statement of Financial Accounting Standards) No.52의 내용을 중심으로 검토하고 보완 방안을 제시하였다.

제5장 환위험 연구의 확산 – 1990년대

1980년대 환위험에 대한 연구는 환위험의 정의와 기업의 관리 실태 분석을 중심으로 한 연구였고 상당한 정도의 연구 결과 축적이 이루어졌다. 그러나 한정된 범위에서의 연구만이 이루어졌다. 특히, 2차 자료를 사용해 기업의 경제적 환노출을 추정하고 이의 특성을 분석하는 연구는 진행되지 못하였다.

Jorion(1990)은 미국의 기업을 대상으로 경제적 환노출을 추정하고 이의 특성을 분석하였다. 그는 기업의 환노출을 기업의 주가수익률을 종속변수로 하고 환율변동률을 독립변수로 하는 회귀모형의 회귀계수로 추정하였다. 이후 회귀모형을 사용해 환노출 계수를 추정하고 이의 특성을 분석하는 연구는 다양한 방법으로 진행되었다.

한국 기업을 대상으로 기업의 환노출을 추정하고 특성을 분석한 연구는 1990년대 후반에 와서 시작되었다. 1990년 2월부터 시장평균환율제도를 도입하여 환율이 시장에서 외환의 수요와 공급에 의해 결정되고는 있었지만 환율은 안정적인 움직임을 보였다. 또한, 외환위기 전까지는 환율의 변동에 대해 큰 의미를 부여하지 않는 상황이었기 때문에 환율변동이 기업의 가치에 미치는 영향을 체계적으로 추정해 분석할 필요성에 대해서는 크게 공감하지 않는 분위기였다고 할 수 있다.

1. 회계적 환손익 분석

외환위기 이전에 발표된 환위험 관련 연구에는 조대우·황희곤·권택호(1997)의 연구가 있다. 그들은 상장제조기업을 대상으로 기업의 회계적 환손익 규모와 특성을 분석하였다. 환율의 변동으로 인한 회계적 환손익의 측정과 결과의 처리에 관한 연구는 기업의 환위험에 대한 연구의 출발이 되었다. 환위험이 회계적 측면만이 아닌 기업 전체의 관점에서 경제적 환위험으로 정의되어야 한다고 주장하는 과정에서 회계적 환위험에 대한 중요성이 다소 희석되기도 하였다. 그러나 회계적 환손익이 환율의 변동에 의한 영향 중에 회계적으로 측정할 수 있는 부분이라는 점을 고려할 때 회계적 환손익은 기업의 환위험 중 중요한 부분을 차지한다고 할 수 있다. 조대우·황희곤·권택호(1997)는 회계적 환손익을 외환차익, 외환차손, 외화환산손실, 외화환산이익으로 구분하고 '외환차손-외환차익'을 외환차손(익), '외화환산손실-외화환산이익'을 외화환산손실(이익)로 정의하고 외환차손(익)과 외화환산손실(이익)을 합한 금액을 환손익으로 정의하여 규모와 특성을 분석하였다.

회계적 환손익을 측정하고 그 결과를 회계보고서에 반영하기 위해서는 이를 위한 규정이 필요하다. 회계적 환손익에 대한 회계처리 규정은 몇 번의 개정을 거쳐 오늘에 이르고 있다. 1981년 규정에서는 외화자산·부채의 환산손익을 이연처리하도록 규정하였다. 이후 1990년 3월에는 외화환산손익을 당기의 손익으로 처리하도록 하였다. 1997년 외환위기 당시 환율이 급등해 기업의 외화환산손실이 크게 발생하였다. 외화환산손실을 모두 당기 손실로 반영할 경우 기업에게 큰 부담이 될 수 있는 상황을 반영하여 1997년 12월 규정에서는 외화환산손익을 당기손익으로 처리하는 규정을 완화하는 규정을 도입하기도 하였다. 그러나 1998년 12월에는 재무정보에 대한 신뢰성을 제고하기 위해 외화환산손익을 당기손익에 직접 반영하도록 다시 규정하였다.

조대우·황희곤·권택호(1997)는 1990년에서 1995년까지 상장 제조기업의 회계적 환손익을 합산하여 <표 5-1>과 같이 보고하였다. 표에서 환손익/영업이익 비율은 개별 기업의 비율을 연도별로 평균한 것이다. 괄호 안의 숫자는 연도별로 기업의 환손익, 영업이익을 합산하여 계산한 비율이다.

표에 나타나고 있는 바와 같이 1995년에는 1조원이 넘는 환이익이 발생했다. 1994년 12월말 원/달러 환율이 ₩788.7/$이었고 1995년 12월말 환율이 ₩774.7/$이었다. 환율이 14원 하락했는데 환이익이 1조원이상 발생하고 있다. 이러한 규모는 환율변동이 기업경영에 큰 영향을 미칠 수 있음을 나타내는 것이다. 환손익/영업이익 비율은 23.3%으로 나타나 이러한 결론을 뒷받침하고 있다. 환손익/영업이익 비율을 계산함에 있어 금액을 합산해서 비율을 계산하면 4.6%로 나타나 작은 기업들이 환율변동에 의한 영향을 크게 받는다는 것을 보여주고 있다. 환손익/순이익의 비율도 13.4%로 나타나 환손익의 규모가 작지 않음을 보여주고 있다.

〈표 5-1〉 한국 제조기업의 회계적 환손익 규모

(단위 : 백만원, 비율)

	90년	91년	92년	93년	94년	95년
외환차손익	-132,921	-41,801	-78,876	-140,309	245,355	578,819
외화환산손익	-96,666	-245,402	-231,366	-528,718	313,033	447,104
환손익	-229,587	-287,202	-310,242	-669,027	558,388	1,025,923
환손익/영업이익	-0.011 (-0.025)	-0.036 (-0.025)	-0.088 (-0.023)	-0.019 (-0.043)	0.050 (0.030)	0.233 (0.046)
환손익/순이익	-0.081	-0.089	-0.097	-0.201	0.102	0.134
기업수	596	588	568	557	565	547

자료: 조대우·황희곤·권택호(1997), p.11.

<표 5-2>는 90년에서 95년까지의 연도별 외환손익 발생 기업 비율이다. 전기간에 대한 분석 결과와 같이 손익 기업들이 함께 나타나고 있다. 환손실 규모가 가장 컸던 93년의 경우에도 27.6%의 기업은 환이익이 발생하였다. 전체적으로 보아 외환차손(익) 보다는 외화환산손실(이익)의 발생 기업들이 연도별로 한 방향으로 편중되어 발생하는 경향이 있다. 즉, 외화환산손익은 당시의 상황에 따라 70% 이상의 기업들이 동시에 손실 또는 이익을 실현하고 있다. 시장평균환율제도의 시행 첫해인 90년에는 외환차익(41.7%)과 외환차손(55.8%)의 발생 기업 비율이 큰 차이를 보이지 않았으나 외화환산이익이 발생한 기업(9.2%)과 외화환산손실이 발생한 기업(77.5%) 간에는 큰 차이가 있다.

〈표 5-2〉 외환손익 발생 기업 비율(90년-95년)

연도	외환차익 실현	외환차손 실현	외화환산 이익실현	외화환산 손실실현	환이익 실현	환손실 실현
90	0.417	0.558	0.092	0.775	0.267	0.733
91	0.441	0.535	0.111	0.774	0.236	0.764
92	0.373	0.600	0.127	0.768	0.246	0.754
93	0.418	0.558	0.121	0.787	0.276	0.724
94	0.678	0.288	0.712	0.217	0.766	0.234
95	0.709	0.257	0.707	0.234	0.785	0.215

자료: 조대우·황희곤·권택호(1997), p.12.

<표 5-1>과 <표 5-2>를 종합해 보면 90년대 한국 제조기업은 외화환산손실에 크게 노출되어 있다고 할 수 있다. 특히, 외화환산이익이 발생하는 기간에 이익

을 보는 기업 보다는 외화환산손실이 발생하는 기간에 손실이 발생하는 기업의 비율이 더 높게 나타나 외화환산손실에의 편중 현상이 심화되고 있는 모습을 보인다. 이러한 편중 현상은 1997년의 외환위기 발생과 관련이 있다고 할 수 있다.

이 기간에도 환율변동의 영향을 재무제표에 반영하는 방법에 관한 논의가 있었다. 최종윤(1995)은 해외지점, 해외사무소 및 해외종속회사의 외화표시 재무제표 환산에 관하여 검토하고 적용에 있어 필요한 내용들을 제시하였다. 배청홍·심기석(1999)은 외화환산회계에 나타나 있는 본문규정(해외지점이나 해외종속법인을 구분하지 않고 화폐성·비화폐성법 적용)과 단서규정(회사가 필요한 경우 현행환율법 적용)의 적용이 기업에 미치는 영향을 분석하고 그 시사점을 제시하였다.

2. 환노출 계수의 추정

권택호(1998)는 1990년부터 1996년까지의 상장 비금융업종 기업을 대상으로 실질실효환율, 원/달러, 원/엔 실질환율에 대해 환노출을 추정하고 특성을 분석하였다. Jorion(1990)이 사용한 회귀모형을 사용해 기업의 환노출 계수를 추정하였다. 그는 Jorion(1990)이 제안한 첫 번째 추정 모형을 활용하여 식(5-1)과 같은 추정 모형을 구성하였다. Err은 환율변동률로 실질실효환율변동률을 사용하였다. 이 모형을 기본으로 해서 원/달러 실질환율변동률과 원/엔 실질환율변동률을 직교화(orthognalize)하여 추가하면서 각 통화별 환노출 계수의 차이를 분석하고자 하였다. $r_{i,t}$는 i기업의 t시점에서의 주가수익률이다.[19]

$$r_{i,t} = \beta_{i,0} + \beta_{i,E} Err_t + \epsilon_{i,t} \tag{5-1}$$

그는 비대칭적 환노출 계수의 존재를 확인하기 위해 다음과 같은 추정 모형을 구성하였다. D_t는 환율변동이 0보다 큰 경우 1을 나머지는 0의 값을 갖는 더미변수이다. $\beta_{i,A}$를 환율변동이 양수일 때와 그 밖의 경우에 환노출 계수의 차이를 나타내는 비대칭성을 나타내는 계수로 해석하였다.

19) 변수의 표기에서 문맥상 첨자의 표기가 필요없는 경우는 기업 또는 시점을 나타내는 첨자는 생략하고 변수를 표기한다.

$$r_{i,t} = \beta_{i,0} + \beta_{i,m} D_t + \beta_{i,E} Err_t + \beta_{i,A}(D_{i,t} \times Err_t) + \epsilon_{i,t} \qquad (5-2)$$

분석 결과 환노출 계수는 실질실효환율, 원/달러 실질환율, 원/엔 실질환율 모두에서 음의 계수로 추정되었다. 환노출 계수가 음수인 것은 환율이 상승해 원화의 가치가 하락하면 기업의 가치가 감소하는 방향으로 영향을 받는 것으로 해석할 수 있는 결과이다. 이러한 결과는 기업 전체적으로 볼 때 기업이 외환숏포지션 상태에 있었다는 것을 의미한다. 이 기간에 기업들의 외환포지션은 수출로부터의 외환롱포지션보다는 수입과 외화표시 부채로부터의 외환숏포지션의 영향이 더 크게 작용했던 것으로 해석되는 결과이다. 환노출 계수의 크기를 보면 통화별로 차이가 있어 환율변동에 의한 영향 정도가 통화별로 상이함을 보여주었는데 원/달러 실질환율로부터의 환노출 정도가 가장 크게 나타났다. 또한, 환노출 계수의 비대칭성 분석 결과 원/달러 실질환율변동에서는 음수의 비대칭 계수가 관찰되어 원/달러 실질환율상승 시에 기업가치 감소의 정도가 원/달러 실질환율하락 시의 기업가치 증가 정도보다 크게 나타났다. 결국, 원/달러 실질환율이 상승하는 경우 기업의 가치가 크게 감소한다는 것을 보여준 결과이다. 권택호(1998)는 기업의 환노출 분석이 통화별로 이루어져야 할 필요가 있으며, 환노출 계수의 추정에서 환노출 계수의 비대칭성에 대한 고려가 필요함을 보여준 연구이다.

권택호·황희곤(1999b)은 1990년부터 1996년까지의 상장기업을 대상으로 원/달러, 원/엔 주별 환율을 사용하여 환노출을 추정하고 환노출과 기업특성변수 간의 관계를 분석하였다. 그들은 환율변동의 래그변수를 사용하여 과거의 환율변동에 의한 환노출 즉, 지연된 환노출을 추정하였다. t시점의 환율변동과 t시점의 주가수익률을 대응하여 추정한 환노출을 동시적 환노출이라고 정의하고, 동시적 환노출에 지연된 환노출을 더한 것을 전체 환노출이라고 정의하였다. 분석 결과 동시적 환노출에서는 환율의 상승이 기업가치를 상승시키는 것으로 나타나는 경향이 있으나 지연된 환노출을 고려하면 환율의 상승이 기업가치를 감소시키는 방향으로 영향을 미치는 것으로 보고하였다. 그들은 이러한 결과를 기초로 원화의 가치하락이 단기적으로는 기업가치에 긍정적인 영향을 주지만 장기적으로는 기업가치에 부정적인 영향을 준다고 주장하였다. 이들의 연구는 주별 자료를 분석 대상으로 하고 있기 때문에 월별 자료를 분석한 결과와 직접 비교할 수는 없지만 이들의 분석 결과는 월별 자료를 대상으로 분석한 권택호

(1998)의 분석 결과와 일관성이 있는 것으로 해석할 수 있다.

이들은 추정된 환노출 계수를 사용하여 환노출 계수와 경영활동과의 관련성에 관해서 외화부채와 환노출 계수와의 관계는 부분적으로 확인할 수 있었으나 국제경영 활동을 나타내는 다른 변수들 즉, 수출, 수입, 해외직접투자와 환노출 계수 간의 관계는 확인할 수 없었다고 보고하였다. 이들의 분석 결과는 환노출 계수 추정에서 주별 자료를 사용한데 따른 영향이 반영되었을 수 있다. 권택호(1999a)는 상장기업 중 금융서비스업종의 기업을 제외한 기업을 KOSPI200(Korea Stock Price Index 200) 포함기업과 비포함기업으로 나누어 환노출의 특성을 비교분석하였다. 분석 결과 KOSPI200 포함기업이 비포함기업에 비해 환노출이 큰 것으로 보고하였다. 기업의 환노출은 국제경영 관련 변수보다는 기업의 규모나 유동성과 관련이 있을 것으로 추정하였다.

이현석(1999)은 금융업종을 포함한 기업 및 산업의 일별 수익률 자료를 사용하여 1987년부터 1997년 6월까지의 환노출을 추정 분석하였다. 이분산성을 고려한 GARCH(generalized autoregressive conditional heteroscedasticity) 모형을 사용해 추정한 결과 289개 표본기업 중 73(25%)개 기업이 달러화에 대한 환노출이 유의적이었으며(10% 유의수준), 38(13%)개 기업이 엔화에 대해 유의적(10%)인 것으로 나타났다고 보고하였다. 환노출 계수가 음수로 추정되는 경향이 있는 것에 대해 수출보다는 수입이 기업 환노출 계수에 더 큰 영향을 주고 있기 때문인 것으로 추론하였다. 환노출 계수가 산업별, 업종별로 차이가 있는 것으로 추정이 되고는 있지만 환노출이 기업에게 큰 영향을 주고 있는 것 같지는 않다고 보고하였다. 환노출과 다른 변수와의 관계를 분석한 결과 달러화에 대한 환노출과 금융비용부담률과의 관계를 확인할 수 있었으나 다른 변수들에 대해서는 일관성 있는 결과를 확인할 수 없었다고 보고하였다.

정창영(1999)은 1987년에서 1996년까지의 기간을 대상으로 한국 제조기업의 환노출 특성을 분석하였다. 분석 결과 기업들은 원/달러 환율은 물론 엔/달러 환율변동에도 노출되어 있었다. 기업의 수출비율, 부채비율, 부채에서 외화표시 부채가 차지하는 비율이 환노출을 설명하는 것으로 분석되었다. 환노출의 특성은 기간에 따라 차이가 있었음을 확인할 수 있었는데 저자는 이러한 변화가 두 기간에 있었던 자본시장의 개방과 같은 구조적 변화 때문일 수 있다고 주장했다.

3. 환위험의 가격결정

기업이 환위험을 관리하는 것이 기업가치 증가에 도움이 되는가를 판단하는 첫 번째 단계는 환위험이 시장에서 가격결정요인으로 평가되고 있는가를 확인하는 것이다. 만일 환위험이 시장에서 분산 가능한 위험으로 평가되고 있다면 환위험관리를 통해 위험을 감소시키는 것이 기업가치 증가에 도움이 되지 않을 것이기 때문이다. Jorion(1991)은 미국 시장을 대상으로 차익거래가격결정모형을 사용하여 환위험이 시장에서 가격결정요인으로서의 역할을 하고 있는지에 관하여 분석하였다. 권택호·박종원(1999)은 Jorion(1991)이 사용한 가격결정모형을 사용하여 한국 주식시장에서 환위험이 가격결정요인이 되고 있는지의 여부를 분석하였다. 그들이 환위험 가격결정 여부를 분석하기 위해 사용한 모형은 다음과 같다.

시장포트폴리오의 수익률과 환율의 변동률을 주식수익률에 영향을 미치는 공통요인이라 하고, 어떤 주식 i의 예상치 못한 수익률을 다음과 같은 2요인모형으로 나타낼 수 있다고 가정한다.

$$r_{i,t} - E(r_i) = \beta_i^m (r_{M,t} - E(r_M)) + \beta_i^e (Err_t - E(Err)) + \epsilon_{i,t} \quad (5\text{–}3)$$

식(5-3)에서 r_i는 주식 i의 수익률, $E(r_{i_i})$는 주식 i의 기대수익률, r_M는 시장포트폴리오의 수익률, $E(r_M)$는 시장포트폴리오의 기대수익률, Err은 환율변동률, $E(Err)$은 환율변동률의 기대치, β_i^m은 주식 i의 시장포트폴리오수익률에 대한 민감도, β_i^e는 주식 i의 환율변동률에 대한 민감도를 나타낸다. t는 시간을 나타내는 첨자이다.

식(5-3)이 성립하는 경우 Ross(1976)의 차익거래가격결정이론에 의해 주식의 기대수익률은 해당 주식이 시장포트폴리오의 수익률과 환율변동률에 대해 가지는 민감도인 β(이하 체계적 위험)의 선형함수로 식(5-4)와 같이 나타낼 수 있다. r_f는 무위험수익률 또는 $\beta^m = \beta^e = 0$인 포트폴리오의 기대수익률이다.

$$E(r_i) = r_f + \alpha_m \beta_i^m + \alpha_e \beta_i^e \quad (5\text{–}4)$$

식(5-4)는 $\beta_m^e = 0$에서도 성립해야 하므로 $\alpha_m = E(r_M) - r_f$가 성립해 식(5-4)는 식(5-5)와 같이 된다.

$$E(r_i) = r_f + [E(r_M) - r_f]\beta_i^m + \alpha_e \beta_i^e \tag{5–5}$$

식(5-5)에서 $E(r_M) - r_f$는 시장포트폴리오에 대한 체계적 위험의 시장가격(이하 시장위험의 시장가격)이며 α_e는 환율변동에 대한 체계적 위험의 시장가격(이하 환위험의 시장가격)이다. 식(5-5)를 식(5-3)에 대입하면 식(5-6)과 같다. 식(5-6)에서 α_e는 환위험 단위당 프리미엄 즉, 환위험의 시장가격을 나타내는 것으로 이 값이 유의적일 경우 주식시장에서 환위험에 대하여 가격결정이 이루어지고 있다고 할 수 있다. err_t는 예상하지 못한 환율변동률($=Err_t - E(Err_t)$) 이다.

$$r_{i,t} = [r_f(1 - \beta_i^m) + \alpha_e \beta_i^e] + \beta_i^m r_{M.t} + \beta_i^e err_t + \epsilon_{i,t} \tag{5–6}$$

식(5-6)의 계수들은 최우추정법(maximum-likelihood method)을 이용하여 추정한다. 실증분석에서 예상하지 못한 환율변동률은 현물환율 변동률로 사용한다. 식(5-6)의 절편항에 내재되어 있는 횡단면 제약조건의 타당성에 대해서는 우도비검정(likelihood ratio test: LRT)을 이용하여 검정한다. 우도비검정통계량(likelihood ratio test-statistic)은 식(5-7)과 같이 계산할 수 있다. 식(5-7)에서 $|\widehat{\Sigma_r}|$는 제약된 모형으로부터의 분산-공분산행렬의 행렬식이고 $|\widehat{\Sigma_{ur}}|$는 제약을 가하지 않은 모형으로부터의 분산-공분산행렬의 행렬식이다. 식(5-7)의 검정통계량은 대표본하에서 χ^2분포를 따르므로 이를 이용하여 귀무가설을 검증할 수 있다. T는 관측치의 수이다.

$$-2\ln\lambda = T[\ln|\widehat{\Sigma_r}| - \ln|\widehat{\Sigma_{ur}}|] \tag{5–7}$$

그들은 한국 종합주가지수(KOSPI)의 수익률을 시장수익률로 사용하고, 한국증권거래소의 중분류 업종지수 수익률과 원/달러 실질환율을 사용하여 실증분석을 수행하였다. 분석 기간은 1983년~1996년이며 전체기간을 두 개의 하위기간(기간1: 1983~1989, 기간2: 1990~1996)으로 구분하여 하위기간 분석도 수행하였다. 분석 결과는 <표 5-3>과 같다. ( ) 안의 숫자는 점근적 p값이고, LRT검정에서 자유도는 25이다. 우도비검정 결과는 모형이 적합하다는 귀무가설을 기각할 수 없다. 환위험의 가격결정여부를 나타내는 α_e는 전체기간과 하위기간1에서는 유의적이지 않지만 하위기간2에서는 1% 수준에서 유의적이다. 즉, 1983년~1989년의 자료에서는 환위험이 가격결정되고 있다는 증거를 확인할 수 없지만 1990년~1996년의 자료에서는 환위험이 가격결정되고 있다는 증거를 보여주고 있다.

〈표 5-3〉 한국 주식시장에서의 환위험 시장가격

추정식:

$$r_{i,t} = [r_f(1-\beta_i^m) + \alpha_e \beta_i^e] + \beta_i^m r_{M.t} + \beta_i^e err_t + \epsilon_{i,t} \tag{5-6}$$

기간	r_f	α_e	우도비검정통계치
전기간	0.0026(0.676)	-0.0015(0.270)	14.98(0.941)
기간 1	0.0166(0.003)	-0.0020(0.167)	16.69(0.892)
기간 2	-0.0163(0.063)	-0.0058(0.0002)	22.07(0.631)

자료: 권택호·박종원(1999), p.220.

식(5-6)의 추정에서 얻은 시장포트폴리오 수익률과 환율변동률에 대한 업종별 수익률의 민감도는 <표 5-4>와 같다. ( ) 안의 값은 점근적 표준편차이고 **, ***는 각각 5%, 1%에서 유의적임을 나타낸다. 종합주가지수에 대한 민감도는 별도로 표기하지는 않았지만 모두 1% 수준에서 유의적이다. 결과를 보면 환율변동에 대한 민감도는 전기,전자기기업, 해상운수업 등은 1% 수준에서, 음료품업, 은행업, 증권업 등은 5% 수준에서 유의적이다.

〈표 5-4〉 시장포트폴리오수익률과 환율변동률에 대한 업종별 수익률의 민감도

추정식:

$$r_{i,t} = [r_f(1-\beta_i^m) + \alpha_e \beta_i^e] + \beta_i^m r_{M.t} + \beta_i^e err_t + \epsilon_{i,t} \tag{5-6}$$

업종	업종코드	β_i^m (점근적 표준편차)	β_i^e (점근적 표준편차)
어업	07	0.91550 (0.1748)	0.3438 (1.2734)
광업	08	1.06895 (0.1843)	-1.3168 (1.3483)

식료품	10	0.73070 (0.0880)	-0.8258 (0.6591)
음료품	11	0.62737 (0.1061)	-1.5656 (0.8065)**
섬유업	13	0.76712 (0.0826)	-0.8484 (0.6175)
의복업	14	0.73204 (0.1088)	-0.4029 (0.8053)
목재및나무제품	15	1.00466 (0.1562)	-0.1042 (1.1368)
종이및종이제품	16	0.79666 (0.0876)	-0.1810 (0.6471)
화학	18	0.87910 (0.0512)	-0.3997 (0.3796)
고무	19	0.80600 (0.0719)	-0.0066 (0.5341)
의약품	20	0.84108 (0.1041)	-0.5355 (0.7632)
비금속광물	21	0.95004 (0.0743)	0.2855 (0.5427)
철강산업	23	1.04656 (0.0743)	-0.5296 (0.5446)
비철금속	24	0.99962 (0.0800)	0.3419 (0.5831)
조립금속	26	0.82778 (0.1011)	-0.1831 (0.7416)
기계	27	0.84797 (0.0785)	0.4141 (0.5799)
전기, 전자기기	28	0.99484 (0.0687)	-1.3206 (0.5161)***
운수장비	29	1.00151 (0.0590)	0.0952 (0.4297)
기타제조	30	0.74195 (0.0997)	0.5194 (0.7428)
건설업	31	0.99608 (0.0647)	0.4867 (0.4738)
도매업	32	0.94534 (0.0568)	0.4168 (0.4172)
육상운수	34	0.95970 (0.1039)	-0.3807 (0.7571)
해상운수	35	0.70313 (0.1299)	-3.1432 (0.9990)***
은행	37	0.87467 (0.0751)	1.2634 (0.5672)**
투자금융	38	0.91017 (0.1127)	0.5276 (0.8236)
증권	39	1.24216 (0.0806)	1.3976 (0.6120)**
보험	40	1.16266 (0.1208)	-0.0302 (0.8839)

자료: 권택호 · 박종원(1999), p.221.

그들은 추가적인 분석을 통해 환노출과 기업특성변수 간의 관계를 분석하고 특히 수입기업의 환노출관리가 필요하다고 주장하였다.

4. 파생상품과 헤지

윤창현(1998)은 파생상품을 사용해 환위험과 생산물가격위험을 헤지할 수 있는 방법을 설명하였다. 그는 선물환이나 통화옵션과 같은 금융파생상품거래가 환노출을 관리하는데 유용한 수단으로 활용될 수 있음을 이론적으로 보여주고,

환노출이 선형성을 가질 때에는 선물환이 효과적이지만 비선형성을 가질 때에는 옵션을 활용하는 것이 효과적이라고 주장하였다.

그러나 1990년대까지 한국은 기업의 파생상품거래 내용 보고가 의무화 되지 않았기 때문에 파생상품거래와 환노출 간의 관련성에 대한 실증분석은 이루어지지 못했다. 파생상품거래와 기업 환노출 관계 분석은 파생상품거래의 보고가 의무화된 1999년 이후에 가능하게 되었다.

5. 환위험과 기업 재무부실

가격결정의 측면에서 볼 때 환위험의 헤지가 가치가 있기 위해서는 우선 환위험이 주식시장에서 가격결정(pricing)이 되어야 한다. 또한 외환시장을 이용한 환위험의 헤지가 의미가 있기 위해서는 주식시장과는 달리 외환시장에서는 환위험이 가격결정이 되지 않는 일종의 시장 분할 상태이어야 한다. 물론, 이 경우에도 환위험의 헤지비용이 환위험의 감소가 기업가치에 미치는 긍정적인 효과보다 크지 않아야 한다. 환위험이 주식시장에서 가격결정이 되고 있는가에 관해서 Jorion(1991)은 부정적인 결과를 보고 했으나 Fang and Loo(1996), Choi and Rajan(1997), 권택호·박종원(1999) 등은 환위험이 가격결정요인이 되고 있다고 주장하여 기업이 환위험을 헤지할 필요가 있음을 지지하였다.

기업 환위험헤지의 필요성을 불완전성(imperfections)이나 비효율성(inefficiencies)의 관점에서 설명한 경우도 있다. Mayers and Smith(1982), Smith and Stulz(1985) 등은 이러한 관점에서 헤지의 필요성을 지적한 것으로 이해할 수 있다. Smith and Stultz(1985)는 모형 분석을 통하여 재무부실비용(cost of financial distress)의 감소, 조세부담의 감소, 대리비용(agency cost)의 감소 등의 측면에서 기업 헤지의 필요성을 제시하였다. 또한 DeMarzo and Duffie(1995)는 헤지가 갖는 정보효과의 측면에 초점을 맞추어 기업의 헤지 필요성을 설명하고자 하였다. 후에 Nance, Smith and Smithson(1993), Fok, Carrol and Chiou(1997) 등은 부외 헤지 활동(off-balance sheet hedging) 여부를 기준으로 한 실증분석을 통하여 환위험헤지의 결정요인을 검증하고자 하였다. 특히, Fok, Carroll and Chiou(1997)는 환위험헤지가 재무부실의 가능성을 줄이며 대리인 비용을 감소시킨다는 분석 결과를 발표하였다.

권택호(1999b)는 1992년에서 1998년까지의 유가증권시장 자료를 사용하여 환노출이 재무부실비용을 증가시키는 지의 여부를 실증분석하였다. 그는 1994년에서 1998년까지 재무부실을 경험한 기업을 대상으로 재무부실이 기업의 환노출 특성과 관련이 있는지를 분석하였다. 재무부실 기업은 부도발생, 은행거래정지, 회사정리절차개시 또는 개시 신청 등의 사유로 증권거래소에서 관리대상종목으로 지정된 기업으로 정의하고 관리종목 지정 시점을 재무부실 발생 시점으로 간주하였다. 관리종목 지정 기업은 「주식」지 각호에서 조사하여 사용하였는데 92년부터 98년 10월까지 재무부실기업으로 파악된 기업의 수는 <표 5-5>와 같다. 표를 보면 외환위기 이후 단기간에 재무부실기업의 수가 크게 증가하고 있음을 확인할 수 있다.

〈표 5-5〉 연도별 상장 제조기업의 재무부실 현황

연도	92	93	94	95	96	97		98.1월~98.10월
						1월~10월	11월~12월	
기업수	14	7	7	3	6	23	29	39

자료: 권택호(1999b), p.183.

그는 재무부실 여부를 종속변수로 하고 환노출 계수를 설명변수로 하는 로짓(Logit)모형으로 환노출과 재무부실의 관계를 추정하였다. 추정 결과 97년 이전에 재무부실을 경험한 기업들을 대상으로 분석한 결과에서는 환노출 계수가 유의적인 변수가 아니었으나 1998년 1월~1998년 10월에 재무부실을 경험한 기업들을 대상으로 한 분석에서는 환노출 계수의 추정 계수는 10% 수준에서, 환율상승 시 환노출 계수의 추정 계수는 1% 수준에서 유의적으로 나타났다. 또한, 추정 계수의 절대적 크기도 증가하여 분석 대상 기업들의 환노출과 재무부실 관계가 심화되었던 것으로 나타났다. 구체적으로, 환노출 계수와 기업부실 간에는 음(-)의 관계가 있는 것으로 추정되었다. 이는 환노출 정도가 음(-)의 방향으로 증가하면 재무부실의 가능성이 증가하며, 환노출 정도가 양(+)의 방향으로 증가하면 재무부실의 가능성이 감소하는 것을 의미한다. 즉, 환율이 상승하면 기업가치가 감소하는 방향으로 환노출이 있었던 기업이 외환위기에 재무부실이 발생할 확률이 높았음을 나타낸다.

이 연구의 결과는 환율이 상승할 경우 기업 가치가 하락하는 환노출 계수(환노출 계수가 음수)인 기업의 경우 환노출이 재무부실과 관련이 있었음을 지지하고 있다. 실제로 환율이 급상승했던 외환위기 당시 재무부실기업이 크게 증가했는데 이 연구는 당시 재무부실기업의 증가가 기업의 환위험과 관련이 있었음을 실증적으로 보여 주었다.

제6장 환위험 연구의 정립-2000년대

1990년대 후반에 있었던 외환위기는 한국의 경제주체들이 환율변동이 자산의 경제적 가치에 미칠 수 있는 영향의 의미를 재평가하게 되는 계기가 되었다. 2000년대는 학계에서 환율변동이 기업가치에 미치는 영향에 대해 본격적인 연구를 시작한 시기로 볼 수 있다. 1999년부터 기업의 파생상품거래 내용이 재무제표의 주석사항으로 보고되기 시작하면서 환위험과 기업 파생상품거래의 관계에 대한 많은 연구 결과가 보고되었다. 또한, 글로벌금융위기가 발단이 되어 구체화된 KIKO사태는 환위험관리에 대한 인식을 한 차원 높이는 결과를 가져왔다고 볼 수 있다. 이하에서는 2000년대 이후의 환위험 관련 연구를 글로벌금융위기를 전후로 나누어 분야별로 정리한다.

1. 글로벌금융위기 이전(2000~2008)

1) 회계적 환손익

지성표(2000)는 외환위기를 중심으로 한 외환손익 회계처리 규정의 잦은 변화가 기업의 회계적 성과에 미친 영향을 추적하였다. 그는 외환손익을 당기손익으로 인식하거나, 이연자산으로 처리하거나 또는 자본계정으로 처리하는 규정의 급격한 변화는 결과적으로 회계처리에서의 보수주의원칙에 맞지 않는 변경이었고 투자자에게도 혼란을 줄 수 있는 조치였음을 지적하였다. 그는 또한 외환손익의 처리와 관련한 회계규정의 변경에 신중을 기할 필요가 있음을 실증자료에 기초한 시뮬레이션을 통해 보여주었다.

곽태운·정창영·신성휘·최세형(2003)은 환노출의 기업 간 차이를 영업적 요인과 재무적 요인을 사용하여 설명하고자 하였다. 그들은 회계적 환손익을 재무적 요인으로 정의하고 환노출과의 관계를 분석하였다. 그들은 회계적 환손익을 계산해 환노출을 나타내는 변수로 사용하지는 않았지만 회계적 환손익을 기업 환노출의 재무적 요인을 나타내는 대용변수로 사용하였다.

권택호·주경원(2004)은 여수산업단지내의 화학업종 기업들을 대상으로 회계적 환손익을 파악하고 이의 특성을 분석하였다. 그들은 환율이 상승했던 2000년과 환율의 변동이 비교적 크지 않았던 2001년 그리고 환율이 하락한 2002년을 대상으로 회계적 환손익을 분석하였다. 환율은 연말을 기준으로 2000년에는 1999년의 ₩1,138/$에서 126.5원 상승했으며, 2001년에는 전년도 대비 47원 상승했고, 2002년에는 전년도 대비 127.3원 하락했다. 여수산업단지 기업의 회계적 환손익을 정리한 결과는 <표 6-1>과 같다. ( ) 안의 숫자는 분석 기업의 환손익을 합산하여 합산한 영업이익률로 나누어 계산한 영업이익률 대비 환손익비율이다. 정유업종 기업의 경우 환손익의 규모가 매우 큰 특성이 있어 정유업종 기업을 제외한 결과를 패널B에 별도로 정리하였다.

외화환산손실(이익)은 환율이 상승한 기간에는 환산손실이, 환율이 하락한 기간에는 환산이익이 발생하여 환율의 변동 방향에 따라 일관성 있는 특징을 보인다. 외환차손(익)의 경우도 동일한 특성을 보이는데 이는 수입의 영향이 크게 작용한 결과라고 할 수 있다. 실제로 수입비중이 높은 정유관련 기업을 제외한 나머지 기업들을 정리한 패널 B의 내용은 전체 기업의 결과를 정리한 패널 A와 차이가 있다. 패널 B에서는 2000년에는 외환차익이 발생하여 외화환산손실을 함께 고려한 외환손실의 규모가 크게 줄고 있다. 정유업종 기업을 포함할 경우는(패널 A) 영업이익의 23%에 해당하는 외환손실이 발생하였으나 정유업종 기업을 제외하는(패널 B) 경우 영업이익의 9%에 해당하는 외환손실이 나타나고 있다. 환율의 반전이 있었던 2002년 정유업종 기업을 제외하는 경우 외환차익의 규모가 크게 감소하여 외환이익의 규모가 8% 수준으로 감소한다. 이와 같은 결과는 정유기업의 큰 회계적 환손익 때문인데, 수입 대금 결제에서 유전스(usance) 방법을 사용하고 있는 이유가 저렴한 이자비용 때문이라고 볼 때 유전스 사용으로 발생하는 외환손익은 이자비용적 성격이 짙다고 할 수 있다.

〈표 6-1〉 여수산업단지 기업들의 회계적 환손익의 규모

A. 전체 기업의 회계적 환손익

(단위: 백만원)

연도	2000년	2001년	2002년
외환차손(익)	-155,599(-0.09)	-22,777(-0.01)	155,221(0.07)
외환차손기업	-191,771(-0.28)	-39,915(-0.04)	-15,125(-0.03)
외환차익기업	36,172(0.04)	17,138(0.02)	170,346(0.10)
외화환산손실(이익)	-213,225(-0.13)	-81,795(-0.05)	176,655(0.08)
외화환산손실기업	-224,614(-0.16)	-99,564(-0.09)	-8,413(-0.04)
외화환산이익기업	11,510(0.06)	17,769(0.03)	185,060(0.10)
외환손실(이익)	-368,864(-0.23)	-104,572(-0.06)	331,876(0.16)
외환손실 기업	-396,229(-0.31)	-132,102(-0.13)	-18,355(-0.05)
외환이익 기업	27,526(0.08)	27,529(0.04)	350,211(0.21)
기업 수(개)	28	30	30

B. 정유업종 기업을 제외한 기업들의 회계적 환손익

연도	2000년	2001년	2002년
외환차손(익)	33,797(0.03)	4,567(0.003)	52,761(0.03)
외환차손기업	-2,375(-0.01)	-12,571(-0.02)	-15,125(-0.03)
외환차익기업	36,172(0.04)	17,138(0.02)	67,886(0.05)
외화환산손실(이익)	-123,406(-0.11)	-26,893(-0.02)	73,429(0.05)
외화환산손실기업	-134,917(-0.15)	-44,662(-0.07)	-8,413(-0.04)
외화환산이익기업	11,510(0.06)	17,769(0.03)	81,843(0.05)
외환손실(이익)	-86,609(-0.09)	-22,326(-0.02)	126,190(0.08)
외환손실 기업	-117,136(-0.16)	-49,856(-0.08)	-18,355(-0.05)
외환이익 기업	27,526(0.08)	27,529(0.04)	144,525(0.11)
기업 수	27	29	29

자료: 권택호·주경원(2004), p.50.

그들은 회계적 환손익의 결정요인 분석도 시도하였다. 분석 결과 수입비율이 높을수록, 규모가 클수록, 수직계열화 정도가 높을수록 외환손익에 크게 노출되어 있다고 보고하였다.

저자들은 외환손익으로 인해 당기의 순이익기업이 당기 순손실기업으로 바뀐 경우가 있음을 지적하면서 회계적 환손익의 관리가 중요한 의미를 갖는 기업이 있을 수 있다고 주장하였다. 그러나 회계적 환손익을 여수산업단지 전체 기업을 단위로 분석하면 규모나 중요성 면에서 크지 않다고 주장하였다. 이러한 결과를 토대로 여수산업단지 전체 기업들의 회계적 환손익을 관리하는 방법을 찾아볼 필요가 있다고 주장하였다. 구체적으로 여수산업단지내 기업을 중심으로 공동 환위험관리 시스템 구축을 제안하기도 하였다.

한편, 이 시기에도 환율변동의 영향을 재무제표에 반영하는 방법에 대한 논의가 있었다. 박한순(2002)은 물가변동회계와 외화환산회계의 문제를 검토하고 바람직한 처리 방안에 대하여 논의하였다.

2) 환노출 계수 특성

정창영(2001)은 1987년에서부터 1997년까지의 자동차회사들을 대상으로 환노출의 특성을 분석하였다. 분석 결과 주가수익률, 수출금액 모두 원/달러 환율보다는 엔/달러환율에 대해 더 민감하게 반응하였다. 저자는 엔/달러 환율에 대해 환노출 계수가 음수의 값을 갖는 것은 자동차 기업이 일본의 자동차 기업들과 국제무대에서 경쟁을 하고 있기 때문이라고 해석하였다. 저자는 원/달러 환율에 대해 환노출이 크게 나타나지 않는 이유에 대해 기업의 달러표시 현금의 유입과 유출이 상쇄되는 효과가 있기 때문일 것으로 추정하였다.

이현석(2003)은 1987년부터 2001년까지의 원/달러, 원/엔에 대한 일별, 월별 자료를 사용하여 환노출을 추정하여 특성을 분석하였다. 그는 일별 자료에 이분산성을 고려하는 경우 환노출이 유의적으로 추정되는 경우가 증가한다고 보고하였다. 특히, 이분산성을 고려하는데 있어 오차항의 비대칭성을 고려할 수 있는 EGARCH(1,1)나 GJR-GARCH(1,1) 모형을 사용할 경우 환노출 계수의 유의성이 높아졌다고 보고하였다. 그는 한국 기업에 대한 비대칭적 환노출의 추정 결과를 Miller and Reuer(1998)가 제시한 실물옵션이론과 시장중시가격이론에 접목시키고자 하였다. 환노출의 방향과 관련해서 한국의 기업들은 환율이 상승(하락)하면 부정적(긍정적)인 영향을 받는 특성이 있다고 기술하였다. 한국의 기업들은 대부분 비대칭적 환노출에 노출되어 있으며 이러한 비대칭적 환노출의 원인은 기업이 시장을 중시한 가격정책을 사용하고 있기 때문일 것으로 추정하였다. 이현석(2004)은 1987년부터 2001년까지의 기업자료를 사용하여 달러화와 엔화의 환노출을 추정하고 이의 특성을 분석하였다. 일별 자료를 사용할 경우 월별 자료에 비해 환노출의 유의성이 증가한 것으로 나타났다. 그러나 비대칭적 환노출을 추정하는 데는 월별 자료가 더 적절하다고 주장하였다. 주가수익률을 2-3개월을 기준으로 계산한 결과 환노출이 증가하는 것을 확인할 수 있었다. 외환위기 이전에는 원/달러 환율 상승이 기업가치를 증가시켰지만 외환위기 이후에는 환율상승이 기업가치를 감소시키는 것으로 분석되었다. 저자는 달러화와 엔화의 비대칭적 환노출은 수출활동과 관련이 있다고 주장하였다.

이현석(2003, 2004)의 연구는 환노출 계수의 추정에 자료의 이분산성을 고려하고자 했다는데 의의가 있다고 할 수 있다. 이변량 GARCH 모형을 추정하면 환율변동률과 주가수익률의 조건부 공분산을 추정할 수 있다. 이 경우 분산방정식의 계수에 대한 제약이 필요해 사실상 의미 있는 환노출 계수 추정에 어려움이 있을 수 있지만 모형에서 직접 조건부 환노출 계수를 추정할 수는 있다. 그러나 이 연구에서는 조건부 공분산을 직접 추정하여 조건부 환노출 계수를 계산하지는 않았다.

곽태운·정창영·신성휘·최세형(2003)은 한국의 대표적 수출기업을 대상으로 1995년~2001년까지의 기간에 표본기업의 환노출 계수의 특성과 결정요인을 분석하였다. 기업의 환노출을 영업적 노출요인과 재무적 노출요인으로 구분하고, 회귀모형으로 추정한 환노출의 결정요인을 분석한 결과 재무적 결정요인을 포함하는 경우 설명력이 높아짐을 확인하였다. 그들은 환노출이 음수(-)임을 토대로 분석 기업들이 달러화와 엔화에 대해 숏포지션 상태에 있다고 주장하였다. 저자들은 이러한 특성에 대해 수출기업이라 해도 원자재의 조달이나, 해외차입 등으로 달러화나 엔화의 가치가 상승하면 기업가치가 하락하기 때문이라고 주장하였다.

정찬우(2003)는 1990년에서 2002년까지의 기간을 대상으로 원/달러 환율, 원/엔 환율에 대한 환노출을 추정해 특성을 분석하였다. 전체기간을 3개의 하위기간으로 나누고(1기: 1990.3~1994.12; 2기: 1995.1~1997.10; 3기:1999.1~2002.12) 기간별로 환노출 계수의 특성에 차이가 있는지도 분석하였다. 특히, 환율변동의 시차변수를 고려해 지연된 환노출 계수를 추정 분석하고, 수출비중이 높은 수출기업을 대상으로 환노출 계수의 특성을 분석하였다. 분석 결과 달러화에 대해서는 양수의 환노출이 나타났고 엔화에 대해서는 음수의 환노출이 나타났다. 원/엔 환율에 대한 환노출이 음수로 나타난 것은 한국 기업이 일본으로부터 중간재 수입비중이 높기 때문이라고 해석하였다. 달러화에 대한 환노출보다는 엔화에 대한 환노출이 더 크게 추정되었다. 시차변수로 추정한 지연된 환노출이 양수의 부호로 추정되는 경우가 많이 나타났는데 이러한 결과는 기간별로 차이가 있었다.

권택호·주경원(2004)은 여수국가산업단지내 화학기업들을 대상으로 환노출의 특성을 분석하였다. 그는 환노출 계수 추정에서 국제원자재 가격의 변동이 주가수익률에 미치는 영향을 통제하기 위해 모형에 유가변동을 추가하였으며 지연된 환노출 계수를 추정하기 위해 환율변동률의 래그 변수를 포함하였다. 그들이 사용한 환노출 계수 추정식은 식(6-1)과 같다. r은 주식의 실질수익률(주식 수익률-무위험이자율)이며, Err은 실질환율(명목환율×(미국의 소비자물가지수/한국의 소비자물가지수))의 변동률이며 환율은 외국통화 한 단위에 대한 원화의 가치로 표시한다. r_M은 시장의 실질수익률 (주가지수 수익률-무위험이자율), $OILPCr$ 은 달러표시 국제원유가격의 변동률이다. 첨자 i는 기업을 나타내는 첨자이며, j,k는 시차를 나타내는 첨자이다. 무위험이자율은 국채수익률을 사용한다. 모형에서 $\beta^e_{i,j}$는 기업(또는 산업) i가 j월 이전의 환율변동에 의해 받는 영향의 정도를 나타내는 환노출 계수이다. $\beta^e_{i,j}$가 음(양)의 부호로 유의적으로 추정되면 $t-j$시점의 환율상승이 t시점의 기업가치에 부정적인(긍정적인) 영향을 주는 것으로 해석한다.

$$r_{i,t} = \beta_{i,0} + \sum_{j=0}^{J} \beta^e_{i,j} Err_{t-j} + \beta^m_i r_{M,t} + \sum_{k=0}^{K} \beta^p_{i,k} OILPCr_{t-k} + \epsilon_{i,t} \qquad (6-1)$$

권택호·주경원(2004)은 주가수익률을 사용한 환노출의 추정과 함께 회계적 환손익을 추정하였다. 또한, 기업들이 환율이 변동하는 경우 일정부분을 가격에 전가(pass through)하고 나머지 부분은 마크업을 조정해 스스로 부담한다는 점을 고려하여 기업이 판매하고 있는 제품들의 마크업 조정 계수를 추정해 추정된 환노출 계수와 함께 환노출 특성 분석에 활용하였다. 분석 결과 원/달러 환율이 상승하는 경우 기업의 제품 판매에서 마크업이 증가하는 긍정적인 효과가 있으나 회계적 환손익 측면에서는 외화부채로 인한 부정적인 영향이 있는 것으로 나타났다. 결과적으로 기업의 전체 환노출은 판매활동으로부터의 환노출 또는 회계적 환노출을 개별적으로 추정한 경우만큼 크지 않다고 보고하였다. 이러한 특성은 주가자료를 사용해서 추정한 환노출 계수가 당기의 환노출에서는 음수로, 지연된 환노출에서는 양수로 추정되는 것과 관련이 있으며, 이 두 가지 환노출을 합산하여 계산하는 전체 환노출은 크기가 작아진다고 주장하였다. 그들은 이러한 결과를 기초로 회계적 환노출의 관리 필요성을 강조하면서 적립금계

정의 활용이 필요하다고 주장하였다.

변애련·박경인·조진완(2006)은 1994년부터 2002년까지 유가증권시장에 상장된 제조기업을 대상으로 환노출을 추정하고 이의 특성을 분석하였다. 분석 결과 변동환율제도의 도입 후의 환노출이 도입 전보다 작아진 것을 확인하였다. 환노출의 결정요인을 분석한 결과는 변동환율제도 시행 이전에는 규모, 성장성, 배당률이 환노출과 음의 관계, 당좌비율은 양의 관계에 있는 것으로 나타났다. 그러나 변동환율제 시행 이후에는 이러한 변수들이 환노출과 유의적인 관련성이 나타나지 않았다. 이처럼 변동환율제 시행 후 환노출이 감소하고 환노출이 기업 특성변수와 유의적인 관계를 나타내지 않는 이유에 대해 저자들은 기업들이 적절하게 환노출관리를 수행한 결과일 수 있다고 주장하였다.

유승훈·홍혜정(2008)은 1999년에서 2006년까지의 기업자료를 사용하여 환율변동률과 주가수익률 사이에 인과관계가 성립하고 있는지의 여부를 분석하였다. 그들은 소규모-저수출기업으로 구성한 포트폴리오 수익률에서보다는, 대규모-고수출기업으로 구성한 포트폴리오에서 환율과 수익률 간에 인과관계가 더 유의적으로 존재하는 것으로 나타났다고 보고하였다. 이들의 분석 결과는 대규모 수출기업에 환노출이 있음을 지지하는 결과로 해석할 수 있을 것이다. 이들은 분석 결과 환율과 주가수익률 관계에 비선형 특성이 나타난다고 보고하고 이러한 특성은 환노출관리에 반영이 되어야 한다고 주장하였다.

3) 비대칭적 환노출

앞에서 기술한 연구 중에 권택호(1998)는 상장 제조기업에서 환율의 상승과 하락 시에 환노출의 정도가 다른 비대칭적 환노출이 있음을 보고하였다. 이현석(2003, 2004)도 한국 기업에서 비대칭적 환노출이 나타나고 있음을 보고했다. 이현석(2004)는 한국 기업의 비대칭적 환노출의 원인이 수출활동 때문일 수 있다고 보고하였다. 한편, 권택호(2007)는 환노출 계수가 환율변동의 방향에 따라 비대칭적으로 나타날 수 있는 이론적 근거를 살펴보고 실증분석을 통해 비대칭적 환노출 계수의 결정요인을 분석하였다. 그는 환노출의 비대칭성과 관련이 있을 수 있는 기업특성을 외화표시 부채, 수출, 규모, 해외직접투자로 정의하고 이들의 관계를 정리하였다.

(1) 환노출의 비대칭성과 외화표시 부채

주가수익률 변동성의 비대칭성을 설명하는 가설 중에 레버리지효과가설이 있다(Black, 1976). 이 가설에 따르면 시장에 주가를 하락시키는 정보가 들어오면 주가가 하락하고 하락한 주가 때문에 기업의 부채비율이 악화되고 이는 주주의 위험을 증가시키게 되어 주식수익률의 기대변동성을 증가시킨다. 반면에 주가를 상승시키는 정보가 들어오면 주가가 상승하면서 레버리지비율이 개선되고 주주의 위험이 감소되지만 주식수익률의 기대변동성은 주가 하락의 경우보다 작게 증가한다. 따라서 주가를 하락시키는 정보가 들어오는 경우는 변동성의 증가가 크게 나타나고, 주가를 상승시키는 정보가 들어오는 경우는 변동성의 증가가 작게 나타난다. Wu(2001)는 레버리지효과가설과 함께 변동성의 비대칭성을 설명하는 변동성피드백효과가설(volatility feedback effect hypothesis)을 검정하고 이들 두 가설이 주가수익률의 비대칭적 변동성을 설명하는 데 있어서 유용성이 있다고 보고한 바 있다. 한국 주식시장의 변동성을 대상으로 한 연구에서 구본일(2000)은 레버리지효과가설이 변동성의 비대칭성을 설명한다는 결과를 보고하였다.

기업이 외화표시로 자금을 조달하는 이유는 환노출을 헤지하기 위해서, 자국통화로 자금을 조달하는 경우보다 비용이 저렴하기 때문에, 또는 환율변동에 따르는 이득을 얻기 위해서 등으로 설명할 수 있다(Keloharju and Niskanen, 2001). 기업이 수출에서 발생하는 외화포지션의 영향을 상쇄시키기 위해서 외화표시로 자금을 조달했다면 외화표시 부채는 환노출을 감소시킨다. 그러나 기업이 저렴한 자본조달비용 효과를 얻기 위해 외화표시 부채를 조달했다면 거래가 환위험에 대한 완벽한 조치를 취하지 않은 경우 미래의 환율변동 결과에 따라 자본조달비용이 결정되게 되어 투기적 성격의 거래가 된다. 따라서 외화표시로 자금을 조달하는 이유는 환노출헤지 목적과 투기적 목적으로 구분할 수 있다. Keloharju and Niskanen(2001), Kedia and Mozumdar(2003) 그리고 Elliott et al.(2003) 등은 실증분석 결과에 기초해 기업의 외화표시 부채 조달이 환위험헤징의 수단이 될 수 있음을 지지하는 결과를 보고하였다. 그러나 Keloharju and Niskanen(2001)은 핀란드 제조기업을 대상으로 한 연구에서 기업이 외화표시 부채로 자금을 조달하는 이유는 수출활동으로 인한 환위험을 헤지하기 위한 목적이 크지만 투기적 목적도 함께 있다고 보고하였다. 한편, Nguyen and Faff(2006)은 호주 기업을 대상으로 한 분석에서 외화표시 부채의 조달은 환노출을 헤지하기 위한 목적도 있지만 순수한 자금 조달의 목적도 있음을 지적하였다.

기업이 보유한 외화표시 부채가 헤지 성격의 거래가 아닌 투기 성격의 거래 결과라면 환율의 변동은 기업가치에 영향을 준다. 환율의 상승이 외화표시 부채의 원화표시 금액을 증가시켜 기업의 가치를 감소시키는 영향을 준다면 환율의 상승은 레버리지효과가설에서의 주가를 하락시키는 정보에 해당한다. 환율의 상승은 외화표시 부채를 갖고 있는 기업의 부채 규모를 증가시키면서 동시에 주가를 하락시켜 레버리지비율을 큰 폭으로 악화시킨다. 따라서 환율변동률과 주가수익률 간의 음의 상관관계가 증가한다. 이 경우 기대변동성이 증가하여 환율변동률과 주가수익률의 음의 공분산 관계가 크게 나타날 수 있다. 환율의 하락은 부채를 감소시켜 레버리지효과가설에서 설명하는 주가를 상승시키는 정보에 해당한다. 이는 부채비율을 개선시켜 주주의 위험을 감소시킨다. 결과적으로 기대변동성의 증가가 작게 이루어져 환율변동률과 주가수익률의 공분산 관계는 작게 나타날 수 있다. 이러한 측면에서 보면 비대칭적 주가변동성을 설명하는 레버리지효과가설은 환율변동과 기업가치 변화 그리고 주주의 기대위험의 변화 구조를 설명하는 근거가 될 수 있다. 권택호(2007)는 환노출의 비대칭성과 외화표시 부채 간의 관계를 설명하는 위와 같은 내용의 가설을 외화표시부채효과가설로 정의하였다.

(2) 환노출의 비대칭성과 수출

기존의 연구들은 환노출의 비대칭성을 수출에서의 시장별 가격정책(pricing to markets; PTM)의 관점에서 설명하고자 하였다. 이러한 접근은 PTM의 다른 측면에 있는 가격전가에 관한 연구가 환율변동과 국제수지 간의 비대칭적 변화에 대한 관심에서부터 출발하였다는 점을 고려하면(권택호, 2001) 자연스러운 접근이다. 수출에서 환율이 변동하는 경우 수출품의 PTM 정도를 측정하고 분석하기 위한 개념으로 사용하는 것이 마크업 조정 계수이다. 마크업 조정 계수를 추정하고 결정요인을 분석하는 연구들은 국내외에서 다수 발표되었다(Krugman, 1987; Ohno, 1989; Knetter, 1993; 권택호·황희곤, 1999a; 장봉규, 2000; 권택호, 2001; 권택호·주경원, 2002 등). 그러나 기업의 마크업 조정과 환노출 간의 관련성에 관한 분석은 주로 모형의 도출과 같은 이론적인 측면에서 다루어져 왔다(Bodnar, Dumas and Marston, 2002; Allayannis and Ihrig, 2001; Campa and Goldberg, 1999). 이들 기존의 연구들은 일정한 가정을 전제로 마크업 조정이 환노출과 관련이 있음을 지지하고 있다.

기존의 연구에서 보고한 바와 같이 수출활동에서 환율의 변동에 따라 비대칭적 마크업 조정이 이루어진다면 이는 환율변동에 따른 비대칭적 환노출을 발생시키는 원인이 될 수 있다.

(3) 환노출의 비대칭성과 기업규모

환위험을 분석한 기존의 연구들은 기업의 규모가 환위험과 관계가 있다는 결과를 보고하고 있다. 기업의 규모와 환노출 간의 관계에 관해서는 상반된 연구결과들이 보고되었다. Chow, Lee and Solt(1997b) 등은 대기업일수록 환위험관리 및 헤지 기법을 활용하는데 더 유리하므로 기업규모가 클수록 환노출이 작을 것으로 추론했다. 반면 Ware and Winter(1988)는 소규모기업일수록 재무부실비용이 클 것이므로 헤지의 유인이 커져 환노출이 작을 것으로 추정했다. He and Ng(1998)은 일본 기업을 대상으로 한 분석에서 대기업의 환노출이 소기업의 환노출보다 크다고 보고하였다. 권택호(1999b) 그리고 Dominguez and Tesar (2005)도 대기업일수록 환노출이 큰 것으로 보고하고 있다. 비대칭적 환노출 정도 역시 기업규모와 관련이 있을 것으로 추론할 수 있다.

(4) 환노출의 비대칭성과 파생상품 헤지 활동

기업이 환위험에 대하여 비대칭적 수익구조를 갖는 수단을 이용하여 헤지 활동을 하고 있다면 환율변동은 환율의 방향에 따라 기업에게 비대칭적 영향을 미칠 것이다. 이 경우 환노출은 비대칭적으로 나타난다.

기업은 환율변동의 영향을 헤지하기 위해 노출된 환위험에 대하여 파생상품시장 등의 외부시장을 이용한 헤지 방법을 사용할 수 있지만 경영활동 과정에서 자연스럽게 환위험이 발생하지 않도록 하는 자연적 헤지(natural hedge) 방법을 사용할 수도 있다. 따라서 기업의 비대칭적 환노출과 헤지 간의 관계를 분석하기 위해서는 기업의 경영활동 과정에서 이루어진 자연적 헤지와 외부시장을 이용한 헤지를 모두 고려하여야 한다.

기업이 옵션거래와 같은 파생상품을 이용해서 환노출을 헤지하는 경우 그 결과는 환노출에 비대칭적 영향을 미친다. 그러나 비대칭적 수익구조를 갖는 파생상품의 거래와 비대칭적 환노출 간의 관계에 관한 실증분석은 충분하게 이루어지지 않고 있다. Iorio and Faff(2000)는 호주의 산업을 대상으로 한 연구에서 월별 자료를 사용하는 경우 비선형 헤지와 비대칭적 환노출 간에 일관성 있는 관계를 확인할 수 없었다고 보고하였다.

(5) 환노출의 비대칭성과 해외직접투자

환위험에 대한 자연적 헤지의 관점에서 본다면 기업의 해외직접투자는 비대칭적 환노출과 관련을 가질 수 있다. 기업은 해외직접투자 활동을 통해 환위험 관리에서 융통성과 여유를 확보할 수 있는 가능성이 있기 때문이다. 해외의 생산시설과 국내의 생산시설 활용을 선택하는 데 유연성이 있는 경우 해외직접투자는 비대칭적 환노출과 관계를 가질 수 있다. 예를 들어, 해외에 생산시설을 가지고 있고 그 시설에 원부자재를 수출하고 가공된 완제품을 수입하는 형태의 경영을 하고 있는 경우, 원화의 가치가 하락하면 해외생산 시설로부터의 수입을 줄이고 자체 생산을 증가시키는 방향으로 원화가치의 하락에 대응할 수 있다. 반면, 원화가치가 상승하면 해외로부터의 수입을 증가시켜 환노출이 증가하는 결과를 초래할 수 있다. 이 경우 기업 전체적으로 볼 때 원화가치 하락 시의 영향 정도는 원화가치 상승 시의 영향 정도와 다르다. 비대칭적 환노출 관련 연구에서 Miller and Reuer(1998b)는 비대칭적 환노출의 발생 요인으로 PTM과 함께 실물옵션의 존재를 지적하였다. 그들은 기업이 국제경영 활동 과정에서 구축한 생산 및 판매와 관련한 네트워크는 환율변동이 기업의 가치에 비대칭적으로 영향을 미치는 원인이 될 수 있다는 점을 지적하였다. 또한, 해외의 현지법인이 외화표시 부채를 보유하고 있는 경우 국내에서 외화표시 부채를 보유하고 있는 경우와 동일하게 기업 환노출의 비대칭성을 증가시킬 수도 있다.

(6) 비대칭적 환노출의 결정요인

지금까지 기술한 내용을 토대로 환노출의 비대칭성 계수와 관련 변수들 간에 예상되는 관계를 정리하면 <표 6-2>와 같다.

〈표 6-2〉 환노출의 비대칭성 계수와 관련 변수들 간에 관계

변수	예상되는 관계	이론적 근거
외화표시 부채비율	-	환율상승 → 외화표시 부채의 원화표시 금액 증가 → 레버리지비율 악화 → 주가하락 → 환율 변동과 주가수익률 간의 음(-)의 공분산 확대 → 음수의 비대칭적 환노출 유발시킴(외화표시 부채효과가설).
수출비율	+	환율상승 시 수출품의 마크업을 상향 조정하는 비대칭적 PTM의 경우 수출은 양의 비대칭 환노출을 유발시킴.
기업규모	+ or -	대규모 기업일수록 환위험 관리에 융통성이 있어 기업에게 유리한 방향으로 환노출의 비대칭성을 창출할 수 있음.
파생상품거래 헤지	0	비대칭적 환노출을 헤지하기 위해 파생상품거래를 하였다면 비대칭적 환노출은 나타나지 않을 것임
해외직접투자	+ or -	현지법인과의 관계를 이용해 환율상승 시에 추가적인 이득을 얻는 경우는 양(+)의 비대칭적 환노출을 유발시키지만, 현지법인의 부채가 외화표시 부채와 동일한 영향을 주는 경우 음(-)의 비대칭적 환노출을 유발시킴.

자료: 권택호(2007), p.96의 내용을 수정함.

권택호(2007)는 비대칭적 환노출의 결정요인을 분석하기 위해 추정된 비대칭적 환노출 계수를 종속변수로 하고 앞서 제시한 비대칭적 환노출을 설명할 수 있는 기업특성변수를 독립변수로 하는 추정 모형을 사용해 비대칭적 환노출의 결정요인을 분석하였다. 비대칭 환노출 계수 추정 모형은 식(6-2)와 같다. r_i은 개별 자산의 수익률이고 r_M은 시장수익률, Err은 원/달러의 실질환율변동률, D는 실질환율변동률이 양수인 경우 1, 나머지는 0의 값을 갖도록 구성된 더미변수이다. γ_i는 환노출의 비대칭 계수이다. ϵ는 회귀식의 잔차이다.

$$r_{i,t} = \alpha_{i,0} + \beta_{M,i} r_{M,t} + \beta_{e,i} Err_t + \gamma_i (D_t \times Err_t) + \epsilon_{i,t} \tag{6–2}$$

환노출 비대칭 설명요인 추정 모형은 식(6-3)과 같다. $\hat{\gamma_i}$은 식(6-2)로 추정한 환노출 비대칭 계수이다. $FDebt$는 총자산대비 달러표시부채비율, $EXpor$는 매출액대비 수출비율, $Size$는 기업규모, $DFinst$는 총자산대비 해외직접투자비율이다. ϵ는 회귀식의 잔차이다. 추정에서는 산업더미를 추가하여 산업효과를 통제한다.

$$\hat{\gamma_i} = \delta_0 + \delta_1 FDebt_i + \delta_2 TDebt_i + \delta_3 EXpor_i + \delta_4 Size_i + \delta_5 FDinst_i + \epsilon_i \tag{6–3}$$

〈표 6-3〉 환노출의 비대칭 계수의 결정요인 분석 결과

추정식:

$$r_{i,t} = \alpha_{i,0} + \beta_{M,i} r_{M,t} + \beta_{e,i} Err_t + \gamma_i (D_t \times Err_t) + \epsilon_{i,t} \quad (6\text{–}2)$$

$$\hat{\gamma_i} = \delta_0 + \delta_1 FDebt_i + \delta_2 TDebt_i + \delta_3 EXpor_i + \delta_4 Size_i + \delta_5 FDinst_i + \epsilon_i \quad (6\text{–}3)$$

기간 \ 계수	외환위기 이전	외환위기 이후
상수	9.452(4.95)***	4.721(1.62)
외화부채비율	-1.430(-1.03)	-4.038(-2.50)***
총부채비율	-0.015(-0.03)	-1.132(-1.19)
수출비율	0.905(1.86)*	2.198(2.61)***
규모	-0.379(4.74)***	-0.153(-1.32)
해외직접투자비율	-21.041(-1.55)	-14.772(-11.40)***
식료품	-0.474(-1.10)	1.089(0.07)
섬유제품	0.055(0.12)	0.591(0.66)
봉제의목 및 모피	0.693(1.02)	-2.678(-1.49)
펄프, 종이 및 종이제품	-0.062(-0.129)	-0.271(-0.43)
화합물 및 화학제품	0.439(1.20)	0.684(1.28)
고무 및 플라스틱제품	-0.684(-1.04)	0.212(0.27)
비금속광물제품	-0.470(-1.00)	-0.553(0.83)
1차금속	-0.046(-0.11)	-1.855(-1.29)
조립금속제품	-0.484(-0.58)	-2.126(-3.01)***
기타기계및장비	1.030(2.05)**	0.234(0.21)**
기타전기기계 및 전기변환장치	0.250(0.50)	-0.586(-0.94)
전자부품, 영상, 음향 및 통신장비	0.307(0.58)	0.118(0.15)
자동차 및 트레일러	0.565(1.18)	-1.384(1.94)*
종합건설	1.003(2.26)**	-0.428(0.51)
도매 및 상품중개	1.600(3.32)***	0.700(0.65)
분석 기업 수	416	372
조정된 결정계수	0.10	0.06

자료: 권택호(2007), p.104.

위의 <표 6-3>은 추정 결과이다. 분석 결과 외환위기 이전에는 달러표시 부채비율과 환노출의 비대칭성 계수 간에 관계가 유의적이지 않다. 수출비율은 양수의 유의적인 값으로 추정되어(유의수준 6%) 수출비율이 높은 기업이 환노출의 비대칭성 계수 값이 큰 비대칭적 특성이 있다. 이는 수출기업들이 환율이 상승할 경우 수출품의 마크업을 인상하여 추가적인 이득을 얻는다는 마크업 조정

에 관한 내용과 일관성이 있다. 기업규모 계수는 유의적인 음수로 추정되어 규모가 클수록 음(-)의 비대칭적 환노출이 증가한다. 총부채비율의 계수는 달러표시 부채비율과 동일하게 음수의 계수 값을 갖지만 유의적이지는 않다. 산업더미 변수의 계수는 기타기계 및 장비, 종합건설, 도매 및 상품중개 업종의 계수가 양수로 유의적이다.

외환위기 이후 기간의 추정 결과는 외환위기 이전의 추정 결과와는 차이가 있다. 달러표시 부채비율의 계수는 음의 유의적인 값으로 추정되며 1% 수준에서 유의적이다. 이는 달러표시 부채비율이 높은 기업의 환노출 비대칭성 계수 값이 작은 값을 갖는다는(비대칭성이 크다는) 것을 의미하는 데 이것은 앞의 표에서 정리한 결과와 일치한다. 해외직접투자비율의 계수 값도 음수로 유의적인데 이것은 표의 내용에 비추어 볼 때 해외현지법인의 외화표시 부채의 영향일 것으로 추론해 볼 수 있다. 총부채비율의 계수 값은 유의적이지 않으며 외환위기 이전에 유의적이었던 기업규모의 계수도 유의적이지 않다. 산업더미변수의 계수는 기타기계 및 장비 업종의 계수만 외환위기 이전과 동일하게 양의 유의적인 값이다. 그밖에 유의적인 계수는 조립금속제품, 자동차 및 트레일러 업종으로 음의 값이다.

권택호(2007)는 비대칭적 환노출이 큰 값으로 추정된 기업들을 제외한 추정 결과도 전체표본을 대상으로 추정한 결과와 내용상 동일하다고 보고하였다. 그는 비대칭적 환노출이 큰 기업들을 제외한 분석에서는 외환위기 이전에도 외화표시 부채가 비대칭적 환노출을 유의적으로 설명할 수 있는 것으로 나타났다고 보고하였다.

4) 지연된 환노출

앞에서 기술한 연구 중에 권택호·황희곤(1999b), 권택호(1999), 정찬우(2003), 이현석(2004), 권택호·주경원(2004)은 한국 기업의 환노출에 지연된 환노출이 존재한다는 것을 보고하였다. 권택호·주경원(2004)은 식(6-1)을 사용해서 산업의 환노출을 추정하고 결과를 <표 6-4>와 같이 보고하였다. 표에서 { } 속에 숫자는 환율변동률의 시차이다. 시차는 3월까지만 고려했으며 당기의 환율변동률 계수 이외의 계수는 유의적인 경우만을 정리하였다. 환율변동이 기업의 가치에 미치는 영향의 전체를 파악하기 위해서 시장수익률을 당기 및 과거의 환율변동으로 직교화해서 추정한 계수들을 정리하였다. D-W는 더빈 왓슨 통계량이고, ( )

속의 숫자는 유의수준이다.

제조업의 주요 산업들의 환노출을 추정한 결과 j=0에서는 전기·전자와 운수장비업을 제외한 전 업종의 환노출 계수가 음(-)으로 추정되어 동 월에서는 원/달러 환율의 상승이 해당 산업의 기업가치에 부정적인 영향을 준다고 할 수 있다. 그러나 과거의 환율변동이 미치는 영향을 보면 전기·전자와 운수장비를 제외하면 모든 업종에서 1개월 전과 2개월 전의 환율변동이 양(+)의 영향을 미치고 있다. 운수장비업종의 경우에도 1개월 전의 환율변동은 양의 영향을 미치고 있다. 이러한 결과는 단기의 환율변동에 의한 음의 환노출이 시간이 지나면서 나타나는 양의 환노출에 의해 상당부분 상쇄된다는 것을 의미한다. 실제로 단순히 환노출 계수들을 합산해 전체의 환노출을 계산해 보면 미미한 정도의 환노출이 나타난다. 화학, 비금속광물제품, 철강·금속, 기계 등의 업종에서 3개월 전의 환율변동에 의한 음의 환노출이 유의적으로 추정되고 있으나 환노출이 상쇄된다는 전체적인 결과에 영향을 준다고 할 수는 없는 정도이다.

이러한 결과는 환율의 상승(하락)이 당기에는 기업의 가치를 감소(증가)시키지만 시간이 지남에 따라 기업의 가치를 증가(하락)시키는 방향으로 영향을 미치고 있음을 의미한다. 환율변동이 기업가치에 미치는 영향이 지연되어 나타나는 이유가 시장에서 환율변동이 기업에 미치는 영향을 정확하게 파악할 수 없기 때문이라는 점을 고려할 때 과거의 환율변동에 의해 나타나는 양의 환노출은 환율변동이 기업에 미치는 영향 중에서 장기간에 걸쳐 나타나는 영향에 의한 것으로 해석할 수 있다.

권택호(2006a)는 환율변동이 주가에 미치는 영향이 지연되어 나타나는 즉, 지연된 환노출을 추정하는 문제를 설명하고자 하였다. 환율변동의 영향이 주가에 즉각적으로 반영되지 않고 시차를 두고 반영될 수 있는 근거는 다음과 같이 설명할 수 있다. 첫째, 환율변동이 일시적인 것이라면 환율변동이 주가에 미치는 영향은 환율의 변동이 영구적인 경우와 차이가 있어야 하는데 투자자들은 환율의 변동이 일시적(temporary) 변동인지 아니면 영구적(permanent) 변동인지를 판단하는데 어려움이 있다. 둘째, 기업의 환위험관리 활동 등 경영활동에 대한 정보를 지속적으로 파악하고 있어야 환율변동과 기업가치 간의 관계를 분석할 수 있다. 그러나 투자자들이 필요한 만큼의 기업의 정보를 필요한 시점에 획득하는 데는 어려움이 있다. Martin and Mauer(2004)의 분석은 이러한 어려움을 실증적으로 보여주고 있다. 셋째, 환율의 변동이 기업의 경쟁력에 미치는 영향을 분석하기 위해서는 경쟁관계에 있는 다른 국내외 기업들의 환율변동에 의한 영향에 대한 분석이 필요한데 투자자들이 환율의 변동 시점에서 이러한 분석을 하는 데는 어려움이 있다.

〈표 6-4〉 산업별 환노출 추정 결과

추정식:

$$r_{i,t} = \beta_{i,0} + \sum_{j=0}^{J} \beta^{e}_{i,j} Err_{t-j} + \beta^{m}_{i} r_{M,t} + \sum_{k=0}^{K} \beta^{p}_{i,k} OILPCr_{t-k} + \epsilon_{i,t} \qquad (6\text{–}1)$$

산업 \ 설명변수	Constant	*Err*	r_M	*OILPCr*	D-W
음식료품	0.006(0.31)	-0.73(0.000) {1}0.48(0.000) {2}0.27(0.04)	0.68(0.00)	-0.08(0.40)	2.06
섬유·의복	-0.02(0.01)	-1.11(0.000) {1}0.50(0.000) {2}0.30(0.06)	0.66(0.00)	0.02(0.86)	1.70
종이·목재	-0.01(0.16)	-0.88(0.000) {1}0.51(0.003) {2}0.40(0.04)	0.67(0.00)	-0.03(0.79)	1.92
화학	0.004(0.40)	-0.91(0.000) {1}0.81(0.000) {2}0.38(0.002) {3}-0.24(0.05)	0.88(0.00)	-0.01(0.88) {3}-0.17(0.06)	1.66
의약품	-0.01(0.10)	-0.87(0.000) {1}0.67(0.000) {2}0.48(0.000)	0.77(0.00)	0.04(0.70)	1.88
비금속광물제품	-0.02(0.01)	-1.24(0.000) {1}0.53(0.000) {2}0.57(0.000) {3}-0.27(0.05)	0.96(0.00)	{1}-0.20(0.05)	1.80
철강·금속	-0.003(0.52)	-0.70(0.000) {1}0.60(0.000) {2}0.79(0.000) {3}-0.36(0.001)	0.88(0.00)	0.09(0.25)	1.95
기계	-0.02(0.000)	-0.92(0.000) {1}0.80(0.000) {2}0.78(0.000) {3}-0.33(0.008)	0.77(0.00)	0.02(0.76)	1.78
전기·전자	0.04(0.42)	0.44(0.68)	1.14(0.06)	-0.61(0.47)	2.03
운수장비	-0.002(0.89)	-0.44(0.26) {1}0.82(0.03)	0.94(0.00)	-0.12(0.68)	2.08

자료: 권택호·주경원(2004), p.41.

환노출을 추정해 분석한 기존의 연구들은 지연된 환노출의 존재를 다양한 방향에서 제시하고 있다. 지연된 환노출을 직접적으로 보고하고 있는 연구들도 있지만 수익률의 측정 기간을 확장해 나가는 경우 환노출이 보다 분명하게 추정된다는 결과를 보고한 Chow and Chen(1998), Chow, Lee and Solt(1997a, 1997b), Bodnar and Wong(2003), 이현석(2004) 등의 연구 결과도 환율변동 영향이 지연되어 주가에 반영된다는 주장을 지지하는 것이다.

Scholes and Williams(1977)는 주식시장에서 비동시거래로 인하여 시장의 정보가 개별 주가에 즉각적으로 반영되지 못하는 경우 시장베타의 일치추정량(consistent estimator)을 계산하기 위해서는 월별 자료의 경우 과거의 시장수익률에 의한 시장베타를 합산해 주어야 한다는 점을 지적하였다(Scholes and Williams, 1977, p317). 위험의 측정에 있어 비동시거래로 인하여 시장의 정보가 주가에 즉각적으로 반영되지 못함에 따른 문제는, 시장이 환율변동의 영향을 정확하게 평가하지 못하여 주가가 즉각적으로 반응하지 못하는 것과 동일한 결과를 가져온다고 할 수 있다. Scholes and Williams(1977)는 환율변동의 영향이 즉각적으로 주가에 반영되지 못하는 상황에서 환노출을 추정하기 위해서는 추정 모형에 과거의 환율변동이 독립변수로 추가될 필요가 있음을 나타내는 것이며 환노출을 동시적 환노출과 지연된 환노출로 구분해 분석할 수 있는 논리적 근거를 주는 것이다.

권택호(2006a)는 다음의 모형을 사용하여 산업의 지연된 환노출을 추정하고 특성을 분석하였다. $OTHG_r_M$은 환율변동률로 직교화한 시장수익률(KOSPI) 변수이다. 환노출 계수 추정에서 r_i는 산업지수의 수익률이다. 그는 1998년~2003년까지 월별 원/달러 실질환율자료를 사용해 환노출 계수를 추정하였다. b_0는 동시적 환노출 계수이며, b_j는 j월 전의 환율변동에 의한 환노출 계수이다. a, b, c는 각각 1%, 5%, 10%에서 유의적인 것을 의미한다.

$$r_{i,t} = \beta_{i,0} + \beta_{i,M} OTHG\_r_{M,t} + \sum_{j=0}^{3} b_{i,j} Err_{t-j} + \epsilon_{i,t} \tag{6-4}$$

〈표 6-5〉 산업별 환노출 계수

추정식:

$$r_{i,t}=\beta_{i,0}+\beta_{i,M}OTHG\_r_{M,t}+\sum_{j=0}^{3}b_{i,j}Err_{t-j}+\epsilon_{i,t} \tag{6-4}$$

산 업	상 수	β_M	b_0	b_1	b_2	b_3	$b_1+b_2+b_3+b_0$	R^2	D-W
음식료품	0.01 (1.07)	0.74 (7.84)^a	-1.19 (-3.97)^a	0.38 (1.21)	0.25 (0.95)	0.29 (1.10)	-0.27	0.54	2.69
섬류·의복	-0.02 (-1.31)	0.64 (5.17)^a	-0.99 (-2.39)^b	0.73 (1.78)^c	0.69 (2.01)^b	0.49 (1.42)	0.92	0.37	2.07
종이·목재	-0.01 (-1.12)^a	0.75 (7.14)^a	-1.44 (-4.10)^a	0.71 (2.04)^b	0.39 (1.33)	0.11 (0.37)	-0.23	0.53	2.05
화 학	0.02 (3.00)	0.86 (14.66)^a	-1.22 (-6.21)^a	0.61 (3.15)^a	0.56 (3.46)^a	0.42 (2.56)^a	0.37	0.81	1.79
의 약 품	0.01 (0.49)	0.52 (5.16)^a	-0.98 (-2.89)^a	0.20 (0.60)	0.73 (2.62)^a	0.16 (0.58)	0.11	0.4	1.87
비금속광물	0.02 (1.59)	0.75 (6.66)^a	-1.49 (-3.96)^a	0.58 (1.56)	0.69 (2.22)^b	0.61 (1.95)^c	0.39	0.52	1.75
철강·금속	0.02 (2.24)b	0.80 (9.95)^a	-1.01 (-3.76)^a	1.10 (4.14)^a	1.02 (4.61)^a	0.47 (2.11)^b	1.58	0.71	1.95
기 계	0.01 (0.64)	0.82 (8.17)^a	-0.77 (-2.27)^b	0.97 (2.90)^a	1.19 (4.25)^a	0.48 (1.72)^c	1.87	0.61	1.76
전기전자	0.02 (1.97)^b	1.30 (13.60)^a	-0.56 (-1.75)^c	0.77 (2.43)^b	0.81 (3.05)^a	-0.08 (-0.30)^a	0.94	0.76	1.54
의료정밀	0.01 (-0.04)	1.10 (8.05)^a	-0.58 (-1.27)	0.90 (2.01)^b	0.41 (1.09)	0.40 (1.04)	1.13	0.50	2.19
운수장비	0.02 (1.9)^c	0.99 (10.06)^a	-0.32 (-0.98)	1.37 (4.21)^a	1.09 (4)^a	0.37 (1.34)	2.51	0.67	1.75
유 통 업	0.01 (0.79)	1.01 (9.83)^a	-1.75 (-5.07)^a	0.84 (2.44)^b	0.78 (2.72)^a	0.35 (1.21)	0.22	0.69	1.89
전기가스	0.01 (-0.09)	0.55 (5.42)^a	-1.47 (-4.31)^a	0.52 (1.54)	0.29 (1.04)	-0.31 (-1.08)	-0.97	0.47	2.31
건 설	0.01 (0.01)	1.00 (7.33)^a	-1.79 (-3.94)^a	0.95 (2.12)^b	0.81 (2.15)^b	0.34 (0.89)	0.31	0.55	1.66
운수창고	0.01 (0.05)	1.23 (9.9)^a	-1.81 (-4.36)^a	0.74 (1.80)^c	0.75 (2.19)^b	-0.14 (-0.40)	-0.46	0.67	1.82
통 신	0.01 (0.63)	0.99 (7.00)^a	-0.98 (-2.07)^b	0.55 (1.18)	0.83 (2.12)^b	-0.58 (-1.46)^a	-0.18	0.49	1.73
금 융	0.01 (0.62)	0.98 (9.40)^a	-1.99 (-5.70)^a	1.26 (3.65)^a	0.81 (2.81)^a	0.54 (1.87)^c	0.62	0.70	1.60
은 행	0.01 (0.41)	0.83 (6.59)^a	-1.97 (-4.66)^a	1.51 (3.63)^a	0.59 (1.70)^c	0.54 (1.53)	0.67	0.56	1.67
증 권	0.02 (0.89)	1.33 (7.78)^a	-2.51 (-4.37)^a	1.02 (1.79)^c	1.29 (2.71)^a	0.59 (1.24)	0.39	0.59	1.83
보 험	0.01 (1.18)	0.92 (7.32)^a	-1.73 (-4.12)^a	1.32 (3.18)^a	0.67 (1.94)^c	0.70 (2.01)^b	0.96	0.57	1.98

자료: 권택호(2006a), p.104.

산업의 환노출 계수를 정리한 <표 6-5>의 추정 결과를 보면 환율의 변동은 동시적으로는 환율의 변동이 기업의 가치를 감소시키는 방향으로 영향을 미치지만(음의 환노출) 이후에는 기업의 가치를 증가시키는 방향으로 영향을 미치는(양의 환노출) 것으로 나타난다. 동시적 환노출이 음으로 추정이 되는 것은 일본 기업들을 대상으로 분석한 Chow and Chen(1998)의 분석 결과와 동일하다. 그들은 일본의 엔화 가치하락이 기업의 수익률 하락으로 이어지는 원인 중에 하나로 기업들이 다량의 원자재를 수입하고 있는 일본의 상황을 지적하였다. 이러한 설명은 한국 기업들의 환노출을 설명하는 데도 적용할 수 있다. 그러나 이들은 수익률의 측정 간격을 확대하는 경우에도 환노출의 방향이 유지된다고 보고해 이 연구의 결과와는 다른 결과를 보여 주었다.

동시적 환노출과 지연된 환노출을 합한 전기간 환노출은 음식료품(-0.27), 종이·목재(-0.23), 전기가스(-0.97), 운수창고(-0.46) 그리고 통신(-0.18) 등을 제외하면 모두 양의 값으로 계산된다. 금융, 은행, 증권, 그리고 보험 산업의 경우에도 동시적으로는 음의 환노출이 추정되고 지연된 환노출은 양의 환노출이 추정되는 제조업과 같은 패턴을 보여주고 있다.

이러한 분석 결과는 환율변동은 즉각적으로 기업의 주가에 반영되는 부분과 시차를 두고 반영되는 부분이 있다는 것을 보여주는 것이다. 또한 당기의 환노출은 음의 방향으로 추정되지만 그 후에 지연되어 나타나는 환노출은 양의 방향으로 추정되어 결과적으로는 몇 개의 산업을 제외하면 환율의 상승이 기업의 가치를 상승시키는 방향으로 한국 기업에 영향을 미친다는 것을 보여주고 있다. 환노출 계수의 유의성을 기준으로 보면 동시적 환노출은 물론 1개월, 2개월 그리고 3개월 이전의 환율변동에 의한 환노출도 유의적인 경우가 많이 나타나고 있다. 전체적으로 3개월 이전의 환율변동에 의한 환노출 유의성이 1개월, 2개월 전의 환율변동에 의한 환노출 계수의 유의성 보다는 낮다. 3개월 전의 환율변동에 의한 환노출이 유의적인 산업은 화학, 비금속광물, 철강·금속, 기계, 전기전자, 통신, 금융, 보험으로 총 20개 산업 중에서 8개 산업이다.

식(6-4)에 개별 기업의 실질수익률을 대입하여 개별 기업의 동시적 환노출과 지연된 환노출을 추정하였다. 주가수익률 자료는 증권연구원 DB의 자료를 이용하였고 추정기간은 지수의 분석 기간과 동일하며 결산월이 12월인 기업만을 분석 대상으로 하였다. 자본잠식 상태에 있는 기업과 기업의 주가 변동이 없는 기업, 주가와 발행주식 수의 자료를 증권전산 DB에서 입수할 수 없는 기업은 분석 대상에서 제외하였다. 또한 환노출 결정요인 분석에 필요한 재무제표 계정과목을 이용할 수 없는 기업도 분석에서 제외하였다. 이러한 필터링 과정을 통하여 최종적으로 분석 대상으로 선정된 기업은 388개 기업이다.

기업들을 대상으로 추정한 환노출 계수의 특성을 보기 위하여 추정한 환노출 계수들의 도수분포를 <표 6-6>에 정리한다. 패널 A는 식(6-4)의 추정 결과인 환노출을 그대로 정리한 것이고 패널 B는 식(6-4)의 추정 결과를 이용해 과거의 환율변동의 영향까지를 고려한 전기간 환노출을 계산해 정리한 것이다. 표의 둘째 행은 388개 전체 표본기업의 환노출 계수 평균값이다. 셋째 행부터 각 셀의 값은 첫째 열에서 설정한 범위의 환노출 계수를 갖고 있는 기업의 수이다. 즉, 패널 A에서 좌측으로부터 두 번째 열의 둘째 행에 있는 -1.14는 동시적 환노출 계수의 평균값이다. 셋째 행에 있는 값 15는 동시적 환노출 계수값이 -3이하로 추정된 기업의 수가 15개라는 것을 의미한다.

패널 A에서 동시적 환노출을 나타내는 계수 b_0는 주로 음의 숫자로 추정되고 있으며 -1에서 0 사이의 값을 갖는 기업들이 가장 많다. 그러나 지연된 환노출을 나타내는 계수 b_1, b_2, 그리고 b_3는 주로 양수로 환노출이 추정되고 있으며 0과 1사이의 값을 갖는 기업들이 가장 많은 것으로 나타나고 있다.

패널 B는 동시적 환노출에 지연된 환노출을 합산하여 계산한 전기간 환노출의 분포 특성을 정리한 것이다. 지연된 환노출 추정에서 고려하는 기간이 길어질수록 환노출이 양(+)의 값을 갖는 기업이 증가한다. 2개월 전의 환율변동의 영향까지를 고려한 전기간 환노출의 평균은 0.116으로 양의 값을 갖는다. 3개월 전의 환율변동의 영향까지를 고려한 전기간 환노출인 $b_0+b_1+b_2+b_3$는 75% 정도의 기업들이 양의 환노출을 나타내고 있다. 이와 같은 결과는 한국의 제조기업들의 경우 환율이 상승하는 경우 당월에는 기업의 가치가 하락하는 것으로 나타나지만 그 이후에는 기업의 가치가 상승하는 방향으로 영향이 나타나 전체적으로는 기업의 가치가 상승하는 방향으로 영향을 받고 있음을 보여 주는 것이다. 각 계수의 유의성을 전제로 한 분석은 아니지만 환율변동이 3개월 후까지 영향을 미치고 있음을 환노출 계수의 방향과 크기의 범위 등을 근거로 유추할 수 있다. 이와 같은 개별 기업들의 환노출 특성은 산업지수 수익률을 가지고 추정한 결과인 <표 6-5>의 내용과도 일관성을 갖는 것이다.

〈표 6-6〉 기업의 지연된 환노출 계수 추정 결과

A. 추정된 계수 분포특성

환노출 계수	b_0	b_1	b_2	b_3
평균	-1.14	0.46	0.80	0.52
'-3 ≧ 계수' 기업수	15	3	0	1
'-3 < 계수 ≦ -2' 기업수	57	4	0	2
'-2 < 계수 ≦ -1' 기업수	126	21	2	7
'-1 < 계수 ≦ 0' 기업수	152	69	42	72
'0 < 계수 ≦ 1' 기업수	36	189	214	223
'1<계수 ≦ 2' 기업수	2	90	102	70
'2 < 계수 ≦ 3' 기업수	0	10	26	10
'3 < 계수' 기업수	0	2	2	3

B. 계수의 결합에 의한 전기간 환노출의 분포특성

환노출 계수	b_0+b_1	$b_0+b_1+b_2$	$b_0+b_1+b_2+b_3$
평균	-0.681	0.116	0.633
'-3≧계수' 기업수	20	8	7
'-3<계수≦-2' 기업수	28	14	8
'-2<계수≦-1' 기업수	83	38	28
'-1<계수≦0' 기업수	147	109	74
'0<계수≦1' 기업수	89	138	119
'1<계수≦2' 기업수	17	52	94
'2<계수≦3' 기업수	2	22	38
'3<계수' 기업수	2	7	20

자료: 권택호(2006a), p.742.

<표 6-6>의 내용은 기업의 환노출을 추정하는데 있어 과거의 환율변동에 의한 영향까지를 고려하는지의 여부에 따라, 그리고 과거 어느 시점까지를 고려하는가에 따라 매우 상이한 환노출 계수가 추정될 수 있음을 시사하고 있다. 과거 어느 시점까지 고려하는 것이 기업의 환노출 추정에 최적일 수 있는가의 문제는 이론적으로 결정할 수 있는 문제이기 보다는 실증분석을 통하여 찾아낼 수 있는 문제라고 할 수 있다.

권택호(2006a)은 환노출 계수를 환노출 정도를 표시하기 위한 목적으로 사용하는데 따르는 문제점을 지적하고 이를 고려하여 환노출의 결정요인을 분석하

는 방법에 대하여 논의하였다. 환위험을 나타내는 환노출 계수를 회귀모형을 이용해서 추정하면 계수는 유의적인 양(+)의 값 또는 음(-)의 값 그리고 유의적이지 않은 어떤 값으로 추정된다. 환율을 외국통화 1단위에 대한 자국통화의 가치(예, ₩$)로 나타내는 경우 환노출이 양수인 경우는 환율의 상승(하락)이 기업의 가치를 증가(감소)시키는 방향으로 영향을 미침을 의미한다. 이 경우에 환노출이 음수인 경우는 환율의 상승(하락)이 기업의 가치를 감소(증가)시키는 방향으로 영향을 미침을 의미한다. 환노출 계수가 유의적이지 못하다면 그것은 환노출 계수의 방향과 관계없이 환위험이 있다고 할 수 없음을 의미한다.

환노출 계수를 추정하는 목적은 환위험의 정도를 파악하기 위함이다. 이와 같은 관점에서 본다면 환노출 계수는 연속변수이지만 계수가 갖는 질적 특성은 연속적이지 않다. 예를 들어, 환노출 계수가 1에서 0.6만큼 감소해서 0.4가 된 경우 환위험이 존재하지 않는 방향으로 변동한 것이지만 -1인 상황에서 0.6만큼 감소해 -1.6으로 변했다면 이것은 환위험이 심화되는 방향으로 변동한 것이다. 즉, 환노출 계수가 1에서 -0.6만큼 변동한 경우와 -1에서 -0.6만큼 변동한 경우는 환노출 계수의 값은 동일하게 -0.6만큼씩 변동한 것이지만 환위험과 관련지어 해석해 보면 그 두 경우의 변동은 질적인 측면에서 큰 차이가 있는 것이다. 이것은 환노출 계수를 환위험의 측정변수라는 관점에서 보면 실질적으로는 연속변수로서의 특성을 가지고 있지 않음을 의미한다.

환위험 분석의 측면에서 환노출 계수가 갖는 이와 같은 특성은 환노출 계수가 기본적으로 비율척도나 등간척도의 변수라고 보기 어렵다는 것을 의미한다. 환위험이 존재하지 않는 즉, 환노출 계수가 0인 경우를 '절대0점' 또는 '상대0점'으로 정의하는 것이 불가능하기 때문이다. 절대0점으로 정의하는 경우 환노출 계수가 0보다 작은 값을 갖는 경우에도 환위험은 여전히 존재한다는 문제가 생긴다. 상대0점으로 정의하는 경우에도 음의 환노출과 양의 환노출에 대한 환위험의 크기를 계수와 연관 지어 비교할 수 없는 문제가 있다. 환노출 계수가 갖는 이러한 문제점을 해결하는 한 방법은 환노출 계수에 절대값을 취해 인위적으로 환노출 계수를 등간척도 이상의 정보를 갖는 변수로 만드는 것이다. 그러나 이와 같이 환노출의 절대값을 이용해 분석을 하면 유의적인 결과를 얻었다 해도 그 결정요인이 환율이 변동할 경우 기업의 가치에 어떠한 방향으로 영향을 미치는가에 대한 정보는 주지 못한다는 문제가 있다. 또한, 환노출이 환율의 변동 방향에 따라 비대칭적 특성이 있다는 기존의 연구 결과(Bartov and

Bodnar, 1994; 권택호, 1998; 이현석, 2003; Koutmos and Martin, 2003 등)를 고려할 때 이러한 방법으로 환위험의 결정요인을 찾는 것은 쉽지 않을 수 있다.

환노출 계수가 환위험을 측정하는 변수로서 갖는 특성을 고려하면서 환위험의 결정요인을 분석할 수 있는 한 방법은 환노출 계수를 음의 방향으로의 환노출, 환노출 없음 그리고 양의 방향으로의 환노출과 같이 단순한 서열척도의 변수로 재 정의하는 것이다. 이와 같은 방법을 사용하는 경우 환노출 계수를 등간척도 이상의 정보를 갖고 있는 변수로 보고 분석을 하는 경우에 비해 사용할 수 있는 분석 방법에 제약은 있겠지만 실제 분석 결과를 도출한다는 측면에서는 더 유용한 방법일 수 있다.

환노출 계수의 결정요인을 분석하기 위해서 환노출 계수의 추정치를 종속변수로 하고 환노출의 설명변수를 독립변수로 하는 회귀모형을 추정한다. 환노출 계수를 환노출 계수가 작은 경우를 -1, 환노출 계수가 큰 경우를 1, 나머지 경우를 0과 같이 재구성하면 환노출은 -1, 0, 1의 값을 갖는다. 이 경우 환노출 계수와 설명변수와의 관계는 순위종속모형을 사용하여 추정할 수 있다.

<표 6-6>의 분석에서 사용한 표본 기업을 대상으로 기업의 환노출 계수를 기준으로 하는 변수를 구성한다. 구성하는 변수의 값은 환노출 계수의 크기를 기준으로 계수가 큰 기업들(129개 기업)은 1, 작은 기업들(129개 기업)은 -1 그리고 그 사이의 기업(130개 기업)은 0의 값을 부여한다. 분석에서 이 변수를 환노출 계수 대신 종속변수로 사용한다. 독립변수에 포함되는 변수들은 수출비율, 외화표시 부채비율, 해외직접투자비율 그리고 통제변수인 기업규모, 연구개발비비율, 산업구분 더미변수이다. 기업규모는 기업의 시장가치로 '상장주식수×주가'의 분석 기간 평균이며 분석에서는 자연로그 값을 사용한다. 수출비율은 재무제표 상에 나타난 매출액 대비 수출액의 비율이다. 외화부채비율은 총자산 대비 순외화표시 부채금액의 비율이다. 순외화부채는 재무제표의 '외화표시 부채-외화표시 자산'으로 계산한다. 해외직접투자비율은 기업의 해외직접투자 잔존투자금액을 기업의 총자산으로 나눈 비율이다. 기업의 잔존투자금액은 재정경제원이 발표한 '해외현지법인현황' 자료를 정리하여 사용한다. 해외직접투자비율은 2000년 3월과 2003년 3월에 발표한 '해외현지법인현황' 자료를 이용해 계산한 비율의 평균을 사용한다. 투자잔존금액을 원화표시 금액으로 환산하는 데는 해당연도의 평균환율을 사용하였다. 연구개발비비율은 재무제표 상에 나타난 매출액 대비 연구개발비의 비율이다. 수출비율과 외화표시 부채비율 그리

고 연구개발비비율은 연도별 비율을 전체 분석 기간 평균한 값이다. 각각의 기업관련 자료는 상장협 DB를 이용한다. 기업이 속한 산업을 구분하기 위한 산업더미는 한국 증권선물거래소의 산업 구분을 기준으로 구성한다. 제조업에 속한 16개 업종 중에 통신업을 제외한 15개 업종을 구분하기 위하여 14개의 더미변수를 사용한다. 음식료품 산업을 기준 산업으로 하였다.

다음의 <표 6-7>은 일반회귀모형을 사용해 환노출 계수의 결정요인을 분석한 결과이다. 이분산성은 White(1980)의 방법으로 조정한다. *, **, ***는 각각 10%, 5%, 1%에서 유의적인 것을 의미한다.

동시적 환노출 계수를 종속변수로 사용하는 경우 수출비율, 외화부채비율, 해외직접투자비율, 연구개발비비율 기업규모의 계수가 유의적이지 않다. 1개월 전의 환율변동에 의한 환노출 계수를 합산한 경우 기업규모의 계수가 양의 유의적인 숫자로 추정된다. 다른 변수의 계수는 유의적이지 않다. 2개월 전의 환율변동에 의한 환노출을 추가한 경우 외화부채비율과 기업규모의 계수가 유의적이고, 3개월 전의 환율변동에 의한 환노출 계수를 추가한 경우는 해외직접투자비율의 계수만이 유의적이다. 그러나 수출비율의 계수는 어느 경우에도 유의적이지 않다. 이러한 결과는 환노출 계수의 결정요인이 추정된 환노출 계수를 종속변수로 하는 일반회귀모형으로는 잘 확인될 수 없음을 보여주는 결과이다.

〈표 6-7〉 일반 회귀모형을 이용한 환노출의 결정요인 분석

종속변수 / 독립변수	동시적 환노출	과거 1기간까지 고려	과거 2기간까지 고려	과거 3기간까지 고려
상수	-0.832 (-0.99)	-5.640 (-4.68)***	-4.390 (-3.31)***	-1.371 (-0.90)
기업가치	-0.019 (-0.59)	0.191 (4.06)***	0.166 (3.20)***	0.068 (1.14)
수출비율	0.273 (1.23)	0.464 (1.58)	0.443 (1.57)	0.206 (0.65)
외화부채비율	-1.524 (-1.54)	-1.500 (-1.25)	-2.333 (-2.17)**	-1.782 (-1.41)
해외직접투자비율	34.558 (0.39)	-175.041 (-1.20)	-18.531 (-0.11)	-232.914 (-2.37)**
연구개발비비율	1.368 (0.21)	3.127 (0.35)	1.085 (1.60)	4.415 (0.38)
조정된 결정계수	0.120	0.079	0.113	0.047
관측치 수	388	388	388	388

자료: 권택호(2006a), p.751.

다음의 <표 6-8>은 환노출 계수를 지연된 환노출까지를 포함한 전기간 환노출로 대체하면서 새로 구성한 변수를 종속변수로 하는 순위종속변수모형으로 추정한 결과를 정리한 것이다. 프로빗모형과 함께 로짓모형을 이용한 추정도 수행하였으나 결과의 내용이 동일하여 프로빗모형의 추정 결과만을 정리하였다. 통제변수로 산업더미변수도 사용하였으나 추정 결과는 별도로 정리하지 않았다. 당월의 환율변동에 의한 동시적 환노출 계수를 종속변수로 하여 환노출의 결정요인을 분석한 결과는 일반회귀모형을 사용했을 때와 같이 계수가 유의적이지 않다. 그러나 동월의 환율변동에 의한 동시적 환노출과 1개월 전의 환율변동에 의한 지연된 환노출을 합산한 전기간 환노출을 대상으로 분석한 결과는 규모를 제외하면 일반회귀모형을 사용해 분석한 결과와 차이가 있다. 1개월 전의 환율변동에 의한 환노출까지를 함께 고려하는 경우 수출비율, 외화부채비율, 해외직접투자비율의 계수 모두가 적어도 10% 이상의 유의수준에서 유의적이다. 수출비율의 계수는 유의적으로 추정되어, 수출비율이 높을수록 기업은 양의 환노출 상태에 있을 가능성이 높다. 이 결과는 환율이 상승하는 경우 수출기업이 이익을 볼 가능성이 높아지는 일반적인 상황과 일관성이 있다. 외화부채비율은 5% 이상의 유의수준에서 유의적이며 외화부채비율이 높을수록 음의 환노출 상태에 있을 가능성이 높다. 이는 외화부채가 있는 경우 환율이 상승하면 환산손실이 발생한다는 사실에 비추어 볼 때 당연한 결과이다. 해외직접투자비율의 계수도 5% 이상의 유의수준에서 유의적이다. 계수의 부호를 보면 해외직접투자비율이 높을수록 음의 환노출 가능성이 높다. 이처럼 해외직접투자비율이 높을수록 음의 환노출의 가능성이 높아지는 것은 한국 기업들의 해외직접투자 중에 현지의 생산품을 국내로 역수입하기 위한 투자가 환노출과 관련되어 있기 때문일 수 있다. 기업의 규모는 동시적 환노출만 고려한 경우와는 달리 규모가 클수록 양의 환노출 가능성이 높은 것으로 나타나고 있다.

2개월 전의 환율변동에 의한 환노출까지를 환노출 계수에 포함시킨 경우, 외화부채비율과 기업규모의 계수는 유의성을 유지하만 수출비율과 해외직접투자비율의 계수는 유의하지 않다. 이 경우 연구개발비비율의 계수가 10% 수준에서 유의적으로 나타나 연구개발비비율이 높은 기업이 양의 환노출 가능성이 높은 것으로 나타나고 있다. 그러나 3개월 전의 환율변동에 의한 환노출까지를 포함하면 계수들은 더 이상 유의적이지 않는 것으로 나타나고 있다.

순위종속변수모형을 이용한 분석 결과 기업의 환노출은 국제경영 활동 정도를 나타내는 수출비율, 외화부채비율, 해외직접투자비율 등과 관련이 있음을 확인할 수 있었다. 그러나 당기의 환율변동에 의한 환노출만으로는 이러한 관계를 확인할 수 없었고 1개월 이전의 환율변동에 의한 환노출까지를 포함한 환노출 계수를 대상으로 분석한 경우에 이러한 관계를 확인할 수 있었다.

〈표 6-8〉 순위종속모형을 사용한 환노출의 결정요인 분석 결과

독립변수 \ 종속변수	동시적환노출	과거 1기간까지 고려	과거 2기간까지 고려	과거 3기간까지 고려
기업규모	-0.0062 (-2.87)***	0.138 (3.05)***	0.117 (2.56)**	0.043 (0.96)
수출비율	0.072 (0.42)	0.416 (1.65)*	0.002 (0.01)	0.019 (0.08)
외화부채비율	-0.426 (-0.86)	-2.337 (-2.19)**	-2.325 (-2.16)**	-1.417 (-1.31)
해외직접투자비율	-24.112 (0.11)	-2102.3 (-2.26)**	-18.255 (-0.10)	-483.603 (-1.05)
연구개발비비율	4.639 (0.92)	7.034 (0.78)	15.922 (1.66)*	7.46 (0.82)
γ_1	-1.724 (-3.18)***	3.133 (2.77)***	2.684 (2.36)**	0.823 (0.73)
γ_2	-0.736 (-1.04)	4.058 (3.57)***	3.630 (3.18)***	1.750 (1.55)
LR statistics	62.15***	40.27***	53.37***	41.58***

자료: 권택호(2006a), pp.749-750 내용을 정리함.

5) 환위험의 가격결정

유일성(2000)은 1980년에서부터 1998년까지의 기간을 대상으로 한국 주식시장의 환노출 가격결정 여부를 분석하였다. 그는 차익거래가격결정모형을 적용하여 복수의 시계열자료 및 환율의 다각적 측정, 복수의 통계 추정 방법을 적용하여 환위험의 가격결정 여부를 검증하였다. 분석 결과 자본시장 개방이 이루어진 1992년 이전 기간에서는 환위험이 가격결정요인이 된다는 증거를 확인할 수 없었으나 그 이후의 기간에서는 환위험이 가격결정요인이라고 할 수 있었다.

그러나 이러한 결과는 실효환율에 한해서 나타난 결과이고 달러화나 엔화를 구분하여 추정하는 경우 유의적인 위험프리미엄을 확인할 수 없었다. 그는 이러한 결과에 대해서 달러화나 엔화로부터 기인한 환노출을 관리하는 것이 기업의 가치 증가에 도움이 되지 않을 수 있다는 증거일 수 있다고 주장하였다. 그러나 그는 이러한 해석에 대해 시장의 성숙도와 제한된 자료의 문제, 경영자가 헤징을 하는 이유가 기업가치 제고 이외의 목적일 수 있는 문제, 차익거래가격결정모형을 사용한 가설검증이 결합가설검증의 특성을 가지며, 이를 한국 시장에 적용하는데 따르는 문제, 차익거래가격결정모형의 특성상 기업의 특성을 고려할 수 없었음에서 올 수 있는 문제 등에 유의할 필요가 있다고 기술하였다. 유일성(2002)은 무조건부 가격결정모형에서 환위험프리미엄이 검증되지 않은 경우라도 조건부 검정에서는 환위험프리미엄을 검정해 낼 수 있다는 점을 고려하여(Hansen and Richard, 1987), 조건부 가격결정모형을 사용해 환위험의 가격결정 여부를 분석하였다. 가격결정 여부를 GMM으로 추정하는 경우 수익률(예측오차)의 2차 적률의 조건부 기댓값을 명시적으로 제약할 필요가 없어 제약이 필요한 ARCH류의 분석 모형보다 탄력적인 적용이 가능하기 때문에 가격결정 추정 모형으로 GMM(generalized method of moments)을 사용하는 것이 더 유용할 수 있다고 주장하였다. 그는 1998년에서 2000년까지의 일별 자료를 사용해 분석한 결과를 기초로 한국 주식시장에서 달러화에 대한 조건부 프리미엄이 부여되고 있다고 보고하였다. 이러한 결과는 환노출의 관리가 기업가치 제고에 도움이 될 수 있음을 시사하는 것으로 해석될 수 있다.

6) 환위험과 재무부실

권택호(2006b)는 1990년부터 1997년까지의 유가증권시장 자료를 사용하여 환위험과 재무부실의 관계를 분석하였다. 그는 최대환손실의 개념을 사용하여 재무부실과 환위험과의 관련성을 분석하였다. 분석 결과 외환위기 동안에 재무부실을 경험한 기업들이 외환위기 이전에 환위험이 높았던 기업임을 확인하였다.

7) 파생상품거래와 환위험관리

윤창현(2003)은 이론적인 모형의 도출을 통해 금융파생상품으로 무역에서의 환노출을 관리할 수 있는 방안을 설명하였다. 그는 수출업자에게 할당되는 수입쿼터가 실질적으로 통화풋옵션의 특성을 갖게 되어 수출업자의 환노출을 헤지하는데 도움이 될 수 있음을 보여주었다. 그는 분석 결과를 제시하면서 일반적인 경영활동 속에서 환위험을 헤지할 수 있는 다양한 방법이 있을 수 있다고 주장하고 통화파생상품의 유용성에 대하여 역설하였다.

기업의 파생상품거래 특히, 통화파생상품거래와 환위험과의 관계에 대한 실증분석은 기업의 파생상품거래 내역 보고가 의무화된 1999년 이후부터 가능하게 되었다. 보고가 시작된 초기에 기업이 발표한 내용을 검토해보면 발표 형식이 기업별로 차이가 있어 자료를 수집한다 하더라도 일관성 있는 분석에 어려움이 있는 경우가 많았다. 이후 기업들의 파생상품 사용에 대한 이해가 증대되고 보고 형식이 일반화되면서 많은 연구자들이 기업의 파생상품거래 내역을 정리해 이의 특성과 위험관리와의 관계를 분석하기 시작하였다. 파생상품거래 내역은 데이터베이스화가 되어 있지 않았기 때문에 연구를 위해서는 기업의 사업보고서나 감사보고서에 나타난 내용을 분석의 목적에 맞게 정리하여 사용하여야 했다.

파생상품 특히 통화파생상품거래와 기업의 환위험관리 관계를 분석하기 위해서는 몇 가지 고려해야 하는 사항이 있다. 우선, 기업이 보고하고 있는 자료는 결산일 현재 남아 있는 잔존계약에 대한 정보라는 점이다. 예를 들어, 12월 결산법인인 대덕기업이 수출로부터의 환노출을 관리하기 위해 7월 1일에 선물환 매도계약을 체결하고 만기인 9월 20일에 선물환 매도계약을 청산했다면 대덕기업의 재무제표 주석사항에는 이 거래의 거래내역이 나타나지 않는다. 따라서 주석사항에 나타난 거래는 이 기업이 수행한 파생상품거래 중 일부만이 나타나는 결과가 된다. 즉, 재무제표의 주석으로부터 정리할 수 있는 자료는 결산일 현재 유효한 계약내역이다.

다음으로 고려해야 할 점은 통화파생상품거래 금액을 결정하는 문제이다. 파생상품거래 금액을 계약가액으로 산정할 것인가 아니면 공정가액으로 산정할 것인가에 대해서는 장단점이 있어 단정적으로 확정하기 어려운 문제이다. 공정가액의 경우 결산일 현재 계약의 가치를 기준으로 하는 것이기 때문에 회계적으로는 적절한 방법이라고 할 수 있다. 그러나 통화파생상품거래가 환노출을 관리하기 위한 것이라면 계약의 현재가치인 공정가액 보다는 계약가액을 고려하는 것이 더 적절하다고 할 수 있다. 계약가액은 계약 당시에 인지된 파생상품거래의 규모를 의미한다. 기업이 환노출을 관리하고자 계약을 체결한다면 기업은 당시의 노출포지션과 파생상품거래 규모를 대비해 파생상품거래 계약을 체결했을 것이다. 결산시점에서 계산한 공정가액은 결산일 현재 남아 있는 계약의 평가 금액이고 기업이 처음에 의도한 환노출관리 전략을 적절하게 반영하고 있는 것은 아니다. 이렇게 본다면 통화파생상품거래 규모를 나타내기 위해 사용하여야 하는 적절한 기준은 계약가액이라고 할 수 있다.

파생상품거래와 환위험의 관계를 분석하는데 있어 유의해야하는 또 다른 문제는 내생성의 문제이다. 통화파생상품 계약의 체결이 기업의 환위험을 감소시키는 효과가 있었는지를 검증하는 것이 파생상품거래의 유용성을 검증하는 일반적 방법이다. 이 경우 환위험의 대용변수로는 주가수익률과 환율변동률을 사용한 회귀모형으로 추정한 환노출 계수이다. 그리고 파생상품거래 내역은 파생상품사용 더미 혹은 파생상품계약 금액을 총자산(또는 총매출)으로 나누어 계산한 파생상품거래 규모이다. 환위험에 노출된 기업이 이를 관리하기 위해 통화파생상품 계약을 체결했고 그것이 성공적이었다면 그 기업의 환노출 계수는 유의적이지 않게 나타날 것이다. 즉, 통계적 관점에서 보면 0과 다르지 않은 숫자로 추정된다는 것이다. 이러한 상황에서 환노출 계수를 종속변수로 하고 파생상품거래 규모를 독립변수로 하는 회귀모형을 추정해 환노출과 파생상품거래 간에 관계를 분석한다면 계수에 대해서는 제한적인 해석만이 가능하다. 환노출 계수와 파생상품거래와 유의적인 관계가 추정된 경우는 파생상품거래를 한 이후에도 환노출이 남아 있는 것을 전제로 관계를 해석할 수 있다. 만일, 추정 결과 계수가 유의적이지 않다면 환노출관리가 적절하게 되어 0과 다르지 않은 값을 갖기 때문에 종속변수인 환노출 계수가 독립변수인 파생상품거래비율과 유의적인 관계를 갖지 않는 결과가 나타났을 수 있다. 그러나 기업이 환노출의 정도와 무관하게 파생상품거래를 사용한 경우에도 이러한 결과가 나올 수 있다. 이러한 내생성의 문제와 관련하여 연구자들은 실증분석 모형을 정치화하여 문제를 완화시키려는 노력을 다양한 방향에서 시도하고 있다(정성창·권택호, 2007; 권택호·주경원, 2011; 권택호·박래수·배성철, 2011 참고).

김정교·반혜정(2002)은 1999년과 2000년의 기업의 파생상품거래 자료를 사용하여 위험관리 수단으로 파생상품거래를 사용하는 기업을 대상으로 파생상품사용의 결정요인을 분석하였다. 이 연구는 한국 기업의 파생상품거래 내역을 재무제표로부터 수집하여 그 특성을 분석한 최초의 연구이다. 기업의 파생상품거래 내역을 보고하도록 한 규정이 1999년부터 적용되기 시작했음을 고려하면 저자들이 이 연구의 수행을 위해서 필요한 자료의 수집을 위해 많은 어려움이 있었을 것으로 판단된다.

저자들은 기존의 위험관리에서 논의된 내용을 중심으로 위험관리 즉, 헷징이 필요한 이유를 정리하고 이를 환위험관리의 관점에서 재조명하고자 하였다. 그들은 기업이 위험에 대한 헷징이 필요한 이유를 재무부실비용의 감소, 외부자금 조달비용의 감소, 과소투자문제의 해소, 법인세의 절감, 경영자의 위험회피 성향과 보상 그리고 기업규모의 관점으로 나누어 정리하였다.

수집 정리한 파생상품거래 내역을 사용하여 실증분석한 결과 재무위험이 큰 기업이 파생상품을 적게 사용하고, 유동성이 큰 기업이 파생상품을 많이 사용하는 것으로 나타났다. 이러한 결과는 위험이 큰 기업이 환위험에 대한 부담이 커 환위험을 적극적으로 관리할 것이고, 유동성이 낮은 기업의 경우 위험에 대한 부담능력이 낮아 환위험을 적극적으로 관리할 것이라는 일반적인 인식과 대치되는 것이다. 저자들은 이러한 결과에 대해 파생상품 사용 초기의 일시적인 현상일 수 있다고 주장하였다. 그러나 세금의 누진성이 클수록, 환노출이 클수록 파생상품사용 유인이 증가하는 것으로 보고해 세금과 환노출 측면에서는 재무이론과 일관성 있는 결과를 확인했음을 보고하였다. 반혜정·김정교(2004)는 파생상품사용을 통한 헤징과 재량적 발생액조정이 대체적 관계일 수 있는 증거를 발견하였다고 보고하였다.

이재득(2003)은 한국 상장 제조기업들을 대상으로 1999년부터 2001년까지의 기간을 대상으로 기업의 파생상품사용 특성과 파생상품사용의 결정요인을 분석하였다. 분석 결과 파생상품사용이 기업의 회계적 환손익의 규모와 관련이 있으며, 외화자산의 사용이 많을수록 파생상품거래가 많은 것으로 분석되었다.

반혜정·김석수(2006)는 1999년에서 2001년까지의 유가증권시장 상장기업을 대상으로 기업의 국제사업 활동의 구조화(다각화, 집중화)에 따라 통화파생상품거래의 환노출관리 효과가 달라지는지의 여부를 분석하였다. 분석 결과 해외사업의 지리적다각화 정도가 높은 기업의 경우 통화파생상품을 사용한 헤지가 환위험을 효과적으로 감소시키는 것을 확인하였다. 그들은 통화파생상품이 독립적으로는 환위험에 영향을 미치지 않으나 다른 위험관리 수단과 결합적으로 환위험을 관리하는 수단이 될 수 있다고 주장하였다.

정성창·권택호(2007)는 2001년부터 2005년까지의 유가증권시장 상장 비금융업종 기업의 파생상품거래 내역을 사용하여 기업의 환노출과 파생상품거래 간의 관계를 분석하였다. 그들은 분석 기간에 통화파생상품거래의 주를 이루고 있었던 선물환거래와 통화선물거래를 대상으로 매도거래와 매입거래를 구분해 파생상품거래 특성을 파악하였다. 또한 환노출과 파생상품의 관계 분석에서 내생성 문제를 완화시키기 위해 대응표본을 구성하고 대응표본과의 관계를 통해 한국 기업의 파생상품거래와 환노출의 관계를 파악하고자 하였다.

그들은 선물환거래와 통화선물거래를 구분하여 정리하고 통화선물거래보다는 선물환거래를 많이 사용하고 있다고 보고하였다. 또한 선물환 매도거래보다는 선물환 매입거래가 많다고 보고하였다. 이러한 결과는 선물환거래가 수출기업이 환노출을 관리하기 위한 목적 외에 목적으로 사용되고 있음을 보여준 것이다. <표 6-9>는 정성창·권택호(2007)에서 보고한 선물환거래와 통화선물거래를 합산하여 정리한 결과이다. 거래금액비율에서 각 셀의 첫 줄은 해당 산업에 속한 모든 기업의 '파생상품거래액÷매출액' 평균이고, 둘째 줄은 해당 산업에서 파생상품을 거래한 기업들만의 파생상품거래액÷매출액' 평균이다. 거래기업비율의 첫 숫자는 해당 산업을 기준으로 파생상품거래를 한 기업들의 비율이다. 그 아래의 숫자는 해당산업의 기업 수이다. 마지막 줄의 평균은 전체 분석 기업을 대상으로 한 결과이다.

선물환거래와 통화선물거래를 모두 합한 통화파생상품거래의 결과를 정리한 <표 6-9>의 내용을 보면, 파생상품거래 기업의 비율이 점차 증가하는 추세를 보이고 있다. 또한, 파생상품거래 특성은 산업별로 상이한 특성을 보이고 있다. 2005년의 경우 통화파생상품거래의 규모는 거래기업들의 경우 평균적으로 매출액의 22.49% 정도이다. 거래기업은 전체 분석 대상기업의 15.15%이다. 2005년도의 거래기업 비율로 볼 때 산업8(조립금속제품(기계 및 가구제외), 기타기계장비, 컴퓨터 및 사무용기기), 산업14(자동차판매 및 차량연료소매)에 속한 기업들의 파생상품거래기업 비율이 크다. 거래기업의 비율은 지속적으로 증가하고 있다.

〈표 6-9〉 총 통화파생상품(총선물환+총통화선물) 거래 특성

(단위: %, 기업)

구분 / 산업	2001		2002		2003		2004		2005	
	거래금액 비율	거래기업 비율	거래금액 비율	거래기업 비율	거래금액 비율	거래기업 비율	거래금액 비율	거래기업 비율	거래금액 비율	거래기업 비율
산업1	0.0 0.0	0.0 5	0.0 0.0	0.0 5	0.0 0.0	0.0 5	0.0 0.0	0.0 5	0.0 0.0	0.0 5
산업2	0.0 0.0	0.0 1	13.66 13.66	100.0 1	0.0 0.0	0.0 1	0.0 0.0	0.0 1	0.0 0.0	0.0 1
산업3	0.08 3.30	2.33 43	0.14 1.53	9.30 43	0.05 1.04	4.65 43	0.22 4.84	4.55 44	0.04 0.40	9.09 44
산업4	0.06 2.21	2.56 39	0.11 2.11	5.13 39	0.67 25.61	2.63 38	0.06 2.46	2.56 39	0.04 0.80	5.0 40
산업5	22.99 287.34	8.0 25	0.01 0.32	4.0 25	0.16 4.23	3.85 26	0.78 6.74	11.54 26	0.88 5.72	15.39 26
산업6	0.35 3.64	9.48 116	0.87 13.11	6.67 120	0.40 3.72	10.74 121	0.78 6.37	12.20 123	0.52 4.03	12.90 124
산업7	0.22 2.61	8.48 58	0.69 8.57	8.07 62	1.54 10.81	14.29 63	1.05 5.07	20.64 63	1.06 5.22	20.31 64
산업8	3.25 35.72	9.09 44	2.78 41.72	6.67 45	3.6 20.70	17.39 46	69.69 320.59	21.74 46	16.92 66.28	25.53 47
산업9	0.03 0.79	4.17 72	0.27 3.20	8.33 72	0.37 3.49	10.67 75	0.98 5.53	17.81 73	0.58 4.82	12.0 75
산업10	0.38 5.36	7.14 42	6.19 53.20	11.63 43	12.47 76.60	16.28 43	9.88 38.61	25.58 43	23.51 103.46	22.73 44
산업11	0.0 0.0	0.0 4	0.0 0.0	0.0 4	0.0 0.0	0.0 4	0.0 0.0	0.0 4	0.0 0.0	0.0 5
산업12	3.91 19.57	20.0 10	0.07 0.66	10.0 10	0.27 2.69	10.0 10	0.34 3.36	10.0 10	0.88 4.37	20.0 10
산업13	0.03 0.62	5.41 37	0.21 1.95	10.81 37	0.04 0.79	5.41 37	0.25 4.69	5.26 38	1.01 12.79	7.90 38
산업14	0.36 2.28	15.69 51	0.69 4.94	14.0 50	1.23 8.01	15.39 52	1.51 5.34	28.30 53	0.89 3.45	25.93 54
산업15	0.0 0.0	0.0 16	0.0 0.0	0.0 15	0.0 0.0	0.0 16	0.55 8.74	6.25 16	0.10 0.57	16.67 18
산업16	0.04 1.16	3.85 26	0.05 1.22	3.85 26	0.22 3.04	7.14 28	0.55 8.30	6.67 30	0.28 2.95	9.38 32
합계	1.45 19.87	7.29 590	1.05 13.06	8.04 597	1.61 15.83	10.20 608	6.54 45.11	14.50 614	3.41 22.49	15.15 627

자료: 정성창·권택호(2007), p.51.

산업 표기는 다음과 같다. 산업1: 어업, 산업2: 광업, 산업3: 음·식료품, 담배, 산업4: 섬유제품(봉제제외), 봉제의복 및 모피, 가죽 가방 및 신발, 산업5: 목제 및 나무제품(가구제외), 펄프 종이 및 종이제품, 출판 인쇄 및 기록매체복제, 산업6: 코크스 석유정제품 및 핵연료, 화합물 및 화학제품, 고무 및 플라스틱제품, 산업7: 비금속광물, 제1차금속산업, 산업8: 조립금속제품(기계 및 가구제외), 기타기계장비, 컴퓨터 및 사무용기기, 산업9: 기타전기기계 및 전기변환장치, 전자부품 영상 음향 및 통신장비, 의료 정밀 광학기계 및 시계, 산업10: 자동차 트레일러, 기타운송장비, 산업11: 가구 및 기타제품, 산업12: 전기 가스 및 수도, 산업13: 건설업, 산업14: 자동차판매 및 차량연료소매, 산업15: 운수업, 산업16: 기타

<표 6-10>은 선물환거래와 통화선물거래의 순매입포지션(선물환매입-선물환매도+통화선물매입-통화선물매도)을 산업-연도별로 정리한 것이다. 각 셀의 구성과 산업의 표기는 앞의 표와 같다.

〈표 6-10〉 거래 방향을 구분한 통화파생상품거래(선물환매입-선물환매도+통화선물매입-통화선물매도) 특성

(단위: %, 기업)

구분 산업	2001		2002		2003		2004		2005	
	거래금액 비율	거래기업 비율	거래금액 비율	거래기업 비율	거래금액 비율	거래기업 비율	거래금액 비율	거래기업 비율	거래금액 비율	거래기업 비율
산업1	0.0 0.0	0.0 5	0.0 0.0	0.0 5	0.0 0.0	0.0 5	0.0 0.0	0.0 5	0.0 0.0	0.0 5
산업2	0.0 0.0	0.0 1	-13.66 -13.66	100.0 1	0.0 0.0	0.0 1	0.0 0.0	0.0 1	0.0 0.0	0.0 1
산업3	-0.06 -2.56	2.33 43	0.10 1.03	9.30 43	-0.03 -0.58	4.65 43	0.02 1.06	2.27 44	0.003 0.04	9.09 44
산업4	-0.06 -2.21	2.56 39	-0.05 -0.98	5.13 39	-0.67 -25.61	2.63 38	0.06 2.46	2.56 39	0.0 0.0	0.0 40
산업5	7.93 99.12	8.00 25	0.01 0.32	4.0 25	-0.16 -4.23	3.85 26	-0.55 -7.10	7.69 26	-0.45 -2.93	15.39 26
산업6	0.19 1.98	9.48 116	0.79 11.85	6.67 120	0.11 1.13	9.92 121	0.16 1.39	11.38 123	0.08 0.65	12.10 124
산업7	0.11 1.30	8.48 58	-0.32 -4.00	8.07 62	-1.49 -10.40	14.29 63	0.48 2.32	20.64 63	0.06 0.33	17.19 64
산업8	-2.95 -32.46	9.09 44	-0.27 -4.12	6.67 45	-2.94 -16.92	17.39 46	67.05 308.42	21.74 46	10.76 45.97	23.40 47
산업9	0.02 0.57	4.17 72	-0.08 -1.21	6.94 72	-0.10 -0.94	10.67 75	0.52 2.90	17.81 73	-0.19 -3.48	5.33 75
산업10	-0.30 -4.21	7.14 42	-2.99 -25.74	11.63 43	-7.87 -48.36	16.28 43	-4.26 -16.65	25.58 43	-9.12 -57.35	15.91 44
산업11	0.0 0.0	0.0 4	0.0 0.0	0.0 4	0.0 0.0	0.0 4	0.0 0.0	0.0 4	0.0 0.0	0.0 5
산업12	0.13 0.66	20.00 10	0.67 0.66	10.0 10	0.002 0.02	10.0 10	0.34 3.36	10.0 10	-0.02 -0.19	10.0 10
산업13	0.03 0.62	5.41 37	-0.10 -0.94	10.81 37	-0.001 -0.02	5.41 37	-0.01 -0.12	5.26 38	0.32 3.99	7.90 38
산업14	0.08 0.48	15.69 51	0.47 3.35	14.0 50	-0.06 -0.37	15.39 52	-0.05 -0.17	28.30 53	-0.07 -0.32	22.22 54
산업15	0.0 0.0	0.0 16	0.0 0.0	0.0 15	0.0 0.0	0.0 16	-0.23 -3.64	6.25 16	-0.02 -0.28	5.56 18
산업16	0.04 1.16	3.85 26	-0.05 -1.22	3.85 26	0.06 0.89	7.14 28	-0.19 -2.85	6.67 30	0.23 3.75	6.25 32
합계	0.15 2.06	7.29 590	-0.11 -1.37	7.87 597	-0.98 -9.73	10.03 608	4.84 34.52	14.01 614	0.17 1.43	11.96 627

자료: 정성창·권택호(2007), p.52.

순매입포지션을 ‘선물환매입-선물환매도+통화선물매입-통화선물매도’와 같이 계산하였으므로 양수는 매입초과금액을 의미하며 음수는 매도초과금액을 의미한다. 전체적으로는 매입거래가 매도거래보다 많지만, 2002년과 2003년에는 매도거래가 매입거래보다 많다. 통화파생상품거래에서 매입거래가 많다는 것은 외화부채로부터의 위험을 헤지하기 위한 목적의 거래가 많을 수 있음을 보여주는 것이다. 분석 기간 동안 통화파생상품 매도거래가 더 많은 기업은 산업 10(자동차 트레일러, 기타운송장비)에 많다. 2005년을 기준으로 할 때 통화파생상품 매도거래가 많았던 기업 비율은 산업14에서 가장 높다. 2005년도에 통화파생상품 매입거래 기업의 비율이 가장 높았던 산업은 산업8(조립금속제품(기계 및 가구제외), 기타기계장비, 컴퓨터 및 사무용기기)이다.

정성창·권택호(2007)는 통화파생상품거래와 환노출의 관계를 분석하였다. 그들은 내생성문제가 분석 결과에 미치는 영향을 최소화시키기 위해 파생상품거래기업에 대해 변동성 기준으로 다른 특성은 동일하면서 파생상품거래 여부에만 차이가 있는 기업들을 추출해 대응표본을 구성하고 대응표본과 거래기업 간의 관계를 이용해 파생상품과 환노출간의 관계를 분석하는 모형을 구성하였다. 대응표본은 변동성을 기준으로 거래기업과 유사한 특성을 갖는 기업을 1:1로 대응시켜 추출하였으며, Harris(1989)가 변동성 분석에서 사용한 방법을 원용한 것으로 다음과 같은 방법으로 구성하였다. ① 기업들을 통화파생상품거래기업과 비거래기업으로 분류한다. 거래기업들 중에서 거래 정도가 일정 수준 이상인 기업으로 검증표본(이하 거래기업)을 구성한다. 거래가 전혀 없었던 기업들로 비거래기업을 구성한다. ② 기업들의 주가수익률 변동성을 계산하여 기업 특성변수들과 회귀계수를 추정한다. 특성변수로는 변동성과 관련이 있는 체계적 위험, 기업규모, 주가수준, 회전율 그리고 환노출 계수와 관련이 있는 것으로 알려져 있는 수출비율과 외화표시 부채비율을 사용한다. 체계적 위험은 시장베타(market β), 기업규모는 보통주의 시장가치와 부채의 장부가치를 합한 금액의 자연로그 값으로 대용한다. 주가수준은 보통주 주가의 역수의 제곱근이다(Harris, 1989 참고). 이 연구에서 기업의 규모를 대응기업의 선정 기준으로 사용한 것은 기업의 규모와 환위험과의 관계를 보고한 기존의 연구 결과를 고려한 것이다. 회전율은 거래량을 상장주식수로 나눈 값이다. 수출비율은 수출액을 총매출로 나눈 값이며, 외화표시 부채비율은 외화표시 부채의 원화 금액을 총자산으로 나눈 값이다. ③ 거래기업 중에 대응기업을 찾고자 하는 기업을 하나 선택한다. 선택한 거래기업과 비거래기업 간의 특성변수 벡터공간(vector space)상에서 차이의 거리(norm) 가중합을 동종 산업의 모든 비거래기업들에 대하여 계산한다. 이때 각 특성변수의 가중치로 ②에서 추정한 회귀계수를 사용한다. ④ 비거래기업 중에서 ③에서 추정한 거리의 가중합이 가장 작은 기업을 선택하여 대응기업으로 한다. ⑤ ④에서 선택한 검증표본 기업과 대응기업을 제외하고 ③ 이하의 과정을 모든 거래기업에 대하여 대응기업이 추출될 때까지 반복한다.

정성창·권택호(2007)는 기업이 파생상품거래를 사용하여 환노출을 관리해야 할 필요가 발생하는 원인을 수출활동과 외화표시 부채 자금 조달 활동으로 보았다. 이들 두 활동에 의한 환노출과 파생상품거래의 관계를 파생상품거래기업과 대응기업의 관계를 사용하여 분석하기 위하여 다음과 같은 분석모형을 구성하였다. 첫 번째 모형은 수출활동과 외화부채 조달 활동이 추정된 환노출 계수와 관련이 있는지의 여부를 확인하는 모형이며, 두 번째 모형은 수출활동과 외화자본 조달 활동과 환노출 간의 관계가 파생상품거래 여부와 관련이 있는지를 분석하는 모형이다. 환노출 계수는 주가수익률과 시장수익률, 환율변동률을 사용하여 구성한 증강시장모형에서의 회귀계수이다.

추정된 환노출 계수와 수출($EXpor$), 외화부채 조달($FDebt$) 간의 관계분석은 다음의 식(6-6)을 사용한다. 수출활동이 환노출과 관계가 있으면 g_1이 유의적으로 추정될 것이며 외화부채 자본 조달이 환노출과 관련이 있으면 g_2가 유의적으로 추정될 것이다.

$$\widehat{\beta_{e,i}} = go + g_1 EXpor_i + g_2 FDebt_i + \epsilon_i \tag{6–6}$$

통화파생상품거래가 기업의 수출활동과 외화자본 조달로부터의 환노출에 유의적인 영향을 미쳤는지의 여부는 다음의 식(6-7)을 사용하여 분석한다. Dummy는 통화파생상품거래기업은 1, 그 밖의 기업은 0의 값을 갖는 더미변수이다.

$$\begin{aligned}\widehat{\beta_{e,i}} = {} & h_0 + h_1 DUmmy + h_2 EXpor_i + h_3 FDebt_i \\ & h_4 DUmmy_i \times EXpor_i + h_5 DUmmy_i \times FDebt_i + \epsilon_i\end{aligned} \tag{6–7}$$

식(6-7)에서 h_4는 거래기업과 대응기업 간에 환노출 계수와 수출비율과의 관계에 차이를 나타내는 계수이다. h_4가 유의적이면 거래기업의 환노출 계수와 수출비율 간의 관계가 대응기업의 환노출 계수와 수출비율 간의 관계와 차이가 있음을 의미한다. 거래기업의 수출비율과 환노출 계수와의 관계를 나타내는 계수는 $h_2 + h_4$이다. h_5는 외화표시 부채비율과 환노출 계수와의 관계에서 거래기업과 대응기업 간의 차이를 나타내는 계수이다.

만일 거래기업이 통화파생상품거래를 이용해 환위험을 관리했다면 거래기업 환노출 계수의 절대값은 대응기업 환노출 계수의 절대값보다 작다. 수출기업이 파생상품거래를 통하여 수출로부터의 환노출을 관리했다면 계수 h_4는 수출에 의한 환노출을 낮추는 방향인 음수(-)의 값을 갖거나 유의적지 않은 값을 갖는 것으로 나타날 수 있다. 이 경우 파생상품거래가 환노출관리에 의미 있는 영향을 주지 못했다면 h_4는 양수(+)의 값으로 추정될 것이다. 외화표시 부채비율의 경우도 동일하게 설명할 수 있다. 거래기업이 외화표시 부채로부터의 환노출을 관리했다면 h_5는 외화표시 부채로부터의 환노출을 완화시키는 방향인 양수(+)의 값을 갖거나 유의적이지 않은 값으로 추정될 것이다. 이 경우에 파생상품거래가 외화표시 부채에 의한 환노출을 효과적으로 관리하지 못했다면 h_5는 외화부채의 영향인 음수(-)의 값으로 추정될 수 있다. 이상의 내용을 정리하면 <표 6-11>과 같다. +, -는 계수의 부호이며, 0은 통계적으로 유의하지 않은 경우를 나타낸다.

〈표 6-11〉 거래기업과 대응기업의 환노출의 차이와 예상 회귀계수의 부호

구분	'더미변수×수출비율' 계수(h_4)		'더미변수×외화표시 부채비율' 계수(h_5)	
	거래기업의 수출비율 = 대응기업의 수출비율	거래기업의 수출비율 > 대응기업의 수출비율	거래기업의 외화표시 부채비율 = 대응기업의 외화표시 부채비율	거래기업의 외화표시 부채비율 > 대응기업의 외화표시 부채비율
통화파생상품거래가 환노출 관리에 효과가 있는 경우	-	- 또는 0	+	+ 또는 0
통화파생상품거래가 환노출 관리에 효과가 없는 경우	0	+	0	-

자료: 정성창·권택호(2007), p.46.

앞에서 제시한 파생상품거래가 수출활동과 외화자본 조달 활동으로부터의 환노출에 미치는 영향 관계를 추정한 결과는 <표 6-12>와 같다. 규모를 기준으로 기업을 나누기 위해 사용한 더미변수는 대규모기업의 경우 1의 값을 갖도록 구성하였다. *, **, ***는 각각 10%, 5%, 1% 이내의 유의수준에서 유의적임을 의미한다.

전체 표본기업을 대상으로 분석모형(I)을 추정한 결과는 수출비율과 외화표시 부채비율이 각각 5%, 1% 수준에서 유의적이다. 즉, 전체 표본기업에서는 수출과 외화표시 부채로 인한 환노출이 유의적으로 존재한다. 기업의 규모를 기준으로 표본을 두 집단으로 구분한 다음 분석모형(Ⅱ)을 이용해 규모별로 수출비율 및 외화표시 부채비율이 환노출 계수와 갖는 관계에서 차이가 있는지를 분석한 결과에서는 외화표시 부채비율이 5%주준에서 유의적은 차이를 보인다. 즉, 대규모기업은 소규모기업에 비해 외화표시 부채비율이 높은 기업의 환노출 계수값이 작다. 이는 대기업의 경우 외화표시 부채에 의한 음의 환노출이 크다는 것을 의미한다. 그러나 수출비율에서는 기업규모별 차이가 나타나지 않고 있다.

파생상품거래를 기준으로 구성한 분석 기업을 대상으로 한 회귀분석 결과를 4, 5열에 정리한다. 추정 모형(I)을 이용한 분석에서는 외화표시 부채비율이 유의적이며, 분석모형(Ⅱ)의 추정 결과에서는 더미변수의 계수가 음수인데 이것은 거래기업의 환노출 계수가 대응기업의 환노출 계수보다 유의적으로 작은 값을 갖는 것을 의미한다. 더미변수와 수출비율을 곱한 변수의 계수는 양수로 1%이하의 수준에서 유의적이다. 이는 거래기업에서 수출비율이 증가하는 경우 환노출 계수의 값이 더 크게 나타남을 나타낸다. 즉, 수출과 환노출의 관계가 거래기업에서 유의적으로 크게 나타나고 있다. 이는 전체 기업의 분석 결과와 연결하여 해석할 때 통화파생상품거래 후에도 수출에 의한 환노출이 계속 존재함을 의미하며, 거래기업의 통화파생상품거래가 수출에 의한 환노출 감소와 관계가 없었음을 의미한다. 그러나 외화표시 부채비율 관련 변수는 모두 유의적이지 않아 거래기업이나 대응기업 간에 외화표시 부채에 의한 환노출의 차이가 존재하지 않음을 의미한다. 이러한 결과는 전체 기업의 분석 결과와 연결하면 거래기업의 통화파생상품거래가 외화표시 부채에 의한 환노출에 대해서는 헤지효과가 있었던 것으로 해석할 수 있다.

분석 결과는 기업들이 통화파생상품거래로부터 수출에 따른 환노출을 헤지하는 효과는 얻지 못하였으나, 외화표시 부채에 의한 환노출을 헤지하는 효과는 얻고 있었음을 의미한다. 이러한 분석 결과는 반혜정(2003), 반혜정·김정교(2004)의 연구 결과와 일관성이 있는 결과이다. 수입대금의 결제에서 유전스(usance) 방법을 사용하는 경우 외화표시 부채로 기장될 수 있다는 점을 고려하면 앞의 분석 결과는 기업이 수입에서 야기되는 환위험을 관리하기 위해 통화파생상품거래를 사용했을 수 있음을 시사하는 결과이다.

〈표 6-12〉 파생상품거래와 환노출 계수의 관계 추정 결과

추정식:

분석 모형 (Ⅰ) $\widehat{\beta_{e,i}} = go + g_1 EXpor_i + g_2 FDebt_i + \epsilon_i$

분석 모형 (Ⅱ) $\widehat{\beta_{e,i}} = h_0 + h_1 DUmmy + h_2 EXpor_i + h_3 FDebt_i$
$h_4 DUmmy_i \times EXpor_i + h_5 DUmmy_i \times FDebt_i + \epsilon_i$

대상표본 및 모형 / 독립 변수	전체표본기업 (대규모기업과 소규모기업)		분석 기업 (거래기업과 대응기업)	
	분석모형(I)	분석모형(II)	분석모형(I)	분석모형(II)
상수	-0.015 (-0.24)	-0.120 (-1.42)	0.251 (1.29)	0.467 (1.82)*
더미변수		0.171 (1.38)		-0.756 (-2.18)**
수출비율	0.308 (2.29)**	0.284 (1.50)	0.023 (0.06)	-0.758 (-1.69)
외화부채비율	-1.785 (-4.04)***	-0.306 (-1.36)	-2.391 (-1.83)*	-2.595 (-0.84)
더미변수×수출비율		0.203 (0.75)		1.751 (2.96)***
더미변수×외화부채비율		-2.420 (-2.17)**		-1.003 (-0.30)
관측치(개)	376	376	68	68
조정된 결정계수	0.04	0.06	0.01	0.05

자료: 정성창·권택호(2007), p.57.

2. 글로벌금융위기 이후(2009~2012)

1) 회계적 환손익

이 시기에는 회계적 환손익을 계산하고 이의 특성을 분석하는 연구는 활발하게 이루어지지 않았다. 환율변동의 영향을 재무제표에 반영하는 규정과 관련해 윤승준(2009)은 해외사업장에 대한 외화환산회계에서 해외사업장의 영업·재무 활동이 본점과 독립적으로 운영되는 경우에 한하여 현행환율법을 적용하도록 한 기업회계기준(1998년 12월 11일 개정)과 관련하여 기업들이 외화환산회계 규정을 적절하게 적용하고 있는지의 여부를 기업의 실제 회계 자료를 수집하여 분석하였다. 그는 종합건설회사의 경우 예외 없이 현행환율법을 적용하고 있음을 확인하고 이의 적절성에 대한 검토가 필요하다고 주장하였다.

2) 환노출 계수의 특성과 환노출관리 활동

박세운·김희호·방두완(2009)는 1999년에서 2007년까지의 한국 기업을 대상으로 환노출을 추정하고 환노출 계수와 환노출관리 활동 간의 관계를 분석하였다. 저자들은 기업의 금융헤지와 영업헤지 그리고 네팅 전략이 환노출 정도를 감소시켜주는 것을 확인했다고 보고하였다. 이 연구는 1개월 주가수익률로 달러화와 실질실효환율에 대해 환노출을 추정하는 경우 그 계수가 음수의 값을 가지나 3개월 이상의 누적수익률을 사용하는 경우 계수가 양수로 나타나는 경향이 있음을 보고하고 있다. 그들은 이러한 결과에 대해 환율이 상승하면 초기에는 수출기업의 수익이 하락하다가 이후에는 수출이 조정되어 수익이 증가하기 때문이라고 설명하였다. 일본 엔화에 대해서는 수익률 누적 기간과 관계없이 음수의 환노출이 추정되었는데 저자들은 그 이유를 일본과의 무역수지 적자 때문으로 해석하였다.

이호진·박세운(2009)은 1999년에서 2007년까지의 기업자료를 사용하여 환노출을 추정, 분석하였다. 환노출 추정에서 세계시장수익률을 통제하는 다음과 같은 모형을 사용하였다. Err은 환율변동률인데 이 연구에서는 원/달러 실질환율, 원/엔 실질환율, 실질실효환율을 사용하였다. $MSCIr$은 모건스탠리에서 발표하는 MSCI(Morgan Stanly Capital International) 수익률이다. β_1은 기업의 환노출 계수이다. ϵ는 회귀식의 잔차이다.

$$r_{i,t} = \beta_{i,0} + \beta_{i,1} Err_t + \beta_{i,2} MSCIr_t + \epsilon_{i,t} \quad (6\text{–}5)$$

그들은 주가수익률의 추정기간(time horizon)을 1개월, 3개월, 6개월로 확대하면서 환노출을 분석하였다. 분석 결과 달러화, 엔화, 또는 실효환율 중 하나의 환율변동에 노출된(10% 유의수준) 기업이 전체 분석 기업의 20%에 이르렀다고 보고하였다. 환노출 계수는 환노출의 추정기간이 길어질수록 유의적인 경우가 증가했다. 그들은 환노출이 수출활동과 관련이 있는 것으로 파악되었다고 보고하였다.

유승훈·홍혜정(2009)은 1999년부터 2005년까지 한국 비금융업종기업을 대상으로 환노출을 추정하고 이의 결정요인을 분석하였다. 원/달러 환율과 실질실효환율을 사용해 분석한 결과 환노출이 선형인 경우보다는 비선형인 경우가 더 많이 나타났다. 기업의 국제화정도, 규모, 배당률, 수익성, 성장가능성, 부채비율이 환노출의 결정요인으로 확인되었다.

김순성(2011)은 2002년-2006년의 자료를 사용하여 기업의 지리적 다각화전략과 제품차별화전략이 환노출에 미치는 영향을 분석하였다. 그는 제품차별화전략이 환노출에 미치는 영향은 해외진입시장의 지역적 특성에 따라 차별적이라고 보고하였다. 연구개발강도가 높을수록 자회사가 선진지역에 진입하는 경우 환노출이 감소하며, 개발도상지역으로 진입하는 경우 환노출이 증가한다고 보고하였다. 저자는 이러한 결과를 토대로 기업이 진입하는 해외시장의 지역적 특성이 기업의 전략과 상호작용하여 기업의 환노출에 영향을 미친다고 주장하였다.

남기석·서홍매(2011)는 2005년에서 2009년까지 한국 비금융업종 산업을 대상으로 산업수준에서 환노출을 추정해 분석하였다. 저자들은 한국 기업의 환노출이 비대칭성을 보이고 있으며, 글로벌금융위기 후 환노출의 크기가 증가했다고 주장하였다.

신범철·최국현(2011)은 2000년부터 2010년까지의 일별 주가자료를 사용하여 원/달러 환율과 원/엔 환율을 대상으로 기업의 환노출을 추정하여 분석하였다. 분석 결과 엔화에 대한 환노출이 달러에 대한 환노출보다 크게 나타났으며 두 통화 모두에서 비대칭적 환노출이 발견되었다. 두 통화의 비대칭적 환노출은 서로 상이한 특성을 보인 것으로 보고하였다. 이들은 규모, 부채비율, 성장성은 환노출과 유의적인 관계가 있는 것으로 나타났으나 수출비중과 유동성 변수는 유의한 영향 관계가 없는 것으로 보고하였다. 저자들은 또한 대기업들은 환노출관리를 위해 노력하고 있으나 중소기업의 경우 그렇지 못하다고 주장하였다. 신범철(2012)은 2000년에서 2010년까지의 기간을 대상으로 달러화와 엔화에 대한 일별, 월별 환율변동 자료를 사용하여 환노출을 추정 분석하였다. 그는 일별 자료를 사용해 추청한 환노출이 월별 자료를 사용해 추정한 환노출보다 크며, 엔화에 대한 환노출이 달러화에 대한 환노출보다 크다고 보고하였다. 또한 환노출이 지연되어 나타나는 경향이 있으며, 비대칭적 특성이 있음을 보고하였다.

정영우·정현철(2012)은 1990년에서 2006년까지의 기간에서 상장기업들을 대상으로 주가수익률과 산업의 수익률 자료를 사용해 환노출의 특성을 분석하고, 환노출과 외국인투자자와의 관련성을 분석하였다. 분석 결과 환노출이 기업마다 상이하고, 시간에 따라 변하며, 과거의 환율변동에 의한 영향 즉, 지연된 환노출이 존재함을 확인하였다. 또한 외국인 투자비중이 클 경우 환노출이 더 크게 나타나는 것을 확인하였다.

변애련·조진완(2012)은 2000년에서 2006년까지의 기간에 한국 기업을 대상으로 환노출과 외국인 투자자지분 간의 관계를 분석하였다. 그들은 환율변동 방향에 따라 환노출 계수가 다를 경우(비대칭적일 경우)를 반영할 수 있는 모형을 사용하여 환율의 상승시와 하락시의 환노출을 추정하고 각 환노출과 기업특성변수와의 관련성을 분석하였다. 분석 결과 환노출과 외국인 투자자지분을 포함한 기업특성변수와의 관계가 환노출의 비대칭성과 관련이 있음을 확인하였다. 그들은 지연된 환노출도 함께 추정해 분석하였는데 분석 결과 14%의 기업에서 유의적인 지연된 환노출이 나타났고 이중 95%의 기업이 음수의 값을 갖는 것으로 나타났다. 저자들은 이러한 지연된 환노출 특성을 주식시장 효율성의 관점에서 해석하였다.

송민규·조성빈(2011)은 2001년에서 2009년까지 상장 제조기업의 환노출을 추정하고 분석하였다. 저자들은 기간을 나누어 분석한 결과 환노출의 규모가 추정 기간의 환율변동성과 관련되어 있음을 발견하였다. 환율의 상승 시에 기업가치가 증가하는 기업은 소수에 불과했으며, 다국적기업의 환노출이 크게 나타났다고 보고하였다. 그들은 다국적기업의 환노출이 큰 것은 기업이 운영헤지를 충분히 하지 못하기 때문이라고 주장하였다.

Choi(2012)는 한국의 중소기업을 대상으로 2007년에서 2010년까지의 기간에 기업의 입지와 환율변동의 규모에 따른 환노출의 차이를 분석하였다. 분석 결과 수도권에 있는 기업일수록 환노출이 덜 유의적인 것으로 추정이 되었으며, 실효환율보다는 원/달러 환율에 더 크게 노출되어 있고, 환율의 변동이 큰 기간에 환노출도 크게 추정되었다.

3) 비대칭적 환노출

남기석·서홍매(2011), 신범철·최국현(2011), 송민규·조성빈(2011), 권택호·정성창(2010), 변애련·조진완(2012) 등의 연구에서 한국 기업에 비대칭적 환노출이 나타나고 있음을 보고하였다.

권택호·정성창(2010)은 한국 기업의 비대칭적 환노출을 확인하고 선물환거래와 통화선물거래를 사용해 비대칭적 환노출을 관리할 수 있는가에 대하여 분석하였다. 그들은 권택호(2007)에서 기술하고 있는 비대칭적 환노출의 원인에 대한 설명을 확장시켜 비대칭적 환노출의 주요 원인을 수출과 외화표시 부채의 관점에서 구체적으로 다음과 같이 설명하였다.

환율의 변동 방향에 따라 환노출의 정도가 다르게 나타나는 비대칭적 환노출의 원인으로 주목할 수 있는 경영활동은 수출이다. 수출기업이 환율변동의 영향을 모두 수입업자의 가격에 전가(pass through)시킬 수 있다면 환율변동이 수출활동을 통하여 기업의 비대칭적 환노출로 나타날 수 있는 가능성은 크지 않다. 그러나 어떠한 이유로 수출기업의 수출가격 조정이 환율이 상승하는 경우와 하락하는 경우에 다르게 이루어진다면 환율변동은 기업의 환노출이 비대칭적으로 나타나게 되는 원인이 될 수 있다.

Krugman(1987)은 수출기업이 환율변동 시에 자신의 마크업을 조정하여 이에 대응한다는 점에 주목하고 이를 시장별 가격(pricing-to-market)이라는 용어로 설명하였다. Knetter(1989, 1993)는 기업이 환율변동을 모두 수입자의 가격에 전가시키지 않고 자신의 마크업을 조정하는 방법으로 흡수하는 이유는 현지에서의 가격을 안정화시키고자 하기 때문이라고 설명하였다. 수출기업이 현지에서의 가격을 안정화하고자 하는 이유는 이력효과(hysteresis effect)의 관점에서도 설명할 수 있다. 기업이 공급을 증가시키기 위해 생산시설에 투자를 해야 하는 경우 매몰원가(sunk cost)가 증가하기 때문에 기업은 반전의 가능성이 큰 환율변동의 결과에 근거해 공급을 증가시키는 것을 원하지 않을 수 있다. 이 경우 기업은 환율변동의 영향을 자체적으로 흡수하여(마크업을 조정하여) 현지에서의 가격을 안정화시키고자 할 수 있다는 것이다. Baldwin(1988), Dixit(1989), Baldwin and Krugman(1989) 등은 이러한 관점에서 수출기업의 마크업 조정을 분석하였다.

수출기업이 환율변동에 대해 보이는 반응 즉, 시장별 가격에 관해서는 많은 실증적 연구 결과들이 발표되었다. 시장별 가격과 관련한 초기의 외국의 분석으로는 Knetter(1989, 1993), Giovannini(1988), Froot and Klemperer(1989), Marston(1990),

Le Cacheux and Reichlin(1992), Kasa(1992), Gagnon and Knetter(1995) 등을 예로 들 수 있으며, 국내의 연구로는 김기홍·곽노성(1995), 이환호(1996), 신봉호·곽태운·안철원(1997), 권택호·황희곤(1999a) 그리고 권택호(2001) 등 다수의 연구가 있다.

시장별 가격에 관한 연구 중에는 환율변동에 대해 수출기업이 비대칭적으로 시장별 가격 조정을 하고 있다는데 초점을 두었던 연구들이 있다(Ohno, 1989; Marston, 1990; Knetter, 1994). Knetter(1994)는 환율이 상승하여 자국통화가치가 하락하는 경우 이에 따른 이익을 극대화하고자 환율상승 시에만 수출가격의 마크업을 인상하고 환율하락 시에는 환율변동의 영향을 수입업자에게 전가하는 것을 병목모형(bottleneck model)이라고 설명하였다. 반면, 시장점유율 확대를 위해 환율이 하락하는 경우에 마크업을 인하하고 환율상승 시에는 마크업 조정을 하지 않는 형태로 가격을 조정하는 것을 시장점유율모형으로 설명하였다.

기업이 환율변동에 대해 병목모형의 관점에서 비대칭적으로 마크업을 조정한다면 기업의 손익은 환율변동에 따라 비대칭적으로 발생할 것이며 이는 비대칭적 환노출로 나타날 것으로 예상할 수 있다. Miller and Reuer(1998), Koutmos and Martin(2003) 그리고 국내의 연구인 이현석(2003, 2004) 등의 연구는 수출의 관점에서 환노출의 비대칭성을 분석한 연구이다.

Iorio and Faff(2000)는 오스트레일리아의 산업자료를 이용하여 비대칭적 환노출을 분석하였다. 그들은 비대칭적 환노출의 존재를 확인하고 통화옵션거래가 비대칭적 환노출에 미치는 영향을 분석하고자 하였으나 유의적인 결과를 제시하지는 못하였다. 한편, Muller and Verschoor(2006)은 비대칭적 환노출의 원인을 수출에서의 마크업 조정과 함께 파생상품거래 그리고 투자자의 가격결정오류 등을 포함하여 보다 종합적인 관점에서 정리하고 미국의 기업들을 대상으로 비대칭적 환노출의 존재 여부를 분석하였다. 그들은 환노출이 나타난 기업 중에 41.6%에 이르는 기업에서 환율변동 방향에 의한 비대칭적 환노출이 나타났다고 보고하였다. 그러나 비대칭적 환노출의 발생 원인을 실증적으로 규명하지는 못하였다.

환율의 변동이 수출과 관련하여 환율의 변동 방향에 따라 환노출을 비대칭적으로 발생시킬 수 있는 경우를 기존 연구 결과를 참고하여 정리하면 다음과 같다. 첫째, 비대칭적 마크업 조정으로 인한 비대칭적 환노출이다. 환율이 상승하는 경우 병목모형에 따라 가격을 조정한다면 환율이 상승하는 경우 기업가치가 상승하는 양(+)의 환노출이, 환율하락 시 기업가치가 하락하는 양의 환노출 정도보다 큰 비대칭적 환노출이 나타난다. 그러나 만일 환율이 상승하는 경우 기업의 이익이 증가하는 마크업 조정이 단기이익모형의 관점에서 조정된 결과라면 비대칭적 마크업 조정은 비대칭적 환노출로 나타나지 않을 수 있다(권택호·황희곤, 1999a). 단기이익모형의 경우 환율이 하락하면 기업에게 환율상승 시의 이익에 상응하는 손실이 발생할 수 있기 때문이다. 비대칭적 마크업 조정의 또 다른 모형인 시장점유율모형에 의한 가격조정은 사전적으로 비대칭적 환노출과의 관계를 설정하기 어렵다.

둘째, 이력효과로 인한 비대칭적 환노출이다. 환율이 상승할 때에는 기업들이 신규로 수출시장에 진입해 환율상승으로 인한 이익의 폭이 크지 않은 반면, 환율이 하락할 때에는 기존 기업과 환율상승 시 진입한 기업들이 매몰원가에 대한 부담으로 시장에서 철수를 하지 못하여 손실이 크게 발생한다. 결과적으로 환율상승 시의 이익보다는 환율하락 시의 손실의 정도가 더 크게 나타나는 비대칭적 환노출이 나타날 수 있다(Muller and Verschoor, 2006).

셋째, 수출활동과 관련한 시장의 가격결정 오류로 인한 비대칭적 환노출이다. Muller and Verschoor(2006)는 투자자의 가격결정 오류가 비대칭적 환노출을 유발시킬 수 있다는 점을 지적했다. 즉, 환율상승은 수출기업의 이익이 증가하는 좋은 소식(good news)이지만 환율하락은 수출기업에 손실을 가져다 줄 수 있는 좋지 않은 소식(bad news)이다. 투자자들이 좋은 소식보다는 나쁜 소식에 대해서 더 민감하게 반응하는 경향이 있어 환율하락에 의한 영향이 더 크게 나타난다면 비대칭적 환노출이 발생할 수 있다는 것이다.

기업의 환위험관리를 위한 활동의 결과도 비대칭적 환노출로 나타날 수 있다. 수출기업이 환위험관리를 위해 통화옵션 계약을 체결한 경우 환율이 하락하는 경우의 손실은 관리하면서 환율상승에 따른 이익은 확보할 수 있다. 이 경우 환율변동이 기업에 미치는 영향은 비대칭적이 된다(Iorio and Faff, 2000). 파생상품거래 외에도 기업이 경영활동을 수행하면서 환율의 상승 또는 환율의 하락 중 어느 한 방향의 변동에 의해 발생하는 손실만을 관리할 수 있도록 영업헤지(operation hedge)를 설계해 놓은 상황에서도 기업에 비대칭적 환노출이 나타날 수 있다.

비대칭적 환노출은 권택호(2007)의 연구에서 제시한 것처럼 외화표시부채효과가설에 따라 나타날 수도 있다. 특히, 기업들이 외화표시 부채를 보유하고 있고 시장에서 외화표시 부채에 대해 관심을 갖고 있는 한국의 상황에서는 외화표시부채효과가설이 성립할 가능성이 있다.

지금까지 기술한 비대칭적 환노출의 발생 원인을 관련 경영활동, 해당 활동과 비대칭적 환노출의 관계 그리고 비대칭적 환노출의 유형으로 구분해 정리하면 <표 6-13>과 같다. 편의상 양(+)의 환노출 하에서 환율상승 시 기업가치의 상승 정도가 환율하락 시 기업가치의 하락 정도보다 더 크게 나타나는 경우를 '환율상승 시 양의 비대칭적 환노출'로, 환율하락 시의 기업가치의 감소 정도가 환율상승 시의 기업가치 상승 정도보다 더 크게 나타나는 경우의 환노출을 '환율하락 시의 양의 비대칭적 환노출'이라고 표기한다. 한편, 음(-)의 환노출 하에서 환율상승 시 기업가치의 하락 정도가 환율하락 시의 기업가치 상승 정도보다 크게 나타나는 경우를 '환율상승 시 음의 비대칭적 환노출'로 정의하였다.

〈표 6-13〉 비대칭적 환노출의 발생 원인과 유형

관련 경영활동		경영활동과 비대칭적 환노출 관계	비대칭적 환노출 유형
수출	비대칭적 마크업 조정	환율상승 시 마크업을 인상하여 수출로부터의 이익을 극대화하고, 환율하락 시에는 환율변동을 수입업자에게 전가	환율상승 시 양의 환노출이 환율하락 시의 환노출보다 크게 나타남 → 환율상승 시 양의 비대칭적 환노출.
	이력효과 (hysteresis effect)	환율상승 시에는 새로운 기업들이 수출시장에 진입하여 환율상승에 따른 이익이 작게 나타난다. 그러나 환율하락 시에는 기존의 기업들이 매몰원가에 대한 부담으로 시장에서 철수를 하지 못하여 경쟁이 악화되고 결과적으로 환율하락에 의한 손실이 크게 나타난다.	환율하락 시에 손실 정도가 환율상승 시의 이익보다 크게 나타나 환율하락 시의 양의 환노출이 환율상승 시의 환노출보다 크게 나타남 → 환율하락 시 양의 비대칭적 환노출.
	시장의 가격결정 오류	투자자는 기업의 수출에 대해 환율상승 시의 이익보다는 하락 시의 손실에 대하여 더 민감하게 반응하는 경향이 있다.	환율하락 시에 손실 정도가 환율상승 시의 이익보다 크게 인식되어 환율하락 시의 양의 환노출이 환율상승 시의 환노출보다 크게 나타남 → 환율하락 시 양의 비대칭적 환노출.
환위험관리 결과	비대칭적 환위험 관리 활동	통화옵션과 같이 비대칭적 손익구조를 갖는 파생상품거래를 이용해 헤지를 하는 경우 환율변동의 영향은 한쪽 방향의 환노출에서만 나타날 수 있다. 환율의 상승 또는 하락 시에만 환율변동 영향을 상쇄시킬 수 있도록 영업헤지(operating hedge)를 한 경우에도 환노출은 한 방향의 환율변동에 대해서만 나타날 수 있다.	파생상품거래 또는 영업헤지를 활용해 비대칭적 헤지를 할 경우 헤지에서 상황과 기업의 헤지 목적에 따라 다양한 유형의 비대칭적 환노출이 나타날 수 있음.

외화표시 자본조달 활동	외화표시 부채효과	환율이 상승하는 경우 외화표시 부채를 사용하고 있는 기업의 부채는 증가하고 주가는 하락하게 된다. 이는 기업의 부채비율을 증가시켜 결과적으로 시장에서의 위험프리미엄이 증가하게 되어 기업의 주가가 더 크게 하락한다. 그러나 환율이 하락하는 경우는 이러한 과정이 나타나지 않는다.	외화표시 부채를 사용하는 기업에서 음의 환노출이 환율하락 시보다 환율상승 시에 더 크게 나타남 → 환율상승 시 음의 비대칭적 환노출.

자료: 권택호·정성창(2010), p.99.

비대칭적 환노출 계수는 다음과 같은 모형을 사용하여 추정할 수 있다. D_t는 t시점의 환율변동률이 0보다 크면 1의 값을 나머지는 0의 값을 갖도록 구성한 더미변수이다. 모형에서 γ_i는 환율하락 시와 환율상승 시에 환노출 계수의 차이 즉, 환노출 비대칭 계수이다.

$$r_{i,t} = \beta_{0,i} + \beta_{M,i} r_{M,t} + \beta_{e,i} Err_t + \gamma_i (D_t \times Err_t) + \epsilon_{i,t} \qquad (6\text{–}2)$$

권택호·정성창(2011)은 2000년에서 2006년까지의 유가증권시장에 상장된 비금융업종기업을 대상으로 월별 자료를 사용해 비대칭적 환노출 계수를 추정하였다. 추정 결과는 <표 6-14>와 같다. 분석 대상이 된 전체 표본 기업은 275개 기업이다. 수출기업군은 수출비율 상위 140개 기업에 속하면서 달러부채비율이 하위 140위에 속하는 기업이다. 달러부채기업은 달러부채가 상위 140위 안에 있으면서 수출비율이 하위 140위 안에 속하는 기업이다. 이러한 과정을 거쳐 추출된 수출기업은 72개 기업이고 달러부채기업은 73개 기업이다.

<표 6-14>의 열은 비대칭적 환노출 계수를 추정하는 식(6-2)를 이용해 추정한 환율상승 시의 환노출과, 환노출의 비대칭 정도를 나타내는 비대칭성 계수, 그리고 비대칭성을 고려하지 않고(더미변수를 제외하고) 추정한 전체 환노출 계수 순으로 정리되어 있다. 패널 A는 수출 기업군과 달러부채기업군의 환노출 특성이고 패널 B는 전체 기업의 환노출 추정 결과이다.

〈표 6-14〉 기업군별 환노출 분포특성

추정식:

$$r_{i,t} = \beta_{0,i} + \beta_{M,i} r_{M,t} + \beta_{e,i} Err_t + \gamma_i (D_t \times Err_t) + \epsilon_{i,t} \quad (6\text{–}2)$$

A. 수출기업과 달러부채기업

(단위: 기업 수)

범위	수출기업			달러부채기업		
	환율상승 시 환노출 계수 ($\beta_{e,i}+\gamma_i$)	환노출 비대칭 계수 (γ_i)	전체 환노출	환율상승 시 환노출 계수 ($\beta_{e,i}+\gamma_i$)	환노출 비대칭 계수 (γ_i)	전체 환노출
환노출 계수≤-5	1	3	0	2	5	1
-5<환노출 계수≤-2	8	13	3	7	10	1
-2<환노출 계수≤-1	7	8	9	5	13	11
-1<환노출 계수≤0	16	16	19	21	12	23
0<환노출 계수≤1	20	9	30	18	12	23
1<환노출 계수≤2	16	10	7	12	7	9
2<환노출 계수≤5	4	6	4	8	7	3
환노출 계수>5	0	7	0	0	7	1
합계	72	72	72	73	73	73

B. 전체 기업

(단위: 기업 수)

범위	환율상승 시환노출 계수 ($\beta_{e,i}+\gamma_i$)	환노출 비대칭 계수 (γ_i)	전체 환노출
환노출 계수≤-5	4	13	2
-5<환노출 계수≤-2	23	52	8
-2<환노출 계수≤-1	27	36	28
-1<환노출 계수≤0	57	56	77
0<환노출 계수≤1	78	33	103
1<환노출 계수≤2	53	27	41
2<환노출 계수≤5	32	35	14
환노출 계수>5	1	23	2
합계	275	275	275

자료: 권택호·정성창(2011), p.108.

전체 기업의 경우 환율의 변동 방향을 고려하지 않고 즉, 더미변수를 사용하지 않고 추정한 전체 환노출 계수는, 환율이 상승(하락)하면 기업가치가 증가(감소)하는 방향으로 환노출이 추정된 기업이 160개, 환율이 상승(하락)하면 기업가치가 감소(증가)하는 방향으로 환노출이 추정된 기업이 115개이다. 수출기업군에서는 환율이 상승(하락)하면 기업가치가 증가(감소)하는 방향의 양(+)의 환노출 계수 기업이 더 많으나(41개 기업) 달러부채기업군에서는 양의 환노출 기업(36개 기업)과 음의 환노출 기업(36개 기업) 수가 동일하게 나타나고 있다.

더미변수를 이용해 추정한 비대칭 환노출 계수는 음수의 값을 갖는 기업 수가 양수의 기업 수보다 많다. 전체 기업에서는 음수인 기업이 157개 기업, 수출기업과 달러부채기업에서는 동일하게 40개 기업이다.

변애련·조진완(2012)은 2000년에서 2006년까지의 기간에 한국 기업을 대상으로 환노출과 외국인 투자자지분 간의 관계를 분석하였다. 그들은 환율변동 방향에 따라 환노출 계수가 다를 경우(비대칭적일 경우)를 반영할 수 있는 모형을 사용하여 환율의 상승 시와 하락 시의 환노출을 추정하고 각 환노출과 기업특성변수와의 관련성을 분석하였다. 분석 결과 환노출과 외국인 투자자지분을 포함한 기업특성변수와의 관계가 환노출의 비대칭성과 관련이 있음을 확인하였다. 그들은 지연된 환노출도 함께 추정해 분석하였는데 분석 결과 14%의 기업에서 유의적인 지연된 환노출이 나타났고 이중 95%의 기업이 음수의 값을 갖는 것으로 나타났다. 저자들은 이러한 지연된 환노출 특성을 주식시장 효율성의 관점에서 해석하였다.

4) 환위험 가격결정

박재곤·이필상(2009)은 1990년에서 2008년까지의 주가수익률 자료를 2요인 자본자산가격결정모형(two-factor CAPM)에 적용하여 주가와 환율의 위험-수익 관계를 분석하였다. 비대칭성을 고려한 GARCH 모형을 사용하여 조건부 분산과 공분산을 추정하고 주식시장에서의 기대수익률과 환율과의 공분산 관계를 분석한 결과, 환율변동이 주식시장에서의 위험요인으로 작용하고 있음을 확인하였다. 저자들은 분석 결과에 근거하여 환위험이 가격결정요인이 되고 있으므로 포트폴리오 구성이나 위험관리에서 환율변동을 고려할 필요가 있다고 주장하였다.

환위험의 가격결정요인 여부를 분석한 기존의 연구인 권택호·박종원(1999),

유일성(2000, 2002)의 연구와 함께 박재곤·이필상(2009)의 연구 결과는 가격결정모형의 적절성과 환위험의 가격결정 여부에 대한 결합가설검정의 한계를 갖고 있지만 환위험이 가격결정요인이 될 수 있음을 확인시켜주는 결과를 보고한 것으로 해석할 수 있다. 이러한 연구 결과는 환위험관리로 인한 기업가치 증가 부분이 환위험관리 비용 부분보다 큰 경우 환위험을 관리하는 것이 기업가치를 증가시킬 수 있음을 의미하는 것이다.

5) 영업활동 기반 환노출

기업의 환노출은 수출, 수입과 같은 영업활동의 결과 발생한 외환노출포지션에 의해 나타난다. 이렇게 생성된 환노출은 이후 기업의 재무적 활동이 반영되어 최종적으로 기업의 환노출로 남는다. 주가수익률과 환율변동률을 사용하여 추정한 환노출 계수는 기업에게 최종적으로 남아 있는 환노출을 추정한 것이다. 이러한 관점에서 보면 주가수익률을 사용해 추정한 환노출은 기업의 환노출관리 활동의 결과가 반영된 현재 관찰 가능한 기업의 환노출이라고 할 수 있다. 반면에 기업의 영업관련 자료를 사용하여 추정한 환노출은 기업의 영업활동 결과 발생한 환노출 즉, 기업의 영업활동 특성으로부터 예측가능한 환노출이라고 할 수 있다. Bodnar and Martson(2002)은 주가수익률을 사용하여 추정한 환노출을 관찰환노출(observed exchange exposure)이라고 정의하고, 영업활동 특성을 반영하여 추정한 환노출을 예측환노출(expected exchange exposure)이라고 정의하였다. 관찰환노출은 예측환노출에 기업의 환노출관리 활동의 결과가 반영된 환노출이다.

Bodnar and Martson(2002)은 간단한 모형을 도출하여 수출비율과 수입비율 그리고 매출총이익률을 사용해 기업의 예측환노출을 추정할 수 있는 방법을 제시하였다. 그러나 기업의 수입자료는 일반적으로 공표되지 않는 자료이기 때문에 실증분석을 수행해 예측환노출의 특성을 분석하지는 못하였다. Bartram, Brown and Minton(2010)은 Bodnar and Martson(2002)의 모형을 확장하고, 수입자료의 추정이 용이한 글로벌 자동차기업들을 대상으로 예측환노출을 추정하였다. 그들은 추정한 예측환노출과 주가수익률로 추정한 관찰환노출을 비교해 기업들이 환노출의 70% 정도를 관리하고 있다고 주장하였다. 이들의 주장은 많은 연구에서 환노출이 유의적으로 추정되지 않은 이유를 기업의 성공적 환노출관리 때문이라는 Bartram and Bodnar(2007) 주장의 타당성을 뒷받침하는 것이다.

강원(2009)은 2000년에서 2008년까지 기업의 분기별 현금흐름을 중심으로 환노출을 추정하여 분석하였다. 그는 한국 기업들의 환노출관리가 적정한 수준에 이르지 못하고 있다고 주장하였다. 또한, 현금흐름을 기준으로 환노출을 추정한 결과 환율과 현금흐름 간의 양(+)의 관계를 확인할 수 있어 현금흐름을 기준으로 추정한 환노출이 기업의 현실을 보다 잘 나타낸다고 주장하였다. 환노출의 결정요인과 관련해 수출비중이 환노출을 유의적으로 설명하지 못한다는 결과를 보고하였다. 강원(2009)의 연구는 관찰환노출과 예측환노출을 구분하고 예측환노출을 추정하고자 하지는 않았지만 결과적으로는 현금흐름과 환율변동의 관계로부터 예측환노출을 추정해 분석한 연구로 볼 수 있다.

권택호·주경원(2011)은 Bodnar and Martson(2002)의 모형을 사용해 예측환노출을 추정하고 예측환노출과 관찰환노출의 차이를 사용해 기업의 환노출관리 특성을 분석하였다. 그들은 예측환노출의 추정에 필요한 수입비율을 기업의 매출품목과, 각 품목의 생산에 필요한 수입품의 비율 관계를 사용해 추정하였다. 품목(업종)의 생산에 필요한 수입품의 비율은 투입산출표(input output table)상의 자료를 사용하였다.

Bodnar and Martson(2002)은 예측환노출 추정 모형을 다음과 같이 도출하였다. 기업의 가치를 현재와 미래의 현금흐름을 이용하여 평가하면 다음과 같이 나타낼 수 있다.

$$V = \sum_{t=1}^{\infty} \frac{CF_t}{(1+\rho)^t} \tag{6–8}$$

여기서 V는 기업가치, CF_t는 t시점에서의 기대현금흐름(세금후 이익-순투자), ρ는 할인율이다. 모형을 단순화하기 위해 순투자가 없고 현금흐름이 일정하다고 가정하면, 기업가치는 식(6-9)로 나타낼 수 있다.

$$V = \frac{CF}{\rho} = \frac{(1-\tau)}{\rho}\pi \tag{6–9}$$

여기서 τ는 법인세율, π는 세금전 이익이다. 환율변동에 대한 기업가치변동, 즉 환노출은 dV/dEr로 표시할 수 있는데 이는 환율변동에 노출된 자국통화 명목가치의 변화이다. 세율과 할인율이 일정할 때, 환노출은 식(6-10)으로 표현된다. Er은 외국통화에 대한 자국통화의 교환율이다.

$$dV/dEr = [(1-\tau)/\rho]d\pi/dEr \tag{6-10}$$

환율변동은 다음과 같은 유형의 활동을 하고 있는 기업에게 영향을 줄 수 있다.

(i) 국내에서 생산해 수출을 하는 기업
(ii) 수입부품을 사용하여 생산하거나 판매하는 기업
(iii) 해외 공장에서 동일한 또는 다른 제품을 생산하는 기업

이러한 모든 경로의 영향을 고려하기 위하여 국내와 해외에서 해외 또는 국내 부품을 사용하여 생산과 판매를 하는 다국적기업을 가정한다. 이 경우 국내제품과 해외제품을 동시에 판매하는 기업의 순수익은 아래 식(6-11)로 표현될 수 있다.

$$\begin{aligned}\pi = & XD(X) + ErX^*D^*(X^*) - C(X+X^*) - ErC^*(X+X^*) \\ & + ZF(Z) + ErZ^*F^*(Z^*) - K(Z+Z^*) - ErK^*(Z+Z^*)\end{aligned} \tag{6-11}$$

- X, X^* : 국내와 해외에서의 국내생산 제품의 판매량
- $D(X), D^*(X^*)$: 국내생산제품의 국내와 해외에서의 제품가격
- Z, Z^* : 국내와 해외에서의 자국기업의 해외공장에서 생산한 제품의 판매량
- $F(Z), F^*(Z^*)$: 해외공장생산제품의 국내와 해외가격
- C, C^* : 원화와 외국통화로 지정된 국내제품의 비용함수
- K, K^* : 원화와 외화로 지정된 해외 생산제품의 비용함수
- Er : 환율(자국통화/외국통화)

기업이 2개의 각각 다른 시장에서 두 제품을 생산하므로, 기업의 이익극대화를 위한 4개의 1계조건이 존재한다. 식(6-11)의 이윤함수에 대해 각각 생산량에 대해 1계미분함수를 구하면 다음과 같다. 아래첨자 0은 산출량에 대한 각 생산량의 1계미분함수를 표시한다.

$$(d\pi/dX) = D(X) + XD_0(X) - C_0(X+X^*) - ErC_0^*(X+X^*) - 0 \tag{6-12}$$
$$(d\pi/dX^*) = ErD^*(X^*) + ErX^*D_0^*(X^*) - C_0(X+X^*) - ErC_0^*(X+X^*) - 0$$
$$(d\pi/dZ) = F(Z) + ZF_0(Z) - K_0(Z+Z^*) - ErK_0^*(Z+Z^*) - 0$$
$$(d\pi/dZ^*) = ErF^*(Z^*) + ErZ^*F_0^*(Z^*) - K_0(Z+Z^*) - ErK_0^*(Z+Z^*) - 0$$

이윤함수 식(6-11)에서 환율변화에 대한 기업이윤함수의 변화를 보기위해 환율로 이윤함수를 미분하면 식(6-13)이 된다.

$$\begin{aligned} d\pi/dEr = {} & [d\pi/dX](dX/dEr) + [d\pi/dX^*](dX^*/dEr) \\ & + [d\pi/dZ](dZ/dEr) \\ & + [d\pi/dZ^*](dZ^*/dEr) + \{[X^*D^*(X^*) - C^*(X+X^*)] \\ & + [Z^*F^*(Z^*) - K^*(Z+Z^*)]\} \end{aligned} \tag{6-13}$$

식(6-13)에서 등호의 오른쪽 처음4개 항은 환율변화가 판매량의 변화에 영향을 주어 이윤에 영향을 주는 간접효과를 나타낸다. 기업의 이윤극대화를 위한 1계조건은 $d\pi/dX$, $d\pi/dZ$ 이 '0'이므로 이들 항들은 '0'이 된다. 다섯 번째 항부터는 환율변화에 의해 매출액과 비용이 영향을 받는 직접효과를 나타내며 외화로 평가된 초기 순이익수준에 따라 이익이 조정된다. 이 때 기업이 초기에 이익극대화 지점에 있었다면, 간접효과는 사라지고, 직접효과만 남아 다음과 같이 나타낼 수 있다.

$$d\pi/dEr = \{[X^*D^*(X^*) - C^*(X+X^*)] + [Z^*F^*(Z^*) - K^*(Z+Z^*)]\} \tag{6-14}$$

환노출은 외화로 평가된 초기 순수익수준과 동일하며, 이러한 환노출은 명목환노출 dV/dEr과 비례한다. 환노출을 탄력성 형태로 나타내면 노출탄력성(δ)은 식(6-15)로 표시된다.

$$\begin{aligned} \delta &= d\ln\pi/d\ln Er \\ &= Er\{[D^*(X^*) - C^*(X+X^*)] + [Z^{**}(Z^*) - K^*(Z+Z^*)]\}/\pi \end{aligned} \tag{6-15}$$

식(6-15)의 노출탄력성은 세율과 자본비용이 일정하다면, 환율변화에 대한 기업가치의 탄력성과 동일하다. 이것은 식(6-16)처럼 새로운 변수를 정의해 간단히 표시할 수 있다.

$$\mathrm{R} = \text{총수익} = XD(X) + Er\,X^*D^*(X^*) + ZF(Z) + Er\,Z^*F^*(Z^*)$$
$$\mathrm{M} = \text{총비용} = C(X+X^*) + Er\,C^*(X+X^*) + K(Z+Z^*) + Er\,K^*(Z+Z^*)$$
$$h_1 = \text{총수익중 외화로 지정된 수익의 비율} = Er\left[X^*D^*(X^*) + Z^*F^*(Z^*)\right]/R$$
$$h_2 = \text{총비용중 외화로 지정된 비용의 비율}$$
$$= Er\left[C^*(X+X^*) + K^*(Z+Z^*)\right]/M$$
$$r = \text{이익률} = \pi/R$$

h_1, h_2의 조건으로 탄력성을 표현하면

$$\delta = h_1(R/\pi) - h_2(M/\pi) = (h_1/r) - h_2((1/r)-1)$$
$$\text{또는 } \delta = h_1 + (h_1 - h_2)((1/r)-1) \qquad (6\text{–}16)$$

위의 결과는 환노출탄력성이 h_1, h_2와 r에 달려있음을 보여주고 있다. 환노출탄력성(δ)의 h_1에 대한 미분계수는 양수(+)이고, h_2에 대한 미분계수는 음수(-)이다. 이것은 국내통화 가치가 하락할 때 외환 수익이 클수록 기업가치가 크게 증가하고, 외환 비용이 클수록 기업가치의 하락이 크다는 것을 의미한다. 매출액총이익률(r)에 대한 환노출탄력성은 $h_1 - h_2$(순외화 수익포지션)의 음(-)의 함수로, 이익률의 증가는 환노출탄력성을 작게 만든다. 이것은 이익률의 증가는 명목환노출(dV/dEr)에 영향을 주지 않고도 기업가치를 직접적으로 증가시킬 수 있음을 의미한다. 결과적으로 기업가치에 대한 명목노출비율($(dV/dEr)/V$)을 나타내는 환노출탄력성은 기업이익률이 높으면 기업가치가 커지기 때문에 작아진다.[20)]

유가증권시장 기업의 비금융업종 기업을 대상으로 예측환노출을 추정한 결과가 <표 6-15>에 정리되어 있다. 첫 번째 열인 '구분'열은 임의로 설정한 범위를 나타내는 행과 예측환노출을 계산한 기업의 수, 예측환노출의 평균 그리고

---

20) 환노출탄력성(δ)= $d\ln\pi/d\ln Er = \frac{Er}{\pi} * \frac{d\pi}{dEr}$ 이므로 $\frac{d\pi}{dEr}$ 이 변화하지 않아도, π가 커지면 환노출탄력성은 작아진다.

예측환노출이 양수로 계산된 기업의 비율 순으로 배열되어 있다. 범위 구분은 0을 출발점으로 해서 구간 간격을 1(-1), 3(-3), 7(-7), … 과 같이 확장하면서 설정한다. 환노출 계수가 양수인 기업 비율은 전체 기업 중에 예측환노출이 양수로 추정된 기업의 비율이다. 영업이익률의 크기 정도가 예측환노출의 계산 결과에 미치는 영향을 검토하기 위해 영업이익률의 크기를 기준으로 두 가지 경우로 나누어 예측환노출을 계산한다. 각 연도 열에서 A는 영업이익률이 평균의 10% 미만인 기업을 제외하고 예측환노출을 추정한 결과이고 B는 영업이익률이 평균의 50% 미만인 기업을 제외하고 추정한 결과이다.

유가증권시장 기업에서 예측환노출이 가장 많이 분포되어 있는 구간은 -1에서 0까지의 구간이다. 그러나 환노출의 분포는 양수의 값에서 넓게 분포되어 있다. 산술평균도 모든 경우에 1이 넘는 양수의 값인데 이는 양수의 큰 환노출 값들이 산술평균에 크게 영향을 미치기 때문이다. 영업이익률이 평균의 50% 미만인 기업을 제외하고 예측환노출을 계산한 결과는 10% 미만을 제외하고 계산한 결과에 비해 환노출의 절대값이 큰 경우가 많이 감소한다.

〈표 6-15〉 유가증권시장 기업 예측환노출의 분포특성

추정식:

$$\delta = h_1 + (h_1 - h_2)((1/r) - 1) \tag{6-16}$$

구분	2004		2005		2006		2007		2008	
	A	B	A	B	A	B	A	B	A	B
환노출 계수≤-31	0	0	1	0	2	0	1	0	3	0
-31<환노출 계수≤-15	7	1	7	0	4	0	9	1	7	1
-15환노출 계수≤-7	8	2	4	1	8	2	7	1	4	0
-7<환노출 계수≤-3	18	7	22	11	19	6	18	9	16	3
-3<환노출 계수≤-1	55	38	57	47	67	50	82	52	64	46
-1<환노출 계수≤0	102	93	102	94	102	93	101	92	89	78
0<환노출 계수≤1	27	21	27	25	24	22	28	26	36	27
1<환노출 계수≤3	39	36	36	30	36	29	36	25	37	30
3<환노출 계수≤7	45	39	47	37	40	31	47	36	54	45
7<환노출 계수≤15	45	27	43	23	49	25	51	26	51	32
15<환노출 계수≤31	29	1	35	4	24	4	28	4	26	3
환노출 계수>31	10	0	11	0	12	0	13	0	13	0
기업 수	385	265	392	272	387	262	421	272	400	265
환노출 계수 평균	3.496	1.391	3.936	1.441	3.525	1.465	3.616	1.314	3.559	1.943
환노출 계수가 양수인 기업 비율(%)	50.77	46.79	50.77	43.75	47.87	42.37	48.22	43.01	54.25	51.70

자료: 권택호·주경원(2011), p.52.

예측환노출이 양수의 값을 갖는 기업의 비율은 연도별로 차이가 있지만 유가증권시장의 경우 대략 50% 내외이다. 영업이익률이 평균의 50%미만인 기업을 제외하고 계산한 결과에서는 예측환노출이 양수인 기업이 감소한다.

<표 6-15>는 예측환노출이 -1에서 0의 구간에 많이 분포되어 있지만 양수의 큰 환노출을 갖는 경우가 많이 있음을 보여준다. 또한 영업이익률이 낮은 경우 환노출의 절대값이 크게 계산되는 경우가 있지만 계수값의 크기 이외에는 영업이익률과 예측환노출 분포특성 간에 특별한 관계는 없음을 보여준다.

<표 6-16>에는 유가증권시장 기업의 예측환노출과 관찰환노출차이의 특성을 정리한다. 관찰환노출은 주가수익률을 종속변수로 하고 시장수익률과 원/달러 환율변동률을 독립변수로 하는 회귀모형을 사용해 추정한 것이다. 관찰환노출은 일별 자료를 사용하여 연도별로 추정한 것이다. 환노출의 차이는 '예측환노출-관찰환노출'로 계산한다. 영업이익률이 분석 표본기업 평균의 10%미만인 기업과, 계산된 예측환노출 값이 40을 초과하는 기업은 제외한다.

왼쪽 처음 열에서의 범위는 예측환노출의 범위이다. 각 연도열에서 감소는 예측환노출에 비해 관찰환노출에서 환노출의 정도가 감소한 경우이다. 예를 들어, 예측환노출이 2이었는데 관찰환노출이 0.1로 추정된 경우나 예측환노출이 -2이었는데 관찰환노출은 -0.2와 같이 추정된 경우에 해당한다. 증가는 관찰환노출에서 환노출 정도가 증가한 경우인데 예를 들어, 예측환노출이 2였는데 관찰환노출이 3과 같이 추정된 경우나, 예측환노출이 -2인데 관찰환노출이 -3과 같이 되어 관찰환노출의 환노출 정도가 예측환노출의 환노출 정도보다 증가한 경우이다. 변화는 예측환노출과 관찰환노출의 방향이 변한 경우이다. 예를 들어, 예측환노출이 2이었는데 관찰환노출이 -0.2가 되었거나, 예측환노출이 -2이었는데 관찰환노출이 0.3과 같이 환노출의 방향이 바뀐 경우이다. 이 경우는 기업의 헤지활동이 적정 수준을 넘어 과도하게 이루어졌을 가능성이 있는 경우이다.

분석 기업 대부분이 예측환노출이 감소했거나 예측환노출과 관찰환노출의 방향이 반대로 바뀐 경우이고 관찰환노출 정도가 예측환노출 정도보다 증가한 경우는 많지 않다. 관찰환노출이 예측환노출보다 증가한 경우는 예측환노출 계수가 -1과 0 사이의 범위에 있는 경우가 대부분이다. 2006년-2008년에는 환노출이 감소한 경우가 많은 것으로 나타나고 있다. 그러나 2004년과 2005년에는 환노출이 감소한 경우보다 환노출의 방향이 변한 경우가 많다. 이러한 결과는 환노출관리 활동 방향의 설정은 잘 되고 있지만 과도하게 이루어지는 경향이 있음을 시사하는 것이다. 환노출의 방향이 바뀐 경우는 환노출 계수가 양수인 기업의 경우가 환노출 계수가 음수인 경우보다 자주 나타나고 있다. 즉, 환율이 상승(하락)하면 기업가치가 증가(감소)하는 기업의 경우에 과도한 헤지가 이루어지는 경향이 있음을 나타내고 있다.

환노출의 차이를 '예측환노출 계수-관찰환노출 계수'와 같이 정의하면 예측환노출이 양수인 경우는 환노출이 감소한 경우라면 환노출차이가 클수록 기업이 환노출을 잘 관리하고 있는 것이다. 그러나 앞서 기술한 바와 같이 관찰환노출의 방향이 바뀐 경우에는 환노출관리가 과도하게 이루어졌다고 할 수 있다. 이러한 차이가 있기는 하지만 이 두 경우 모두 환노출차이와 환노출관리 유형 간의 관계를 분석하면 환노출을 관리하는데 활용되고 있는 환노출관리 활동의 유용성을 분석할 수 있다.

예측환노출이 음수인 경우는 환노출차이가 작은 값을 가질수록 환노출관리를 많이 한 것으로 해석할 수 있다. 예를 들어, 예측환노출이 -5인 경우 관찰환노출이 -3인 경우(환노출차이=-2)보다는 관찰환노출이 -1인 경우(환노출차이=-4)에 환노출관리를 더 잘 했다고 할 수 있기 때문이다. 관찰환노출의 부호가 바뀐 경우에는 환노출관리가 과도하게 이루어졌다고 할 수 있다. 그러나 이 두 경우 역시 환노출차이와 환노출관리 활동 관련 변수 간의 관계는 유지되고 있다고 할 수 있다.

<표 6-16>을 살펴보면 전반적으로 관찰환노출 계수가 예측환노출 계수보다 환노출 정도가 낮은 값으로 추정되고 있음을 알 수 있다. 이것은 환율변동 중에서 영구적인(permanent) 부분에 대해서만 주가가 반응했기 때문일 수 있다. Bartov and Bodnar(1994)는 환노출 계수가 유의적으로 추정되지 않는 이유를 설명하면서 환율변동이 일시적(temporal)이라고 판단되는 경우 환율변동이 주가에 반영되지 않을 수 있음을 지적했다. 환율변동이 기업의 가치에 영향을 미칠 수 있는 중요한 통로 중에 하나인 환율변동에 의한 기업의 가격조정 즉 마크업(mark-up)조정과 관련해 Froot and Klemperer(1989)는 환율의 변동이 일시적이라고 판단되는 경우 기업은 환율의 변동에 대해 적극적인 반응을 보이지 않을 수 있음을 지적하였다. 식(6-16)은 환율변동이 모두 영구적인 변동이라는 전제하에 환노출을 추정한다. 그러나 투자자들이 환율변동 중에는 일시적인(temporal) 변동 부분이 있다고 판단한다면 일시적인 변동부분만큼은 주가변동으로 나타나지 않을 수 있다. 따라서 관찰환노출 정도는 환율변동의 모든 부분을 반영한 예

측환노출 정도보다 낮은 환노출로 추정될 수 있다. 그러나 환율변동 중에 일시적 변동이라고 판단되는 부분이 일정하다면 환율변동률과 기업가치 변동률 간에 탄력성을 나타내는 예측환노출과 관찰환노출을 비교해 기업의 환노출관리 활동 특성을 분석할 수 있을 것이다.

〈표 6-16〉 유가증권시장 기업 예측환노출과 관찰환노출의 관계(환노출차이) 특성

구분	2004			2005			2006			2007			2008		
	감소	증가	변화	감소	증가	변화	감소	증가	변화	감소	증가	변화	감소	증가	변화
환노출 계수 ≤-31	0	0	0	0	0	1	1	0	1	1	0	0	3	0	0
-31<환노출 계수≤-15	5	0	2	2	0	5	4	0	0	9	0	0	5	0	2
-15<환노출 계수≤-7	6	0	2	1	0	9	6	0	2	4	0	3	4	0	0
-7<환노출 계수≤-3	11	0	7	11	0	11	10	0	9	16	0	2	15	0	1
-3<환노출 계수≤-1	29	1	25	18	0	39	37	0	30	49	8	25	50	0	14
-1<환노출 계수≤0	34	22	46	31	7	64	37	12	53	35	26	40	46	6	37
0<환노출 계수≤1	7	5	15	7	4	16	6	5	13	9	5	14	11	2	23
1<환노출 계수≤3	19	0	20	22	1	13	19	0	17	19	1	16	16	0	21
3<환노출 계수≤7	21	0	24	32	0	15	24	0	16	27	0	20	28	0	26
7<환노출 계수≤15	20	0	25	28	0	15	33	0	16	20	0	31	20	0	31
15<환노출 계수≤31	10	0	19	19	0	16	15	0	9	10	0	18	8	0	18
환노출 계수 >31	1	0	9	3	0	8	5	0	7	4	0	9	3	0	10
기업 수(개)	**163**	**28**	**194**	**174**	**12**	**206**	**197**	**17**	**173**	**203**	**40**	**178**	**209**	**8**	**183**
평 균	**2.016**	**-0.279**	**5.284**	**5.354**	**0.149**	**2.958**	**3.896**	**-0.053**	**3.454**	**1.826**	**-0.362**	**6.552**	**1.282**	**-0.072**	**6.319**

자료: 권택호·주경원(2011), p.55.

기업이 자신의 수출과 수입활동에 의해 발생한 환노출 즉 예측환노출을 다른 활동들을 통해 관리했다면 그 결과는 관찰환노출에 반영되어 나타난다. 즉, 예측환노출과 관찰환노출의 차이(이하 환노출차이)를 분석하면 기업이 어떻게 환노출관리를 하고 있는지 파악할 수 있다. 특히, 예측환노출의 방향을 중심으로 자료를 분류한 후에 환노출차이와 기업의 환노출관리 수단 간의 관계를 분석하면 환노출관리 효과를 보다 정확하게 파악할 수 있다.

기업이 환노출관리를 위해 사용할 수 있는 활동과 관련된 변수에는 다음과 같은 것이 있다. 첫째, 가격전가이다. 환율이 변동하는 경우 기업이 환율변동 부분을 수입가격과 수출가격에 모두 전가할 수 있다면 기업은 환율변동의 영향을 걱정할 필요가 없다. 그러나 현실적으로 환율변동의 모든 부분을 가격에 전가할 수 있는 기업은 없다. 기업이 수출제품의 가격전가도를 높일수록 기업의 양의 환노출은 감소할 것이나, 반대로 수입제품의 가격전가도의 증가는 국내물가와 수입원자재 가격의 상승을 통해 해당 기업의 음의 환노출을 증가시키는 요인으로 작용할 것이다. 가격전가와 환노출 간의 관계에 관한 연구는 Campa and Goldberg(1999), Allayannis and Ihrig(2001), Bodnar, Dumas and Marston(2002), Bartram, Brown and Minton(2010), 권택호·주경원(2004) 등의 많은 연구에서 논의되었다.

둘째, 외화자산과 부채의 사용이다. 수출기업의 경우 환노출관리를 위해 외화로 자금을 조달하는 방법을 사용할 수 있다. 수출기업이 수출결제통화와 동일한 통화로 자금을 조달하면 수출에 의한 환노출을 감소시킬 수 있다. 수입기업의 경우는 수입결제를 고려해 해당 외화를 보유하면 수입으로부터의 환노출을 감소시킬 수 있다.

셋째, 기업은 내부자본시장을 활용해 환노출을 감소시킬 수 있다(권택호, 2009). 국내에서 기업집단을 형성하고 있는 경우 관계기업들 간의 거래(국내 관계기업간 내부거래)를 통해 기업의 자금을 이동시킬 수 있다. 기업이 관계기업간 내부거래를 하는 주된 목적은 지원(propping)이나 이전(tunneling)의 관점에서 논의되어 왔다. 그러나 기업이 환율변동이 당기의 손익에 미치는 영향을 감소시키기 위한 방향으로 내부거래를 활용했다면 국내 관계기업간의 내부거래는 기업의 환노출을 감소시키는 역할을 했을 수 있다.

넷째, 해외직접투자를 통해 해외에서의 생산, 판매활동을 수행하는 과정에서 환노출을 관리하는 것이다(Williamson, 2001). 해외직접투자가 환노출관리를 위한 목적만으로 수행되지는 않지만 국내에 있는 투자기업은 자신의 환노출을 감소시킬 수 있는 방향으로 해외현지법인과의 거래(해외 관계기업과의 내부거래에 해당)를 활용할 수 있다. 기업이 해외직접투자로 설립한 해외현지법인을 환노출관리를 위해 활용하고 있다면 해외현지법인과의 거래가 많을수록 환노출의 정도는 낮게 나타날 것이다.

다섯째, 파생상품거래이다. 파생상품거래가 기업의 환노출에 미치는 영향에 관해서는 다수의 연구 결과가 발표되었다. 연구 결과가 일치하지는 않고 있지만 전반적인 결론은 파생상품거래가 환노출을 관리하는 효과가 있었다는 것으로 정리할 수 있다.

여섯째, 국내 주식시장에 투자하고 있는 외국인 투자자가 주식시장과 외환시장에 미치는 영향은 기업의 환노출에 영향을 줄 수 있다. 외국인 투자자들의 주식시장에서의 투자 행태는 국제자본시장의 상황 변화와 밀접한 관계가 있다. 이들은 상황이 변하는 경우 단기간에 한국에서의 투자자금을 회수하기도 하며 짧은 기간 동안 집중적으로 투자를 증가시키기도 하는 투자 행태를 갖고 있다. 외국인이 투자를 회수하는 경우 주식시장과 외환시장에 압박을 주어 주식의 가격은 하락하고 환율(원/달러)은 상승하는 결과가 나타난다. 반면 투자를 증가시킬 때에는 환율이 하락하면서 주가가 상승하는 결과가 나타난다. 시장전체적 관점에서 볼 때 이러한 환율상승(하락), 주가하락(상승)은 음의 환노출에 해당한다. 개별 주식의 입장에서 볼 때 이러한 음의 환노출은 외국인이 해당 주식에 투자를 하고 있는 경우에만 나타날 수 있는 것으로 예상해 볼 수 있다.

기술한 변수 외에 기업의 규모와 연구개발비비율도 환노출관리와 관련이 있다(Froot et. al, 1993; Geczy et al., 1997; Allayannis and Ofek, 2001; 권택호, 2009). 규모가 큰 기업은 환위험을 자체적으로 감당할 수 있는 능력이 커서 환위험관리에 적극적이지 않을 수 있다. R&D지출이 높은 기업은 성장기회가 큰 기업인데 이 기업들은 과소투자문제를 피하기 위해 위험관리에 적극적일 수 있다. 그러므로 규모가 작고, R&D지출이 높은 기업일수록 환노출관리에 적극적일 수 있다.

지금까지 논의된 결과에 기초해 환노출차이와 기업의 환노출관리 활동과의 관계를 분석하는 분석 모형을 설정하면 다음과 같다.

$$\begin{aligned} EDIF_{i,t} = {} & b_0 + b_1 SIZE_{i,t} + b_2 PTHR_{i,t} + b_3 NFCDD_{i,t} + b_4 FISHRD_{i,t} + b_5 DITDS_{i,t} \\ & + b_6 DITDB_{i,t} + b_7 OITDS_{i,t} + b_8 OITDB_{i,t} + b_9 DETTRD_{i,t} + b_{10} RND_{i,t} \\ & + b_{11} MD_{i,t} + \sum_{j=1}^{14} b_{11+j} IDUMMY_{j,i,t} + \sum_{y=1}^{4} b_{25+y} YDUMMY_{y,i,t} + \epsilon_{i,t} \end{aligned} \quad (6\text{–}17)$$

EDIF 는 '예측환노출-관찰환노출'로 계산한 환노출의 차이이다. *SIZE* 는 기업의 규모변수이며 *PTHR*은 기업의 가격전가 정도를 나타내는 변수이다. *NFCDD* 는 순외화표시 부채비율이다. *FISHRD* 는 해당 기업 주식의 외국인 지

분보유비율이다. *DITDS*, *DITDB*는 각각 국내기업과의 매도내부거래, 매입내부거래 정도를 나타내는 변수이다. 매도내부거래는 관계기업과의 매출액과 수익을 합하여 기업의 매출액으로 나누어 계산하며, 매입내부거래액은 관계기업과의 매입액과 비용을 합산하여 매출액으로 나누어 계산한다. *OITDS*, *OITDB*는 국내기업과의 내부거래에서와 같은 방법으로 계산한 해외기업과의 매도내부거래, 매입내부거래를 나타내는 변수이다. *DETTRD*는 기업의 파생금융상품거래를 나타내는 변수이고, *RND*는 연구개발비비율이다. *MD*는 유가증권시장과 코스닥시장을 구분하는 더미변수이다. *IDUMMY*, *YDUMMY*는 각각 업종더미변수와 연도더미변수이다.

업종더미는 기업의 매출자료를 기준으로 하였으며 분석표본에서 차지하는 비중을 고려하여 다음과 같이 구분한다(괄호안의 숫자는 KSIC 2자리 구분번호이다). D_1: 식료품제조업(10), D_2: 펄프종이 및 종이제조업(17), D_3: 화학물질 및 화학제품제조업, 의약품제외(20), D_4: 의료용물질 및 의약품제조업(21), D_5: 고무제품 및 플라스틱제조업(22), D_6: 1차금속제조업(24), D_7: 금속가공제품 제조업, 기계 및 가구제외(25), D_8: 전자부품, 컴퓨터, 영상, 음향 및 통신장비제조업(26), D_9: 전기장비제조업(28), D_{10}: 기타 기계 및 장비제조업(29), D_{11}: 자동차 및 트레일러제조업(30), D_{12}: 종합건설(41), D_{13}: 도매 및 상품중개업(46), D_{14}: 컴퓨터 그래픽, 시스템 통합 및 관리업(62)이다. 위식에서 i, t는 각각 기업과 연도를 나타내는 첨자이다. ϵ는 회귀식의 잔차항이다.

기술한 바와 같이 예측환노출이 양수인 경우와 음수인 경우는 환노출차이와 환노출 정도의 변화(증가 또는 감소)와의 관계 해석이 일치하지 않아 이들 기업을 함께 포함하여 분석할 수 없는 문제가 있다. 이러한 문제점을 고려하여 환노출 계수가 양수인 기업과 음수인 기업을 별도로 구분하여 분석을 수행하였다. 분석 결과는 <표 6-17>, <표 6-18>과 같다. 표의 첫째 열은 독립변수 명이며, 둘째 열은 모든 표본자료를 이용한 추정 결과이다. 셋째 열부터 열 번째 열까지는 예측환노출 계수의 절대값이 40이상인 경우를 제외하고 추정한 결과이다. 세 번째 열에서 열 번째 열까지는 추정 모형의 독립변수인 파생상품에 대입한 파생상품 명칭이다. 즉, 세 번째 열의 총금융파생거래는 총파생상품거래 자료를 식(6-17)의 *DETTRD*에 대입하여 추정한 결과이다. 동일하게 선물매입은 식(6-17)의 *DETTRD*에 기업의 선물매입자료를 대입하여 추정한 결과이다. a, b, c는 각각 1%, 5%, 10%에서 유의적인 경우를 나타낸다.

<표 6-17>에서 파생상품거래의 계수는 유의적인 양수 값으로 추정되어 파생상품거래가 환노출 계수의 차이를 증가시켜 결과적으로 관찰환노출 계수를 감소시키는 역할을 하고 있음을 보여준다. 해외 관계기업과의 내부거래 역시 내부거래의 현금흐름의 방향과 관계없이 양의 예측환노출 계수를 감소시키는 역할을 하고 있다.

그러나 외국인 투자자의 지분보유비율은 음수의 계수값으로 추정되어 지분보유비율이 높으면 환노출차이가 감소한다. 환노출차이가 감소한다는 것은 관찰환노출의 감소 정도가 작다는 것을 의미한다. 즉, 외국인 투자자들이 지분을 많이 소유하는 기업일수록 관찰환노출 계수가 양수의 큰 값을 갖는다는 것을 의미한다. 일반적으로 외국인들은 경제상황에 따라 투자자산을 단기간에 회수하는 경향이 있고 그 결과 주가가 하락하고 환율이 상승하는 결과가 나타나기도 하기 때문에 환율이 상승할 때 기업의 가치가 상승하는 방향의 관찰환노출을 보이는 기업은 외국인 투자자에게는 한국에서의 투자에 수반되는 위험의 관리 측면에서 볼 때 유리한 투자자산일 수 있다. 따라서 외국인 투자자들이 이러한 특성의 기업지분율을 높여서 나타난 결과일 수 있다.

<표 6-17>에 나타난 외국인 지분비율과 관찰환노출과의 관계는 외국인이 양의 관찰환노출을 보이는 기업을 선호해 나타난 결과로 이해할 수 있을 것이다. 실제로 예측환노출 계수가 양수인 기업 중에 외국인 투자자들의 보유지분비율이 50% 이상인 기업-연도 자료(41개)를 이용해 예측환노출과 지분비율 간의 상관계수를 계산해 보면 0.42로 매우 높다. 즉, 예측환노출 계수 값이 큰 기업에 대한 보유지분비율이 높다. 지분비율이 40%이상인 기업-연도 자료(90개)를 대상으로 상관계수를 계산하면 0.25로 낮아지기는 하지만 역시 높은 상관계수를 나타낸다. 예측환노출 계수가 음수인 기업을 대상으로 50%이상 지분보유 기업(30개 기업-연도 자료)들의 예측환노출과 지분비율간의 상관계수를 계산하면 -0.13으로 음의 예측환노출이 클수록 외국인들이 투자를 꺼리는 것으로 나타난다. 그러나 보유지분비율이 40%이상인 기업(90개 기업-연도 자료)들의 상관계수는 -0.02로 유의적이지 않다. 이러한 결과는 외국인들이 예측환노출 계수가 양수인 기업에 대한 투자를 선호하고 예측환노출 계수가 음수인 기업에 대한 투자를 꺼려하고는 있지만, 예측환노출 계수가 양수인 기업에 대한 투자에 대한 선호 정도가 더 크다는 것을 의미한다.

통제변수로 사용한 기업규모와 연구개발비비율은 총파생상품거래를 변수로

사용한 분석에서 음수의 유의적인 값으로 추정된다. 즉, 규모가 클수록, 연구개발비 지출이 많을수록 환노출관리에 적극적이지 않은 것으로 해석할 수 있다. 규모의 경우는 추정과 일치한다. 그러나 연구개발비의 경우는 연구개발비가 클수록 환노출관리에 적극적일 것이라는 추정과 일치하지 않는 결과이다. 시장더미변수는 양의 유의적인 값으로 추정되어 유가증권시장 기업이 코스닥시장에 비해 관찰환노출에서 양의 환노출 계수가 많이 감소했음을 나타내고 있다. 정리하지는 않았지만 업종더미변수도 유의적인 값으로 추정된 경우가 많다. 자동차 및 트레일러제조업과 도매 및 상품중개업은 관찰환노출 계수 감소가 크며 나머지 업종에서는 관찰환노출의 감소가 작게 나타났다.

〈표 6-17〉 예측환노출과 관찰환노출차이분석 – 예측환노출 계수가 양수인 기업

추정식:

$$\begin{aligned} EDIF_{i,t} &= b_0 + b_1 SIZE_{i,t} + b_2 PTHR_{i,t} + b_3 NFCDD_{i,t} + b_4 FISHRD_{i,t} + b_5 DITDS_{i,t} \\ &\quad + b_6 DITDB_{i,t} + b_7 OITDS_{i,t} + b_8 OITDB_{i,t} + b_9 DETTRD_{i,t} + b_{10} RND_{i,t} \\ &\quad + b_{11} MD_{i,t} + \sum_{j=1}^{14} b_{11+j} IDUMMY_{j,i,t} + \sum_{y=1}^{4} b_{25+y} YDUMMY_{y,i,t} + \zeta_{i,t} \end{aligned} \quad (6\text{–}17)$$

변수	전체 표본	|예측환노출| < 40							
		총 금융 파생거래	선물매입	선물매도	선물총	통화옵션	통화스왑	이자율 스왑	상품파생
상수	3.55	11.96[a]	8.67[a]	9.88[a]	9.22[a]	9.40[a]	10.18[a]	10.26[a]	8.48[a]
기업규모	0.25	-0.33[b]	-0.15	-0.22	-0.18	-0.18	-0.23	-0.22	-0.14
가격전가율	0.47	1.18	1.97	1.96	1.92	1.46	1.99	1.36	2.08
순외화부채비율	-3.42	0.03	-0.16	0.17	-0.02	-0.05	-0.30	-0.39	-0.16
외국인지분비율	-10.17[a]	-5.49[a]	-5.54[a]	-5.37[a]	-5.54[a]	-5.68[a]	-5.42[a]	-5.35[a]	-5.52[a]
국내 내부거래 매도	-1.81	0.77	0.63	0.67	0.69	0.59	0.72	0.63	0.61
국내 내부거래 매입	-2.08[b]	-0.23	-0.11	-0.12	-0.16	-0.06	-0.16	-0.17	-0.10
해외 내부거래 매도	8.54[a]	6.73[a]	6.53[a]	6.58[a]	6.58[a]	6.59[a]	6.59[a]	6.67[a]	6.51[a]
해외 내부거래 매입	7.52[a]	8.90[a]	8.51[a]	8.58[a]	8.56[a]	8.81[a]	8.65[a]	8.50[a]	8.46[a]
파생상품거래	0.93[a]	0.98[a]	-0.08	1.32[a]	0.40	1.78[a]	1.75[b]	1.91[b]	-1.38
연구개발비비율	-20.84[a]	-18.53[a]	-19.3[a]	-19.10[a]	-19.16[a]	-19.36[a]	-18.70[a]	-19.05[a]	-19.35[a]
시장더미	2.63[a]	2.70[a]	2.73[a]	2.71[a]	2.72[a]	2.77[a]	2.72[a]	2.68[a]	2.73[a]
산업더미	포함	포함	포함	포함	포함	포함	포함	포함	포함
연도더미	포함	포함	포함	포함	포함	포함	포함	포함	포함
관측치 수(개)	1,926	1,878	1,878	1,878	1,878	1,878	1,878	1,878	1,878
조정된 결정계수	0.15	0.17	0.16	0.16	0.16	0.17	0.16	0.16	0.16

자료: 권택호·주경원(2011), p.62.

<표 6-17>의 결과를 정리하면, 일부 파생상품거래와 해외 관계기업과의 내부거래가 예측환노출 계수가 양수인 기업의 환노출 계수 감소와 관계가 있다. 그러나 외화표시 부채는 환노출 계수를 감소시키는 역할을 하지 못하고 있다.

<표 6-18>은 예측환노출 계수가 음수인 경우의 분석 결과이다. 예측환노출 계수가 음수인 경우는 환노출차이가 작을수록 음의 예측환노출 정도가 많이 감소한다. 물론, 이러한 감소가 환노출 정도를 감소시킨 것을 의미하는 것인지는 확실하지 않지만 환노출관리의 효과가 의도한 방향으로 나타났음을 의미하는 것으로는 해석할 수 있다.

<표 6-18>에서 음의 예측환노출 정도를 감소시키는 방향으로 추정된 계수는 가격전가율의 계수이다. 즉, 가격전가율이 높을수록 관찰환노출이 음의 예측환노출로부터 양의 환노출 방향으로 이동하고 있다고 할 수 있다. 이러한 결과는 한국의 제조기업들이 자신의 음의 환노출을 가격전가를 통해 관리하고 있음을 시사하는 결과이다.

외국인 투자자의 보유지분비율은 양수의 유의적인 값으로 추정된다. 계수가 양수인 것은 외국인 지분비율이 높을수록 관찰환노출에서의 음의 환노출 정도의 감소가 작은 것을 의미한다. 따라서 외국인 지분비율이 높은 기업의 경우 관찰환노출에서의 음의 환노출이 크다. 이러한 결과는 외국인 투자자가 한국 시장에서 투자를 회수해 가는 과정에서 주가가 하락하고 환율이 상승하는 현상과 관련이 있을 수 있다. 시장에서 이러한 외국인 투자자의 투자회수와 환율변동의 관계를 인식하고 있다면 외국인이 지분을 많이 보유하고 있는 기업은 기업가치가 하락하면서 환율이 상승하는 환노출에 대한 기대가 반영되어 음의 환노출이 나타날 수 있다.

내부거래는 음의 예측환노출의 감소에 부정적인 영향을 미치고 있다. 국내내부거래에서는 매입거래만 유의적이고 해외기업과의 내부거래는 매도거래와 매입거래에 계수가 모두 유의적이다. 예측환노출 계수가 양수인 기업 분석에서는(<표 6-17>) 해외기업과의 내부거래가 양의 환노출을 감소시키는 방향으로 영향을 주었는데, 예측환노출 계수가 음수인 기업 분석에서는(<표 6-18>) 음의 관찰환노출 정도를 증가시키는 방향으로 영향을 주고 있다. 이러한 결과는 해외기업과의 내부거래가 기업이 기본적으로 처한 환노출의 방향과 관계없이 환노출 계수값을 감소시키는 방향으로 즉, 음의 환노출을 유발시키는 방향으로 영향을 주고 있음을 의미한다. 이러한 결과로 미루어 볼 때 <표 6-17>의 결과는 기업이 의도적으로 환노출관리를 했기 때문이기 보다는 거래의 특성상 환율이 하락(상승)하면 이익(손실)을 보는 유형의 내부거래를 한 결과 때문일 것으로 추론할 수 있다. 결국, 기업이 해외기업과의 내부거래를 할 때 자신의 환노출관리를 적극적으로 고려하지는 않고 있음을 시사하고 있다.

예측환노출 계수가 음수인 기업 분석에서는 총금융파생거래를 사용한 분석에서 규모의 계수는 음의 값으로 유의하여 기업규모가 클수록 환노출관리에 적극적인 것으로 나타나고 있는데 이는 예측환노출이 양수인 경우의 분석 결과와 다른 결과이다. 연구개발비비율 계수와 시장더미는 유의적이지 않다. 산업더미는 유의적인 경우가 많으며 대부분 양수의 계수로 추정되었다.

〈표 6-18〉 예측환노출과 관찰환노출차이분석 – 예측환노출 계수가 음수인 기업

추정식:

$$\begin{aligned}EDIF_{i,t} =& b_0 + b_1 SIZE_{i,t} + b_2 PTHR_{i,t} + b_3 NFCDD_{i,t} + b_4 FISHRD_{i,t} + b_5 DITDS_{i,t} \\ &+ b_6 DITDB_{i,t} + b_7 OITDS_{i,t} + b_8 OITDB_{i,t} + b_9 DETTRD_{i,t} + b_{10} RND_{i,t} \\ &+ b_{11} MD_{i,t} + \sum_{j=1}^{14} b_{11+j} IDUMMY_{j,i,t} + \sum_{y=1}^{4} b_{25+y} YDUMMY_{y,i,t} + \zeta_{i,t}\end{aligned} \tag{6-17}$$

변수		전체 표본	|예측환노출| < 40							
			총 금융 파생거래	선물매입	선물매도	선물총	통화옵션	통화스왑	이자율 스왑	상품파생
상수		5.83[a]	5.26[a]	4.78[a]	4.69[a]	4.52[b]	4.74[a]	4.70[b]	5.32[a]	4.70[a]
기업규모		-0.21	-0.19[c]	-0.16	-0.15	-0.14	-0.16	-0.15	-0.19[c]	-0.15
가격전가율		-20.76[a]	-20.14[a]	-20.20[a]	-20.20[a]	-20.20[a]	-20.21[a]	-20.19a	-20.15[a]	-20.19[a]
순외화부채비율		-1.54	-1.65	-1.59	-1.46	-1.28	-1.40	-1.44	-1.53	-1.45
외국인지분비율		2.71[a]	2.63[a]	2.59[a]	2.56[a]	2.59[a]	2.60[a]	2.59[a]	2.66[a]	2.60[a]
국내 내부 거래	매도	0.31	0.27	0.27	0.26	0.26	0.29	0.26	0.27	0.26
	매입	0.82[a]	0.80[a]	0.81[a]	0.81[a]	0.80[a]	0.81[a]	0.80[a]	0.79[a]	0.80[a]
해외 내부 거래	매도	15.70[a]	15.34[a]	15.79[a]	15.49[a]	16.30[a]	15.02[a]	15.94[a]	15.68[a]	15.78[a]
	매입	4.44[b]	4.30[b]	4.23[b]	4.34[b]	4.20[b]	4.56[b]	4.23[b]	4.14[b]	4.25b
파생상품거래		0.22	0.19	0.39	0.69	-0.24	2.00[a]	0.03	0.60[c]	0.80
연구개발비비율		3.97	3.91	3.91	3.84	3.94	3.97	3.92	3.92	3.93
시장더미		0.04	0.03	0.02	0.02	0.01	0.01	0.02	0.03	0.01
산업더미		포함	포함	포함	포함	포함	포함	포함	포함	포함
연도더미		포함	포함	포함	포함	포함	포함	포함	포함	포함
관측치 수(개)		1,869	1,868	1,868	1,868	1,868	1,868	1,868	1,868	1,868
조정된 결정계수		0.33	0.32	0.32	0.32	0.32	0.32	0.32	0.32	0.32

자료: 권택호·주경원(2011), p.64.

<표 6-17>의 환노출 계수가 양수인 기업에 대한 분석 결과와 <표 6-18>의 환노출 계수가 음수인 기업에 대한 분석 결과를 정리하면 다음과 같다. 첫째, 환율이 상승(하락)하면 기업가치가 증가(감소)하는 환노출 계수가 양수인 기업은 파생상품거래와 해외에 있는 관계기업간의 내부거래를 통하여 환노출을 관리한다. 둘째, 환율이 상승(하락)하면 기업가치가 감소(증가)하는 기업(환노출 계수가 음수인 기업)은 환율변동을 가격에 전가하는 방법으로 환노출을 관리한다. 셋째, 외국인 투자자가 기업의 지분을 보유하고 있는 경우 기업의 관찰환노출 계수는 환노출 정도가 증가하는 방향으로 영향을 받는 것으로 나타나 외국인 투자자는 한국 제조업들의 환노출관리를 어렵게 하고 있다고 할 수 있다. 넷째, 파생상품을 이용한 환노출관리는 주로 환노출 계수가 양수인 기업 즉, 환율이 상승(하락)하면 기업가치도 상승(하락)하는 기업의 환노출관리에 활용되고 있으며 환노출 계수가 음수인 기업에서는 환노출관리에 효과적으로 활용되지 않고 있다. 다섯째, 순외화표시 부채비율은 예측환노출의 방향과 관계없이 기업의 환노출관리와 관련성을 확인할 수 없다. 만일 기업이 외국통화로 자금을 조달할 때 해당 자금을 파생상품을 이용해 헤지하는 조건으로 자금을 조달했다면 즉, 외화표시자금 조달시에 조달에 따른 환노출을 모두 헤지하고 있다면 이러한 결과가 가능할 것이다.

권택호·주경원(2011)의 연구는 기업의 환노출을 기업의 경영 단계별로 인식하고 내생성 문제를 완화하면서 헤지활동의 특성을 분석하고자 했다는 의의를 갖는다. 기업의 주가수익률을 사용해 추정한 환노출(관찰환노출)은 그 기업의 영업활동에서 나타난 환노출이 아니라 영업활동에서 나타난 환노출을 관리하고 최종적으로 기업에 남은 환노출이기 때문에 관찰환노출을 사용해 기업의 환노출관리 활동을 분석하는 것은 적절한 방법이 아니다. 이들의 연구는 기업의 환노출 특성을 이해하고 이의 관리방안을 모색하는 기업에게 유용한 정보로 활용될 수 있을 것이다. 특히, 환율이 급등할 때 기업가치가 급락하는 환노출 즉, 음수의 환노출을 관리해야하는 필요성이 환율이 하락할 때 기업가치가 하락하는 환노출을 관리해야 하는 필요성보다 큰 상황을 고려할 때 음수의 환노출에 대해 가격전가만으로 대처하고 있는 환노출관리 실태는 개선이 필요하다고 할 수 있다.

6) 파생상품거래와 환노출관리

권택호(2007)는 한국 기업의 비대칭적 환노출이 외화표시 부채의 사용에 기인된 것이라고 주장하였다. 그러나 비대칭적 환노출의 관리 방법에 관해서는 방안을 제시하지 못하였다. 비대칭적 환노출은 환율의 변동 방향에 따라 환노출의 크기가 다른 특성을 갖기 때문에 옵션을 제외한 일반적인 방법으로는 관리할 수 없는 환노출이라고 인식되었다.

권택호·정성창(2010)은 선물환거래와 통화선물거래가 비대칭적 환노출에 미치는 영향을 분석하였다. 정성창·권택호(2007)는 한국 기업들이 선물환거래를 통해 환노출을 관리하고 있다고 보고하였다. 선물환거래나 통화선물거래는 환율의 변동에 대해 대칭적 손익구조를 가지고 있기 때문에 이러한 구조의 상품을 가지고 비대칭적 환노출을 관리하는 것은 효율적이지 않을 수 있다. 그러나 비대칭적 환노출이 외화표시 부채의 사용에 기인한 것이라면 외화표시 부채로부터의 환노출을 관리하는 것은 곧 비대칭적 환노출을 관리하는 방안이 될 수 있다. 권택호·정성창(2010)은 선물환과 통화선물을 사용한 환노출관리가 비대칭적 환노출을 관리하는 결과를 가져올 수 있는가를 확인하고자 하였다.

권택호·정성창(2010)은 2000년부터 2006년까지의 유가증권시장 비금융업종 기업들을 대상으로 기업의 비대칭적 환노출을 확인하고 통화선물거래를 사용하여 비대칭적 환노출을 관리할 수 있는지의 여부를 분석하였다. 그들은 분석결과를 근거로 달러부채로부터의 환위험을 관리하는 경우 비대칭적 환노출도 관리할 수 있기 때문에 비대칭적 환노출을 관리하기 위해 비대칭적 손익구조를 갖는 파생상품의 활용이 반드시 필요한 것은 아니라고 주장하였다. 또한, 그들의 연구 결과는 선물환이나 통화선물거래를 이용한 환노출관리의 타당성을 검토할 때 비대칭적 환노출관리 효과도 함께 고려할 필요가 있음을 지지하는 것으로 해석할 수 있다.

권택호·장욱·정성창(2010)은 2004년부터 2008년까지의 유가증권시장과 코스닥시장의 비금융업종기업들을 대상으로 파생상품거래가 환노출을 관리하기 위한 목적으로 적절하게 사용되고 있는지의 여부를 분석하였다.

그들은 유가증권시장과 코스닥시장 기업의 통화파생상품거래 내역을 분석하고 다소의 차이가 있기는 하지만 두 시장 간에 파생상품거래에 큰 차이가 있지는 않다고 보고하였다. 선물환거래와 옵션거래를 구분해 분석하기 위해 기업을 선물환거래(통화선물거래 포함)기업과 통화옵션거래기업으로 구분하여 분석하였다. 그들은 통화파생상품거래기업과 비거래기업의 환노출 계수의 차이를 대응표본 비교 방법으로 분석하기 위해 전체 기업을 선물환거래기업과 통화옵션거래기업 그리고 통화파생상품을 거래하지 않은 기업으로 구분하였다. 2004년부터 2008년 기간에 통화옵션거래에 대한 보고 없이 선물환거래만 보고한 기록이 있는 기업을 선물환거래기업으로, 통화옵션거래만 보고했거나 선물환거래를 보고한 연도보다 통화옵션을 보고한 연도가 많은 기업을 통화옵션거래기업으로 구분하였다. 분석 기간 중에 선물환과 통화옵션거래를 한 번도 보고하지 않은 기업을 비거래기업으로 구분하였다.

유가증권시장에 2004년~2008년 동안 계속 상장된 기업 중에서 특성변수 자료가 이용 가능한 기업들을 분석표본기업으로 하였다. 분석 대상에 포함된 기업은 총 399개 기업이며 통화옵션거래기업으로 분류된 기업은 30개, 선물환거래기업으로 분류된 기업은 90개 기업이다. 통화파생상품거래를 한번도 보고하지 않은 기업은 249개 기업이다. 통화옵션의 대응기업은 거래기업 30개 기업 각각에 대해 비거래기업 249개 중에서 1:1 대응 방법으로 추출한다. 선물환거래기업의 경우는 90개 거래기업 각각에 대해 1:1 대응 방법으로 249개 비거래기업 중에서 선택한다. 대응기업 추출은 비복원 추출방법을 사용한다. 즉, 통화옵션 거래기업의 경우 처음에는 30개 기업 중에 1개 기업을 임의로 선택하고 249개 기업과의 특성변수 차이를 검토한 후에 특성변수의 차이가 가장 작은 기업을 선택해 대응기업으로 한다. 다음에는 29개 거래기업 중에 한 기업을 선택해 248개 기업 중에서 동일한 방법으로 대응기업을 추출하고 이러한 작업을 30개 옵션거래기업이 모두 대응기업을 찾을 때까지 반복한다. 선물환거래기업의 대응기업도 동일한 과정을 거처 추출한다.

그러나 통화옵션거래기업과 선물환거래기업의 대응표본 추출 집단을 구분하지는 않는다. 따라서 선택 결과만을 놓고 보면 하나의 비거래기업이 통화옵션거래기업의 대응기업과 선물환거래기업의 대응기업으로 동시에 추출될 수도 있다. 이처럼 통화옵션거래기업의 대응표본 추출 표본기업 집단과 선물환거래기업의 대응표본 추출 표본기업 집단을 구분하지 않은 것은 전체 표본기업이 많지 않은 제약을 고려한 것이다.

코스닥시장 기업은 전체 표본기업이 495개 기업이며 통화옵션거래기업으로 분류된 기업이 54개, 선물환거래기업으로 분류된 기업이 71개 기업이다. 선물환거래기업과 통화옵션거래기업의 대응기업은 유가증권시장에서 대응기업을 선택한 것과 동일한 방법으로 선택한다.

그들은 주가수익률과 시장수익률, 환율변동률로 구성된 회귀모형을 사용하여 환노출 계수를 추정하고, 통화옵션거래기업과 선물환거래기업의 환노출 계수가 대응기업의 환노출 계수에 비해 어떠한 차이가 있는지를 분석하였다. 환노출 계수 차이 검증을 위한 다변량 검증모형은 식(6-18)과 같다. $DDUM$은 파생상품거래기업은 1 대응기업은 0의 값을 갖는 더미변수이다. $Size$, $EXpor$, $TORI$, $Debt$, $OPRP$, $NDDT$는 각각 규모, 수출비율, 회전율, 부채비율, 영업이익률, 달러순부채비율이다. 종속변수 $\widehat{\beta_{e,i}}$은 회귀모형을 사용해 추정한 환노출 계수이다.

$$\widehat{\beta_{e,i}} = g_0 + g_1 DDUM_i + g_2 Size_i + g_3 EXpor_i + g_4 TORI_i + g_5 Debt_i + g_6 OPRP_i + g_7 NDDT_i + \epsilon_i \quad (6\text{–}18)$$

식(6-18)에서 더미변수의 계수인 g_1은 파생상품거래기업과 대응기업 간의 환노출 계수 값의 차이를 나타낸다. g_1이 음(양)수이면 파생상품거래기업의 환노출 계수가 대응기업의 환노출 계수에 비해 작(크)다는 것을 나타낸다. 파생상품거래기업의 환노출 계수 값이 작거나 크다는 것을 환노출 정도와 연결해 해석하기 위해서는 분석 대상기업의 환노출 상황을 고려해야 한다. 기업이 양의 환노출 상황에 있었다면 g_1이 음수인 것은 파생상품거래가 환노출 정도를 감소시킨 것으로 해석할 수 있다. 그러나 기업이 음의 환노출 상황에 있었다면 g_1이 음수인 것은 파생상품거래가 기업의 환노출 정도를 오히려 심화시킨 것으로 해석해야 한다.

기업규모는 부채의 장부가치와 보통주의 시가총액을 합한 금액(천원)의 자연로그 값이다. 수출비율은 수출액의 매출액 대비 비율이고 회전율은 월평균 거래량을 상장주식수로 나누어 계산한다. 부채비율은 자기자본 대비 타인자본의 비율이고 영업이익률은 매출액 대비 영업이익의 비율이다. 달러순부채비율은 기업의 달러표시 부채와 자산을 합산한 후에 '달러부채-달러자산' 값을 기업규모로 나누어 계산한다. ***, **, *은 각각 1%, 5%, 10% 수준에서 유의함을 나타낸다. 전체 기업 자료를 이용해 추정한 분석 결과와 환노출 계수의 절대값이 매우 큰(3이상) 경우를 제외하고 분석한 결과를 함께 정리한다.

유가증권시장 기업 분석 결과 통화옵션거래기업의 경우는 거래기업과 대응기업 간에 환노출 계수에 유의적인 차이는 확인되지 않고 있다. 그러나 선물환거래기업과 대응기업 간에는 5% 이내의 유의수준에서 차이가 확인되고 있다. 차이의 방향을 보면 거래기업이 대응기업에 비해 환노출 계수의 값이 작은 것으로 나타나고 있다. 환노출 계수의 절대값이 큰 기업(이상치)을 제외한 분석의 결과도 내용은 동일하다. 이러한 차이를 환율변동과 기업가치 변화의 관계로 설명하면 거래기업의 경우 환율이 상승(하락) 할 때에 기업의 가치가 감소(상승)하는 관계가 대응기업에 비해 크게 나타났다.

코스닥시장 기업의 통화파생상품거래기업과 대응기업 간의 환노출 계수의 차이검정 결과는 유가증권시장의 검정 결과와 차이가 있다. 통화옵션거래기업의 환노출 계수 검정에서 거래기업과 대응기업 전체를 대상으로 한 분석 결과에서는 계수의 유의적인 차이가 확인되지 않았다. 그러나 이상치를 제외한 후의 분석 결과에서는 통화옵션거래기업의 환노출 계수가 대응기업의 환노출 계수보다 작은(음의 방향으로 절대값이 증가하는) 것으로 나타난다. 그러나 선물환거래에서는 거래기업과 대응기업 간에 유의적인 차이가 나타나지 않았다.

거래기업과 대응기업간의 환노출 계수 차이 검증 결과 유가증권시장의 경우 선물환거래기업에서만 환노출 계수의 감소가 확인되었고, 코스닥시장에서는 통화옵션거래기업의 경우 환노출이 큰 값으로 추정된 기업들을 제외한 분석에서만 대응기업과 유의적인 차이가 있는 것으로 분석되었다. 이와 같은 결과는 통화파생상품거래가 기업의 환노출관리에 유용하게 활용될 수 있다는 일반적인 인식과, 분석 기간 동안에 통화옵션거래의 큰 증가 등에 비추어 볼 때 의외의 결과이다.

통화파생상품거래기업과 대응기업 간의 환노출차이 분석 결과는 통화파생상품거래의 환노출관리 효과가 제한적임을 보여준다. 유가증권시장 기업에서의 선물환거래와 코스닥시장 기업에서의 통화옵션거래(이상치제거 후)에서만 거래기업의 환노출 계수 값이 비거래기업의 환노출 계수 값보다 더 작은 것으로 분석되었다. 그러나 이러한 환노출 계수 값의 차이가 환노출 정도의 감소를 의미하는지는 분명하지 않다. 또한, 파생상품거래에 의한 환노출 감소 여부를 판단하는데 있어 통화옵션거래와 선물환거래의 차이를 고려해야 하는데 이러한 분석은 이루어지지 않았다.

〈표 6-19〉 통화파생상품거래기업과 대응기업의 환노출차이

추정식:

$$\widehat{\beta_{e,i}} = g_0 + g_1 DDUM_i + g_2 Size_i + g_3 EXpor_i + g_4 TORI_i + g_5 Debt_i + g_6 OPRP_i + g_7 NDDT_i + \epsilon_i \quad (6\text{–}18)$$

A. 유가증권시장 상장기업

변수	통화옵션		선물환(통화선물 포함)	
	전체자료	환노출 계수 절대값 >3 제외	전체자료	환노출 계수 절대값 >3 제외
상수	-2.95(-1.77)*	-1.61(-1.44)	-0.93(-0.97)	-0.90(-1.12)
더미	-0.09(-0.32)	0.15(0.67)	-0.32(-2.21)**	-0.26(-2.15)**
규모	0.10(1.17)	0.01(0.15)	-0.01(-0.24)	-0.01(-0.15)
수출비율	0.08(0.15)	0.42(1.44)	0.26(1.12)	-0.09(-0.46)
회전율	0.32(1.01)	0.17(0.65)	-0.23(-1.03)	-0.25(-1.39)
부채비율	-0.81(-3.18)***	-0.41(-3.50)***	-0.29(-2.40)**	-0.16(-1.54)
영업이익률	1.18(0.39	3.55(2.08)**	-0.28(-0.62)	-0.53(-1.24)
달러순부채비율	-0.98(-0.71)	1.12(1.32)	-0.81(-1.19)	-0.82(-1.68)*
조정된 결정계수	0.24	0.12	0.08	0.06
관측치 수(개)	60	50	180	163

B. 코스닥시장 상장기업

변수	통화옵션		선물환(통화선물 포함)	
	전체자료	환노출 계수 절대값 >3 제외	전체자료	환노출 계수 절대값 >3 제외
상수	1.36(0.54)	-1.45(-0.78)	3.60(1.37)	1.37(0.81)
더미	-0.19(-0.87)	-0.40(-2.26)**	0.16(0.88)	-0.13(-0.76)
규모	-0.16(-1.07)	0.01(0.13)	-0.29(-1.92)*	-0.15(-1.55)
수출비율	0.48(1.26)	0.78(2.96)***	0.74(1.98)**	0.39(1.18)
회전율	-0.32(-0.98)	-0.42(-1.62)	-0.36(-1.63)	-0.25(-1.26)
부채비율	-0.12(-0.86)	-0.07(-0.54)	-0.24(-2.12)**	-0.16(-1.57)
영업이익률	-0.95(-0.50)	-3.25(-3.01)***	1.17(1.39)	0.29(0.40)
달러순부채비율	0.96(0.55)	1.05(0.74)	-0.11(-0.14)	-0.69(-0.93)
조정된 결정계수	-0.02	0.11	0.11	0.05
관측치 수(개)	108	98	142	128

자료: 권택호·장욱·정성창(2010), pp.77-78.

통화옵션거래를 사용해 수출로부터의 환노출을 관리하는 경우 일반옵션(vanilla option)을 사용한다면 환율하락 시의 환노출만을 관리할 수 있는 계약을 체결했을 수 있다. 수출기업이 풋옵션을 매입하는 것이 여기에 해당된다. 이 경우 환노출관리 효과는 환율하락 시의 환노출 계수에서만 확인될 것이다. 이러한 결과를 확인하기 위해 환율하락 시의 환노출 계수가 통화옵션거래기업과 대응기업 간에 차이가 있는지를 분석한 다변량 검증결과를 <표 6-20>에 정리한다. 종속변수는 비대칭적 환노출 계수 추정 모형을 사용하여 추정한 환율하락 시의 환노출 계수이다.

<표 6-20>의 결과는 앞의 식(6-18)의 종속변수에 환율하락 시의 환노출 계수를 대입하여 추정한 결과이다. 이 모형에서 g_1은 통화파생상품거래기업과 통화파생상품비거래기업 간의 환노출 계수의 차이를 나타낸다. 정리된 결과를 보면 유가증권시장과 코스닥시장 모두 통화옵션거래기업의 환율하락 시 환노출 계수와 대응기업의 환노출 계수 간에 유의적인 차이가 있음을 확인할 수 없다. 즉, 통화옵션계약이 기업들의 비대칭적 환노출(환율하락 시의 환노출)을 관리하는 효과가 있었다고 할 수 없다.

〈표 6-20〉 통화옵션거래기업과 대응기업의 환율하락 시 환노출 계수 차이분석

추정식:

$$\widehat{\beta_{e,i}} = g_0 + g_1 DDUM_i + g_2 Size_i + g_3 EXpor_i + g_4 TORI_i + g_5 Debt_i + g_6 OPRP_i + g_7 NDDT_i + \epsilon_i \quad (6\text{–}18)$$

A. 유가증권시장 통화옵션거래기업

변수	전체자료	환노출 계수 절대값>3 제외
상수	-2.40(-0.79)	0.54(0.23)
더미	-0.34(-0.67)	0.01(0.04)
규모	0.10(0.61)	-0.03(-0.27)
수출비율	1.09(1.12)	0.08(0.14)
회전율	-1.16(-1.73)*	-1.38(-2.85)***
부채비율	-0.00(-0.01)	0.18(0.71)
영업이익률	-8.69(-2.29)**	-8.52(-2.96)***
달러순부채비율	-1.89(-0.73)	1.73(1.11)
조정된 결정계수	0.01	0.09
관측치 수(개)	60	50

B. 코스닥시장 통화옵션거래기업

변수	전체자료	환노출 계수 절대값>3 제외
상수	11.70(1.83)*	4.92(1.03)
더미	0.06(0.14)	0.42(1.32)
규모	-0.71(-1.94)*	-0.34(-1.21)
수출비율	1.10(1.37)	0.18(0.34)
회전율	-1.57(-2.14)**	0.11(0.22)
부채비율	0.49(1.67)*	0.08(0.37)
영업이익률	-3.48(-0.90)	0.77(0.41)
달러순부채비율	5.37(2.13)**	2.75(1.75)*
조정된 결정계수	0.08	-0.03
관측치 수(개)	108	84

자료: 권택호·장욱·정성창(2010), p.79.

<표 6-19>는 선물환거래기업과 대응기업 간에 부분적으로 환노출 계수 값에 차이가 있음을 보여준다. 이러한 환노출 계수에 차이가 환노출의 감소와 관련이 있는지를 확인하기 위해 환노출 계수의 분포특성을 <표 6-21>에 정리한다. 첫 번째 열은 임의로 설정한 범위이며 오른쪽으로 통화옵션거래기업과 대응기업, 선물환거래기업과 대응기업, 그리고 전체 표본기업 순이다. 각 셀은 행과 열에 대응하는 기업의 수이다. 마지막 행은 해당 열의 환노출 계수의 평균값이다.

〈표 6-21〉 환노출 계수의 분포특성

A. 유가증권시장 기업

구분	통화옵션 거래기업		선물환 거래기업		전체표본 기업
	거래기업	대응기업	거래기업	대응기업	
환노출 계수≤-5	0	1	0	0	2
-5<환노출 계수≤-3	6	3	10	7	40
-3<환노출 계수≤-1	17	21	61	55	281
-1<환노출 계수≤0	7	5	18	21	107
0<환노출 계수≤1	0	0	1	7	14
1<환노출 계수≤3	0	0	0	0	2
3<환노출 계수≤5	0	0	0	0	0
환노출 계수>5	0	0	0	0	0
평균	-1.89	-1.79	-1.81	-1.43	-1.62

B. 코스닥시장 기업

구분	통화옵션 거래기업		선물환 거래기업		전체표본 기업
	거래기업	대응기업	거래기업	대응기업	
환노출 계수≤-5	0	2	0	3	8
-5<환노출 계수≤-3	4	4	2	9	42
-3<환노출 계수≤-1	43	33	52	39	354
-1<환노출 계수≤0	6	11	15	16	91
0<환노출 계수≤1	1	3	2	4	22
1<환노출 계수≤3	0	1	0	0	2
3<환노출 계수≤5	0	0	0	0	0
환노출 계수>5	0	0	0	0	0
평균	-1.80	-1.66	-1.60	-1.83	-1.73

자료: 권택호·장욱·정성창(2010), p.81.

분석 기간 동안에 환노출 계수는 유가증권시장과 코스닥시장 모두에서 대부분 음수로 추정되고 있다. 이는 환율이 상승(하락)하면 기업가치가 감소(증가)하는 방향으로 환노출이 있음을 의미한다. 이러한 방향의 환노출은 수출에 의한 환노출과는 다른 것이다. 즉, 이 기간 동안의 환노출은 수출활동보다는 다른 활동에 의해 발생했음을 보여주는 결과이다. 대부분의 기업들이 음의 환노출 상태에 있었다는 것은 한국 기업들의 수출활동을 고려해 볼 때 의외의 결과라고 할 수 있다. 그러나 기업들의 수출제품 중에 수입원자재와 수입중간재의 비중이 증가하고 있고, 내수판매용 제품의 생산에서도 수입원자재와 중간재의 투입이 증가하고 있는 점을 고려 할 때 환율이 상승(하락)하는 경우 기업의 가치가 하락(상승)하는 방향의 환노출은 한국의 상황을 잘 반영하고 있다고 할 수도 있을 것이다. 또한, 이러한 변화는 악화되고 있는 교역조건의 변화와도 관련이 있을 것으로 판단된다.

기업이 자신의 환노출 정도를 정확하게 분석하지 않고 부분적인 활동을 기준으로 헤지비율을 설정하고 이에 따라 파생상품거래를 했다면 분석 결과와 같이 헤지가 기업의 환노출을 증가시키는 것으로 나타날 수 있다. 예를 들어, 기업의 전체적인 환노출이 음의 환노출 즉, 환율이 상승하면 기업가치가 하락하는 상황에 있음에도 불구하고 수출활동만을 염두에 두고 환율이 상승(하락)하면 기업가치가 하락(상승)하는 방향으로 파생상품 포지션을 취했다면 파생상품거래는 결과적으로 기업의 음의 환노출 정도를 증가시키는 결과로 나타날 것이다.

코스닥시장에서의 통화옵션거래의 경우도 환율이 상승(하락)하면 기업가치가 감소(증가)하는 구조의 구조화선물계약을 거래한 것이라면 통화옵션을 이용한 헤지가 기업의 음의 환노출 정도를 심화시킨 것으로 나타날 수 있다. <표 6-19>와 <표 6-21>에서 보여준 결과는 기업이 통화파생상품거래를 이용해 헤지를 함에 있어 환노출을 정확하게 파악하지 못해 헤지비율이 적정하지 못했을 수 있음을 추론케 하는 결과이다.

송홍선·한상범(2010)은 한국 증권시장에 상장된 기업 중 수출보험공사가 운영하고 있는 환변동보험을 사용한 기업들을 대상으로 환노출헤지와 기업가치 간의 관계를 분석하였다. 2000년에서 2008년 기간을 대상으로 한 분석 결과 기업이 환변동보험을 사용하는 경우 기업가치가 7.4% 증가하는 것으로 나타났다고 보고하여 파생상품거래가 유용한 헤지 수단이 될 수 있음을 시사하였다. 그들은 이러한 분석 결과를 토대로 기업의 가치를 증가시킬 수 있는 최적 헤징정책이 존재한다고 주장하였다.

권택호·박래수·배성철(2011)은 기업의 경영활동에서 나타나는 예측환노출과 주가수익률에 나타난 관찰환노출을 분리하여 추정하고, 그 차이와 파생상품거래와의 관계를 분석하였다. 그들은 파생상품거래를 사용한 환노출관리가 실물부문의 환노출을 금융부문의 손익관계를 이용하여 상쇄시키는 것이라는 점을 설명하고, 파생상품거래를 사용하여 환노출을 관리하기 위해서는 환율변동이 초래하는 실물부문의 변화와 금융부문의 변화 관계에 대한 이해가 선행되어야 한다고 주장하였다. 그들은 글로벌금융위기 기간에 대한 분석을 통하여 금융거래를 통해 경영활동의 환노출을 관리하는데 따르는 문제점을 실증적으로 보여주었다. 이들은 한국 기업들이 전반적으로 파생상품거래를 통해 환노출을 적절하게 관리하고 있으나 일부 기업은 기업의 환노출 규모를 적절하게 파악하지 못했거나, 환노출관리 이외의 목적으로 파생상품거래를 했을 수 있다는 증거를 확인했다고 주장하였다.

민상기·김태중(2011)은 기업의 파생상품거래를 사용한 헤징과 자금 조달 그리고 투자의사결정을 기업의 재무의사결정이라는 관점에서 분석하였다. 2000년에서 2009년 사이의 비금융업종 기업을 대상으로 분석하였는데 대규모기업의 파생상품을 사용한 헤지 정도가 낮았으며, 투자의사결정에는 파생상품을 사용한 헤지활동이 영향을 주지 않는 것으로 보고하였다. 저자들은 파생상품거래를 사용한 헤징과 자금 조달 그리고 투자의사결정을 동시에 고려하면서 분석하는 경우 변수들간의 관계가 변한다는 결과에 근거해 파생상품거래를 사용한 헤징 연구에서 다른 재무의사결정변수와의 상호 연관성을 고려해야 할 필요가 있다고 주장하였다.

고석관·소종일(2012)은 2003년부터 2009년까지 기업 파생상품거래 자료를 사용하여 파생상품사용과 기업가치 및 환노출의 관계를 분석하였다. 분석 결과 파생상품거래를 사용한 환위험헤지가 기업의 가치를 증가시킴을 확인할 수 있었으며, 대외거래 비중이 높은 기업의 환위험헤지 효과가 대외거래 비중이 낮은 기업의 환위험헤지 효과보다 크지 않았다고 보고하였다. 그들은 통화파생상품거래를 사용한 환위험헤지와 환노출 간의 관계를 패널모형을 사용해 분석한 결과 유의한 결과를 확인할 수 없었으나, 도구변수를 사용한 2SLS 패널분석에서는 환위험헤지와 환노출 계수의 절대값 사이에 유의한 음(-)의 관계를 확인할 수 있었다고 보고하였다. 이들의 연구는 기업 헤지활동의 효과를 분석하기 위해서는 헤지와 환노출 사이에 존재하는 내생성에 대한 고려가 필요함을 지지하는 것이다.

전상원·강신애(2012)는 2002년에서 2007년까지의 상장된 비금융업종기업의 파생상품거래 자료를 사용하여 파생상품거래가 기업가치에 미치는 영향을 분석하였다. 분석 결과 환율이 비교적 안정되어 있던 기간(2002년~2004년)에는 파생상품거래와 기업가치 간에 유의적인 관계를 확인할 수 없었으나, 변동성이 큰 기간(2005년~2007년)에는 유의적인 관계를 확인하였다. 파생상품거래와 기업가치 간에 관계는 파생상품거래 정도를 공정가액으로 측정한 경우에는 음(-)의 관계를, 계약가액으로 측정한 경우에는 양(+)의 관계를 나타내었다.

한국 기업의 환노출관리에 관한 연구는 주로 유가증권시장에 대한 분석을 중심으로 다루어져 왔다. 파생상품거래를 사용한 환노출관리에 관한 연구도 유가증권시장을 분석하면서 코스닥시장 기업을 함께 분석한 권택호·장욱·정성창(2010)의 연구를 제외하면 코스닥시장에 대한 분석은 이루어지지 않았다. 권택호(2013b)는 코스닥시장 기업의 통화파생상품거래 내역을 분석하고, 기존의 유가증권시장 기업에 대한 분석 결과를 고려할 때 코스닥시장 기업이 파생상품거래를 더 많이 한다고 보고하였다. 그는 코스닥시장 기업의 통화파생상품거래가 기업의 환노출을 감소시키지 못했음을 보고하면서 파생상품거래를 사용해 환위험관리를 효율적으로 하기 위해서는 거래목적을 분명하게 설정해야하며, 관리가 필요한 환노출포지션을 정확하게 정의해야 한다고 주장하였다.

제3부

한국 기업의 환노출 특성

제1부에서는 환위험을 이해하는데 필요한 기본적인 내용을 개념을 중심으로 기술하였다. 이어지는 제2부에서는 한국 기업을 대상으로 수행되었던 환위험 관련 연구 내용을 시기별로 나누어 정리하였다. 기존의 연구들은 각자의 연구에서 설정한 분석 기간과 분석 모형을 전제로 한국 기업의 환위험 특성을 보고하고 있어 한국 기업의 환노출 특성을 종합적으로 제시하지는 못하는 문제가 있었다.

제3부에서는 기존 연구 정리에서 적용한 기간 구분을 참고하여 다양한 유형의 환노출 계수를 추정하고 이의 특성을 분석한다. 분석 결과는 한국 기업의 환노출 특성의 변화를 이해하는데 도움이 될 수 있을 것이다.

제7장 환노출의 특성

1. 환노출의 유형

제1부에서 기술한 바와 같이 기업의 환노출은 측정 대상과 인식 시점을 기준으로 분류할 수도 있지만 기업의 경영활동 단계를 기준으로도 유형화할 수 있다. 기업의 생산과 판매를 기본적인 경영활동으로 본다면 생산과 판매 단계에서 발생하는 환노출은 기업의 기본적인 환노출이고 기업의 경영활동으로부터 예측가능한 환노출이라고 할 수 있다. 이러한 의미에서 이와 같은 영업활동 단계에서 추정한 환노출을 예측환노출이라고 한다. 그러나 기업이 최종적으로 부담하게 되는 환노출은 예측환노출에 기업의 환노출관리 활동을 포함한 재무활동의 결과가 반영된 환노출이다. 기업이 최종적으로 부담하는 환노출은 환율변동과 주가수익률의 관계에 의해 추정할 수 있다. 이처럼 환율변동과 기업가치 변화(주가수익률) 관계를 이용해 추정한 환노출을 관찰환노출이라 한다.

1) 예측환노출

기업의 예측환노출을 추정할 수 있는 모형은 Bodnar and Marston(2002)에 의해 제시되었다. 이후 Bartram, Brown and Minton(2010)은 Bodnar and Marston (2002)의 방법을 확장한 모형을 제시하였다. 그들은 모형을 자동차산업의 기업에 적용해 환노출과 환노출관리 활동 간의 관계를 분석한 바 있다. Bartram, Brown and Minton(2010)은 예측환노출을 추정해 그 값을 관찰환노출 계수와 직접 비교하여 기업이 예측환노출의 70% 정도를 관리하고 있다는 결과를 도출하였다. 이들이 계산한 예측환노출 계수도 주가수익률을 사용해 추정한 환노출 계수 즉, 관찰환노출 계수와 같이 환율변동률과 시장가치 변동률 간의 탄력성을 계산한 것이라는 측면에서 볼 때 예측환노출 계수와 관찰환노출 계수를 직접 비교하는 것이 가능할 수 있다.

Bodnar and Marston(2002)의 예측환노출 추정 모형은 다음과 같다.[21] δ는 추정하고자 하는 환노출이고, h_1는 총수익 중 외화로 지정된 수익의 비율이며, h_2는 총비용 중 외화로 지정된 비용의 비율이다. r는 매출총이익률이다.

$$\delta = h_1 + (h_1 - h_2)((1/r) - 1) \tag{6–16}$$

예측환노출을 추정하기 위해 사용하는 매출총이익률이 매우 작은 값을 갖는 경우 환노출 계수의 절대값이 매우 큰 값으로 추정될 수 있는 문제가 있다. 매출총이익이 매우 작은 기업을 비정상적인 기업으로 간주해 이들을 제외하고 분석을 하는 경우 이 문제를 완화시킬 수는 있다. 그러나 매출총이익률의 비정상적인 수준을 결정하는 것이 자의적인 판단에 의존할 수밖에 없기 때문에 이 경우 분석 결과를 일반화하는데 어려움이 있다.

이 모형을 사용해 추정한 예측환노출 계수가 실질적으로 한국 기업의 환노출 계수를 잘 나타낼 수 있는지를 검토하기 위해 각 변수가 가질 수 있는 일반적인 변수 값을 대입하여 환노출 계수를 계산한 결과를 <표 7-1>에 정리한다. 외화로 지정된 수익의 비율(h_1)은 수출비율로, 외화로 지정된 비용의 비율(h_2)은 수입비률로 표현한다. 표는 수출비율과 수입비율 그리고 매출총이익률을 기업이 실제로 가질 수 있는 범위의 값으로 가정하고 계산한 결과이다.

21) 구체적인 유도과정은 6장의 내용을 참조.

〈표 7-1〉 Bodnar and Marston(2002)의 모형을 적용한 예측환노출 계산

수출비율	수입비율	매출총이익률	예측환노출
0	0.1	0.05	-1.9
0	0.1	0.1	-0.9
0	0.4	0.05	-7.6
0	0.4	0.1	-3.6
0	0.9	0.05	-17.1
0	0.9	0.1	-8.1
0.1	0.1	0.05	0.1
0.1	0.1	0.1	0.1
0.1	0.4	0.05	-5.6
0.1	0.4	0.1	-2.6
0.1	0.9	0.05	-15.1
0.1	0.9	0.1	-7.1
0.4	0.1	0.05	6.1
0.4	0.1	0.1	3.1
0.4	0.4	0.05	0.4
0.4	0.4	0.1	0.4
0.4	0.9	0.05	-9.1
0.4	0.9	0.1	-4.1
0.9	0.1	0.05	16.1
0.9	0.1	0.1	8.1
0.9	0.4	0.05	10.4
0.9	0.4	0.1	5.4
0.9	0.9	0.05	0.9
0.9	0.9	0.1	0.9

앞의 표에서 보는 바와 같이 예측환노출의 계산 결과는 수출과 수입의 상대적 크기와 매출총이익률의 크기에 따라 큰 편차를 보인다. 그러나 예측환노출의 방향은 수출과 수입의 크기 관계에 따라 일관성 있는 결과를 보여주고 있다. 결국 Bodnar and Marston(2002)의 추정 모형은 수출≥수입의 경우는 예측환노출이 양수, 수입>수출의 경우는 예측환노출이 음수인 것으로 단순화해서 표현할 수 있다. 따라서 Bodnar and Marston(2002)의 추정 모형은, 기업의 예측환노출을 수출금액과 수입금액을 비교하여 수출이 많은 경우는 외환롱포지션, 수입이 많은 경우는 외환숏포지션으로 간단하게 파악하는 기존의 방법과 크게 다르지 않다고 볼 수 있다. 다만, 기업의 매출총이익률의 크기에 따라 환노출 계수가 확

대되어 나타날 수 있음을 보여주고 있는데, 이러한 결과는 기업의 환노출 계수의 절대값이 1이상의 값으로 추정될 수도 있음을 보여주는 것이다.

2) 관찰환노출

기업에 남아 있는 최종적인 환노출은 환율변동과 주가수익률의 관계를 사용해 추정할 수 있다. 경영자나 연구자가 궁금해 하는 환노출은 미래의 환노출이다. 미래의 환노출을 추정하기 위해서는 환율변동률과 기대수익률의 결합확률분포가 필요하다. 그러나 환율변동과 기대주가수익률의 결합확률분포를 알 수 있는 적절한 방법이 없다. 이러한 어려움 때문에 연구자들은 과거의 환율변동과 주가수익률 자료를 사용하여 기업의 환노출을 추정하고 이의 특성을 분석하여왔다. 과거의 환율과 주가수익률 자료를 사용해 추정한 환노출을 시장에서 관찰 가능한 자료를 사용하여 추정한 환노출이라는 점에서 관찰환노출이라고 부르기도 한다.

기업의 관찰환노출은 일반적으로 Jorion(1990)이 제안한 회귀모형을 사용하여 추정한다. 주가수익률을 종속변수로 하고 환율변동률을 독립변수로 하는 회귀모형으로 환노출 계수를 추정하는 경우 회귀계수는 환율변동 1단위에 대한 기업가치 변동 정도를 나타내는, 환율변동과 기업가치 변동 사이에 존재하는 탄력성이다. 환노출 계수는 기업의 환노출의 규모를 직접 나타내지는 않지만 기업이 처한 환율변동의 영향을 나타내는 데는 적절한 측정치라고 할 수 있다.

환노출 추정에 회귀모형을 사용하는 경우 기업 환노출의 실질적 특성을 반영할 수 있도록 회귀모형을 적절하게 구성할 수 있는 장점이 있다. 다음에서는 환노출 특성과 이를 반영하는 회귀모형에 대해 기술한다.

(1) 잔여 환노출

환노출 추정 회귀모형에 시장수익률을 통제변수로 추가하면 환율변동률의 계수는 시장수익률이 개별 자산의 수익률에 미치는 영향을 통제한 후의 환율변동과 주가수익률의 관계를 나타낸다. Muller and Verchoor(2006)은 Jorion(1990)이 제시한 시장모형에 환율변동률 변수를 추가한 환노출 계수 추정 모형을 증강시장모형(augmented market model)이라는 개념으로 설명하였다. 그는 증강시장모형을 사용해 추정한 환노출을 시장수익률에 포함된 환노출이 제외된 환노출을 나타낸다는 의미에서 잔여 환노출(residual exchange rate exposure)이라고 설명하였다.

환노출 계수 추정에 사용하는 증강시장모형은 다음과 같다. $r_{i,t}$는 개별 기업의 주가수익률이고 $r_{M,t}$는 시장수익률, Err_t는 환율변동률, $\beta_{i,E}$는 기업 i의 환노출 계수(잔여 환노출 계수)이다.

$$r_{i,t} = \beta_{i,0} + \beta_{i,M} r_{M,t} + \beta_{i,E} Err_t + \epsilon_{i,t} \quad (7\text{–}1)$$

(2) 전체 환노출

환율변동의 영향은 개별 기업에 차별적으로 나타나는 부분도 있지만 전체 기업에 공통적으로 나타나는 부분도 있다. 공통적으로 나타나는 영향 부분은 시장수익률과 환율변동률 간의 관계로부터 추정할 수 있다. 앞에서 기술한 잔여 환노출 계수는 환율변동이 시장의 모든 기업에 공통적으로 미치는 영향을 제외한 개별 기업 고유의 환노출 계수이다. 그러나 개별 기업의 입장에서 볼 때 환노출은 기업에게 고유하게 발생하는 환노출과 시장에 공통적으로 발생하는 환노출을 포함하는 전체 환노출이다. 이러한 관점에서 본다면 환율변동이 기업가치 변동에 미치는 영향의 전체를 나타낼 수 있는 환노출을 추정하는 것이 필요하다.

기업의 환노출 중에 기업의 시장 위험에 반영된 환노출까지 포함한 기업의 전체 환노출은 다음의 모형을 사용해 추정할 수 있다. $OTHGr_{M,t}$는 시장수익률을 환율변동률로 직교화하여 생성한 변수로 시장수익률 중에 환율변동률로 설명이 되지 않는 부분이다. $\beta_{i,OE}$는 기업의 시장위험에 포함된 환노출까지를 포함한 전체 환노출을 나타낸다.

$$r_{i,t} = \beta_{i,0} + \beta_{i,M} ORTHr_{M,t} + \beta_{i,OE} Err_t + \epsilon_{i,t} \quad (7\text{–}2)$$

(3) 비대칭적 환노출

환율변동에 따른 기업가치의 변동은 환율변동의 방향에 따라 다르게 나타날 수 있다(5장 참고). 환율의 변동 방향에 따라 환노출의 정도에 차이가 있는지의 여부는 증강시장모형에 환율변동 방향을 나타내는 더미변수를 추가한 다음의 모형을 사용하여 추정할 수 있다. D_t는 환율변동 방향을 나타내는 더미변수로 환율변동>0이면 1, 이외의 경우 0의 값을 갖는 변수이다. 환율상승 시와 하락 시의 환노출 계수 차이는 $\beta_{i,A}$이다.

$$r_{i,t} = \beta_{i,0} + \beta_{i,M} r_{M,t} + \beta_{i,E} Err_t + \beta_{i,A}(D_t \times Err_t) + \epsilon_{i,t} \tag{7-3}$$

(4) 지연된 환노출

시장이 효율적이라면 환율변동의 영향은 즉각적으로 주가에 반영이 되어야 한다. 그러나 환율변동이 기업에 미치는 영향을 분석하는데 필요한 정보는 시장에 알려지지 않은 경우가 많다. 시장에 알려진 경우에도 환율변동이 기업에 미치는 영향을 분석하기 위해서는 경쟁기업에 대한 정보가 필요한데 필요한 정보를 적시에 얻는 것은 불가능한 경우가 많다. 이러한 이유로 환율변동의 영향은 지연되어 주가에 반영될 수 있다(Bartov and Bodnar, 1994).

이러한 상황이 발생하는 경우 과거의 환율변동이 현재의 주가에 영향을 미치는 상황이 발생하는데 이처럼 과거의 환율변동에 의한 환노출을 지연된 환노출이라고 정의한다. 지연된 환노출은 다음의 식을 사용하여 추정한다. $\beta_{i,k,E}$는 k기간 이전의 환율변동에 의한 환노출을 나타내며 $\sum_{k=0}^{K}\beta_{i,k,E}$는 k기간 이전부터의 환율변동을 고려해 추정한 환노출 전체를 나타낸다. 당기의 환노출과 과거의 환율변동에 의한 환노출을 합산한 환노출을 전기간 환노출이라고 정의한다.

$$r_{i,t} = \beta_{i,0} + \beta_{i,M} r_{M,t} + \sum_{k=0}^{K} \beta_{i,k,E} Err_{t-k} + \epsilon_{i,t} \tag{7-4}$$

위 모형을 사용하여 과거의 환율변동에 의한 환노출까지를 포함한 환노출 계수를 추정하는 것은 기업의 환노출 관련 활동에 대한 시장의 평가가 즉각적으로 이루어지지 못하고 환율변동의 영향이 구체화되는 시점에 기업가치에 반영이 된다는 것을 가정하는 것이다. 기업의 환노출 관련 활동이 시차를 두고 기업의 가치에 반영이 되는 정도는 기업 활동의 유형에 따라 다르다고 할 수 있다.

2. 관찰환노출 특성

1) 환노출 분석 설계

환노출은 환율이 기업의 경영에 영향을 미치는 경우에만 나타난다. 따라서 환노출 계수를 추정하기 위해서는 기업의 경영에 영향을 미치는 환율을 식별할 수 있어야 한다. 그러나 기업의 경영에 영향을 미치는 환율을 이론적으로 규명해 내는 것은 쉽지 않은 일이다. 이러한 어려움 때문에 일반적으로 기업의 환노출을 분석하기 위해서는 공통적으로 중요한 통화로 인식되는 통화를 대상으로 환노출을 추정한다. 한국 기업의 경우 기업의 경영에 영향을 미치는 통화로는 미국 달러화와 일본 엔화 그리고 2000년 이후에 중요한 통화로 등장한 유로화이다. 이들 개별 통화에 대한 환노출과 함께 원화의 대외적 가치변동의 척도라고 할 수 있는 실질실효환율에 대한 환노출도 환노출 분석에서 관심을 갖는 환노출이다.

환노출 분석에서 환율을 사용할 때 고려하여야 하는 내용 중에 하나는 환율변동이 구매력의 상대적 변화를 나타내는 실질환율변동이 되어야 한다는 것이다. 명목환율변동률로부터 실질환율변동률을 계산하기 위해서는 양국의 물가상승률의 차이를 반영해야 하는데 이 연구에서는 해당 국가(지역)의 소비자물가지수를 사용하여 물가상승률을 계산한다. 변동률은 로그함수를 사용하여 계산한다. 원/달러 실질환율변동률은 다음과 같이 계산한다. Err_t는 t시점의 원/달러 실질환율변동률, WDN은 원/달러 명목환율, $KCPI$는 한국의 소비자물가지수, $USCPI$는 미국의 소비자물가지수이다. 원/엔 실질환율, 원/유로 실질환율도 해당 변수들을 적용하여 동일한 방법으로 계산한다.

$$Err_t = \log(WDN_t / WDN_{t-1}) - [\log(KCPI_t / KCPI_{t-1}) \\ - \log(USCPI_t / USCPI_{t-1})] \qquad (7\text{–}5)$$

실질실효환율은 BIS(http://www.bis.org/statistics/)에서 제공하는 원화의 실질실효환율을 사용한다. BIS에서 제공하는 실질실효환율은 원화의 가치변동을 나타내고 있기 때문에 원/달러의 실질환율변동률이나 원/엔의 실질환율변동률, 원/유로의 실질환율변동률과는 반대방향으로 원화가치 변동을 나타낸다. 예를 들어, 원/달러 실질환율변동이 양수의 값이면 환율이 상승하면 원화의 가치가 하락한 것을 의미하지만 실질실효환율변동이 양수이면 환율이 상승하면 원화의 가치도 상승한 것을 의미한다.

기업의 환노출을 추정할 때 중요하게 고려해야 하는 요인 중에 하나는 환노출을 추정하는 기간이다. 환율이 크게 변동하던 기간을 포함하여 환노출을 추정하면 환노출 계수의 유의성이 높아질 수 있다. 반면에 환율이 상대적으로 안정되어 있던 기간을 대상으로 환노출 계수를 추정하면 환노출 계수의 유의성이 낮게 나타날 수 있다. 기업의 환노출은 기간에 따라 변할 수 있기 때문에 긴 기간을 대상으로 환노출의 특성을 분석하는 경우 분석 결과가 갖는 정보로서의 가치는 감소할 수 있어 분석 기간을 길게 설정하는 것이 바람직하지 않을 수 있다.

한국 기업의 환노출 계수 추정을 위해 다음과 같이 기간을 구분하여 환노출 계수를 추정한다. 기간 구분의 기준은 환율제도의 변화와 환율변동에 영향을 준 경제적 사건을 기준으로 구분한 것이다. 복합통화바스켓제도 시대에서 1983년 1월부터 추정 기간에 포함한 것은 이전 기간에 주가변동이 활발하지 않은 점을 고려한 것이다.

복합통화바스켓제도 시대: 1983.1 – 1990.2
시장평균환율제도 시대: 1990.3 – 1997.12
변동환율제도 시대 1998.1 – 2012.12
  – 글로벌금융위기 전: 1998.1 – 2008.12
  – 글로벌금융위기 후: 2009.1 – 2012.12

2) 통화별-기간별 환노출 특성

한국 기업의 환노출 계수를 추정하여 산업별로 환노출 계수의 평균과 기업수 등을 정리한다. <표 7-2>에서 첫 열은 한국표준산업분류(Korean Standard Industrial Classification; KSIC)코드이다. 산업코드는 중분류 기준이며 분석 기업이 5개 이하인 기업은 기타로 구분하고 금융관련업종은 모두 금융업으로 구분한다. 다음 열은 산업명칭이다. 3열~8열은 환노출 계수가 통계적으로 유의적인(10% 유의수준) 기업을 대상으로 정리한 것이며, 9열~15열은 통계적 유의성과 관계없이 모든 분석 대상기업의 환노출 계수를 정리한 것이다. 3열~4열은 환노출 계수가 양수인 기업을 산업별로 환노출 계수 평균(3열)과 산업소속 기업수 대비 환노출 계수가 유의적인 기업 수 비율(4열)이다. 비율은 %로 표시한다. 5열~6열은 환노출 계수가 음수인 기업의 환노출 계수 평균과 기업비율이다. 7열과 8열은 각각 환노출 계수가 유의적인 기업의 환노출 계수 평균과 유의적인 기업 수이다.

전체 기업의 환노출 계수 추정 결과는 환노출 계수의 방향에 따라 환노출 계수가 양수인 기업의 환노출 계수 평균(9열), 기업수(10열) 그리고 환노출 계수가 음수인 기업의 환노출 계수 평균(11열), 기업수(12열) 그리고 분석 기업 전체의 환노출 계수 평균(13열), 환노출 계수의 중앙값(14열), 산업에 속한 분석 대상 기업 수(15열) 순으로 정리한다. 이후 모든 표의 형식은 동일하다.

잔여 환노출 계수는 식(7-1), 전체 환노출 계수는 식(7-2), 환노출 비대칭 계수는 식(7-3), 지연된 환노출 계수는 식(7-4)를 사용하여 추정한다.

(1) 미달러화에 대한 환노출 특성

가. 잔여 환노출 계수

잔여 환노출 계수는 <표 7-2>~<표 7-5>에 정리한다. 복합통화바스켓제도 시대 환노출 계수는 <표 7-2>, 시장평균환율제도 시대는 <표 7-3>, 글로벌금융위기 전은 <표 7-4>, 글로벌금융위기 후는 <표 7-5>에 정리한다.

가-1. 복합통화바스켓제도 시대

복합통화바스켓시대에 계속해서 상장되어 있던 기업 중 환노출 계수의 추정이 가능한 기업은 298개 기업이다. 유의적인 환노출 기업의 수로 보면 환노출 계수가 양수인 경우와(5%) 음수인 경우(6%)가 비슷하다. 환노출 계수의 평균으로 보면 환노출 계수가 음수인 경우의 절대값이 커 환율이 상승하면 기업가치가 감소하는 영향을 크게 받고 있던 기업들이 있었음을 나타낸다. 환노출이 가장 심했던 산업은 종합건설업으로 산업에 속한 분석 대상 기업의 38%(29개 기업 중 11개 기업)가 음수의 환노출 계수를 갖는다. 즉, 이들 기업은 원/달러 실질환율이 상승하면 기업의 가치가 감소하는 구조의 환노출을 가지고 있다. 다음으로 환노출 계수가 유의적인 기업이 많은 업종은 도매 및 상품중개업으로 유의적인 기업은 분석 기업의 20%이다. 이들 기업의 환노출 계수는 환율이 상승하면 기업가치가 증가하는 양수의 환노출 계수이다. 원/달러 실질환율에 대한 환노출이 유의적인 값으로 추정된 기업의 수는 32개 기업으로 전체 분석 기업의 11%이다.

전체 기업을 대상으로 보면 환노출 계수가 양수인 기업이 186개, 음수인 기업이 112개로 원/달러 환율이 상승하면 기업가치가 증가하는 기업이 많다. 그러나 환노출 계수의 평균은 환노출 계수가 음수인 경우가 절대값이 더 크다.

복합통화바스켓 시대에는 기업의 환노출 정도가 심하지 않았다고 할 수 있는데 이는 이시기에 환율의 변동성이 크지 않았던 것이 원인이었던 것으로 판단된다.

가-2. 시장평균환율제도 시대

시장평균환율 시대에 환노출 계수가 추정 가능한 분석 대상 기업(계속상장기업)은 582개 기업이다. 환노출 계수가 음수로 추정되는 기업이 지배적으로 많다. 유의적인 기업을 기준으로 보면 전체 기업의 66%에 해당하는 기업이 환율이 상승하면 기업가치가 감소하는 환노출 계수로 추정된다. 가죽, 가방 및 신발 제조업의 경우 9개 분석 기업 모두 음수의 유의적인 환노출 계수로 추정된다. 그러나 아주 적은 비율이기는 하지만 환노출 계수가 양수의 유의적인 값으로 추정되는 기업도 있다. 환노출이 유의적인 기업의 환노출 정도를 환노출의 방향별로 비교하면 음수인 기업의 환노출 정도가 압도적으로 크다. 환노출 계수의 유의성과 관계없이 전체 기업의 환노출 계수를 집계한 결과도 음수의 환노출 기업이 많으며 환노출 정도도 심한 것으로 나타나고 있다.

가-3. 변동환율제도 시대-글로벌금융위기 전

글로벌금융위기 전 기간의 분석 대상 기업은 532개 기업이다. 시장평균환율제도 시대만큼은 심하지 않지만 음수의 환노출 계수 기업이 많다. 유의적인 기업을 기준으로 하면 전체 기업의 20%가 음수의 환노출 계수를 가지며 유의성과 관계없이 비율을 집계하면 환노출 계수가 음수인 기업은 69%(532개 기업 중 369개 기업)이다. 음수의 환노출이 가장 심한 기업은 수상운송업(67%)이고 종합 건설업(66%)이 그 뒤를 잇고 있다. 한편, 전자부품·컴퓨터·영상외 제조업의 경우 산업의 분석 기업 중 17% 기업이 양수의 환노출로 추정된다. 이들 기업의 경우 수출활동으로부터 환율상승의 긍정적인 효과가 반영된 것으로 판단된다. 자동차 및 트레일러 제조업의 경우도 13%의 기업이 양수의 환노출을 갖는다. 전기·가스·증기외 공급업의 경우도 13% 기업이 양수의 환노출 계수를 갖는데 이들 기업의 경우 가격전가의 효과가 반영되었을 것으로 추정된다.

가-4. 변동환율제도 시대-글로벌금융위기 후

글로벌금융위기 후 기간에 환노출 계수가 추정 가능한 분석 대상기업은 641개 기업이다. 이들 중 환노출 계수가 통계적으로 유의한 기업은 12%(641개 기업 중 80개 기업)이다. 계수가 유의적인 기업 중 환노출 계수가 음수인 기업은 8%, 양수인 기업은 4%이다. 식료품제조업은 37%의 기업이 음수의 환노출을 갖는다. 전기·가스·증기 외 공급업과 육상운송 및 파이프라인 운송업에서 각각 33%의 기업이 음수의 환노출이다. 글로벌금융위기 후 기간에 기업의 음수의 환노출은 전 기간에 비해 많이 약화된 것으로 나타나고 있다.

〈표 7-2〉 원/달러 실질환율, 잔여 환노출, 복합통화바스켓제도 시대

산업		환노출 계수가 유의적인(10% 기준) 기업						전체 기업						
		환노출 계수 ≥0		환노출 계수 <0		전체		환노출 계수 ≥0		환노출 계수 <0		전체		
코드	산업명	평균	비율	평균	비율	평균	기업수	평균	기업수	평균	기업수	평균	중앙값	기업수
10	식료품 제조업	-	0	-1.58	5	-1.58	1	0.49	15	-0.80	6	0.12	0.16	21
11	음료 제조업	-	0	-	0	-	0	0.74	7	-0.52	1	0.58	0.67	8
13	섬유제품 제조업	-	0	-	0	-	0	0.62	14	-0.70	8	0.14	0.28	22
14	의복, 모피제품 제조업	-	0	-	0	-	0	0.99	5	-1.15	1	0.64	0.81	6
17	펄프, 종이 및 종이제품 제조업	-	0	-	0	-	0	0.71	7	-0.28	2	0.49	0.49	9
20	화학물질 및 화학제품 제조업	-	0	-	0	-	0	0.42	12	-0.58	11	-0.06	0.01	23
21	의료용 물질 및 의약품 제조업	-	0	-	0	-	0	0.52	10	-0.40	7	0.14	0.11	17
22	고무제품 및 플라스틱제품 제조업	1.85	10	-	0	1.85	1	0.82	8	-0.81	2	0.49	0.66	10
23	비금속 광물제품 제조업	-	0	-	0	-		0.43	8	-0.25	5	0.17	0.11	13
24	1차 금속 제조업	1.50	13	-2.62	7	0.13	3	0.49	9	-1.07	6	-0.13	0.05	15
26	전자부품, 컴퓨터, 영상 외 제조업	1.92	13	-2.12	7	0.58	3	1.05	13	-1.08	2	0.77	0.84	15
29	기타 기계 및 장비 제조업	1.61	14	-	0	1.61	1	1.04	4	-0.51	3	0.37	0.09	7
30	자동차 및 트레일러 제조업	1.74	17	-2.20	17	-0.23	2	0.89	4	-1.59	2	0.06	0.29	6
41	종합 건설업	-	0	-2.89	38	-2.89	11	0.13	1	-2.14	28	-2.06	-2.23	29
46	도매 및 상품중개업	2.33	20	-	0	2.33	4	1.17	16	-0.50	4	0.84	0.76	20
49	육상운송 및 파이프라인 운송업	-	0	-	0	-	0	0.66	5	-1.20	1	0.35	0.45	6
	금융업		0	-2.47	2	-2.47	1	0.80	28	-0.49	13	0.39	0.27	41
	기타	2.02	10	-2.24	7	0.32	5	1.05	20	-1.30	10	0.27	0.55	30
계수평균, 기업수		1.96	5	-2.62	6	-0.62	32	0.77	186	-1.07	112	0.08		298

〈표 7-3〉 원/달러 실질환율, 잔여 환노출, 시장평균환율제도 시대

산업		환노출 계수가 유의적인(10%기준) 기업						전체 기업						
		환노출 계수 ≥0		환노출 계수 <0		전체		환노출 계수 ≥0		환노출 계수 <0		전체		
코드	산업명	평균	비율	평균	비율	평균	기업수	평균	기업수	평균	기업수	평균	중앙값	기업수
10	식료품 제조업	-	0	-1.65	60	-1.65	18	0.29	5	-1.37	25	-1.09	-0.99	30
11	음료 제조업	-	0	-2.38	67	-2.38	6	0.27	2	-2.08	7	-1.56	-0.94	9
13	섬유제품 제조업	-	0	-2.37	70	-2.37	28	0.18	4	-1.97	36	-1.76	-1.45	40
14	의복, 모피제품 제조업	-	0	-2.48	79	-2.48	11	0.63	2	-2.30	12	-1.88	-1.89	14
15*	가죽, 가방 및 신발 제조업	-	0	-2.54	100	-2.54	9	-	0	-2.54	9	-2.54	-2.28	9
17	펄프, 종이 및 종이제품 제조업	-	0	-1.91	61	-1.91	11	0.33	2	-1.57	16	-1.36	-1.43	18
20	화학물질 및 화학제품 제조업	-	0	-1.86	66	-1.86	27	0.37	4	-1.48	37	-1.30	-1.39	41
21	의료용 물질 및 의약품 제조업	1.55	9	-1.91	56	-1.42	21	0.97	6	-1.50	26	-1.04	-1.08	32
22	고무제품 및 플라스틱제품 제조업	0.87	14	-2.10	50	-1.44	9	0.52	4	-1.63	10	-1.01	-0.90	14
23	비금속 광물제품 제조업	-	0	-1.58	88	-1.58	15	0.48	1	-1.54	16	-1.42	-1.44	17
24	1차 금속 제조업	0.77	3	-1.90	71	-1.78	23	0.38	3	-1.57	28	-1.38	-1.20	31
25*	금속가공제품 제조업	-	0	-2.87	91	-2.87	10	-	0	-2.65	11	-2.65	-2.37	11
26	전자부품, 컴퓨터, 영상 외 제조업	0.89	2	-2.04	59	-1.94	30	0.46	8	-1.61	41	-1.27	-1.02	49
28*	전기장비 제조업	-	0	-2.11	67	-2.11	10	0.19	1	-1.64	14	-1.52	-1.13	15
29	기타 기계 및 장비 제조업	-	0	-1.55	59	-1.55	10	0.23	2	-1.31	15	-1.13	-1.20	17
30	자동차 및 트레일러 제조업	1.00	5	-1.70	71	-1.53	16	0.59	4	-1.57	17	-1.16	-1.21	21
41	종합 건설업	-	0	-2.05	83	-2.05	35	0.41	2	-1.87	40	-1.76	-1.98	42
46	도매 및 상품중개업	0.74	3	-2.05	64	-1.93	22	0.34	4	-1.61	29	-1.37	-1.30	33
49	육상운송 및 파이프라인 운송업	-	0	-2.17	75	-2.17	6	0.32	1	-1.94	7	-1.65	-1.45	8
	금융업	1.11	5	-2.32	60	-2.06	54	0.46	17	-1.81	67	-1.35	-0.87	84
	기타	0.98	9	-1.94	57	-1.57	31	0.58	10	-1.56	37	-1.11	-1.05	47
계수평균, 기업수		1.07	3	-2.00	66	-1.87	402	0.47	82	-1.66	500	-1.36		582

*는 복합통화바스켓제도 시대에 비해 추가된 산업임. <표 7-7>, <표 7-11>, <표 7-15>도 동일함.

〈표 7-4〉 원/달러 실질환율, 잔여 환노출, 변동환율제도 시대 -글로벌금융위기 전

산업		환노출 계수가 유의적인(10%기준) 기업						전체 기업						
		환노출 계수 ≥0		환노출 계수 <0		전체		환노출 계수 ≥0		환노출 계수 <0		전체		
코드	산업명	평균	비율	평균	비율	평균	기업수	평균	기업수	평균	기업수	평균	중앙값	기업수
10	식료품 제조업	-	0	-0.54	4	-0.54	1	0.17	6	-0.39	19	-0.25	-0.27	25
13	섬유제품 제조업	-	0	-0.83	6	-0.83	1	0.29	6	-0.27	10	-0.06	-0.06	16
14	의복, 모피제품 제조업	-	0	-1.38	8	-1.38	1	0.35	3	-0.36	9	-0.18	-0.12	12
17	펄프, 종이 및 종이제품 제조업	-	0	-0.89	20	-0.89	4	0.27	5	-0.53	15	-0.33	-0.34	20
20	화학물질 및 화학제품 제조업	-	0	-0.82	15	-0.82	7	0.18	17	-0.38	31	-0.18	-0.08	48
21	의료용 물질 및 의약품 제조업	0.65	7	-0.60	3	0.23	3	0.22	17	-0.21	13	0.03	0.04	30
22	고무제품 및 플라스틱제품 제조업	-	0	-1.18	7	-1.18	1	0.25	5	-0.38	9	-0.15	-0.19	14
23	비금속 광물제품 제조업	-	0	-0.97	45	-0.97	9	0.36	6	-0.76	14	-0.43	-0.56	20
24	1차 금속 제조업	0.52	3	-1.09	26	-0.91	9	0.32	6	-0.57	25	-0.39	-0.33	31
25	금속가공제품 제조업	-	0	-1.55	14	-1.55	1	0.27	3	-0.51	4	-0.18	-0.06	7
26	전자부품, 컴퓨터, 영상 외 제조업	0.72	17	-0.77	8	0.22	9	0.39	19	-0.34	17	0.05	0.10	36
28	전기장비 제조업	-	0	-1.45	14	-1.45	2	0.15	5	-0.56	9	-0.31	-0.14	14
29	기타 기계 및 장비 제조업	0.71	11	-1.44	17	-0.58	5	0.44	5	-0.68	13	-0.37	-0.34	18
30	자동차 및 트레일러 제조업	0.78	13	-0.63	3	0.50	5	0.39	15	-0.26	16	0.05	-0.02	31
35	전기, 가스, 증기 외 공급업	0.39	13		0	0.39	1	0.28	4	-0.23	4	0.03	0.01	8
41	종합 건설업	-	0	-1.23	66	-1.23	23	0.22	1	-0.99	34	-0.96	-0.88	35
46	도매 및 상품중개업	0.82	3	-1.03	15	-0.72	6	0.41	8	-0.47	26	-0.27	-0.18	34
47	소매업; 자동차 제외	-	0	-1.04	29	-1.04	2	0.32	3	-0.73	4	-0.28	-0.27	7
49	육상운송 및 파이프라인 운송업	-	0	-1.62	13	-1.62	1	0.20	2	-0.54	6	-0.35	-0.21	8
50	수상 운송업	-	0	-0.97	67	-0.97	4	-	0	-0.75	6	-0.75	-0.76	6
71	전문서비스업	-	0	-0.71	21	-0.71	4	0.05	7	-0.45	12	-0.27	-0.20	19
	금융업	-	0	-0.95	39	-0.95	17	0.21	3	-0.61	41	-0.56	-0.50	44
	기타	0.60	8	-1.00	14	-0.42	11	0.31	17	-0.48	32	-0.21	-0.20	49
계수평균, 기업수		0.68	4	-1.04	20	-0.75	127	0.29	163	-0.52	369	-0.28		532

<표 7-5> 원/달러 실질환율, 잔여 환노출, 변동환율제도 시대 –글로벌금융위기 후

산업		환노출 계수가 유의적인(10%기준) 기업						전체 기업						
		환노출 계수 ≥0		환노출 계수 <0		전체		환노출 계수 ≥0		환노출 계수 <0		전체		
코드	산업명	평균	비율	평균	비율	평균	기업수	평균	기업수	평균	기업수	평균	중앙값	기업수
10	식료품 제조업	-	0	-1.05	37	-1.05	10	0.17	3	-0.66	24	-0.57	-0.48	27
13	섬유제품 제조업	1.67	8		0	1.67	1	0.42	9	-0.50	4	0.14	0.20	13
14	의복, 모피제품 제조업	-	0	-0.94	15	-0.94	2	0.30	4	-0.59	9	-0.32	-0.39	13
17	펄프, 종이 및 종이제품 제조업	-	0	-0.65	5	-0.65	1	0.40	9	-0.46	10	-0.05	-0.03	19
20	화학물질 및 화학제품 제조업	-	0	-0.79	5	-0.79	3	0.30	29	-0.37	31	-0.05	-0.03	60
21	의료용 물질 및 의약품 제조업	2.31	6	-0.61	3	1.34	3	0.61	19	-0.40	17	0.13	0.09	36
22	고무제품 및 플라스틱제품 제조업	1.21	12	-1.41	6	0.33	3	0.46	9	-0.62	8	-0.05	0.05	17
23	비금속 광물제품 제조업	0.90	5	-0.57	5	0.17	2	0.42	9	-0.32	12	0.00	-0.09	21
24	1차 금속 제조업	-	0		0	-	0	0.46	19	-0.49	23	-0.06	-0.10	42
25	금속가공제품 제조업	-	0	-0.79	13	-0.79	1	0.13	2	-0.45	6	-0.31	-0.29	8
26	전자부품, 컴퓨터, 영상 외 제조업	0.94	10	-	0	0.94	4	0.50	26	-0.48	15	0.14	0.13	41
28	전기장비 제조업	0.86	13	-	0	0.86	2	0.49	9	-0.24	6	0.20	0.24	15
29	기타 기계 및 장비 제조업	1.27	4	-0.95	4	0.16	2	0.58	13	-0.45	15	0.03	-0.08	28
30	자동차 및 트레일러 제조업	0.78	8	-0.97	8	-0.10	6	0.50	23	-0.50	14	0.12	0.19	37
31*	기타 운송장비 제조업	-	0		0	-	0	0.28	4	-0.23	3	0.06	0.01	7
35	전기, 가스, 증기 외 공급업	0.43	11	-0.80	33	-0.49	4	0.43	1	-0.48	8	-0.38	-0.41	9
41	종합 건설업	1.75	6	-1.18	16	-0.34	7	0.58	11	-0.58	20	-0.17	-0.10	31
46	도매 및 상품중개업	0.36	3	-0.84	3	-0.24	2	0.43	18	-0.52	17	-0.03	0.05	35
47	소매업; 자동차 제외	-	0	-	0	-	0	0.11	2	-0.26	7	-0.18	-0.06	9
49	육상운송 및 파이프라인 운송업	-	0	-1.08	33	-1.08	3	0.22	2	-0.71	7	-0.51	-0.41	9
63*	정보서비스업	0.67	14	-	0	0.67	1	0.23	6	-0.44	1	0.13	0.09	7
71	전문서비스업	1.35	7	-0.80	11	0.00	8	0.56	18	-0.45	28	-0.06	-0.08	46
	금융업	0.71	2	-0.70	5	-0.23	3	0.27	21	-0.31	21	-0.02	0.00	42
	기타	1.31	1	-0.95	16	-0.76	12	0.43	24	-0.52	45	-0.19	-0.19	69
계수평균, 기업수		1.14	4	-0.94	8	-0.26	80	0.43	290	-0.47	351	-0.06		641

*는 글로벌금융위기 전 기간에 비해 추가된 산업임. <표 7-9>, <표 7-13>도 동일함.

나. 전체 환노출 계수

직교화를 사용해 추정한 전체 환노출 계수를 <표 7-6> ~ <표 7-9>에 정리한다.

나-1. 복합통화바스켓제도 시대

환노출 계수가 유의적인 기업은 전체 분석 기업 298개 기업 중 37개 기업으로 12%이다. 이는 잔여 환노출 계수가 유의한 기업 32개(11%)와 비슷한 수준이다. 전체 환노출의 경우에도 잔여 환노출과 같이 종합 건설업의 환노출이 가장 크다. 29개 기업 중 83%의 기업이 환율이 상승하면 기업가치가 감소하는 음수의 환노출 계수를 갖는다. 전체 환노출의 경우 양수의 환노출은 도매 및 상품중개업에서만 나타나며(5%) 다른 업종에서는 나타나지 않는다. 환노출 계수의 유의성과 관계없이 모든 기업의 환노출 계수를 집계하면 환노출 계수가 양수인 기업은 분석 기업의 35%(104개 기업)이다. 잔여 환노출 계수 분석에서 환노출 계수가 양수의 기업인 비율이 더 높았던 것과는 다른 결과이다.

나-2. 시장평균환율제도 시대

전체 분석 기업 582개 기업 중 84%에 해당하는 488개 기업의 환노출 계수가 유의적이다. 유의적인 기업 84%에서 83%는 음수의 환노출 기업이다. 가죽·가방 및 신발제조업과 금속가공제품 제조업의 경우 산업의 모든 기업(9개 기업)이 음수의 유의적인 환노출을 갖는다. 그러나 고무제품 및 플라스틱제품 제조업의 경우는 양수의 환노출 계수 기업이 7%로 나타나고 있으며 음수의 환노출 계수 기업의 비율이 다른 산업에 비해 가장 낮다.

모든 기업의 환노출 계수를 분석해 보면 양수의 환노출 계수 기업은 4%(582개 기업 중 25개 기업)로 대부분의 기업이 음수의 환노출 계수를 가진 것으로 나타난다. 이러한 결과는 잔여 환노출의 경우보다 음수의 환노출 계수가 더 많이 나타나고 있는 것으로 해석할 수 있으며, 이 기간에 한국 기업의 환노출이 음수 즉, 환율이 상승하면 기업가치가 감소하는 방향의 환노출이 지배적이었음을 나타내는 것으로 해석할 수 있다.

나-3. 변동환율제도 시대-글로벌금융위기 전

전체 분석 기업 532개 기업 중 67%에 해당하는 357개 기업이 유의적인 음수의 환노출 계수로 추정된다. 환노출이 가장 심한 업종은 금융업(100%), 수상 운송업(100%), 종합 건설업(94%) 순이다.

나-4. 변동환율제도 시대-글로벌금융위기 후

전체 분석 기업 641개 기업 중 환노출 계수가 유의적인 값으로 추정된 기업은 317개 기업으로 49%에 해당한다. 동기간의 잔여 환노출에 비해 음수의 환노출 계수 편중현상이 더욱 크게 나타나고 있다. 환노출의 정도가 심한 업종은 전기 가스 증기외 공급업(89%), 종합건설업(77%), 식료품 제조업(74%) 순이다.

〈표 7-6〉 원/달러 실질환율, 전체 환노출, 복합통화바스켓제도 시대

산업		환노출 계수가 유의적인(10%기준) 기업						전체 기업						
		환노출 계수 ≥0		환노출 계수 <0		전체		환노출 계수 ≥0		환노출 계수 <0		전체		
코드	산업명	평균	비율	평균	비율	평균	기업수	평균	기업수	평균	기업수	평균	중앙값	기업수
10	식료품 제조업	-	0	-2.22	10	-2.22	2	0.51	6	-0.68	15	-0.34	-0.21	21
11	음료 제조업	-	0	-	0	-	0	0.53	5	-0.31	3	0.22	0.23	8
13	섬유제품 제조업	-	0	-	0	-	0	0.40	7	-0.72	15	-0.36	-0.31	22
14	의복, 모피제품 제조업	-	0	-	0	-	0	0.59	4	-0.94	2	0.08	0.49	6
17	펄프, 종이 및 종이제품 제조업	-	0	-	0	-	0	0.46	4	-0.43	5	-0.03	-0.15	9
20	화학물질 및 화학제품 제조업	-	0	-1.69	4	-1.69	1	0.31	4	-0.75	19	-0.56	-0.54	23
21	의료용 물질 및 의약품 제조업	-	0	-	0	-	0	0.28	7	-0.68	10	-0.28	-0.25	17
22	고무제품 및 플라스틱제품 제조업	-	0	-	0	-	0	0.43	5	-0.73	5	-0.15	-0.03	10
23	비금속 광물제품 제조업	-	0	-	0	-	0	0.36	3	-0.56	10	-0.35	-0.44	13
24	1차 금속 제조업	-	0	-2.57	13	-2.57	2	0.72	3	-1.14	12	-0.77	-0.70	15
26	전자부품, 컴퓨터 외 제조업	-	0	-2.84	7	-2.84	1	0.66	10	-0.92	5	0.14	0.26	15
29	기타 기계 및 장비 제조업	-	0	-1.62	14	-1.62	1	0.65	3	-0.95	4	-0.26	-0.37	7
30	자동차 및 트레일러 제조업	-	0	-2.79	17	-2.79	1	0.74	2	-1.24	4	-0.58	-0.42	6
41	종합 건설업	-	0	-3.01	83	-3.01	24	-	0	-2.78	29	-2.78	-2.85	29
46	도매 및 상품중개업	1.79	5	-	0	1.79	1	0.84	10	-0.73	10	0.06	-0.08	20
49	육상운송 및 파이프라인 운송업	-	0	-	0	-	0	0.39	2	-0.39	4	-0.13	-0.12	6
	금융업	-	0	-2.18	5	-2.18	2	0.39	13	-0.76	28	-0.39	-0.47	41
	기타	-	0	-2.62	7	-2.62	2	0.65	16	-1.37	14	-0.29	0.06	30
계수평균, 기업수		1.79	0	-2.79	12	-2.66	37	0.54	104	-1.10	194	-0.53		298

〈표 7-7〉 원/달러 실질환율, 전체 환노출, 시장평균환율제도 시대

산업		환노출 계수가 유의적인(10%기준) 기업						전체 기업						
		환노출 계수 ≥0		환노출 계수 <0		전체		환노출 계수 ≥0		환노출 계수 <0		전체		
코드	산업명	평균	비율	평균	비율	평균	기업수	평균	기업수	평균	기업수	평균	중앙값	기업수
10	식료품 제조업	-	0	-2.02	73	-2.02	22	-	0	-1.59	30	-1.59	-1.53	30
11	음료 제조업	-	0	-2.96	67	-2.96	6	-	0	-2.07	9	-2.07	-1.52	9
13	섬유제품 제조업	-	0	-2.63	83	-2.63	33	-		-2.24	40	-2.24	-2.05	40
14	의복, 모피제품 제조업	-	0	-2.93	79	-2.93	11	0.14	2	-2.73	12	-2.32	-2.29	14
15*	가죽, 가방 및 신발 제조업	-	0	-3.10	100	-3.10	9	-	0	-3.10	9	-3.10	-2.91	9
17	펄프, 종이 및 종이제품 제조업	-	0	-2.12	89	-2.12	16	-	0	-1.93	18	-1.93	-1.97	18
20	화학물질 및 화학제품 제조업	-	0	-1.97	90	-1.97	37	0.08	2	-1.89	39	-1.79	-1.91	41
21	의료용 물질 및 의약품 제조업	1.54	3	-2.08	78	-1.94	26	0.74	4	-1.89	28	-1.56	-1.56	32
22	고무제품 및 플라스틱제품 제조업	0.61	7	-2.27	64	-1.98	10	0.43	2	-1.84	12	-1.52	-1.50	14
23	비금속 광물제품 제조업	-	0	-2.10	94	-2.10	16	-	0	-1.99	17	-1.99	-1.89	17
24	1차 금속 제조업	-	0	-2.38	77	-2.38	24	-	0	-1.94	31	-1.94	-1.86	31
25*	금속가공제품 제조업	-	0	-3.14	100	-3.14	11	-	0	-3.14	11	-3.14	-2.83	11
26	전자부품, 컴퓨터 외 제조업	-	0	-2.26	80	-2.26	39	0.27	2	-1.94	47	-1.85	-1.67	49
28*	전기장비 제조업	-	0	-2.33	87	-2.33	13	-	0	-2.08	15	-2.08	-1.78	15
29	기타 기계 및 장비 제조업	-	0	-1.86	88	-1.86	15	-	0	-1.69	17	-1.69	-1.68	17
30	자동차 및 트레일러 제조업	-	0	-2.08	81	-2.08	17	0.26	2	-1.88	19	-1.68	-1.62	21
41	종합 건설업	-	0	-2.39	95	-2.39	40	0.02	1	-2.35	41	-2.29	-2.35	42
46	도매 및 상품중개업	-	0	-2.16	88	-2.16	29	0.22	1	-2.00	32	-1.93	-1.85	33
49	육상운송 및 파이프라인 운송업	-	0	-2.48	88	-2.48	7	0.01	1	-2.48	7	-2.17	-2.15	8
	금융업	0.81	2	-2.34	82	-2.25	71	0.56	3	-2.04	81	-1.95	-1.51	84
	기타	-	0	-2.13	77	-2.13	36	0.35	5	-1.89	42	-1.65	-1.54	47
계수평균, 기업수		0.94	1	-2.23	83	-2.21	488	0.36	25	-1.99	557	-1.89		582

〈표 7-8〉 원/달러 실질환율, 전체 환노출, 변동환율제도 시대 – 글로벌금융위기 전

산업		환노출 계수가 유의적인(10%기준) 기업						전체 기업						
		환노출 계수 ≥0		환노출 계수 <0		전체		환노출 계수 ≥0		환노출 계수 <0		전체		
코드	산업명	평균	비율	평균	비율	평균	기업수	평균	기업수	평균	기업수	평균	중앙값	기업수
10	식료품 제조업	-	0	-0.90	64	-0.90	16	0.02	1	-0.75	24	-0.72	-0.73	25
13	섬유제품 제조업	-	0	-0.95	38	-0.95	6	0.07	1	-0.60	15	-0.56	-0.50	16
14	의복, 모피제품 제조업	-	0	-0.98	67	-0.98	8	0.39	1	-0.79	11	-0.69	-0.74	12
17	펄프, 종이 및 종이제품 제조업	-	0	-1.06	75	-1.06	15	0.10	1	-0.93	19	-0.88	-0.94	20
20	화학물질 및 화학제품 제조업	-	0	-0.93	69	-0.93	33	0.26	1	-0.78	47	-0.76	-0.67	48
21	의료용 물질 및 의약품 제조업	-	0	-0.77	43	-0.77	13	0.19	1	-0.56	29	-0.53	-0.53	30
22	고무제품 및 플라스틱제품 제조업	-	0	-0.82	64	-0.82	9	-	0	-0.64	14	-0.64	-0.67	14
23	비금속 광물제품 제조업	-	0	-1.34	70	-1.34	14	0.18	2	-1.11	18	-0.98	-1.12	20
24	1차 금속 제조업	-	0	-1.13	77	-1.13	24	-	0	-0.93	31	-0.93	-0.90	31
25	금속가공제품 제조업	-	0	-1.28	43	-1.28	3	-	0	-0.76	7	-0.76	-0.78	7
26	전자부품, 컴퓨터 외 제조업	-	0	-1.06	42	-1.06	15	0.07	5	-0.77	31	-0.65	-0.69	36
28	전기장비 제조업	-	0	-1.13	71	-1.13	10	0.08	1	-0.99	13	-0.92	-0.79	14
29	기타 기계 및 장비 제조업	-	0	-1.32	67	-1.32	12	-	0	-1.01	18	-1.01	-1.02	18
30	자동차 및 트레일러 제조업	-	0	-0.90	39	-0.90	12	0.30	2	-0.63	29	-0.57	-0.61	31
35	전기, 가스, 증기 외 공급업	-	0	-0.64	50	-0.64	4	-	-	-0.38	8	-0.38	-0.35	8
41	종합 건설업	-	0	-1.67	94	-1.67	33	-	-	-1.61	35	-1.61	-1.63	35
46	도매 및 상품중개업	-	0	-1.13	65	-1.13	22	0.44	2	-0.94	32	-0.86	-0.80	34
47	소매업; 자동차 제외	-	0	-1.32	71	-1.32	5	-	0	-1.03	7	-1.03	-1.14	7
49	육상운송 및 파이프라인 운송업	-	0	-1.27	63	-1.27	5	-	0	-0.95	8	-0.95	-0.80	8
50	수상 운송업	-	0	-1.46	100	-1.46	6	-	0	-1.46	6	-1.46	-1.40	6
71	전문서비스업	-	0	-0.97	89	-0.97	17	-	0	-0.91	19	-0.91	-0.77	19
	금융업	-	0	-1.37	100	-1.37	44	-	0	-1.37	44	-1.37	-1.36	44
	기타	-	0	-1.14	63	-1.14	31	0.10	4	-0.90	45	-0.82	-0.83	49
계수평균, 기업수		-	0	-1.15	67	-1.15	357	0.17	22	-0.93	510	-0.88		532

〈표 7-9〉 원/달러 실질환율, 전체 환노출, 변동환율제도 시대 – 글로벌금융위기 후

산업		환노출 계수가 유의적인(10%기준) 기업						전체 기업						
		환노출 계수 ≥0		환노출 계수 <0		전체		환노출 계수 ≥0		환노출 계수 <0		전체		
코드	산업명	평균	비율	평균	비율	평균	기업수	평균	기업수	평균	기업수	평균	중앙값	기업수
10	식료품 제조업	-	0	-1.01	74	-1.01	20	-	0	-0.85	27	-0.85	-0.83	27
13	섬유제품 제조업	-	0	-0.69	23	-0.69	3	0.07	3	-0.53	10	-0.39	-0.47	13
14	의복, 모피제품 제조업	-	0	-1.11	62	-1.11	8	-	0	-0.91	13	-0.91	-0.83	13
17	펄프, 종이 및 종이제품 제조업	-	0	-1.06	32	-1.06	6	0.22	4	-0.66	15	-0.47	-0.41	19
20	화학물질 및 화학제품 제조업	-	0	-1.04	48	-1.04	29	0.27	3	-0.76	57	-0.70	-0.67	60
21	의료용 물질 및 의약품 제조업	1.88	3	-0.90	25	-0.62	10	0.49	8	-0.56	28	-0.32	-0.42	36
22	고무제품 및 플라스틱제품 제조업	-	0	-1.00	47	-1.00	8	0.18	2	-0.73	15	-0.63	-0.50	17
23	비금속 광물제품 제조업	-	0	-0.98	57	-0.98	12	0.62	3	-0.84	18	-0.63	-0.71	21
24	1차 금속 제조업	-	0	-1.24	62	-1.24	26	0.66	2	-0.95	40	-0.87	-0.93	42
25	금속가공제품 제조업	-	0	-1.12	63	-1.12	5	-	0	-0.93	8	-0.93	-0.89	8
26	전자부품, 컴퓨터 외 제조업	-	0	-0.93	37	-0.93	15	0.37	2	-0.66	39	-0.61	-0.67	41
28	전기장비 제조업	-	0	-0.93	27	-0.93	4	-	0	-0.59	15	-0.59	-0.58	15
29	기타 기계 및 장비 제조업	-	0	-1.14	43	-1.14	12	0.07	1	-0.76	27	-0.73	-0.74	28
30	자동차 및 트레일러 제조업	-	0	-1.10	30	-1.10	11	0.04	1	-0.62	36	-0.60	-0.52	37
31*	기타 운송장비 제조업	-	0	-1.28	71	-1.28	5	-	0	-1.07	7	-1.07	-1.18	7
35	전기, 가스, 증기 외 공급업	0.29	11	-0.66	89	-0.56	9	0.29	1	-0.66	8	-0.56	-0.63	9
41	종합 건설업	-	0	-1.19	77	-1.19	24	0.58	1	-1.06	30	-1.01	-1.00	31
46	도매 및 상품중개업	-	0	-1.15	40	-1.15	14	0.32	8	-0.80	27	-0.54	-0.46	35
47	소매업; 자동차 제외	-	0	-0.70	56	-0.70	5	0.02	1	-0.51	8	-0.45	-0.42	9
49	육상운송 및 파이프라인 운송업	-	0	-1.07	56	-1.07	5	-	0	-0.86	9	-0.86	-0.97	9
63*	정보서비스업	-	0	-0.92	14	-0.92	1	0.03	1	-0.41	6	-0.35	-0.30	7
71	전문서비스업	-	0	-1.08	54	-1.08	25	0.26	4	-0.79	42	-0.70	-0.70	46
	금융업	-	0	-0.99	71	-0.99	30	0.09	2	-0.83	40	-0.79	-0.87	42
	기타	-	0	-1.00	43	-1.00	30	0.37	7	-0.72	62	-0.61	-0.66	69
계수평균, 기업수		1.08	0	-1.05	49	-1.03	317	0.32	54	-0.76	587	-0.67		641

다. 비대칭 환노출 계수

환노출의 비대칭 계수는 식(7-3)을 사용해 추정한다. 추정 결과는 <표 7-10>에서 <표 7-13>까지이다. 환노출 비대칭 계수는 환율상승 시와 하락 시의 환노출 계수 차이를 나타낸다. 비대칭 계수가 양수인 것은 환율상승 시의 환노출 계수 값이 비대칭 계수만큼 크다는 것을 의미한다.

다-1. 복합통화바스켓제도 시대

환노출 비대칭 계수가 통계적으로 유의한 기업은 전체 분석 기업 298개 기업 중 7%에 해당하는 22개 기업이다. 비대칭 계수가 양수인 기업과 음수인 기업은 각각 4%와 3%이다. 비대칭 계수가 유의적인 기업의 비율이 높은 업종은 비금속 광물제품 제조업, 금융업 등이다. 복합통화바스켓제도 시대에 환노출의 비대칭성은 크지 않다.

다-2. 시장평균환율제도 시대

환노출 비대칭 계수가 통계적으로 유의한 기업은 582개 기업 중 133개 기업으로 비율은 23%이다. 비대칭 계수의 부호는 음수가 절대적으로 많으며 비대칭 계수가 유의한 기업 중 계수가 음수인 기업은 전체 기업의 22%이다. 비대칭 계수가 음수인 것은 환율이 상승하는 경우 음수의 환노출이 증가함을 의미한다. 이는 환율상승 시 기업가치 감소 정도가 환율하락 시 기업가치 증가 정도보다 큼을 나타내는 것으로 외환위기 당시 환율상승에 의한 기업가치 감소가 크게 발생했음을 보여주는 것이다.

다-3. 변동환율제도 시대-글로벌금융위기 전

비대칭 계수가 유의적인 기업은 전체 532개 기업 중 36개 기업으로 비율은 7%이다. 비대칭 계수가 양수인 기업은 3%, 음수인 기업은 4%이다. 시장평균환율제도 시대에 비해 비대칭 계수의 크기나 유의성이 크게 낮아진다. 복합통화바스켓제도 시대, 시장평균환율제도 시대, 변동환율제도 시대의 비대칭 계수와 비교해 보면 환노출의 비대칭성은 외환위기를 중심으로 크게 나타난 특성이라고 할 수 있다.

다-4. 변동환율제도 시대-글로벌금융위기 후

환노출 비대칭 계수가 유의적인 기업은 전체 기업의 9%로 글로벌금융위기 전에 비해 약간 증가한다. 비대칭 계수가 유의적인 기업의 비율이 높은 업종은 전기, 가스, 증기 외 공급업(33%), 섬유제품 제조업(31%) 등이다.

〈표 7-10〉 원/달러 실질환율, 비대칭 계수, 복합통화바스켓제도 시대

산업		환노출 비대칭 계수가 유의적인(10%기준) 기업						전체 기업						
		비대칭 계수 ≥0		비대칭 계수 <0		전체		비대칭 계수 ≥0		비대칭 계수 <0		전체		
코드	산업명	평균	비율	평균	비율	평균	기업수	평균	기업수	평균	기업수	평균	중앙값	기업수
10	식료품 제조업	-	0	-5.73	10	-5.73	2	0.87	7	-2.41	14	-1.32	-0.65	21
11	음료 제조업	-	0	-	0	-	0	1.47	5	-1.52	3	0.35	0.28	8
13	섬유제품 제조업	-	0	-	0	-	0	2.76	8	-2.69	14	-0.71	-1.61	22
14	의복, 모피제품 제조업	-	0	-	0	-	0	1.18	3	-0.68	3	0.25	0.01	6
17	펄프, 종이 및 종이제품 제조업	11.16	11	-	0	11.16	1	3.91	5	-1.75	4	1.39	0.20	9
20	화학물질 및 화학제품 제조업	-	0	-	0	-	0	1.28	7	-1.32	16	-0.53	-0.95	23
21	의료용 물질 및 의약품 제조업	-	0	-5.13	6	-5.13	1	1.21	3	-2.54	14	-1.88	-1.80	17
22	고무제품 및 플라스틱제품 제조업	-	0	-	0	-	0	1.33	2	-4.00	8	-2.94	-2.27	10
23	비금속 광물제품 제조업	6.06	23	-	0	6.06	3	3.75	9	-1.65	4	2.09	2.59	13
24	1차 금속 제조업	8.34	7	-	0	8.34	1	3.66	8	-1.59	7	1.21	0.61	15
26	전자부품, 컴퓨터, 영상 외 제조업	-	0	-	0	-	0	1.55	3	-2.54	12	-1.72	-2.03	15
29	기타 기계 및 장비 제조업	-	0	-	0	-	0	0.24	1	-1.61	6	-1.35	-0.85	7
30	자동차 및 트레일러 제조업	-	0	-	0	-	0	3.79	4	-3.22	2	1.46	2.13	6
41	종합 건설업	9.18	14	-	0	9.18	4	4.11	27	-0.18	2	3.81	2.91	29
46	도매 및 상품중개업	6.92	5	-	0	6.92	1	3.01	10	-2.15	10	0.43	0.21	20
49	육상운송 및 파이프라인 운송업	-	0	-	0	-	0	0.59	2	-1.29	4	-0.67	-0.64	6
	금융업		0	-9.26	17	-9.26	7	0.55	7	-4.14	34	-3.34	-2.13	41
	기타	6.74	7	-	0	6.74	2	2.69	14	-2.10	16	0.14	-0.28	30
계수평균, 기업수		7.90	4	-8.14	3	0.61	22	2.72	125	-2.54	173	-0.33		298

〈표 7-11〉 원/달러 실질환율, 비대칭 계수, 시장평균환율제도 시대

산업		환노출 비대칭 계수가 유의적인(10%기준) 기업						전체 기업						
		비대칭 계수 ≥0		비대칭 계수 <0		전체		비대칭 계수 ≥0		비대칭 계수 <0		전체		
코드	산업명	평균	비율	평균	비율	평균	기업수	평균	기업수	평균	기업수	평균	중앙값	기업수
10	식료품 제조업	-	0	-6.34	13	-6.34	4	0.83	5	-3.02	25	-2.38	-2.12	30
11	음료 제조업	-	0	-15.82	11	-15.82	1	-	0	-4.37	9	-4.37	-3.98	9
13	섬유제품 제조업	-	0	-7.03	25	-7.03	10	1.46	7	-3.99	33	-3.04	-2.78	40
14	의복, 모피제품 제조업	-	0	-6.52	21	-6.52	3	-	0	-4.00	14	-4.00	-3.73	14
15*	가죽, 가방 및 신발 제조업	-	0	-7.41	33	-7.41	3	-	0	-4.65	9	-4.65	-5.05	9
17	펄프, 종이 및 종이제품 제조업	-	0	-3.80	6	-3.80	1	0.88	2	-2.53	16	-2.15	-2.06	18
20	화학물질 및 화학제품 제조업	-	0	-7.24	10	-7.24	4	0.99	7	-3.38	34	-2.63	-2.76	41
21	의료용 물질 및 의약품 제조업	-	0	-5.84	16	-5.84	5	1.56	3	-3.17	29	-2.73	-2.61	32
22	고무제품 및 플라스틱제품 제조업	-	0	-7.41	29	-7.41	4	0.18	1	-4.13	13	-3.82	-3.98	14
23	비금속 광물제품 제조업	-	0	-8.20	24	-8.20	4	2.47	1	-3.96	16	-3.58	-3.17	17
24	1차 금속 제조업	-	0	-6.85	13	-6.85	4	1.40	8	-2.80	23	-1.72	-1.22	31
25*	금속가공제품 제조업	-	0	-7.09	36	-7.09	4			-5.15	11	-5.15	-5.19	11
26	전자부품, 컴퓨터, 영상 외 제조업	5.79	2	-6.61	12	-4.84	7	1.89	13	-3.31	36	-1.93	-1.40	49
28*	전기장비 제조업	-	0	-7.51	33	-7.51	5	-	0	-4.35	15	-4.35	-4.13	15
29	기타 기계 및 장비 제조업	-	0		0	-	0	1.16	5	-2.06	12	-1.11	-0.90	17
30	자동차 및 트레일러 제조업	3.41	5	-5.66	10	-2.64	3	1.56	5	-2.83	16	-1.78	-2.28	21
41	종합 건설업	-	0	-5.17	26	-5.17	11	0.84	2	-3.53	40	-3.32	-3.61	42
46	도매 및 상품중개업	-	0	-7.21	36	-7.21	12	1.32	3	-4.02	30	-3.53	-2.63	33
49	육상운송 및 파이프라인 운송업	-	0	-5.34	50	-5.34	4	-	0	-3.88	8	-3.88	-4.21	8
	금융업	-	0	-6.62	39	-6.62	33	1.26	15	-4.52	69	-3.49	-3.33	84
	기타	5.91	4	-7.11	19	-4.74	11	1.88	15	-4.08	32	-2.17	-2.07	47
계수평균, 기업수		5.25	1	-6.57	22	-6.21	133	1.44	92	-3.63	490	-2.83		582

〈표 7-12〉 원/달러 실질환율, 비대칭 계수, 변동환율제도 시대 – 글로벌금융위기 전

산업		환노출 비대칭 계수가 유의적인(10%기준) 기업						전체 기업						
		비대칭 계수 ≥0		비대칭 계수 <0		전체		비대칭 계수 ≥0		비대칭 계수 <0		전체		
코드	산업명	평균	비율	평균	비율	평균	기업수	평균	기업수	평균	기업수	평균	중앙값	기업수
10	식료품 제조업	1.82	4	-	0	1.82	1	0.66	16	-0.46	9	0.26	0.07	25
13	섬유제품 제조업	1.79	6	-	0	1.79	1	0.90	9	-0.75	7	0.18	0.16	16
14	의복, 모피제품 제조업	-	0	-1.06	17	-1.06	2	0.62	5	-0.81	7	-0.22	-0.26	12
17	펄프, 종이 및 종이제품 제조업	-	0	-	0	-	0	0.44	9	-0.58	11	-0.12	-0.11	20
20	화학물질 및 화학제품 제조업	2.08	2	-3.84	2	-0.88	2	0.40	23	-0.62	25	-0.13	-0.07	48
21	의료용 물질 및 의약품 제조업	1.99	3	-1.27	3	0.36	2	0.90	19	-0.72	11	0.31	0.42	30
22	고무제품 및 플라스틱제품 제조업	-	0	-	0	-	0	0.51	7	-0.50	7	0.01	-0.01	14
23	비금속 광물제품 제조업		0	-2.11	5	-2.11	1	0.41	7	-0.68	13	-0.30	-0.14	20
24	1차 금속 제조업	2.75	3	-2.51	3	0.12	2	0.61	15	-0.83	16	-0.14	-0.20	31
25	금속가공제품 제조업	-	0		0	-	0	0.44	4	-0.60	3	0.00	0.09	7
26	전자부품, 컴퓨터, 영상 외 제조업	1.65	8	-2.04	3	0.73	4	0.95	23	-0.90	13	0.28	0.34	36
28	전기장비 제조업	-	0	-1.88	14	-1.88	2	0.81	4	-0.73	10	-0.29	-0.28	14
29	기타 기계 및 장비 제조업	5.40	6	-	0	5.40	1	1.74	6	-0.79	12	0.05	-0.33	18
30	자동차 및 트레일러 제조업	1.49	3	-1.93	10	-1.08	4	0.68	5	-0.98	26	-0.72	-0.66	31
35	전기, 가스, 증기 외 공급업	-	0	-	0	-	0	0.37	3	-0.19	5	0.02	0.00	8
41	종합 건설업	-	0	-1.60	3	-1.60	1	0.57	11	-0.73	24	-0.32	-0.50	35
46	도매 및 상품중개업	-	0	-1.66	3	-1.66	1	0.80	22	-0.76	12	0.25	0.27	34
47	소매업; 자동차 제외	-	0	-	0	-	0	0.69	4	-0.30	3	0.27	0.19	7
49	육상운송 및 파이프라인 운송업	-	0	-	0	-	0	0.68	5	-0.47	3	0.25	0.12	8
50	수상 운송업	-	0	-1.88	17	-1.88	1	1.41	1	-0.79	5	-0.43	-0.48	6
71	전문서비스업	-	0	-	0	-	0	0.61	9	-0.51	10	0.02	-0.03	19
	금융업	1.55	7	-2.36	5	-0.01	5	0.97	22	-1.02	22	-0.03	-0.03	44
	기타	2.21	8	-2.29	4	0.71	6	0.95	34	-0.77	15	0.42	0.52	49
계수평균, 기업수		2.10	3	-2.00	4	-0.06	36	0.76	263	-0.74	269	0.00		532

〈표 7-13〉 원/달러 실질환율, 비대칭 계수, 변동환율제도 시대 - 글로벌금융위기 후

산업		환노출 비대칭 계수가 유의적인(10%기준) 기업						전체 기업						
		비대칭 계수≥0		비대칭 계수<0		전체		비대칭 계수≥0		비대칭 계수<0		전체		
코드	산업명	평균	비율	평균	비율	평균	기업수	평균	기업수	평균	기업수	평균	중앙값	기업수
10	식료품 제조업	1.69	4	-2.13	7	-0.85	3	1.03	9	-1.04	18	-0.35	-0.56	27
13	섬유제품 제조업	-	0	-2.06	31	-2.06	4	1.45	2	-1.29	11	-0.87	-0.86	13
14	의복, 모피제품 제조업	2.10	8	-2.80	15	-1.16	3	0.87	3	-1.00	10	-0.57	-0.15	13
17	펄프, 종이 및 종이제품 제조업	-	0	-2.97	11	-2.97	2	0.41	7	-1.42	12	-0.74	-0.31	19
20	화학물질 및 화학제품 제조업	1.77	2	-2.56	7	-1.69	5	0.76	27	-1.01	33	-0.21	-0.09	60
21	의료용 물질 및 의약품 제조업	-	0	-2.90	3	-2.90	1	1.07	18	-1.11	18	-0.02	-0.02	36
22	고무제품 및 플라스틱제품 제조업	-	0	-	0	-	0	0.89	11	-1.22	6	0.15	0.38	17
23	비금속 광물제품 제조업	0.99	5	-2.24	24	-1.70	6	0.90	5	-1.74	16	-1.11	-1.11	21
24	1차 금속 제조업	5.47	5	-2.15	10	0.39	6	1.30	17	-0.98	25	-0.05	-0.27	42
25	금속가공제품 제조업	-	0		0	-	0	0.87	4	-0.50	4	0.19	0.01	8
26	전자부품, 컴퓨터, 영상 외 제조업	2.78	10	-2.31	2	1.77	5	1.72	26	-1.13	15	0.68	0.91	41
28	전기장비 제조업	2.28	13	-2.81	7	0.58	3	1.08	8	-0.96	7	0.13	0.13	15
29	기타 기계 및 장비 제조업	-	0	-	0	-	0	0.76	12	-0.66	16	-0.05	-0.04	28
30	자동차 및 트레일러 제조업	-	0	-3.62	5	-3.62	2	0.84	20	-1.22	17	-0.11	0.15	37
31*	기타 운송장비 제조업	-	0	-2.64	14	-2.64	1	-	0	-1.38	7	-1.38	-1.34	7
35	전기, 가스, 증기 외 공급업	-	0	-1.34	33	-1.34	3	0.26	2	-1.03	7	-0.74	-0.80	9
41	종합 건설업	-	0	-2.45	6	-2.45	2	1.06	16	-0.94	15	0.09	0.17	31
46	도매 및 상품중개업	-	0	-	0			0.97	17	-1.22	18	-0.16	-0.11	35
47	소매업; 자동차 제외	1.88	11	-	0	1.88	1	1.28	2	-0.66	7	-0.23	-0.28	9
49	육상운송 및 파이프라인 운송업	-	0	-2.86	11	-2.86	1	1.24	1	-1.21	8	-0.93	-0.67	9
63*	정보서비스업	2.90	14	-	0	2.90	1	1.46	4	-0.19	3	0.76	0.74	7
71	전문서비스업	2.80	2	-1.97	4	-0.38	3	0.76	24	-1.25	22	-0.20	0.15	46
	금융업	2.32	7		0	2.32	3	0.89	16	-0.53	26	0.01	-0.16	42
	기타	-	0	-2.39	3	-2.39	2	0.84	26	-0.95	43	-0.28	-0.19	69
계수평균, 기업수		2.65	3	-2.37	6	-0.78	57	0.99	277	-1.04	364	-0.16		641

라. 지연된 환노출 계수

지연된 환노출 계수는 식(7-4)를 사용해 추정한다. 환노출 계수 추정식에서 과거의 환율변동 계수가 유의적인 경우 지연된 환노출이 존재한다고 해석한다. 이 연구의 추정에서는 이전 3개월 전의 환율변동까지를 고려하여 지연된 환노출 계수를 추정한다. 과거의 환율변동에 의한 영향은 연속해서 유의적으로 나타나는 경우도 있지만 과거 특정 월의 환율변동 계수만이 유의적인 값으로 나타나는 경우도 있다. 예를 들어, 과거 3개월 전까지의 환율변동을 독립변수로 한 회귀모형을 추정하는 경우 2개월 전의 환율변동 계수만이 유의적인 값으로 추정될 수 있다. 이러한 점을 반영하여 이 연구에서는 지연된 환노출의 유의성 여부는 계수가 유의적인 과거의 환율변동 계수를 포함하여 동시적 환율변동 계수까지의 결합검정(계수의 F-검정) 결과를 근거로 판단한다. 앞의 예에서 지연된 환노출의 유의성은 2개월 전 환율변동 계수와 1개월 전 환율변동 계수 그리고 동시적 환율변동 계수의 결합검정 결과를 기준으로 판단한다. 지연된 환노출을 고려한 환노출 계수는 환노출 계수가 유의적인 값으로 추정된 월 이후의 모든 환노출 계수를 더하여 계산한다.

이러한 방법으로 추정한 환노출 계수와 계수의 유의성은 <표 7-14> ~ <표 7-17>에 정리한다. 표에서 지연된 월평균은 환율변동의 계수가 유의적인 값으로 추정된 최장 과거 월 수를 평균한 것이다. 앞의 예에서와 같이 2개월 전의 환율변동 계수가 유의적이고 당월, 1개월 전, 2개월 전 환율변동에 의한 환노출 계수에 대한 결합검정 결과가 통계적으로 유의적이라면 지연된 월은 2개월이다. 지연된 월 평균은 해당 산업에서 지연된 환노출이 유의적으로 추정된 기업들의 최장 과거 월 수를 평균한 것이다.

라-1. 복합통화바스켓제도 시대

지연된 환노출이 유의적인 기업은 전체 분석 기업 298개 기업 중에 8개 기업이며 지연된 월 수는 평균 1개월이다. 복합통화바스켓제도 시대의 지연된 환노출은 유의할 만한 수준은 아니다.

라-2. 시장평균환율제도 시대

지연된 환노출이 유의적인 기업의 비율은 전체 기업의 30%(582개 기업 중 175개 기업)이다. 지연된 환노출 계수를 부호를 기준으로 구분하면 양수인 기업이 5%(27/582), 음수인 기업이 25%(148/582)이다. 지연된 환노출 계수는 음수인 경우가 지배적이다. 과거 환율변동의 영향은 평균적으로 과거 1개월 환율변동의 영향이다. 시장평균환율제도 시대에는 지연된 환노출도 광범위하게 나타났음을 보여주고 있다.

라-3. 변동환율제도 시대-글로벌금융위기 전

전체 분석 기업의 12%(76/641)에 해당하는 기업에서 지연된 환노출이 유의적이다. 지연된 환노출의 부호를 살펴보면 양수인 경우와 음수인 경우가 비슷하게 나타나 과거의 환율변동에 의한 환노출까지를 고려하는 경우 환율상승이 기업가치를 감소시키는 환노출이 전기간에 비해 약화되고 있다. 지연된 환노출의 과거 평균 월 수를 계산한 결과는 2개월 전의 환율변동이 기업에 영향을 미치고 있는 경우가 많다.

라-4. 변동환율제도 시대-글로벌금융위기 후

지연된 환노출이 유의적인 기업의 비율은 9%(58/641)이다. 지연된 환노출은 양수의 부호를 갖는 경향이 나타나고 있다. 과거의 평균 월 수는 2개월로 글로벌금융위기 전과 차이가 없다. 그러나 시장평균환율제도 시대 이후 지연된 환노출은 전기간에 비해 약화되고 있는 모습을 보여준다.

〈표 7-14〉 원/달러 실질환율, 지연된 환노출, 복합통화바스켓제도 시대

산업		전체 환노출 계수(당월~지연된 환노출 계수 합)가 유의적인(10%기준) 기업							지연된 월평균
		환노출 계수 ≥0		환노출 계수 <0		전체			
코드	산업명	평균	기업수	평균	기업수	평균	중앙값	기업수	
21	의료용 물질 및 의약품 제조업	2.15	1	-	0	2.15	2.15	1	1
41	종합 건설업	-	0	-5.44	1	-5.44	-5.44	1	2
46	도매 및 상품중개업	2.80	1	-	0	2.80	2.80	1	1
	금융업	3.04	3	-	0	3.04	3.18	3	1
	기타	3.40	1	-2.72	1	0.34	0.34	2	2
계수평균, 기업수		2.91	6	-4.08	2	1.17		8	1

〈표 7-15〉 원/달러 실질환율, 지연된 환노출, 시장평균환율제도 시대

산업		전체 환노출 계수(당월~지연된 환노출 계수 합) 가 유의적인(10%기준) 기업							지연된 월평균
		환노출 계수≥0		환노출 계수<0		전체			
코드	산업명	평균	기업수	평균	기업수	평균	중앙값	기업수	
10	식료품 제조업	6.69	1	-3.92	4	-1.80	-3.09	5	2
11	음료 제조업	-	0	-4.14	2	-4.14	-4.14	2	3
13	섬유제품 제조업; 의복제외	-	0	-3.73	16	-3.73	-3.59	16	1
14	의복, 의복액세서리 및 모피제품 제조업	-	0	-4.21	4	-4.21	-3.57	4	1
15*	가죽, 가방 및 신발 제조업	-	0	-2.83	3	-2.83	-2.41	3	1
17	펄프, 종이 및 종이제품 제조업	3.90	1	-2.29	3	-0.74	-1.80	4	1
20	화학물질 및 화학제품 제조업;의약품 제외	-	0	-2.57	11	-2.57	-2.29	11	1
21	의료용 물질 및 의약품 제조업	3.66	2	-3.99	9	-2.60	-2.86	11	1
22	고무제품 및 플라스틱제품 제조업	2.85	2	-4.12	5	-2.13	-3.66	7	2
23	비금속 광물제품 제조업	3.30	1	-4.32	1	-0.51	-0.51	2	3
24	1차 금속 제조업	1.86	1	-3.12	11	-2.70	-2.38	12	1
25*	금속가공제품 제조업; 기계 및 가구 제외	-	0	-4.49	5	-4.49	-3.95	5	1
26	전자부품, 컴퓨터, 영상, 음향 및 통신장비 제조업	2.43	1	-3.22	14	-2.84	-2.84	15	1
28*	전기장비 제조업	4.15	1	-3.41	7	-2.46	-2.64	8	1
29	기타 기계 및 장비 제조업	3.19	1	-2.77	3	-1.28	-2.68	4	2
30	자동차 및 트레일러 제조업	-	0	-2.48	8	-2.48	-2.09	8	1
41	종합 건설업	-	0	-3.36	4	-3.36	-4.01	4	1
46	도매 및 상품중개업	1.45	1	-4.08	7	-3.39	-3.10	8	2
	금융업	1.82	13	-5.80	22	-2.97	-4.00	35	1
	기타	1.25	2	-3.03	9	-2.25	-2.44	11	1
계수평균, 기업수		2.45	27	-3.70	148	-2.75		175	1

〈표 7-16〉 원/달러 실질환율, 지연된 환노출, 변동환율제도 시대 – 글로벌금융위기 전

산업		전체 환노출 계수(당월~지연된 환노출 계수 합)가 유의적인(10%기준) 기업							지연된 월평균
		환노출 계수≥0		환노출 계수<0		전체			
코드	산업명	평균	기업수	평균	기업수	평균	중앙값	기업수	
10	식료품 제조업	0.80	1	-1.63	3	-1.03	-1.43	4	1
13	섬유제품 제조업; 의복제외	1.45	4	-	0	1.45	1.40	4	3
17	펄프, 종이 및 종이제품 제조업	0.73	1	-1.81	1	-0.54	-0.54	2	2
20	화학물질 및 화학제품 제조업; 의약품 제외	0.91	2	-0.87	1	0.32	0.61	3	2
21	의료용 물질 및 의약품 제조업	1.05	3	-	0	1.05	1.01	3	2
22	고무제품 및 플라스틱제품 제조업	0.85	1	-1.19	1	-0.17	-0.17	2	3
23	비금속 광물제품 제조업	1.00	3	-1.76	2	-0.10	0.86	5	2
24	1차 금속 제조업	0.96	1	-1.46	2	-0.65	-1.45	3	2

25	금속가공제품 제조업; 기계 및 가구 제외	0.94	2	-	0	0.94	0.94	2	2
26	전자부품, 컴퓨터, 영상, 음향 및 통신장비 제조업	1.37	7	-	0	1.37	1.38	7	2
29	기타 기계 및 장비 제조업	1.63	4	-1.90	1	0.92	1.17	5	2
30	자동차 및 트레일러 제조업	-	0	-1.39	2	-1.39	-1.39	2	2
41	종합 건설업	-	0	-1.80	10	-1.80	-1.60	10	3
46	도매 및 상품중개업	1.67	4	-1.57	1	1.02	1.43	5	2
47	소매업; 자동차 제외	0.91	1	-	0	0.91	0.91	1	2
50	수상 운송업	-	0	-1.28	3	-1.28	-1.32	3	2
71	전문서비스업	0.83	2	-	0	0.83	0.83	2	3
	금융업	1.34	1	-1.52	6	-1.11	-1.33	7	2
	기타	2.10	2	-1.39	4	-0.23	-1.13	6	2
계수평균, 기업수		1.23	39	-1.54	37	-0.12		76	2

〈표 7-17〉 원/달러 실질환율, 지연된 환노출, 변동환율제도 시대 – 글로벌금융위기 후

산업		전체 환노출 계수(당월~지연된 환노출 계수 합)가 유의적인(10%기준) 기업							지연된 월평균
		환노출 계수≥0		환노출 계수<0		전체			
코드	산업명	평균	기업수	평균	기업수	평균	중앙값	기업수	
10	식료품 제조업	-	0	-2.18	1	-2.18	-2.18	1	2
13	섬유제품 제조업; 의복제외	-	0	-1.24	1	-1.24	-1.24	1	1
14	의복, 의복액세서리 및 모피제품 제조업	-	0	-0.91	1	-0.91	-0.91	1	1
17	펄프, 종이 및 종이제품 제조업	-	0	-2.07	1	-2.07	-2.07	1	2
20	화학물질 및 화학제품 제조업; 의약품 제외	2.43	5	-1.06	2	1.43	1.70	7	3
21	의료용 물질 및 의약품 제조업	3.10	3	-	0	3.10	2.58	3	3
23	비금속 광물제품 제조업	2.08	1	-	0	2.08	2.08	1	1
24	1차 금속 제조업	2.89	2	-2.39	3	-0.28	-1.73	5	2
25	금속가공제품 제조업; 기계 및 가구 제외	-	0	-0.67	1	-0.67	-0.67	1	2
26	전자부품, 컴퓨터, 영상, 음향 및 통신장비 제조업	3.58	5	-	0	3.58	2.39	5	2
28	전기장비 제조업	2.43	5	-	0	2.43	1.88	5	3
29	기타 기계 및 장비 제조업	2.41	3	-	0	2.41	2.41	3	2
30	자동차 및 트레일러 제조업	3.27	1	-2.24	1	0.51	0.51	2	3
41	종합 건설업	4.61	1	-4.03	1	0.29	0.29	2	3
46	도매 및 상품중개업	3.69	4	-1.86	1	2.58	2.94	5	3
47	소매업; 자동차 제외	1.51	1	-1.84	2	-0.72	-1.50	3	2
49	육상운송 및 파이프라인 운송업	-	0	-2.67	1	-2.67	-2.67	1	3
71	전문서비스업	2.41	3	-1.50	3	0.45	0.55	6	2
	금융업	1.96	1	-1.43	3	-0.58	-1.29	4	2
	기타	3.20	1	-	0	3.20	3.20	1	3
계수평균, 기업수		2.53	36	-1.71	22	0.92		58	2

(2) 일본 엔화에 대한 환노출 특성

원/엔화의 실질환율변동률을 사용해 환노출을 추정하고 특성을 분석한다. 환노출의 추정 방법은 앞에서 기술한 달러화에 대한 환노출을 추정하는 방법과 동일하다. 분석 결과를 모두 정리해 기술하지는 않고 특징적인 부분만 기술한다.

가. 잔여 환노출

가-1. 복합통화바스켓제도 시대

복합통화바스켓제도 시대에 잔여 환노출 계수가 유의적인 기업의 비율은 10%이고 환노출 계수가 양수인 기업비율은 8%로 음수인 경우보다 높다. 환노출이 높은 업종은 금융업으로 산업의 분석 대상 기업의 29%가 양수의 환노출로 추정된다. 원/달러 분석에서와는 달리 종합 건설업은 환노출 계수가 유의적인 기업이 없다. 유의성과 관계없이 전체 기업의 추정 결과를 보면 환노출 계수가 양수인 기업의 비율은 64%이다. 전체적으로 볼 때 원/달러화 환노출과 유사하게 환노출이 유의적으로 추정된 기업이 많지는 않지만 세부적인 특성은 차이가 있다.

가-2. 시장평균환율제도 시대

원/달러화 환노출에서와 같이 음수의 환노출 계수가 지배적이다. 즉, 원/엔 환율이 상승하면 기업가치가 감소한다. 환노출 계수가 유의적인 기업의 비율은 63%이고, 환노출 계수가 음수로 유의적인 기업은 62%이다. 금속가공제품 제조업의 경우는 분석 대상 전체 기업이 음수의 환노출이다. 시장평균환율제도 시대는 모든 업종의 기업들에서 환율이 상승하면서 기업가치가 감소하는 환노출이 나타난다.

가-3. 변동환율제도 시대-글로벌금융위기 전

환노출 계수가 유의적인 기업 비율은 37%로 원/달러 환노출 계수가 유의적인 기업 비율인 24%보다 높다. 환노출 계수의 방향은 원/달러 환노출 계수보다 더욱 음수의 값으로 편중되어 있다. 환노출이 가장 높은 업종은 종합 건설업(69%), 수상 운송업(67%) 순이다.

가-4. 변동환율제도 시대-글로벌금융위기 후

환노출 계수가 유의적인 기업의 비율은 13%로 원/달러화 환노출과 비슷한 수준이다. 환노출 계수가 양수인 기업의 비율이 글로벌금융위기 전보다 증가해 환노출 계수 부호의 편중현상이 완화되는 모습이다.

나. 전체 환노출 계수

나-1. 복합통화바스켓 시대

환노출 계수가 유의적인 기업비율은 전체 분석 기업의 7%이고 이중 5%는 환노출 계수가 음수인 기업이다. 환노출 정도가 가장 큰 업종은 도매 및 상품중개업(20%)이다. 전체 기업의 환노출 계수도 음수의 환노출 기업(52%)이 약간 높다. 달러화에 비해 환노출 계수가 유의적인 기업이 약간 낮은 편이다.

나-2. 시장평균환율제도 시대

환노출 계수가 유의적인 기업 비율은 전체 분석 기업의 71%이고 이중 70%는 환노출 계수가 음수인 기업이다. 음수의 환노출 기업 비율이 가장 높은 업종은 금속가공제품제조업(100%), 전기장비제조업(100%)이다.

나-3. 변동환율제도 시대-글로벌금융위기 전

환노출 계수가 유의적인 기업의 비율은 전체 분석 기업의 53%이고, 52%는 환노출 계수가 음수인 기업이다. 금융업에서 환노출(89%)이 유의적인 기업 비율이 높다. 전체 표본기업의 환노출 계수 특성을 보면 92%의 기업이 음수의 환노출을 갖고 있다.

나-4. 변동환율제도 시대-글로벌금융위기 후

환노출 계수가 유의적인 기업 비율은 19%이고, 17%는 환노출 계수가 음수인 기업이다. 업종별로는 육상운송 및 파이프라인 운송업(44%), 식료품 제조업(26%) 순이다. 달러화 환노출에 비해 유의적인 환노출을 갖는 기업의 비율이 낮다.

다. 비대칭 환노출 계수

다-1. 복합통화바스켓제도 시대

전체 분석 기업 중 비대칭 계수가 유의적인 값으로 추정된 기업의 비율은 12%이고 이중 10%는 음수의 비대칭 계수를 갖는 기업이다. 원/달러 환노출 비대칭 계수 경우보다는 유의적인 기업 비율이 약간 높으며, 계수가 음수로 치우치는 경향이 있다. 업종을 기준으로 보면 1차 금속제조업(33%), 전자부품, 컴퓨터, 영상 외 제조업(27%) 순으로 비대칭 계수가 유의적인 기업 비율이 높다.

다-2. 시장평균환율제도 시대

전체 분석 기업 중 비대칭 계수가 유의적인 값으로 추정된 기업의 비율은 43%이고 이중 41%는 음수의 비대칭 계수를 갖는 기업이다. 원/달러 비대칭 계수에서 보다는 유의적인 기업의 비율이 현저하게 높다. 업종별로 보면 가죽, 가방, 신발제조업(89%), 비금속광물 제조업(82%) 순으로 비율이 높아 원/달러 분석의 경우와는 다른 특성을 보인다.

다-3. 변동환율제도 시대-글로벌금융위기 전

전체 분석 기업 중 비대칭 계수가 유의적인 값으로 추정된 기업의 비율은 15%이고 이중 13%는 양수의 비대칭 계수를 갖는 기업이다. 양수의 비대칭 계수로 편향되어 있는 것은 전기에 음수의 비대칭 계수로 편향되었던 것과 대조적이다.

다-4. 변동환율제도 시대-글로벌금융위기 후

전체 분석 기업 중 비대칭 계수가 유의적인 값으로 추정된 기업의 비율은 10%이고 이중 7%는 양수의 비대칭 계수를 갖는 기업이다. 비대칭 계수가 유의적인 기업의 비율이 감소하고, 한 방향으로 편향된 경향도 감소해 전체적으로 비대칭 계수의 중요성이 감소하고 있다.

라. 지연된 환노출 계수

라-1. 복합통화바스켓제도 시대

과거의 환율변동에 의한 영향까지를 고려한 지연된 환노출 계수가 유의적인 기업은 전체 분석 기업의 5%(16/298)이다. 이는 원/달러의 환노출 계수 3%보다 높은 것이다. 환노출 계수를 부호를 기준으로 분류하면 양수와 음수가 동일한 비율로 나타나 양수로 편중된 원/달러의 지연된 환노출과 대조적이다. 그러나 전체적으로 이 기간에 환노출이 지연되어 나타나는 경향은 크게 나타나지 않고 있다. 환율변동의 영향이 지연되어 나타나는 과거 평균 월 수는 1개월 정도로 원/달러 환노출에서와 동일하다.

라-2. 시장평균환율제도 시대

과거의 환율변동에 의한 영향까지를 고려한 지연된 환노출 계수가 유의적인 기업은 전체 분석 기업의 12%(69/582)이다. 원/달러의 지연된 환노출 계수의 경우보다 유의적인 기업의 비율이 낮다. 지연된 환노출 계수의 부호를 기준으로 분류하면 계수가 음수인 경우가 11%로 지배적이다. 영향을 주는 환율의 과거 평균 월 수는 1개월인데 기타 기계 및 장비 제조업의 경우 3개월로 가장 길게 나타나고 있다.

라-3. 변동환율제도 시대-글로벌금융위기 전

지연된 환노출 계수가 유의적인 기업은 전체 분석 기업의 10%(54/532)이다. 원/달러의 지연된 환노출 계수의 경우보다 유의적인 기업의 비율이 낮다. 원/달러의 지연된 환노출의 경우는 환노출 계수의 부호가 편향되지 않았으나 원/엔의 경우는 음수의 환노출 계수로 편향되는 경향을 보이고 있다. 영향을 준 과거의 평균 월 수는 2개월로 원/달러의 경우와 동일하다.

라-4. 변동환율제도 시대-글로벌금융위기 후

지연된 환노출 계수가 유의적인 기업은 전체 분석 기업의 8%(52/641)이다. 원/달러의 지연된 환노출 계수의 경우보다 유의적인 기업의 비율이 1%p 낮은 비슷한 수준이다. 환노출 계수의 부호는 음수와 양수가 비슷한 비율이다. 영향을 주는 환율의 과거 평균 월 수는 2개월로 원/달러의 경우와 동일하다.

(3) 실질실효환율에 대한 환노출 특성

실질실효환율에 대해서도 분석 결과를 전체적으로 정리하지 않고 특징적 내용만 기술한다. 분석에 사용한 BIS에서 제공하는 원화의 실질실효환율은 환율이 원화가치를 직접 나타내는 방법으로 계산되어 있기 때문에 환노출 계수에 대한 해석이 원/달러, 원/엔 그리고 다음에 나오는 원/유로의 경우와는 다르다. 실질실효환율 환노출 계수에 대한 해석에서 양(+)수의 환노출 계수는 원화의 가치가 상승(하락)하면 기업가치가 증가(감소)하는 환율변동과 기업가치의 관계로 해석한다. 반대로 환노출 계수가 음(-)수이면 원화의 가치가 상승(하락)하면 기업가치가 감소(증가)하는 환율변동과 기업가치의 관계로 해석한다.

가. 잔여 환노출

가-1. 복합통화바스켓제도 시대

환노출 계수가 유의적인 기업의 비율은 10%로 원/달러나 원/엔의 경우와 크게 다르지 않다. 환노출 계수의 방향별 비율도 유사하다. 그러나 환노출이 유의적인 기업의 업종별 비율은 상이하다. 실질실효환율에서 유의적 환노출 비율이 가장 큰 업종은 섬유제품 제조업(32%)에 양수 환노출이다.

가-2. 시장평균환율제도 시대

환노출 계수가 유의적인 기업 비율은 전체 분석 기업 582개 기업 중 402개 기업으로 69%이다. 이중 64%가 양수의 계수값을 갖는 기업이다. 환노출 계수가 양수의 값을 갖는 것은 실질실효환율이 상승(하락)하는 경우 기업가치가 증가(감소)하는 관계를 의미한다. 실질실효환율이 원화의 가치를 직접적으로 나타내도록 표기되어 있기 때문에 환율의 하락은 원화의 가치하락을 의미한다. 따라서 환노출 계수가 양수인 것은 이 기간에 원화가치 하락이 기업가치 감소로 이어졌음을 나타내는 결과이다.

가-3. 변동환율제도 시대-글로벌금융위기 전

환노출 계수가 유의적인 기업 비율은 27%로 원/달러의 경우(24%)와 비슷한 수준이다. 실질실효환율의 경우도 원화의 가치가 상승(하락)하면 기업가치가 증가(감소)하는 방향의 환노출이 존재하는 기업이, 원화의 가치 상승(하락)이 기업가치의 감소(증가)를 가져오는 기업보다 많다. 환노출이 높은 업종은 종합 건설업(71%), 육상운송 및 파이프라인 운송업(63%) 등으로 모두 양수의 환노출을 보인다.

가-4. 변동환율제도 시대-글로벌금융위기 후

환노출 계수가 유의적인 기업 비율은 17%이며 환노출 계수가 양수인 기업의 비율은 15%이다. 전체 기업의 환노출 계수도 양수의 기업 비율이 높다. 실질실효환율 환노출에서 환노출 계수의 부호가 양수인 기업이 많은 것은 달러화나 엔화의 환노출에서 음수의 환노출이 추정되는 것과 동일한 환율과 기업가치 관계이다.

나. 전체 환노출

나-1. 복합통화바스켓제도 시대

복합통화바스켓제도 시대에 환노출 계수가 유의적인 기업의 비율은 9%이고, 이중 8%는 환노출 계수가 양수인 기업이다. 종합 건설업에서 환노출이 유의적인 기업이 많았는데(34%) 환노출의 방향은 양수이다. 원/달러의 환노출에서 종합 건설업에 음수의 환노출 기업이 많았던(66%) 것과 부호는 다르지만 내용 상 일관성 있는 결과이다. 즉, 달러화 기준으로 환율이 상승하면(원화가치가 하락하면) 기업가치가 감소하는 환노출과, 실질실효환율이 하락하면(원화가치가 하락하면) 기업가치가 감소하는 것은 동일한 관계이다.

나-2. 시장평균환율제도 시대

환노출 계수가 유의적인 기업 비율은 75%이고 이중 73%는 양수의 환노출이다. 즉, 대부분의 기업은 원화의 가치가 하락(상승)하면 기업가치가 감소(증가)하는 환노출 상태에 있다. 이 시기에 원/달러, 원/엔 환노출에서 환율상승(원화가치 하락)이 기업가치를 감소시키는 방향으로 나타나고 있는 것과 내용상 일관성 있는 결과이다.

나-3. 변동환율제도 시대-글로벌금융위기 전

환노출 계수가 유의적인 기업의 비율은 42%로 시장평균환율제도 시대(75%)에 비해 크게 낮아진다. 그러나 환노출 계수가 양수인 경향은 그대로 유지되고 있다. 유의적 환노출 기업 비율이 높은 업종은 종합 건설업(80%), 육상운송 및 파이프라인 운송업(75%) 순이며 모두 양수의 환노출 기업만이 있는 업종이다.

나-4. 변동환율제도 시대-글로벌금융위기 후

글로벌금융위기 후에는 환노출 계수가 유의적인 기업 비율이 19%로 낮아지며, 이중 환노출 계수가 음수인 기업이 17%로 지배적이다. 즉, 원화의 가치가 하락하면 기업가치가 상승하는 방향으로 환노출 계수가 추정되고 있다. 이는 양수의 환노출 계수가 지배적이었던 글로벌금융위기 전까지의 상황과 매우 다른 결과이다. 환노출 계수가 유의적인 기업의 비율이 큰 업종은 육상운송 및 파이프라인 운송업(44%), 1차 금속제조업(31%) 순이다.

다. 비대칭 환노출 계수

다-1. 복합통화바스켓제도 시대

환노출 비대칭 계수가 유의적인 기업 비율은 전체 분석 기업의 14%이다. 이중 음수의 계수를 갖는 기업이 13%로 지배적이다. 환노출이 비대칭 특성을 갖는 기업의 비율이 큰 업종은 육상운송 및 파이프라인 운송업(33%), 음료제조업(25%) 순이다. 모든 기업을 대상으로 할 경우 음수의 비대칭 계수를 갖는 기업이 72%(298개 기업 중 216개 기업)이다.

다-2. 시장평균환율제도 시대

환노출 비대칭 계수가 유의적인 기업의 비율은 23%이며, 이중 21%는 비대칭 계수의 부호가 음수인 기업이다. 비대칭 계수 기업 비율이 큰 업종은 가죽, 가방 및 신발제조업(56%), 금속가공제품 제조업(55%)이며 모두 음수의 비대칭 계수이다. 종합 건설업의 경우 양수의 유의적인 비대칭 계수를 갖는 기업의 비율이 10%로 나타나고 있다. 유의성과 관계없이 모든 기업을 비대칭 계수의 부호를 기준으로 구분하면 71%(582개 기업 중 416개 기업) 기업이 음수의 비대칭 계수를 갖는다. 비대칭 계수가 음수인 것은 실질실효환율의 상승(원화가치 상승) 시에 기업가치가 증가하는 정도보다 실질실효환율의 하락(원화가치 감소) 시에 기업가치가 감소하는 정도가 더 크다는 것을 의미한다.

다-3. 변동환율제도 시대-글로벌금융위기 전

분석 기업의 19% 기업이 유의적인 비대칭 계수를 갖는다. 이중 14%는 음수의 비대칭 계수를 갖는 기업이다. 유의적인 비대칭 계수 기업 비율이 높은 업종은 육상운송 및 파이프라인 운송업(38%), 자동차 및 트레일러 제조업(35%) 순이며 이들은 모두 음수의 비대칭 계수를 갖고 있다. 모든 기업을 대상으로 비대칭 계수의 부호를 분석하면 음수인 기업의 비율이 63%(532개 기업 중 336개 기업)로 이전 기간에 비해 비대칭 계수의 부호 편중현상이 완화되고 있다.

다-4. 변동환율제도 시대-글로벌금융위기 후

비대칭 계수가 유의적인 기업의 비율은 분석 기업의 12%이며 이중 8%는 비대칭 계수가 양수인 기업이다. 업종을 기준으로 보면 전자부품, 컴퓨터, 영상 외 제조업(20%), 자동차 및 트레일러 제조업(19%) 순으로 비대칭 계수가 유의적인 기업 비율이 크다. 이 기간에는 전기에 비해 비대칭 계수의 유의성이나 규모가 감소하고 있다.

라. 지연된 환노출 계수

라-1. 복합통화바스켓제도 시대

지연된 환노출 계수가 유의적인 기업은 전체 분석 기업의 3%(9/298)이다. 원/달러화 지연된 환노출 계수의 경우와 비슷한 수준이다. 환노출 계수의 부호는 모두 음수로 원/달러화 환노출과 유사한 특성이다. 환율변동이 영향을 주는 과거의 월수는 2개월이다.

라-2. 시장평균환율제도 시대

지연된 환노출 계수가 유의적인 기업은 전체 분석 기업의 7%(42/582)이다. 원/달러 지연된 환노출 계수의 경우보다는 낮은 비율이다. 환노출 계수의 부호는 양수의 기업비율이 4%로 음수 기업 비율보다 높다. 음수 기업의 비율이 높았던 원/달러 환노출 계수의 경우와 일관성이 있다. 환율변동이 영향을 주는 과거의 월 수는 2개월로 달러화의 1개월과 차이가 있다.

라-3. 변동환율제도 시대-글로벌금융위기 전

지연된 환노출 계수가 유의적인 기업은 전체 분석 기업의 9%(47/532)이다. 원/달러 지연된 환노출 계수의 경우보다는 낮은 비율이다. 환노출 계수의 부호는 양수의 기업비율이 6%로 음수 기업 비율보다 높다. 환율변동이 영향을 주는 과거의 월 수는 2개월로 달러화와 동일하다.

라-4. 변동환율제도 시대-글로벌금융위기 후

지연된 환노출 계수가 유의적인 기업은 전체 분석 기업의 10%(62/641)이다. 원/달러화 지연된 환노출 계수의 경우보다는 높은 비율이다. 환노출 계수의 부호는 양수의 기업비율이 6%로 음수 기업 비율보다 높다. 환율변동이 영향을 주는 과거의 월 수는 2개월로 달러화와 동일하다.

(4) 유로화에 대한 환노출 특성

유로화의 사용이 2000년부터 이루어진 점을 고려하여 원/유로화의 환노출 계수는 변동환율제도 시대 글로벌금융위기 전, 후 기간에 대하여 분석한다.

가. 잔여 환노출

가-1. 변동환율제도 시대-글로벌금융위기 전

환노출이 유의적으로 추정된 기업의 비율은 분석 기업의 25%이다. 이 중 22%의 기업은 음수의 환노출로 유의적이다. 계수가 유의적인 기업 비율은 달러화 환노출과 비슷한 수준인데, 환노출 계수가 음수인 기업의 비율은 달러화 환노출에 비해 조금 높다. 금융업(50%)과 수상 운송업(50%)에서 음수의 환노출 기업 비율이 높게 나타나고 있다.

가-2. 변동환율제도 시대-글로벌금융위기 후

환노출 계수가 유의적인 기업의 비율은 11%로 글로벌금융위기 전에 비해 낮아진다. 환노출 계수가 음수로 편중되었던 경향도 해소되고 있다. 이러한 현상은 달러화에 대한 환노출 추정 결과와 유사한 것이다.

나. 전체 환노출

나-1. 변동환율제도 시대-글로벌금융위기 전

분석 기업 중 전체 환노출 계수가 유의적인 기업은 64%인데 모두가 환노출 계수가 음수인 기업이다. 이러한 특성은 원/달러 환노출 계수의 특성과 매우 유사하다. 환노출 계수가 유의적인 기업 비율을 업종별로 보면 금융업(100%), 소매업; 자동차 제외(100%)에서 비율이 높다. 전체적으로 원/달러 환노출 계수와 큰 차이를 보이지는 않는다.

나-2. 변동환율제도 시대-글로벌금융위기 후

분석 기업 중 전체 환노출 계수가 유의적인 기업은 19%인데, 이 중 19%가 환노출 계수가 음수인 기업이다. 이 기간에 원/달러 환노출의 경우도 유의적인 기업비율이 큰 폭으로 낮아졌는데 원/유로의 경우는 더 큰 폭으로 낮아지고 있다. 전체 분석 기업의 2%이기는 하지만 환노출 계수가 양수인 기업도 나타나고 있다. 금융위기 이전에 모든 기업의 환노출 계수가 유의적이었던 금융업(100%), 소매업; 자동차 제외(100%)의 비율은 각각 26%, 11%로 낮아졌다. 전체 분석 기업을 대상으로 환노출 계수의 부호를 정리하면 전체 기업의 72%가 음수의 환노출 계수를 갖는다.

다. 비대칭 환노출 계수

다-1. 변동환율제도 시대-글로벌금융위기 전

분석 기업 중 환노출 비대칭 계수가 유의적인 기업 비율은 12%이다. 이 중 10%는 비대칭 계수가 양수인 기업이다. 이러한 특성은 원/달러 환노출 비대칭 계수가 유의적인 비율이 7%이고 이 중 4%가 음수인 기업인 것과는 차이가 있다.

다-2. 변동환율제도 시대-글로벌금융위기 후

분석 대상 기업의 14%가 유의적인 비대칭 계수를 가지며, 이중 10%가 양수의 계수를 갖는 기업이다. 양수의 계수를 갖는 기업이 많은 것은 전기와 같은 특성이며, 원/달러 비대칭 계수 특성과 차이가 있다.

라. 지연된 환노출 계수

라-1. 변동환율제도 시대-글로벌금융위기 전

지연된 환노출 계수가 유의적인 기업은 전체 분석 기업의 12%(64/532)이다. 원/달러 지연된 환노출 계수의 경우보다는 낮은 비율이다. 환노출 계수의 부호는 양수의 기업 비율이 7%로 음수 기업 비율보다 높다. 환율변동이 영향을 주는 과거의 월 수는 2개월로 달러화와 동일하다.

라-2. 변동환율제도 시대-글로벌금융위기 후

지연된 환노출 계수가 유의적인 기업은 전체 분석 기업의 9%(55/641)이다. 환노출 계수의 부호는 음수의 기업비율이 7%로 양수 기업 비율보다 높다. 환율변동이 영향을 주는 과거의 월 수는 2개월로 달러화와 동일하다.

3) 환노출 특성 요약

한국 기업의 환노출 특성을 통화별로, 기간별로 구분해 살펴보았다. 환노출 계수의 유의성은 외환위기가 포함된 기간에 크게 증가하였고 그 후 다시 낮아지는 변화를 보여 기간별로 변하는 특성이 있었음을 확인할 수 있었다. 변동환율제도의 시행 전에는 원화의 가치가 하락(상승)하는 경우에 기업의 가치가 감소(증가)하는 환율변동과 기업가치 변화의 관계가 지배적으로 나타났으나, 글로벌금융위기 이후로 올수록 원화의 가치가 하락(상승)하면서 기업의 가치가 감소(증가)하는 특성의 환노출이 완화되는 경향이 있다. 특히, 실질실효환율 환노출에서 이러한 경향이 크게 나타나고 있다.

개별 기업을 산업별로 구분해 환노출 계수를 정리한 결과 환노출 계수의 특성이 산업별로 차이가 있음을 확인할 수 있었다. 이러한 결과는 평균적으로는 원화의 가치하락이 기업가치의 감소를 초래하는 환노출이 있는 것으로 나타나고 있지만 개별 기업별로는 이와는 다른 환노출이 있는 기업이 있음을 시사하는 것이다.

제8장 환노출 결정요인

1. 분석모형

기업의 환노출은 기업의 기본적인 영업활동의 결과 발생한 환노출(예측환노출)에 기업이 환노출관리를 위해 수행한 활동과, 자금 조달 등 환노출에 영향을 미칠 수 있는 경영활동의 결과가 반영되어 결정된다. 기업에 최종적으로 남아 있는 환노출을 기업의 환노출이라고 정의하면 환노출 계수는 주가수익률과 환율변동의 관계를 사용해 추정할 수 있다. 추정된 기업의 환노출 계수가 통계적으로 유의하지 않다면 기업은 환노출이 없다고 할 수 있다. 따라서 기업에 남아 있는 기업의 환노출 분석은 유의적인 환노출 계수를 대상으로 이루어져야 한다.

이 장에서는 유의적인 환노출 계수를 중심으로 환노출 계수와 기업특성변수 간의 관계를 분석한다. 분석은 환노출이 유의적인 기업의 환노출 계수와 특성변수의 분포특성을 살펴보고 회귀분석을 사용해 환노출 계수와 기업변수 간의 관계를 추정한다. 분석 결과는 기업의 환노출이 어떠한 기업특성에 의해 결정되는 지를 이해하는데 도움이 될 수 있을 것이다.

결정요인 분석은 기간과 통화를 구분하여 수행한다. 분석 기간은 환노출 계수가 유의적인 기업이 많지 않았던 복합통화바스켓제도 시대를 제외한 시장평균환율제도 시대, 변동환율제도 시대-글로벌금융위기 전(이하 금융위기 전), 변동환율제도 시대-글로벌금융위기 후(이하 금융위기 후)로 총 3기간으로 구분한다. 통화는 시장평균환율제도 시대에는 달러화, 엔화, 실질실효환율에 대하여 분석하며 금융위기 전, 금융위기 후는 유로화를 추가하여 분석한다. 환율은 소비자물가상승률로 조정한 실질환율을 사용하며, 실질실효환율은 BIS(Bank for International Settlement; http://www.bis.org/)에서 제공하는 자료를 사용한다.

회귀분석모형은 식(8-1)과 같다. $\hat{\beta}$은 추정한 환노출 계수이다. $Size$는 규모로 기업의 자기자본 시장가치+부채 장부가치의 로그값을 사용한다. $Debtr$은 부채비율로 총자산 대비 부채의 비율이다. $Oprofr$은 영업이익률로 매출액 대비 영업이익 비율이다. $EXptr$은 수출비율로 매출액 대비 수출액 비율이고, $Rndr$은 연구개발비비율로 매출액 대비 연구개발비비율이다. $AExglr$은 회계적 환손익의 비율이다. 회계적 환손익은 '(외환차익-외환차손)+(외화환산이익-외화환산손실)'로 계산하며 총자산 대비 비율이다. $NFdebtr$은 순외화표시 부채로 기업이 보유한 외화표시 부채에서 외화표시 자산을 제외하여 계산한다. $JDumy$는 재벌소속여부를 나타내는 더미변수로 공정거래위원회에서 발표하는 30대 대규모 기업집단 소속기업의 경우 1의 값을, 그 외에는 0의 값을 갖도록 설정한다. $TDtrde$은 총파생상품거래 금액을 총자산으로 나누어 계산한 파생상품거래 금액비율이다. 파생상품거래는 통화에 대한 파생상품거래로 선물환, 통화선물, 옵션거래, 스왑거래 금액을 합산하여 계산하며, 계약금액과 결산일 환율을 기준으로 계산한다. 파생상품거래 자료는 회계보고서 상으로는 1999년부터 사용 가능하지만 실질적으로 거래가 많이 이루어지기 시작한 것으로 판단되는 2005년부터 수집하여 사용한다. 한국은 국제회계기준(International Financial Reporting Standards; IFRS)을 채택하면서 파생상품거래를 회계보고서에 보고하는 것을 의무사항에서 제외하였다. 그 결과 2011년부터는 기업의 파생상품거래 내역을 보고하지 않는 기업도 생겨 일관성 있는 자료의 수집이 어렵게 되었다. 이러한 점을 고려해 파생상품거래 자료는 2005년부터 2010년까지 자료를 정리하여 사용한다. 재벌기업 더미변수는 2000년부터 구성한다. $IDumy$는 산업더미변수이다 (K=산업수). 산업구분은 KSIC를 기준으로 하며 해당 기간에 동일한 산업의 기업이 5개 이하인 산업은 기타 산업으로 구분한다. i는 기업을 나타내는 첨자이다.

$$\begin{aligned}\hat{\beta_i} = & a_{i0} + a_1 Size_i + a_2 Debtr_i + a_3 Oprofr_i + a_4 EXptr_i + a_5 Rndr_i \\ & + a_6 AExglr_i + a_7 NFdebtr_i + a_8 TDtrdr_i + a_9 JDumy_i \\ & + \sum_{k=1}^{K-1} b_k IDumy_{i,k} + \epsilon_i \end{aligned} \tag{8–1}$$

종속변수인 환노출 계수는 식(7-2)로 추정한 전체 환노출 계수이다. 각 기업의 환노출 계수는 기간별로 하나의 계수로 추정이 되므로 독립변수로 사용한 모든 변수는 기간의 연평균 값을 계산하여 사용한다. 연도 자료 중에 결측치가 있는 경우 자료가 있는 연도의 평균을 계산하여 기간 평균으로 사용한다. 예를 들어, 파생상품거래 자료의 경우 2005년부터 정리가 되어 있기 때문에 글로벌금융위기 전 기간의 자료를 계산할 때는 2005-2008년까지 자료의 평균을 계산하여 전체 기간 평균자료로 사용한다. 재벌더미는 재벌소속 기업의 경우 해당 연도에 1의 값을 부여하고 분석 기간의 평균을 계산하여 사용한다. 따라서 환노출 추정 기간 모든 연도에서 30대 대규모기업집단에 소속기업 이면 1, 일부 연도만 소속기업으로 포함되면 1과 0사이의 값을 갖는 변수로 구성한다. 재벌더미와 파생상품거래비율은 글로벌금융위기 전 기간부터 분석에 포함한다.

2. 환노출 결정요인

환노출 계수가 유의적인 기업을 대상으로 한국 기업 환노출의 결정요인을 분석한다. 분석 대상 기업은 한국거래소의 유가증권시장에 분석 기간 계속 상장된 비금융업종 기업이다. 기업 중에 자본잠식이 있거나, 보고 자료에 오류가 있는 경우(예를 들어, 외화부채가 자산을 초과하는 것과 같은)는 분석에서 제외한다. 환노출 결정요인 추정을 위한 회귀분석 시에는 이상치에 의한 영향을 통제하기 위해 1%에서 윈저라이징(winsorizing)한 자료를 사용한다.

1) 시장평균환율제도 시대(1991-1997)

분석 대상 기업은 476개 기업이다. 환노출의 결정요인을 분석하기에 앞서 분포특성의 기간 평균을 계산해 정리한다. 전체 분석표본의 분포특성인 <표 8-1>을 보면, 총자산의 기간 평균은 5,210억 원으로 자기자본(보통주와 우선주)을 시장가치로 측정한 기업의 시장가치와 10억원 단위에서는 같은 값으로 나타나고 있다. 총자산 대비 부채비율로 계산한 부채비율은 68.7%이고 수출비율은 24.5%, 영업이익률은 6.4%이다. 순외환차익의 규모는 자산의 0.1%미만이며 순외화환산이익비율은 -0.1%로 외화환산손실이 나타나고 있다. 외화자산은 총자산의 2.2%, 외화부채는 총자산의 6.7%로 보유한 순외화자산은 총자산의 4.5%에 달하는 외화부채이다. 달러화 환노출 계수는 -1.923, 엔화는 -0.986, 실질실효환율 환노출은 1.314이다. 이 시대에 기업의 환노출은 원화의 가치가 하락(상승)하면 기업가치가 감소(증가)하는 특성을 갖고 있다.

<표 8-2>, <표 8-3>, <표 8-4>는 각각 원/달러 환노출 계수가 10% 수준에서 유

의적인 기업의 변수 분포특성, 원/엔 환노출 계수가 10% 수준에서 유의적인 기업의 변수 분포특성, 원화의 실질실효환율 환노출 계수가 10% 수준에서 유의적인 기업의 변수 분포특성이다.

〈표 8-1〉 분석 기업의 변수 분포특성, 시장평균환율제도 시대

변수	평균	표준편차	25분위	중앙값	75분위
자산(10억원)	521	1617	61	131	370
부채비율	0.687	0.140	0.599	0.706	0.780
시장가치(10억원)	521	1665	64	135	364
수출비율	0.245	0.253	0.025	0.156	0.413
영업이익률	0.064	0.064	0.040	0.061	0.090
연구개발비비율	0.006	0.008	0.000	0.002	0.007
순외환차익비율	0.000	0.002	-0.001	0.000	0.000
순외화환산이익비율	-0.001	0.003	-0.002	-0.001	0.000
외화자산비율	0.022	0.038	0.000	0.006	0.027
외화부채비율	0.067	0.079	0.014	0.046	0.091
달러환노출	-1.923	1.248	-2.573	-1.827	-1.162
엔환노출	-0.986	0.635	-1.300	-0.946	-0.576
실질실효환노출	1.314	0.997	0.683	1.208	1.830

〈표 8-2〉 원/달러 환노출이 유의적인 기업(10% 유의수준), 시장평균환율제도 시대

변수	평균	표준편차	25분위	중앙값	75분위
자산(10억원)	375	718	61	131	349
부채비율	0.697	0.133	0.610	0.712	0.791
시장가치(10억원)	369	705	64	135	348
수출비율	0.234	0.246	0.023	0.148	0.372
영업이익률	0.064	0.054	0.041	0.062	0.090
연구개발비비율	0.005	0.008	0.000	0.002	0.007
순외환차익비율	0.000	0.002	-0.001	0.000	0.000
순외화환산이익비율	-0.001	0.003	-0.002	-0.001	0.000
외화자산비율	0.021	0.037	0.000	0.006	0.027
외화부채비율	0.067	0.082	0.013	0.045	0.090
달러환노출	-2.255	1.079	-2.727	-2.071	-1.528
엔환노출	-1.126	0.578	-1.396	-1.060	-0.755
실질실효환노출	1.525	0.935	0.928	1.362	1.947

<표 8-2>에서 원/달러 환노출 계수가 유의적인 기업 수는 398개이다. <표

8-2>의 달러화 환노출 계수가 유의적인 기업의 특성을 전체 기업의 특성과 비교하면, 환노출 기업의 경우 자산규모, 수출비율이 다른 기업에 비해 작게 나타나고 있다. 즉, 규모가 작고 수출을 적게 하는 기업에서 유의적인 환노출이 나타나고 있다. 환노출 계수를 비교하면 원/달러 환노출 계수가 유의적인 기업들은 원/엔 환노출이나 실질실효환율 환노출에도 크게 노출되어 있다.

<표 8-3>은 원/엔 환노출 계수가 유의적인 기업들의 분포특성을 나타내고 있다. 원/엔 환노출이 유의적인 기업은 362개 기업이다. 원/엔 환노출 기업도 원/달러 환노출 기업과 같이 규모가 작으며 수출비율이 낮다. 원/엔 환노출 계수가 유의적인 기업은 원/달러 환노출이나 실질실효환율 환노출도 크게 추정되고 있다.

〈표 8-3〉 원/엔 환노출이 유의적인 기업(10% 유의수준), 시장평균환율제도 시대

변수	평균	표준편차	25분위	중앙값	75분위
자산(10억원)	336	640	59	123	328
부채비율	0.690	0.133	0.608	0.711	0.774
시장가치(10억원)	328	628	61	119	305
수출비율	0.236	0.246	0.026	0.153	0.387
영업이익률	0.066	0.052	0.041	0.062	0.091
연구개발비비율	0.006	0.008	0.000	0.003	0.008
순외환차익비율	0.000	0.002	-0.001	0.000	0.000
순외화환산이익비율	-0.001	0.003	-0.002	-0.001	0.000
외화자산비율	0.020	0.034	0.000	0.005	0.027
외화부채비율	0.061	0.068	0.013	0.042	0.087
달러환노출	-2.311	1.098	-2.821	-2.174	-1.588
엔환노출	-1.215	0.535	-1.462	-1.113	-0.869
실질실효환노출	1.635	0.886	1.043	1.467	2.013

<표 8-4>는 실질실효환율 환노출이 유의적인 기업을 정리한다. 실질실효환율 환노출이 유의적인 기업은 371개 기업이다. 실질실효환율 환노출이 유의적인 기업도 규모가 작은 편이며 수출비율이 낮게 나타나고 있다.

<표 8-2> ~ <표 8-4>까지의 환노출 계수가 유의적인 기업의 특성변수 분포특성을 전체 표본기업의 특성변수 분포특성과 비교해 볼 때 통화와 관계없이 환노출이 유의적인 기업은 규모가 작고 수출을 적게 하는 기업이라고 할 수 있다. 이러한 결과는 기업의 규모가 작은 경우 기업가치가 환율변동에 민감하게 반응함을 의미하는 것으로 해석할 수 있다. 또한 수출활동이 기업의 환노출을 상쇄

시키는 역할을 하고 있음도 추론할 수 있게 하는 결과이다. 원화의 가치가 하락하면 기업가치가 하락하는 방향으로 환노출 계수의 방향이 나타나는 것은 이러한 해석을 뒷받침하고 있는 결과이다.

〈표 8-4〉 실질실효환노출이 유의적인 기업(10% 유의수준), 시장평균환율제도 시대

변수	평균	표준편차	25분위	중앙값	75분위
자산(10억원)	321	565	58	119	302
부채비율	0.687	0.131	0.604	0.703	0.773
시장가치(10억원)	314	554	60	116	298
수출비율	0.233	0.243	0.026	0.149	0.387
영업이익률	0.065	0.053	0.041	0.060	0.090
연구개발비비율	0.006	0.008	0.000	0.002	0.007
순외환차익비율	0.000	0.002	-0.001	0.000	0.000
순외화환산이익비율	-0.001	0.003	-0.002	-0.001	0.000
외화자산비율	0.019	0.029	0.000	0.006	0.027
외화부채비율	0.062	0.071	0.013	0.042	0.089
달러환노출	-2.260	1.129	-2.791	-2.106	-1.526
엔환노출	-1.170	0.567	-1.432	-1.092	-0.808
실질실효환노출	1.627	0.895	1.043	1.458	1.985

<표 8-5>는 원/달러 환노출이 유의적인 기업 간의 상관계수를 정리한다. 환노출 계수는 규모, 외화부채와 양수의 상관관계를 갖고 있다. 순외화부채비율과 순외화환산이익이 음수의 상관계수로 나타나 외화부채와 환산손실과의 관련성을 보여준다.

<표 8-6>은 원/엔 환노출이 유의적인 기업의 변수간 상관계수이다. 원/달러 환노출에서와 같이 규모와 환노출 계수 간에 양수의 상관관계가 나타나고 있다. 환노출 계수와 외화부채와의 상관관계가 양수인 것도 원/달러 환노출 계수에서와 동일하다. 그러나 환노출 계수와 순환산이익비율과 음수의 상관관계가 크게 나타나 원/달러의 경우와는 차이가 있다.

<표 8-7>은 실질실효환율 환노출이 유의적인 기업들의 변수간 상관계수이다. 환노출 계수는 규모, 외화부채비율과 음수의 상관계수를 갖는다.

환노출 계수가 유의적인 기업의 환노출 계수와 기업특성변수와의 상관계수를 통화별로 분석한 결과는 통화와 관계없이 규모, 외화부채 등과 관련이 있음을 보여준다.

〈표 8-5〉 원/달러 환노출이 유의적인 기업의 변수간 상관계수, 시장평균환율제도 시대

변수	환노출 계수	규모	부채 비율	영업 이익률	수출 비율	연구 개발비 비율	순외환 차익 비율	순외화 환산 이익 비율	외환 이익 비율	외화 자산 비율	외화 부채 비율	순외화 부채 비율
환노출 계수	1.00											
규모	0.24	1.00										
부채비율	-0.10	0.48	1.00									
영업이익률	0.11	0.11	-0.06	1.00								
수출비율	0.06	0.00	-0.16	-0.28	1.00							
연구개발비비율	0.08	0.09	-0.07	0.20	0.02	1.00						
순외환차익비율	0.06	-0.09	-0.14	-0.02	0.15	0.10	1.00					
순환산이익비율	-0.13	-0.08	-0.02	-0.05	-0.04	0.14	0.39	1.00				
외환이익비율	-0.07	-0.10	-0.08	-0.04	0.04	0.14	0.78	0.87	1.00			
외화자산비율	0.05	0.19	0.01	-0.21	0.53	-0.01	0.20	0.22	0.25	1.00		
외화부채비율	0.20	0.26	0.05	-0.19	0.47	-0.15	-0.30	-0.48	-0.49	0.44	1.00	
순외화부채비율	0.19	0.18	0.04	-0.10	0.24	-0.17	-0.42	-0.65	-0.66	-0.04	0.87	1.00

〈표 8-6〉 원/엔 환노출이 유의적인 기업의 변수간 상관계수, 시장평균환율제도 시대

변수	환노출 계수	규모	부채 비율	영업 이익률	수출 비율	연구 개발비 비율	순외환 차익 비율	순외화 환산 이익 비율	외환 이익 비율	외화 자산 비율	외화 부채 비율	순외화 부채 비율
환노출 계수	1.00											
규모	0.45	1.00										
부채비율	-0.04	0.43	1.00									
영업이익률	0.17	0.17	0.00	1.00								
수출비율	0.00	-0.07	-0.19	-0.31	1.00							
연구개발비비율	0.07	0.14	-0.04	0.18	0.00	1.00						
순외환차익비율	0.01	-0.06	-0.09	-0.06	0.19	0.08	1.00					
순환산이익비율	-0.21	-0.12	-0.02	-0.03	-0.05	0.14	0.42	1.00				
외환이익비율	-0.14	-0.11	-0.05	-0.05	0.06	0.13	0.77	0.89	1.00			
외화자산비율	0.03	0.11	-0.03	-0.24	0.54	0.01	0.22	0.19	0.26	1.00		
외화부채비율	0.22	0.18	-0.04	-0.21	0.45	-0.13	-0.28	-0.51	-0.49	0.42	1.00	
순외화부채비율	0.23	0.14	-0.03	-0.10	0.21	-0.15	-0.40	-0.67	-0.66	-0.04	0.88	1.00

〈표 8-7〉 실질실효환율 환노출이 유의적인 기업의 변수간 상관계수, 시장평균환율제도 시대

변수	환노출 계수	규모	부채 비율	영업 이익률	수출 비율	연구 개발비 비율	순외환 차익 비율	순외화 환산 이익 비율	외환 이익 비율	외화 자산 비율	외화 부채 비율	순외화 부채 비율
환노출 계수	1.00											
규모	-0.33	1.00										
부채비율	0.01	0.44	1.00									
영업이익률	-0.02	0.19	-0.02	1.00								
수출비율	-0.03	-0.05	-0.16	-0.32	1.00							
연구개발비비율	-0.02	0.15	-0.03	0.20	0.00	1.00						
순외환차익비율	-0.03	-0.10	-0.12	-0.03	0.16	0.11	1.00					
순환산이익비율	0.14	-0.12	-0.01	0.00	-0.07	0.15	0.42	1.00				
외환이익비율	0.09	-0.14	-0.07	-0.02	0.03	0.15	0.78	0.89	1.00			
외화자산비율	-0.05	0.10	-0.04	-0.21	0.53	0.01	0.20	0.15	0.21	1.00		
외화부채비율	-0.19	0.21	-0.02	-0.19	0.45	-0.14	-0.34	-0.54	-0.55	0.39	1.00	
순외화부채비율	-0.18	0.17	-0.01	-0.10	0.23	-0.16	-0.47	-0.67	-0.69	-0.08	0.89	1.00

<표 8-8>은 환노출 계수의 결정요인을 통화별로 정리한 것이다. 환노출 계수와 관계있는 특성변수로는 규모, 부채비율, 영업이익률, 수출비율, 연구개발비비율, 외환이익비율(회계적 환이익), 순외화부채비율을 사용한다. 원/달러 환율, 원/엔 환율, 실질실효환율 모두에서 규모는 환노출 계수와 유의적인 관계로 추정되고 있다. 원/달러, 원/엔의 경우는 규모가 클수록 환노출 계수 값이 큰 값을 갖는 것으로 추정되고 있다. 이는 환노출 계수가 음수인 점을 고려할 때 규모가 큰 경우 음의 환노출이 완화되고 있는 것으로 추론할 수 있는 결과이다. 실질실효환율의 경우는 규모가 클수록 환노출 계수가 작은 값을 갖는 것으로 추정되고 있다. 실질실효환율에 대한 환노출 계수가 양수인 점을 고려할 때 규모가 큰 기업의 경우 원화의 가치하락에 따른 기업가치 하락의 정도가 작음을 나타내고 있다. 즉, 규모가 큰 기업의 경우 원화가치의 하락에 따른 기업가치 감소 정도가 작았던 것으로 해석할 수 있다.

순외화부채의 경우 원/달러 환율과 원/엔 환율에서는 규모에서와 같이 양수의 계수로 추정된다. 이는 순외화부채를 갖는 기업의 경우 원화가치 하락(환율상승)에 따른 기업가치 감소 정도가 작았던 것으로 해석할 수 있는 결과이다. 외화부채를 갖는 기업의 경우 원화가치가 하락하면 기업가치가 감소하게 되어 외화부채가 원화가치 하락에 따른 기업가치 감소 정도를 더욱 심화시키게 될 것이라는 직관과는 일치되지 않는 결과이다. 그러나 외화부채를 사용하고 있는

기업이 이를 헤지하기 위해 취한 외환롱포지션이 적정한 규모 이상인 경우 외화부채의 사용이 원화가치 하락에 의한 기업가치 감소 정도를 완화시키는 결과로 나타날 수 있다. 실질실효환율의 경우는 외화부채와 기업의 환노출 계수와의 유의적인 관계가 확인되지 않고 있다.

부채비율의 경우 달러화와 엔화 환율에서는 음수로 실질실효환율에서는 양수로 추정되어 원화의 가치하락과 기업가치 감소의 관계가 부채비율이 높은 경우 심하게 나타나고 있음을 보여주고 있다.

수출비율의 경우 원/달러 환율, 원/엔 환율, 실질실효환율 모두에서 환노출 계수와의 관계가 유의적이지 않은 것으로 나타나고 있다. 환노출 계수가 유의적인 기업들만을 대상으로 분석을 하고 있기 때문에 이러한 결과가 수출비율이 환노출과 관련이 없음을 의미하는 것은 아니다. 기업이 수출로부터의 환노출을 잘 관리한 결과일 수도 있기 때문이다.

〈표 8-8〉 환노출 계수 결정요인, 시장평균환율제도 시대

변수	달러환노출	엔환노출	실질실효환노출
규모	0.292*** (5.607)	0.231*** (9.061)	-0.298*** (-6.731)
부채비율	-1.970*** (-4.727)	-1.112*** (-5.386)	1.342*** (3.626)
영업이익률	0.824 (0.538)	1.394* (1.651)	0.602 (0.479)
수출비율	0.124 (0.352)	0.104 (0.691)	-0.308 (-1.196)
연구개발비비율	-1.255 (-0.144)	-0.162 (-0.039)	5.512 (0.752)
외환이익비율	-7.920 (-0.599)	-10.381 (-1.638)	10.609 (0.880)
순외화부채비율	2.350** (2.334)	1.013** (2.009)	-1.052 (-1.118)
산업더미	포함	포함	포함
상수	-2.233*** (-6.581)	-1.509*** (-8.478)	1.866*** (6.036)
산업더미	포함	초함	포함
관측치	398	362	371
결정계수	0.231	0.363	0.237

2) 글로벌금융위기 전 시대(1998-2007)

<표 8-9>은 글로벌금융위기 전 시대의 표본 기업 전체의 특성변수 분포특성이다. 분석 대상 기업은 481개 기업이다. 평균규모는 전기에 비해 크게 성장하였으며 시장가치의 경우 2배 이상 성장한 1조 700억원이다. 수출비율, 연구개발비비율, 외화자산비율도 증가한다. 그러나 부채비율, 영업이익비율은 감소한다.

<표 8-10>은 원/달러 환율 환노출이 10% 수준에서 유의적인 기업에 대한 특성변수 분포특성이다. 원/달러 환노출이 유의적인 기업은 312개 기업이다. 시장평균환율제도 시대와는 달리 기업의 자산규모와 환노출 계수 유의성과는 뚜렷한 특성을 보이지 않는다. 환노출 기업의 자산규모는 약간 크지만 시장가치는 약간 작게 나타나 규모가 작은 기업들에서 유의적인 환노출이 나타났던 시장평균환율제도 시대에서와는 다른 특성을 보인다. 수출비율은 환노출 기업이 작으며 회계적 환손익에서는 차이를 보이지 않고 있다. 외화부채비율은 환노출 기업에서 약간 크게 나타나고 있다.

환노출 계수의 경우 원/달러 환율, 원/엔 환율, 원/유로 환율에서는 음수로 추정되어 환율이 상승(하락)하면 기업가치가 감소(증가)하는 환노출이 있음을 보여준다. 이는 상대 통화에 대한 원화의 가치가 하락(상승)하면 기업의 가치가 감소(증가)하는 관계의 환노출이 있음을 의미한다. 실질실효환율 환노출은 양수로 원화의 가치가 하락하면 기업가치가 감소하는 관계로 추정되어 주요 통화에 대한 환노출 계수와 동일한 특성을 보이고 있다. 환율변동에 대한 기업가치 변동의 민감도는 달러화에서 가장 크게 나타나고 있다.

<표 8-11>은 원/엔 환율에 대한 환노출 계수가 10% 수준에서 유의적인 기업들의 특성변수 분포특성이다. 원/엔 환노출이 유의적인 기업은 241개 기업이다. 자산규모나 시장가치가 전체 표본의 평균이나 원/달러 환노출 기업에 비해 작다. 통화별 환노출 계수의 특성은 원/달러 환노출 기업의 경우와 유사하다.

<표 8-12>는 실질실효환율 환노출 계수가 유의적인 기업에 대해 정리한 결과이다. 실질실효환율 환노출이 유의적인 기업은 190개 기업이다. 규모가 비교적 작은 기업에서 환노출 계수가 유의적인 것으로 나타나고 있다.

<표 8-13>은 원/유로 환노출이 유의적인 기업들을 정리한 결과이다. 원/유로 환노출이 유의적인 기업은 295개 기업이다. 비교적 큰 규모 기업의 환노출이 유의적인 것으로 나타나고 있다. 통화별 환노출 계수의 특성은 다른 통화에 대한 분석에서와 유사한 결과를 보여주고 있다.

〈표 8-9〉 분석 기업의 변수 분포특성, 글로벌금융위기 전 시대

변수	평균	표준편차	25분위	중앙값	75분위
자산(10억원)	1,016	3,927	94	197	507
부채비율	0.514	0.185	0.374	0.521	0.652
시장가치(10억원)	1,070	4,575	79	159	471
수출비율	0.279	0.278	0.028	0.204	0.476
영업이익률	0.027	0.169	0.017	0.047	0.076
연구개발비비율	0.013	0.037	0.001	0.005	0.016
순외환차익비율	0.000	0.003	-0.001	0.000	0.001
순외화환산이익비율	0.000	0.002	-0.001	0.000	0.001
외화자산비율	0.045	0.066	0.005	0.023	0.058
외화부채비율	0.066	0.083	0.012	0.039	0.084
파생상품거래비율	0.121	1.157	0.000	0.002	0.035
달러환노출	-0.840	0.561	-1.161	-0.754	-0.439
엔환노출	-0.502	0.417	-0.752	-0.452	-0.215
실질실효환노출	0.694	0.662	0.224	0.609	1.119
유로환노출	-0.687	0.476	-0.956	-0.628	-0.351

〈표 8-10〉 원/달러 환노출이 유의적인 기업(10% 유의수준), 글로벌금융위기 전 시대

변수	평균	표준편차	25분위	중앙값	75분위
자산(10억원)	1,079	3,924	118	225	752
부채비율	0.538	0.181	0.398	0.539	0.662
시장가치(10억원)	1,056	3,435	95	192	657
수출비율	0.261	0.268	0.019	0.184	0.435
영업이익률	0.035	0.160	0.022	0.051	0.076
연구개발비비율	0.011	0.019	0.001	0.005	0.015
순외환차익비율	0.000	0.002	-0.001	0.000	0.000
순외화환산이익비율	0.000	0.002	-0.001	0.000	0.001
외화자산비율	0.045	0.070	0.005	0.020	0.053
외화부채비율	0.069	0.091	0.011	0.040	0.086
파생상품거래비율	0.061	0.207	0.000	0.005	0.042
달러환노출	-1.122	0.463	-1.363	-1.059	-0.749
엔환노출	-0.673	0.374	-0.904	-0.615	-0.407
실질실효환노출	0.924	0.592	0.495	0.847	1.261
유로환노출	-0.857	0.451	-1.115	-0.768	-0.534

〈표 8-11〉 원/엔 환노출이 유의적인 기업(10% 유의수준), 글로벌금융위기 전 시대

변수	평균	표준편차	25분위	중앙값	75분위
자산(10억원)	877	3107	104	211	567
부채비율	0.538	0.187	0.388	0.539	0.676
시장가치(10억원)	985	5020	87	169	557
수출비율	0.265	0.277	0.019	0.168	0.438
영업이익률	0.031	0.171	0.021	0.048	0.073
연구개발비비율	0.011	0.020	0.001	0.004	0.014
순외환차익비율	0.000	0.003	-0.001	0.000	0.000
순외화환산이익비율	0.000	0.002	-0.001	0.000	0.001
외화자산비율	0.043	0.055	0.004	0.022	0.058
외화부채비율	0.068	0.091	0.010	0.038	0.090
파생상품거래비율	0.087	0.456	0.000	0.006	0.040
달러환노출	-1.166	0.508	-1.500	-1.109	-0.784
엔환노출	-0.782	0.376	-1.000	-0.751	-0.533
실질실효환노출	1.011	0.628	0.581	0.993	1.353
유로환노출	-0.918	0.460	-1.200	-0.870	-0.560

〈표 8-12〉 실질실효환노출이 유의적인 기업(10% 유의수준), 글로벌금융위기 전 시대

변수	평균	표준편차	25분위	중앙값	75분위
자산(10억원)	877	3,312	120	229	692
부채비율	0.544	0.181	0.414	0.539	0.681
시장가치(10억원)	1,015	5,550	86	186	563
수출비율	0.264	0.296	0.010	0.147	0.470
영업이익률	0.022	0.203	0.019	0.049	0.073
연구개발비비율	0.010	0.014	0.001	0.005	0.013
순외환차익비율	-0.001	0.003	-0.001	0.000	0.000
순외화환산이익비율	0.000	0.002	-0.001	0.000	0.001
외화자산비율	0.042	0.065	0.003	0.017	0.054
외화부채비율	0.066	0.097	0.009	0.035	0.082
파생상품거래비율	0.059	0.245	0.000	0.002	0.030
달러환노출	-1.162	0.543	-1.605	-1.121	-0.753
엔환노출	-0.744	0.419	-1.029	-0.715	-0.471
실질실효환노출	1.244	0.603	0.904	1.202	1.605
유로환노출	-0.863	0.468	-1.132	-0.801	-0.512

〈표 8-13〉 원/유로 환노출이 유의적인 기업(10% 유의수준), 글로벌금융위기 전 시대

변수	평균	표준편차	25분위	중앙값	75분위
자산(10억원)	1,089	4,199	101	211	693
부채비율	0.540	0.182	0.399	0.539	0.669
시장가치(10억원)	1,038	3,502	86	170	590
수출비율	0.261	0.269	0.018	0.187	0.442
영업이익률	0.033	0.159	0.018	0.048	0.075
연구개발비비율	0.013	0.021	0.002	0.006	0.017
순외환차익비율	0.000	0.002	-0.001	0.000	0.001
순외화환산이익비율	0.000	0.002	-0.001	0.000	0.001
외화자산비율	0.045	0.069	0.004	0.023	0.054
외화부채비율	0.064	0.089	0.010	0.034	0.080
파생상품거래비율	0.063	0.211	0.000	0.003	0.043
달러환노출	-1.084	0.505	-1.374	-0.992	-0.711
엔환노출	-0.662	0.399	-0.928	-0.599	-0.389
실질실효환노출	0.886	0.641	0.451	0.817	1.265
유로환노출	-0.939	0.413	-1.187	-0.870	-0.626

<표 8-14>에서는 원/달러 환노출 계수가 유의적인 기업의 환노출 계수와 변수 간 상관계수를 정리한다. 시장평균환율제도 시대에 대한 분석에서와는 달리 규모와 환노출 계수 간의 상관관계가 높지 않다. 순외화부채비율과 환노출 계수와의 상관관계도 높지 않아 외화표시 부채와 환노출 계수와 관련성이 나타나지 않고 있다. 반면, 수출비율과 영업이익률은 환노출 계수와 양수의 상관관계를 보이고 있다. 부채비율의 경우 환노출 계수와 큰 음의 상관관계를 보이고 있다. 즉 부채비율이 높으면 환노출 계수가 감소한다.

<표 8-15>는 원/엔 환노출 계수가 유의적인 기업의 상관계수표이다. 환노출 계수는 규모와 양의 상관계수로 추정되며, 수출비율과의 상관계수도 비교적 높게 추정되고 있다. 원/엔 환노출의 경우에도 부채비율과 환노출 계수와는 큰 음의 상관관계를 보인다.

<표 8-16>은 실질실효환율 환노출이 유의적인 기업의 상관계수 표이다. 규모, 부채비율, 영업이익률, 수출비율등과의 상관계수가 유의적으로 추정된다. 부호가 반대인 것은 환노출 계수의 부호가 다른 통화별 환노출 계수의 부호와 반대이기 때문이며 내용상으로는 통화별 환노출 계수에서의 상관관계와 다르지 않다.

<표 8-17>은 원/유로 환노출 계수가 유의적인 기업의 상관계수 표이다. 규모, 부채비율, 영업이익률 등이 높은 상관관계를 보여주고 있다.

〈표 8-14〉 원/달러 환노출이 유의적인 기업의 변수간 상관계수, 글로벌금융위기 전 시대

변수	환노출계수	규모	부채비율	영업이익률	수출비율	연구개발비비율	순외환차익비율	순환산이익비율	외환이익비율	외화자산비율	외화부채비율	순외화부채비율	파생상품거래비율
환노출 계수	1.00												
규모	0.01	1.00											
부채비율	-0.53	0.23	1.00										
영업이익률	0.22	0.32	-0.21	1.00									
수출비율	0.11	0.06	0.07	-0.13	1.00								
연구개발비비율	0.09	0.03	-0.16	0.06	-0.09	1.00							
순외환차익비율	0.03	-0.01	-0.15	0.07	-0.15	0.15	1.00						
순환산이익비율	0.03	0.09	-0.02	0.07	0.09	-0.05	-0.09	1.00					
외환이익비율	0.04	0.06	-0.12	0.09	-0.03	0.08	0.67	0.67	1.00				
외화자산비율	0.00	-0.04	0.18	-0.26	0.65	-0.08	-0.18	-0.08	-0.18	1.00			
외화부채비율	-0.03	0.23	0.25	-0.06	0.52	-0.22	-0.33	0.11	-0.15	0.40	1.00		
순외화부채비율	0.00	0.26	0.09	0.15	-0.01	-0.16	-0.19	0.19	0.00	-0.42	0.64	1	
파생상품거래비율	0.02	0.03	0.05	0.02	0.26	-0.02	0.04	-0.07	-0.02	0.24	0.12	-0.0522	1

〈표 8-15〉 원/엔 환노출이 유의적인 기업의 변수간 상관계수, 글로벌금융위기 전 시대

변수	환노출계수	규모	부채비율	영업이익률	수출비율	연구개발비비율	순외환차익비율	순환산이익비율	외환이익비율	외화자산비율	외화부채비율	순외화부채비율	파생상품거래비율
환노출 계수	1.00												
규모	0.26	1.00											
부채비율	-0.51	0.22	1.00										
영업이익률	0.28	0.30	-0.22	1.00									
수출비율	0.27	0.13	0.01	-0.10	1.00								
연구개발비비율	0.19	0.12	-0.21	0.03	0.07	1.00							
순외환차익비율	0.07	0.02	-0.13	0.08	-0.05	0.13	1.00						
순환산이익비율	0.02	0.09	0.08	-0.08	0.10	0.03	-0.07	1.00					
외환이익비율	0.05	0.07	-0.04	0.00	0.04	0.12	0.74	0.61	1.00				
외화자산비율	0.12	0.00	0.08	-0.18	0.65	0.02	-0.05	0.02	0.00	1.00			
외화부채비율	0.16	0.30	0.20	-0.02	0.49	-0.20	-0.29	0.17	-0.11	0.30	1.00		
순외화부채비율	0.09	0.30	0.14	0.11	0.03	-0.21	-0.25	0.13	-0.12	-0.37	0.77	1	
파생상품거래비율	0.10	0.00	-0.08	0.01	0.23	-0.06	0.15	-0.11	0.04	0.24	0.12	-0.036	1

〈표 8-16〉 실질실효환율 환노출이 유의적인 기업의 변수간 상관계수, 글로벌금융위기 전 시대

변수	환노출 계수	규모	부채 비율	영업 이익률	수출 비율	연구 개발비 비율	순외환 차익 비율	순환산 이익 비율	외환 이익 비율	외화 자산 비율	외화 부채 비율	순외화 부채 비율	파생상 품거래 비율
환노출 계수	1.00												
규모	-0.21	1.00											
부채비율	0.49	0.16	1.00										
영업이익률	-0.22	0.34	-0.25	1.00									
수출비율	-0.27	0.09	-0.03	-0.05	1.00								
연구개발비비율	-0.13	0.14	-0.14	0.01	0.09	1.00							
순외환차익비율	-0.06	0.10	-0.14	0.08	-0.15	0.01	1.00						
순환산이익비율	-0.09	0.10	0.03	0.13	0.02	-0.10	-0.02	1.00					
외환이익비율	-0.10	0.13	-0.08	0.14	-0.09	-0.07	0.72	0.68	1.00				
외화자산비율	-0.15	0.02	0.01	-0.15	0.70	0.08	-0.18	-0.15	-0.23	1.00			
외화부채비율	-0.12	0.29	0.21	-0.03	0.53	-0.15	-0.24	0.10	-0.11	0.44	1.00		
순외화부채비율	-0.03	0.30	0.19	0.07	0.04	-0.21	-0.12	0.22	0.05	-0.31	0.69	1	
파생상품거래비율	-0.09	0.05	-0.04	0.00	0.20	-0.04	0.11	-0.15	-0.03	0.28	0.18	0.0108	1

〈표 8-17〉 원/유로 환노출이 유의적인 기업의 변수간 상관계수, 글로벌금융위기 전 시대

변수	환노출 계수	규모	부채 비율	영업 이익률	수출 비율	연구 개발비 비율	순외환 차익 비율	순환산 이익 비율	외환 이익 비율	외화 자산 비율	외화 부채 비율	순외화 부채 비율	파생상 품거래 비율
환노출 계수	1.00												
규모	0.16	1.00											
부채비율	-0.51	0.16	1.00										
영업이익률	0.36	0.33	-0.26	1.00									
수출비율	0.09	0.11	0.02	-0.10	1.00								
연구개발비비율	0.11	0.09	-0.17	0.01	0.05	1.00							
순외환차익비율	0.13	0.03	-0.15	0.10	-0.14	0.08	1.00						
순환산이익비율	0.02	0.07	-0.02	-0.03	0.09	0.03	0.00	1.00					
외환이익비율	0.10	0.07	-0.12	0.04	-0.03	0.08	0.71	0.70	1.00				
외화자산비율	-0.08	-0.03	0.13	-0.20	0.66	0.01	-0.21	-0.10	-0.19	1.00			
외화부채비율	-0.05	0.22	0.24	-0.04	0.48	-0.13	-0.32	0.02	-0.21	0.40	1.00		
순외화부채비율	0.03	0.25	0.11	0.12	-0.07	-0.12	-0.15	0.10	-0.05	-0.43	0.63	1	
파생상품거래비율	0.05	0.02	0.05	0.02	0.21	-0.01	0.10	-0.10	0.00	0.16	0.14	0.0267	1

글로벌금융위기 전 기간에 환노출 계수와 기업특성변수 간 관계 분석을 위해 규모, 부채비율, 영업이익률, 수출비율, 연구개발비비율, 외환이익비율(회계적 환이익), 순외화부채비율, 파생상품거래비율, 재벌소속더미변수를 관련변수로 사용한다.

규모는 모든 환노출에서 환노출 계수와 유의적인 관련을 갖는다. 규모가 큰 기업의 경우 원화의 가치가 하락하면 기업가치가 감소하는 환노출이 완화되는 방향으로 관련성이 나타나고 있다. 이러한 관계는 시장평균환율제도 시대와 동일한 관계이다. 부채비율은 환노출의 정도를 심화시키는 방향으로 영향을 미치고 있다. 수출비율의 경우 원/엔 환노출과 실질실효 환노출에서 수출이 환노출을 완화시키는 방향으로 영향을 주는 것으로 나타나고 있다. 재벌더미나 파생상품거래비율은 환노출 계수와 유의적인 관계가 없는 것으로 추정된다.

〈표 8-18〉 환노출 결정요인, 글로벌금융위기 전 시대

변수	달러환노출	엔환노출	실질실효환노출	유로환노출
규모	0.058*** (2.721)	0.112*** (5.461)	-0.183*** (-3.809)	0.036* (1.759)
부채비율	-1.159*** (-8.745)	-1.020*** (-10.035)	1.471*** (6.855)	-1.065*** (-7.582)
영업이익률	0.470 (1.548)	0.401** (2.121)	-0.110 (-0.350)	0.836*** (2.782)
수출비율	0.146 (1.239)	0.200** (2.424)	-0.412** (-2.376)	0.079 (0.745)
연구개발비비율	-0.422 (-0.253)	0.130 (0.083)	-0.701 (-0.217)	-0.360 (-0.299)
외환이익비율	0.972 (0.131)	2.795 (0.498)	-11.071 (-0.943)	5.930 (0.774)
순외화부채비율	-0.077 (-0.190)	0.418 (1.113)	-0.214 (-0.250)	0.138 (0.392)
파생상품거래비율	-0.036 (-0.166)	0.075 (0.624)	0.039 (0.122)	0.067 (0.401)
재벌더미	-0.063 (-0.667)	-0.059 (-0.643)	0.227 (1.351)	0.118 (1.336)
산업더미	포함	포함	포함	포함
상수	-0.636*** (-5.670)	-0.766*** (-7.111)	1.479*** (5.556)	-0.630*** (-4.552)
관측치수	312	241	190	295
결정계수	0.478	0.580	0.482	0.416

3) 글로벌금융위기 후 시대(2008-2012)

<표 8-19>은 전체 표본기업의 변수 분포특성이다. 분석 대상 기업은 440개 기업이다. 기업 특성변수의 분포 특성에는 주목할만한 변화는 없다. 다만 환노출계수의 절대값이 작아져 환노출 정도가 전 기간에 비해 완화되었음을 추론해 볼 수 있다.

〈표 8-19〉 분석 기업의 변수 분포특성, 글로벌금융위기 후 시대

변수	평균	표준편차	25분위	중앙값	75분위
자산(10억원)	1,084	4,097	99	209	552
부채비율	0.503	0.183	0.360	0.511	0.640
시장가치(10억원)	1,142	4,774	83	170	502
수출비율	0.277	0.275	0.028	0.199	0.476
영업이익률	0.037	0.126	0.022	0.049	0.077
연구개발비비율	0.014	0.038	0.001	0.005	0.017
순외환차익비율	0.000	0.002	-0.001	0.000	0.001
순외화환산이익비율	0.000	0.002	-0.001	0.000	0.001
외화자산비율	0.043	0.063	0.005	0.023	0.057
외화부채비율	0.067	0.085	0.012	0.040	0.085
파생상품거래비율	0.130	1.209	0.000	0.003	0.040
달러환노출	-0.647	0.540	-1.002	-0.657	-0.310
엔환노출	-0.268	0.539	-0.613	-0.294	0.032
실질실효환노출	0.679	0.963	0.150	0.639	1.236
유로환노출	-0.334	0.653	-0.732	-0.338	0.018

<표 8-20>은 원/달러 환노출이 유의적인 기업에 대한 표이다. 원/달러 환노출이 유의적인 기업은 210개 기업이다. 기업의 자산이나 시장가치가 표본기업의 평균보다 크다. 수출비율은 낮고 영업이익률은 높다.

<표 8-21>은 원/엔 환노출이 유의적인 기업을 정리한 것이다. 원/엔 환노출이 유의적인 기업은 81개 기업으로 원/달러 환노출이 유의적인 기업보다 적다. 기업규모는 원/달러 환노출이 유의적인 기업보다 작다.

〈표 8-20〉 원/달러 환노출이 유의적인 기업(10% 유의수준) 변수 분포특성, 글로벌금융위기 후 시대

변수	평균	표준편차	25분위	중앙값	75분위
자산(10억원)	1,472	4,766	130	318	958
부채비율	0.505	0.185	0.366	0.519	0.639
시장가치(10억원)	1,456	4,179	105	290	902
수출비율	0.264	0.278	0.013	0.175	0.459
영업이익률	0.060	0.075	0.035	0.057	0.084
연구개발비비율	0.014	0.050	0.001	0.005	0.016
순외환차익비율	0.000	0.002	-0.001	0.000	0.001
순외화환산이익비율	0.000	0.002	-0.001	0.000	0.001
외화자산비율	0.043	0.059	0.005	0.022	0.059
외화부채비율	0.070	0.095	0.011	0.033	0.088
파생상품거래비율	0.213	1.733	0.000	0.003	0.052
달러환노출	-1.014	0.427	-1.276	-0.992	-0.758
엔환노출	-0.431	0.447	-0.688	-0.422	-0.148
실질실효환노출	0.806	0.857	0.269	0.731	1.303
유로환노출	-0.516	0.535	-0.824	-0.491	-0.211

〈표 8-21〉 원/엔 환노출이 유의적인 기업(10% 유의수준) 변수 분포특성, 글로벌금융위기 후 시대

변수	평균	표준편차	25분위	중앙값	75분위
자산(10억원)	1156	3177	124	221	464
부채비율	0.504	0.189	0.364	0.513	0.634
시장가치(10억원)	1097	3041	95	159	379
수출비율	0.248	0.275	0.015	0.132	0.425
영업이익률	0.060	0.090	0.035	0.052	0.081
연구개발비비율	0.017	0.079	0.001	0.004	0.010
순외환차익비율	0.000	0.002	-0.001	0.000	0.000
순외화환산이익비율	0.000	0.002	-0.001	0.000	0.001
외화자산비율	0.034	0.040	0.004	0.014	0.051
외화부채비율	0.071	0.091	0.018	0.043	0.092
파생상품거래비율	0.351	2.689	0.000	0.007	0.041
달러환노출	-0.852	0.564	-1.215	-0.888	-0.582
엔환노출	-0.681	0.708	-1.065	-0.762	-0.599
실질실효환노출	0.849	0.808	0.286	0.793	1.195
유로환노출	-0.312	0.553	-0.645	-0.322	0.010

<표 8-22>는 실질실효환율 환노출이 유의적인 기업을 정리한 것이다. 실질실효환율 환노출이 유의적인 기업은 108개 기업이다. 기업의 평균 자산은 5,200억원 정도이며 시장가치는 자산보다 작은 4,850억원이다. 영업이익률은 4% 정도로 낮은 편이다.

<표 8-23>은 원/유로 환노출이 유의적인 기업을 정리한 것이다. 원/유로 환노출이 유의적인 기업은 82개 기업이다. 평균 자산 규모는 2조 8,860억원으로 매우 크며, 시장가치도 3조 170억원으로 매우 크다. 부채비율은 낮은 편이며, 수출비율은 높은 편이다.

〈표 8-22〉 실질실효환노출이 유의적인 기업(10% 유의수준) 분포특성, 글로벌금융위기 후 시대

변수	평균	표준편차	25분위	중앙값	75분위
자산(10억원)	520	988	93	179	466
부채비율	0.507	0.190	0.380	0.499	0.645
시장가치(10억원)	485	1038	77	143	359
수출비율	0.268	0.272	0.017	0.213	0.445
영업이익률	0.040	0.069	0.019	0.047	0.073
연구개발비비율	0.010	0.014	0.001	0.005	0.014
순외환차익비율	-0.001	0.002	-0.001	0.000	0.000
순외화환산이익비율	0.000	0.002	-0.001	0.000	0.001
외화자산비율	0.044	0.052	0.004	0.027	0.061
외화부채비율	0.070	0.084	0.015	0.045	0.094
파생상품거래비율	0.039	0.093	0.000	0.003	0.034
달러환노출	-0.741	0.481	-1.087	-0.717	-0.441
엔환노출	-0.298	0.503	-0.611	-0.337	-0.006
실질실효환노출	1.597	0.951	1.166	1.577	2.058
유로환노출	-0.503	0.476	-0.798	-0.518	-0.137

〈표 8-23〉 원/유로 환노출이 유의적인 기업(10% 유의수준) 변수 분포특성, 글로벌금융위기 후 시대

변수	평균	표준편차	25분위	중앙값	75분위
자산(10억원)	2886	8548	107	284	1761
부채비율	0.486	0.174	0.344	0.503	0.638
시장가치(10억원)	3017	9923	91	223	1517
수출비율	0.289	0.299	0.019	0.171	0.491
영업이익률	0.037	0.101	0.026	0.051	0.077
연구개발비비율	0.010	0.014	0.002	0.005	0.015
순외환차익비율	-0.001	0.002	-0.002	0.000	0.000
순외화환산이익비율	0.000	0.002	0.000	0.000	0.001
외화자산비율	0.042	0.059	0.002	0.020	0.056
외화부채비율	0.074	0.090	0.011	0.048	0.097
파생상품거래비율	0.126	0.473	0.000	0.003	0.034
달러환노출	-0.821	0.496	-1.181	-0.815	-0.433
엔환노출	-0.235	0.436	-0.587	-0.280	-0.013
실질실효환노출	0.806	0.799	0.223	0.777	1.259
유로환노출	-0.967	0.765	-1.354	-0.981	-0.721

<표 8-24>는 원/달러 환노출이 유의적인 기업의 환노출 계수와 특성변수 간 상관계수를 정리한 것이다. 환노출 계수는 규모, 부채비율, 수출비율, 외화부채비율과 음의 상관관계가 있다. 연구개발비, 외환차익비율과는 양수의 상관관계가 있다.

<표 8-25>는 원/엔 환노출 계수와 특성변수 간의 상관계수 표이다. 환노출 계수는 규모, 연구개발비와는 양수의 상관관계, 부채비율과는 음수의 상관관계가 있다. 상관계수의 크기는 글로벌금융위기 전 기간에 비해 감소한다.

<표 8-26>은 실질실효환율 환노출이 유의적인 기업을 정리한 결과이다. 환노출 계수는 규모, 영업이익률과는 음수의 상관관계, 부채비율과는 양수의 상관관계가 있다.

<표 8-27>은 원/유로 환노출 계수가 유의적인 기업을 정리한 결과이다. 전체적으로 환노출 계수와 특성변수 간의 상관계수가 작은 값으로 추정되고 있다.

〈표 8-24〉 원/달러 환노출이 유의적인 기업(10% 유의수준)의 변수간 상관계수, 글로벌금융위기 후 시대

변수	환노출 계수	규모	부채 비율	영업 이익률	수출 비율	연구 개발비 비율	순외환 차익 비율	순환산 이익 비율	외환 이익 비율	외화 자산 비율	외화 부채 비율	순외화 부채 비율	파생상 품거래 비율
환노출 계수	1.00												
규모	-0.12	1.00											
부채비율	-0.38	0.27	1.00										
영업이익률	-0.01	0.29	-0.17	1.00									
수출비율	-0.16	0.07	0.05	-0.12	1.00								
연구개발비비율	0.18	-0.07	-0.14	-0.08	-0.08	1.00							
순외환차익비율	0.13	-0.03	-0.19	0.10	-0.11	0.09	1.00						
순환산이익비율	-0.09	0.00	0.00	-0.05	0.14	-0.13	-0.11	1.00					
외환이익비율	0.04	-0.01	-0.16	0.05	0.02	-0.01	0.68	0.64	1.00				
외화자산비율	-0.16	-0.04	0.14	-0.23	0.70	-0.08	-0.16	0.04	-0.11	1.00			
외화부채비율	-0.24	0.24	0.31	-0.09	0.48	-0.22	-0.17	0.18	0.00	0.37	1.00		
순외화부채비율	-0.13	0.28	0.22	0.06	0.03	-0.18	-0.07	0.17	0.08	-0.29	0.78	1.00	
파생상품거래비율	-0.03	0.06	-0.05	0.06	0.29	-0.02	0.02	0.02	0.02	0.31	0.05	-0.14	1.00

〈표 8-25〉 원/엔 환노출이 유의적인 기업(10% 유의수준)의 변수간 상관계수, 글로벌금융위기 후 시대

변수	환노출 계수	규모	부채 비율	영업 이익률	수출 비율	연구 개발비 비율	순외환 차익 비율	순환산 이익 비율	외환 이익 비율	외화 자산 비율	외화 부채 비율	순외화 부채 비율	파생상 품거래 비율
환노출 계수	1.00												
규모	0.16	1.00											
부채비율	-0.19	0.23	1.00										
영업이익률	-0.03	0.18	-0.25	1.00									
수출비율	0.16	0.05	0.00	-0.15	1.00								
연구개발비비율	0.11	0.10	-0.07	0.06	0.16	1.00							
순외환차익비율	0.09	-0.04	-0.21	-0.01	-0.18	0.17	1.00						
순환산이익비율	0.03	-0.07	0.01	-0.20	0.02	-0.25	-0.05	1.00					
외환이익비율	0.09	-0.08	-0.15	-0.14	-0.12	-0.04	0.73	0.64	1.00				
외화자산비율	0.01	-0.15	-0.12	-0.32	0.71	0.10	-0.13	0.07	-0.05	1.00			
외화부채비율	-0.07	0.25	0.29	-0.16	0.45	-0.08	-0.26	0.08	-0.14	0.16	1.00		
순외화부채비율	-0.05	0.33	0.32	0.00	0.06	-0.11	-0.18	0.01	-0.13	-0.33	0.87	1.00	
파생상품거래비율	0.09	-0.10	-0.06	0.12	0.05	0.13	0.16	-0.14	0.02	0.13	-0.06	-0.12	1.00

〈표 8-26〉 실질실효환율 환노출이 유의적인 기업(10% 유의수준)의 변수간 상관계수, 글로벌금융위기 후 시대

변수	환노출 계수	규모	부채 비율	영업 이익률	수출 비율	연구 개발비 비율	순외환 차익 비율	순환산 이익 비율	외환 이익 비율	외화 자산 비율	외화 부채 비율	순외화 부채 비율	파생상품거래 비율
환노출 계수	1.00												
규모	-0.16	1.00											
부채비율	0.37	0.30	1.00										
영업이익률	-0.18	0.14	-0.23	1.00									
수출비율	0.12	0.06	0.03	-0.08	1.00								
연구개발비비율	-0.08	0.09	-0.19	-0.02	0.05	1.00							
순외환차익비율	-0.07	-0.02	-0.20	0.06	-0.21	0.15	1.00						
순환산이익비율	0.06	0.00	0.04	-0.11	-0.05	-0.22	0.01	1.00					
외환이익비율	-0.02	-0.01	-0.14	-0.02	-0.18	-0.03	0.71	0.70	1.00				
외화자산비율	0.10	0.11	0.16	-0.22	0.62	0.04	-0.19	-0.11	-0.24	1.00			
외화부채비율	0.11	0.23	0.30	-0.07	0.34	-0.12	-0.28	0.12	-0.13	0.26	1.00		
순외화부채비율	0.03	0.15	0.17	0.08	-0.11	-0.15	-0.14	0.17	0.03	-0.41	0.77	1.00	
파생상품거래비율	-0.04	0.13	0.06	-0.01	0.22	0.00	0.03	-0.20	-0.11	0.44	0.25	-0.03	1.00

〈표 8-27〉 원/유로 환노출이 유의적인 기업(10% 유의수준)의 변수간 상관계수, 글로벌금융위기 후 시대

변수	환노출 계수	규모	부채 비율	영업 이익률	수출 비율	연구 개발비 비율	순외환 차익 비율	순환산 이익 비율	외환 이익 비율	외화 자산 비율	외화 부채 비율	순외화 부채 비율	파생상품거래 비율
환노출 계수	1.00												
규모	-0.04	1.00											
부채비율	-0.18	0.22	1.00										
영업이익률	-0.02	0.36	-0.18	1.00									
수출비율	-0.09	0.28	0.17	0.06	1.00								
연구개발비비율	-0.03	0.13	-0.21	0.08	0.14	1.00							
순외환차익비율	0.04	0.00	-0.12	0.04	-0.27	0.13	1.00						
순환산이익비율	-0.04	0.01	0.09	0.27	0.15	-0.19	-0.14	1.00					
외환이익비율	0.01	0.00	-0.04	0.23	-0.13	-0.03	0.70	0.60	1.00				
외화자산비율	-0.11	0.06	0.11	-0.02	0.72	0.04	-0.39	0.16	-0.21	1.00			
외화부채비율	-0.11	0.38	0.37	0.06	0.51	-0.13	-0.20	0.22	-0.04	0.45	1.00		
순외화부채비율	-0.04	0.36	0.32	0.08	0.01	-0.17	0.06	0.11	0.10	-0.26	0.75	1.00	
파생상품거래비율	-0.15	0.17	0.27	-0.01	0.29	-0.04	-0.26	-0.05	-0.25	0.39	0.28	0.02	1.00

<표 8-28>은 환노출 계수의 결정요인을 분석한 결과이다. 달러화의 경우 부채비율은 음수의 계수로 추정이 되어 부채비율이 높은 기업이 원/달러 환율이 상

승하면 기업가치가 감소하는 환노출이 확대되는 관계를 보여주고 있다. 재벌소속 기업의 경우 환율이 상승하면 기업가치가 감소하는 환노출이 완화되고 있음을 보여준다. 원/엔의 경우 환노출 계수와 특성변수와의 유의적인 관계가 확인되지 않고 있다. 실질실효환율 환노출의 경우 부채비율이 높은 기업에서 원화의 가치가 하락하면 기업가치가 감소하는 환노출이 확대되는 관계를 보여준다. 재벌소속 기업의 경우 환노출이 완화되는 방향으로 관계가 추정되고 있다. 원/유로 환노출의 경우 환노출 계수와 기업 특성변수 간에 유의적인 관계가 나타나지 않고 있다.

〈표 8-28〉 환노출 결정요인, 글로벌금융위기 후 시대

변수	달러환노출	엔환노출	실질실효환노출	유로환노출
규모	-0.022 (-0.910)	0.047 (0.577)	-0.048 (-0.503)	-0.045 (-0.572)
부채비율	-0.697*** (-4.186)	-0.166 (-0.374)	2.033*** (4.687)	-0.358 (-0.569)
영업이익률	-0.321 (-0.424)	-0.506 (-0.318)	0.486 (0.325)	-0.435 (-0.238)
수출비율	-0.078 (-0.560)	0.516 (1.437)	0.775* (1.686)	0.058 (0.143)
연구개발비비율	4.103 (1.593)	-11.368 (-1.544)	1.367 (0.276)	-3.040 (-0.555)
외환이익비율	1.637 (0.160)	14.706 (0.351)	30.579 (0.849)	-41.451 (-1.434)
순외화부채비율	-0.434 (-0.965)	0.105 (0.072)	-0.816 (-0.663)	-0.538 (-0.398)
파생상품거래비율	-0.069 (-0.491)	0.050 (0.080)	-0.602 (-0.745)	-0.687 (-1.592)
재벌더미	0.179* (1.895)	-0.140 (-0.395)	-1.055** (-2.238)	0.449 (1.383)
산업더미	포함	포함	포함	포함
상수	-0.469*** (-2.840)	-0.790 (-1.494)	0.786* (1.883)	-0.383 (-0.796)
관측치수	210	81	108	82
결정계수	0.326	0.337	0.433	0.469

주가수익률을 사용해 추정한 환노출 계수의 결정요인 분석 결과 특성은 다음과 같다. 한국 기업의 환노출은 기업의 규모와 밀접한 관계가 있다. 그러나 수출의 정도와 큰 관련성은 나타나지 않고 있다. 통화별로 약간의 차이가 있으나 전체적인 맥락에서 큰 차이를 나타낸다고 할 수는 없다. 글로벌금융위기 전 후를 비교할 때 후기에 와서 규모와 환노출 계수와의 관계가 유의적이지 않게 나타나고 있다. 반면, 달러화 환율과 실질실효환율의 경우 재벌소속 기업에서 환노출이 약화되는 방향으로 환노출 계수가 추정되고 있다.

제9장 한국 기업의 경영과 환위험

한국 기업의 국제경영 활동이 확장되면서 기업들은 점점 더 환위험에 노출되게 되었다. 외환위기 이후 변동환율제도가 시행되면서 환율의 변동성이 확대된 것도 한국 기업의 환위험이 심화되는 원인이 되었다.

한국 기업은 전체적으로는 환율이 상승하면서(원화가치가 하락하면서) 기업의 가치가 감소하는 환노출 상태에 있다. 그러나 한국 기업의 환노출에는 과거의 환율변동이 기업가치에 영향을 주는 지연된 환노출, 환율의 변동 방향에 따라 환율변동과 기업가치 간에 관계 정도가 달라지는 비대칭적 환노출 특성도 함께 나타나고 있다. 또한 기업의 환위험은 시장에서의 주가결정에 영향을 주는 가격결정요인으로 작용하고 있다는 증거도 보고되고 있으며, 환노출은 기업의 재무부실비용을 증가시킨다는 연구 결과도 보고되고 있다. 이처럼 한국 기업의 환위험을 연구한 기존의 연구들은 기업들이 환위험에 노출되어 있다는 점을 잘 확인시켜주고 있다.

기업 또한 경영과정에서 나타나는 환위험을 관리하고자 다양한 노력을 하고 있다. 기업이 파생상품거래를 사용해 환노출관리를 하고자 한 사례들은 환노출관리를 위해 기업들이 노력하고 있음을 나타내는 증거라 할 수 있다. 그러나 환노출 특성과 환노출관리 효과를 분석한 기존의 연구들은 기업의 환노출관리 활동이 기업의 환노출을 감소시키는 결과로 이어지지 못했을 수 있음을 추론할 수 있는 증거들을 보고하기도 하였다. 특히, 글로벌금융위기의 시작과 함께 문제가 구체화되기 시작한 KIKO 계약과 관련된 문제는 기업이 단편적인 노력만으로는 환위험관리를 성공적으로 할 수 없다는 점을 보여주었다.

기업의 환위험관리 활동이 성공하기 위해서는 자신의 환노출을 정확하게 파악할 수 있어야 한다. 금융시장을 이용해 헤지를 하고자 하는 경우는 미래에 급격한 환율변동이 발생하는 경우 환율변동이 있기 전의 환율변동과 기업가치 변화 간의 관계가 유지될 수 있는가에 대한 판단도 필요하다. 환위험관리가 기대 수익을 극대화하고자 하는 것이 아니라 환율변동으로 야기될 수 있는 기업가치의 변동성을 최소화하고자 하는 것이라는 환위험관리에 대한 경영자의 정확한 목표 인식도 중요하다.

기업이 환위험관리를 위해 나름의 노력을 기울여 왔으나 그 효과가 만족스럽지 못했을 수 있다는 기존의 연구 결과는 기업의 환위험관리 활동에 개선의 여지가 있음을 시사하는 것이다. 기업이 환위험관리를 하기 위해서는 비용이 필요하다. 환위험관리로 인한 이득이 환위험관리를 위한 비용보다 많을 때 환위험관리 활동은 정당화될 수 있다. 그러나 비용은 확실한 것이지만 이득의 많은 부분은 추정에 의존할 수밖에 없기 때문에 환위험관리에 대한 결정은 쉽지 않은 결정이다.

기업의 입장에서 볼 때 환위험이 기업이 감당할 수 있는 정도의 위험이라면 환위험을 관리하지 않고 그대로 두는 것도 환위험에 대처하는 한 방법이 될 수 있다. 환위험의 경우 환율의 변동 방향에 따라 기업에게 손실을 줄 수도 있고 이득을 줄 수도 있다. 환율변동이 예측 가능하지 않은 상황이라면 환율변동으로 기업이 손실을 보거나 이득을 얻게 될 가능성은 사전적으로는 동일하다고 할 수 있다. 결국 환위험관리의 필요성 여부는 기업이 불리한 환율변동으로부터 입게 될 손실을 감당할 수 있는 능력을 기준으로 판단하여야 할 문제라 할 수 있다. 비용을 지불하면서 환노출을 완전히 제거하는 것이 항상 효율적인 환위험관리 방안이라고 할 수는 없을 것이다.

기업에게 환위험은 불쑥 찾아온 까칠한 불청객과 같은 것이다. 적절하게 대접해 돌려 보내야 하는 손님이다. 과도하게 대접을 할 필요는 없지만 그렇다고 홀대를 해서 화를 자초해서도 안되는 존재이다. 환위험의 관리는 지금의 이해보다는 미래의 상황에 대비한다는 관점에서의 접근이 필요하다. 환율이 유리하게 변해 예상하지 못한 이익이 생겼다고 잔치를 하는 것은 금물이다. 그 이득은 언젠가는 손실이 되어 다시 기업의 문을 두드릴 것이기 때문이다.

경영자가 환위험관리에 관한 의사결정을 하기 위해서는 환위험의 특성을 이해하고 기업경영과의 관계를 이해할 필요가 있다. 이 저술은 기업 경영자가 환위험관리에 필요한 의사결정을 하는데 활용할 수 있는 참고 자료가 될 수 있을 것이다.

참고문헌

강 원(2009), 현금흐름의 단기 환노출과 결정요인에 관한 연구, 재무관리연구, 제26권 제3호, 107-131.

고석관·소종일(2012), 통화파생상품을 이용한 환위험헤지가 기업가치 및 환노출에 미치는 영향, 재무관리연구, 제29권 제3호, 23-54.

고정섭(1982), 외화환산의 회계기준에 관한 소고, 경상논총, 서강대학교, 21-45.

곽승영(1988), 환율변동의 수출입가격에의 전가도와 시사점, 한국경제연구원.

곽태운·정창영·신성휘·최세형(2003), 환노출관리전략에 대한 연구: 한국의 수출기업을 중심으로, 국제통상연구, 제8권 제2호, 135-153.

구본일(2000), 한국 주식시장에서의 주가변동성의 비대칭성에 관한 연구, 재무연구, 제13권 제1호, 129-159.

권택호(1998), 환노출의 통화별 차이와 비대칭성, 무역학회지, 제23권 제2호, 23-34.

권택호(1999), 환노출과 재무부실비용의 관계에 관한 실증분석 -한국의 상장 제조기업을 대상으로, 국제경영연구, 제10권 제1호, 177-197.

권택호(1999a), KOSPI 200 포함 기업과 비포함기업의 환노출 특성-제조기업을 중심으로-, 경영학연구, 제27권 제5호, 1311-1329.

권택호(1999b), 환노출과 재무부실비용의 관계에 대한 실증분석 -한국의 상장 제조기업을 대상으로-, 국제경영연구, 제10권 제1호, 177-196.

권택호(2001), 환율 변동에 따른 주요 수출품의 마크업 조정 특성 : 외환위기 기간을 대상으로, 경영학연구, 제30권 제2호, 369-386.

권택호(2006a), 지연된 환노출의 특성과 환노출의 결정요인, 경영학연구, 제35권 제3호, 735-756.

권택호(2006b), 환위험 분석에서의 환노출과 최대 환손실, 금융공학연구, 제5권 제2호, 45-62.

권택호(2007), 환노출의 비대칭성과 외화표시 부채, 국제경영연구, 제18권 제1호, 87-110.

권택호(2009), 기업집단내 내부거래와 환노출관리, 국제경영연구, 제20권 제4호, 79-103.

권택호(2013a), 외화부채의 사용이 기업가치에 미치는 영향, 국제경영연구, 제24권, 제3호, 51-72.

권택호(2013b), 코스닥시장기업의 통화파생상품거래와 환노출관리, 선물연구, 제21권 제2호, 223-254.

권택호(2014), 한국 기업의 환노출관리에 관한 문헌연구, 경영학연구, 제 43권 제6호, 2011-2037.

권택호·박래수·배성철(2011), 한국 제조기업의 환노출과 파생상품을 이용한 헤지, 한국증권학회지, 제40권 제5호, 829-861.

권택호·박종원(1999), 한국 주식시장에서의 환위험 프리미엄과 기업특성, 재무관리연구, 제16권 제1호, 245-260.

권택호·장 욱·정성창(2010), 통화파생상품거래와 한국 기업의 환노출관리, 재무관리연구, 제27권 제4호, 61-88.

권택호·정성창(2010), 기업의 선물환거래와 통화선물거래가 비대칭적 환노출에 미치는 영향, 국제경영리뷰, 제14권 제3호, 93-117.

권택호·주경원(2002), 환율변동에 따른 한국 주요 수출품의 마크업조정 결정요인, 국제경영연구, 제13권 제1호, 67-90.

권택호·주경원(2004), 여수산업단지 기업들의 환위험특성과 관리방안에 관한 연구, 국제경영연구, 제15권 제4호, 31-61.

권택호·주경원(2011), 한국 기업의 예측환노출과 관찰환노출의 차이 분석, 국제경영연구, 제22권 제3호, 39-70.

권택호·황희곤(1999a), 한국 수출산업의 환율변동에 따른 마크업 조정 특성 분석, 무역학회지 24권 2호, 141-161.

권택호·황희곤(1999b), 한국 제조기업의 환노출 특성 분석, 국제경영연구, 제9권 제2호, 35-63.

김기흥·곽노성(1995), 환율변동의 수입가격전가에 관한 연구, 국제경제연구, 제1권 제1호, 165-188.

김순성(2011), 해외진입시장의 지역특성과 제품차별화전략의 상호작용이 환노출에 미치는 영향, 국제경영연구, 제22권 제2호, 1-37.

김우찬·성태윤(2004), 기업의 환위험관리 결정요인에 관한 연구, 한국개발연구원.

김정교·반혜정(2002), 파생상품 사용의 결정요인, 경영학연구, 제31권 제5호, 1335-1365.

남기석·서홍매(2011), 환리스크와 기업가치, 한일경상논집, 제53권, 139-166.

라기례·김정교·서지성(2009), 파생상품이 기업위험에 미치는 영향 : 통화파생상품을 중심으로, 국제회계연구, 제27집, 247-268.

민상기(1982), 換危險管理와 스퀘어·포지션 定義에 관한 硏究, 경영논집, 제16권 제2호, 99-121.

민상기(1983), 換危險 定義의 理論的 考察, 경영논집, 제17권 제4호, 60-81.

민상기(1988), 韓國企業의 換危險管理, 서울대학교 경영연구소, 경영사례연구, 제22권 제2호, 1735-1753.

민상기, 국제재무관리, 한국방송통신대학교, 1988.

민상기·김태중(2011), 제조기업의 파생상품 거래와 헤징, 자금 조달 그리고 투자 의사결정, 국제경영리뷰, 제15권 제3호, 153-174.

박세운·김희호·방두완(2009), 네팅과 헤지가 우리나라 수출기업의 환위험 노출계수에 미치는 효과, 국제경영연구, 제20권 제4호, 1-28.

박재곤·이필상(2009), 주가와 환율의 위험-수익 관계에 대한 연구, 재무관리연구, 제26권 제3호, 199-226.

박정식·박종원, 현대투자론, 다산출판사, 2010.

박한순(2002), 물가변동회계와 외화환산회계, 회계저널, 제11권 제1호, 1-25.

반혜정(2003), 통화파생상품 사용이 기업위험에 미치는 영향, 대한경영학회지, 제16권 7호, 2441-2461.

반혜정·김정교(2004), 파생상품을 이용한 헷징 수요의 결정요인, 경영학연구, 제33권 제1호, 25-49.

반혜정·김석수(2006), 한국 기업 헷징전략의 상호작용효과 -통화파생상품과 국제사업활동의 구조를 중심으로-, 무역학회지, 제31권 제3호, 5-28.

배청홍·심기석(1999), 외화환산 회계에 관한 연구, 산업경제연구, 제12권 제3호, 71-87.

변애련·박경인·조진완(2006), 외환위기 전,후 한국 기업의 환노출 비교 분석, 국제경영연구, 제17권 제3호, 1-22.

변애련·조진완(2012), Foreign Ownership and Exchange Rate Risks: Evidence from Korean Stock Returns, 경영학연구, 제41권 제5호, 1103-1134.

송민규·조성빈(2011), 한국 기업들의 환노출 변화와 주요 특징, 한국경제의 분석, 제17권 제2호, 69-116.

송홍선·한상범(2010), 환헤지가 기업가치를 높이는가? 환변동보험의 기업가치 효과, 재무관리연구, 제27권 제2호, 63-84.

신범철·최국현(2011), 비대칭적 환위험노출과 결정요인 분석, 대한경영학회지, 제24권 제5호, 3057-3077.

신범철(2012), 환노출 위험의 추정과 기업별 및 산업별 특성 분석, 생산성논집, 제26권 제2호, 301-324.

신봉호·곽태운·안철원(1997), 환율변동의 가격전가도 결정요인에 관한 연구, 무역학회지, 제22권 제3호, 1-16.

원종근·이성돈(1988), 한국 기업의 환위험관리, 무역학회지, 제13권, 175-220.

유승훈·홍혜정(2008), 기업규모와 수출비중이 주가수익률과 환율변동율 사이의 관계에 미치는 영향, 국제경영리뷰, 제12권 제1호, 75-92.

유승훈·홍혜정(2009), 한국 기업의 환노출에 관한 실증분석, 산업경제연구 제22권 제4호, 1659-1682.

유일성(2000), 한국주식시장에서 환율위험노출과 환율위험 프리미엄 측정, 재무관리연구, 제17권 제2호, 229-256.

유일성(2002), 한국주식시장에서 조건부 환위험프리미엄, 재무관리연구, 제19권 제1호, 107-131.

윤승준(2009), 해외사업장 외화표시 재무제표의 환산방법에 관한 기업회계기준의 적용실태 분석, 회계정보연구, 제27권 제4호, 91-115.

윤창현(1998), 선물 및 옵션을 이용한 환위험 관리기법에 관한 연구 : 기업의 선택권과 금융옵션의 관계를 중심으로, 무역학회지, 제23권 제2호, 35-53.

윤창현(2003), 파생금융상품을 이용한 효율적 환위험 관리기법에 관한 연구 - 쿼터제도하에서 수입권의 실질옵션가치를 중심으로 -, 무역학회지, 제28권 제1호, 97-116.

이상제·김영도(2009), 키코 파생상품의 이해, 한국금융연구원.

이재득(2003), 국제거래 기업의 외환위험 노출과 헷징을 위한 파생상품 결정요인, 국제경영연구, 제14권 제3호, 25-49.

이현석(1999), 우리나라 기업 및 산업의 환노출과 특성변수와의 관계분석, 재무관리연구, 제16권 제2호, 383-404.

이현석(2003), 개별 기업의 환노출과 비대칭성에 관한 연구, 재무관리연구, 제20권 제1호, 305-329.

이현석(2004), 개별 기업의 환노출과 결정요인에 관한 연구, 재무관리연구, 제21권 제2호, 65-98.

이호진·박세운(2009), 한국 기업의 환노출 측정과 그 결정요인, 산업경제연구, 제22권 제4호, 1761-1781.

이환호(1996), 원화환율의 산업별 수출가격에의 전가율 추정, 경제학연구, 제43집 제4호, 121-149.

장봉규(1996), 환율변화가 수출가격에 미치는 영향, 경제학논집, 제5권 제1호, 351-372.

장봉규(2000), 수출가격에 미치는 환율의 비대칭적 효과, 국제경제연구, 제6권 제2호, 81-101.

전상원·강신애(2012), 외환파생상품사용이 기업가치에 미치는 영향, 한국콘텐츠학회논문지, 제12권 제3호, 285-294.

정성창·권택호(2007), 기업의 통화파생상품거래, 환노출을 감소시키는가?, 국제경영연구, 제18권 제4호, 37-64.

정영우·정현철(2012), 국내기업의 환위험노출과 외국인 투자비중, 경영학연구, 제41권 제6호, 1285-1307.

정찬우(2003), 우리나라 기업의 환노출 분석, 금융조사보고서, 제2003권 제5호, 1-90.

정창영(1999), Foreign Exchange Exposure of Korean Manufacturing Firms, 국제경영연구, 제10권 제1호, 87-105.

정창영(2001), 한국자동차회사들의 환노출관리에 관한 실증분석, 국제경영연구, 제12권 제1호, 113-136.

조대우(1985), 한국 기업의 환위험관리총괄모델설정에 관한 연구, 충남대 경영논집, 제1권, 291-345.

조대우, 외환관리론, 충남대학교 경영경제연구소, 1989.

조대우·황희곤·권택호(1997), 한국 제조기업의 환율 변동에 따른 회계적 환손익의 특성, 충남대 경영논집, 제13권 제1호, 1-23.

지성표(2000), 기업회계기준 변화에 따른 한국 기업의 환산환손익의 문제점과 대책에 관한 연구, 무역학회지, 제25권 제4호, 415-451.

최종윤(1995), 외화표시 재무제표 환산기준의 문제점과 개선방안, 회계저널, 제3권 제1호, 241-260.

한국은행(1991), 환율변동이 수출가격 및 생산에 미치는 영향.

한국은행, 기업경영분석.

Adler, M. and B. Dumas(1984), "Exposure to Currency Risk: Definition and Measurement", *Finantional Management* 13, 41-50.

Allayannis, G. and J. Ihrig, (2001), "Exposure and Markups", *Review of Financial Studies*, 14(3), 805-835.

Allayannis, G. and E. Ofek(2001), "Exchange Rate Exposure, Hedging, and the Use of Foreign Currency Derivatives", *Journal of International Money and Finance* 20, 273-296.

International Monetary Fund(2013), Annual Report on Exchange Arrangements and Exchange Restrictions.

Bae, Sung C., Taek Ho Kwon, and Jong Wom Park(2004), "Futures Trading, Spot Market Volatility, and Market Efficiency: The Case of the Korean Index Futures Markets", *Journal of Futures Markets*, 24(12), 1195-1228.

Bae, Sung C., Taek Ho Kwon and Jang Woo Lee(2008), "Corporate Diversification, Relatedness, and Firm Value", *Asia-Pacific Journal of Financial Studies*, 37(6), 1025-1064.

Bae, Sung C., Taek Ho Kwon and Jong Won Park(2009), "Derivatives Trading, Volatility Spillover, and Regulation: Evidence from the Korean Securities Markets", *Journal of Futures Markets*, 29(6), 563-597.

Bae, Sung C., Taek Ho Kwon and Jang Woo Lee(2011), "Does Corporate Diversification by Business Groups Create Value? Evidence from Korean Chaebols", *Pacific-Basin Financial Journal* 19, 535-553.

Baldwin, R.(1988), "Hysteresis in Import Price: The Beachhead Effect", *The American Economic Review*, 8(4) September, 773-285.

Baldwin, R. and P. Krugman(1989), "Persistent Trade Effects of Large Exchange Rate Shocks", *The Quarterly Journal of Economics*, 104(4), 635-654.

Bartov, Eli and G. M. Bodnar(1994), "Firm Valuation, Earnings Expectations, and the Exchange-Rate Exposure Effect", *Journal of Finance*, 44(5), 1755-1785.

Bartram, S and G. Bodnar(2007), "The Foreign Exchange Exposure Puzzle", *Managerial Finance* 33, 642-666.

Bartram, S. M., G. M. Brown and J. Conrad(2009), "The Effect of Derivatives on Firm Risk and Value", Lancaster University and University of North Carolina at Chapel Hill, *Working Paper*.

Bartram, S. M., G. M. Brown and B. A. Minton(2010), "Resolving the Exposure Puzzle: The Many Facets of Exchange Rate Exposure," *Journal of Financial Economics* 95, 148-173.

Black, F.(1976), "Studies of Stock Market Volatility Changes", *Proceedings of the American Statistical Association, Business and Economic Section*, 177-181.

Bodnar, G. M., B. Dumas and R. C. Marston(2002), "pass through and Exposure", *The Journal of Finance*, 57(1), 199-231.

Bodnar, G. M. and M. H. Wong(2003), "Estimating Exchange Rate Exposure: Issues in Model Structure", *Financial Management* 32, 35-67.

Branson, W. H.(1972), "The Trade Effects of the 1971 Currency Realignments", Brookings Papers on Economic Activity, 1:1972. 15-58.

Campa, J. M. and L. S. Goldberg(1999), "Investment, pass through, and Exchange Rates: A Cross-Country Comparison", *International Economic Review*, 40(2), 287-314.

Choi, S.(2012), "Exchange Risk Exposure of Korean SMEs: Issues in Firm Location, Exchange Rate Type, and Exchange Rate Changes Size", *Procedia - Social and Behavioral Sciences*, 65(3), 860–866.

Choi, J. J. and M. Rajan(1997), "A Joint Test of Market Segmentation and Exchange Risk Factor in International Capital Markets", *Journal of International Business Studies*, 28(1), 29-49.

Chow, E., W. Lee and M. Solt(1997a), " The Economics Exposure Evidence on Japanese Firms", *Pacific-Basin Finance Journal* 6, 153-174.

Chow, E., W. Lee and M. Solt(1997b), "The Exchange-Rate Risk Exposure of US Multinational Firms, *The Journal of Business* 70, 105-123.

Chow, Edward H. and Hung-Ling Chen(1998), "The Determinants of Foreign Exchange Rate Exposure: Evidence on Japanese Firms", *Pacific-Basin Finance Journal* 6, 153-174.

Claus, J. and J. Thomas(2001), "Equity Premia as law as Three Percent? Evidence from Analysts' Earning Forecasts for Doamstic and International Stock Markets", *Journal of Finance* 56, 1629-1666.

DeMarzo, P. M. and D. Duffie(1995), "Corporate Incentives for Hedging and Hedge Accounting", *The Review of Financial Studies*, 8(3), 1986-1998.

Dixit, A.(1989), "Hysteresis, Import Penetration, and Exchange Rate pass through", *The Quartely Journal of Economics*, 104(2 May), 205-228.

Easton, P. D.(2004), "PE Ratios, PEG Ratios, abd Estimating the Implied Expected rate of Return on Equity Capital", *The Accounting Review* 79, 73-95.

Eiteman, David and Arthur Stonehill, "*Multinational Business Finance*", 3rd Ed., Addison Wesley, 1982.

Elliott, W., S. Huffman and S. Makar(2003), "Foreign Denominated Debt and Foreign Currency Derivatives: Complement or Substitutes in Hedging Foreign Currency Risk?", *Journal of Multinational Financial Management* 13, 123-139.

Fama, E. F.(May 1970), "Efficient Capital Market: A Review of theory and Empirical Work", *Journal of Finance* 25, 383-417.

Fang, H. and J. C. H. Loo(1996), "Foreign Exchange Risk and Common Stock Returns: A Note on International Evidence", *Journal of Business Finance & Accounting*, 23(3), 473-480.

Fok, R. C., C. Carroll and M. C. Chiou(1997), "Determinants of Corporate Hedging and Derivatives: A Revisit", *Journal of Economics and Business* 49(6), 569-585.

Froot, K. A. and P. D. Klemperer(1989), "Exchange Rate pass through When Market Share Matters", *The American Economic Review* 79(4), September, 637-654.

Froot, K. A., D. S. Scharfstein and J. Stein(1993), "Risk Management: Coordinating Corporate Investment and Financing Policies", *Journal of Finance* 48, 1629-1658.

Gagnon, J. E. and M. M. Knetter(1995), "Markup Adjust and Exchange Rate Fluctuations: Evidence from Panel Data on Automobile Exports", *Journal of International Money and Finance*, 14(2), 289-310.

Gebhardt, W., C. Lee and B. Swaminathan(2001), "Towards an Implied cost of capital", *Journal of Accounting Research* 39, 135-176.

Geczy, C. Minton, B. and Schrand, C.(1997), "Why Firms Use Currency Derivatives?", *Journal of Finance* 52, 1324-1354.

Giddy, Ian H.(1977), "What is FAS No. 8's Effect on Market's Valuation of Corporate Stock Prices", *Business International Money Report*, May, 165.

Giovannini, A.(1988), "Exchange Rates and Traded Goods Prices" *Journal of International Economics* 24, 45-68.

Greene, William H., "*Econometric Analysis*", 4th edition, Prentice-Hall, 2000.

Hansen, L. and S. Richard(1987), "The Role of Conditioning Information in Deducing Testable Restrictions Implied by Dynamic Asset Pricing Models", *Econometrica* 55, 585-613.

Harris, L.(1989), "S&P 500 Cash Stock Price Volatilities," *Journal of Finance* 44, 1155-1175.

He, Jai and Lilian K. Ng(1998), "The Foreign Exchange Exposure of Japanese Multinational Corporations", *Journal of Finance* 53, 733-753.

Iorio, D.I. and R. Faff(2000), "An Analysis of Asymmetry in Foreign Currency Exposure of the Australian Equities Market", *Journal of Multinational Financial Management* 10, 133-159.

Jacque, Laurent L., "*Management of Foreign Exchange Risk*", Lexington Books, 1979.

Jorion, P.(1990), "The Exchange Rate Exposure of U.S. Multinationals", *Journal of Business* 63, 331-345.

Jorion, P.(1991), "The Pricing of Exchange Rate Risk in the Stock Market", *Journal of Financial Quantitative Analysis* 26, 363-376.

Kasa, K.(1992), "Adjustment Costs and Pricing-To-Market Theory and Evidence", *Journal of International Economics* 32, 1-30.

Kedia, S. and A. Mozumdar(2003), "Foreign Currency Denominated Debt: An Empirical Examination", *Journal of Business* 76, 521-546.

Keloharju, Matti and Mervi Niskanen(2001), "Why Do Firms Raise Foreign Currency Denominated Debt? Evidence from Finland", *European Financial Management*, 7(4), 481-496.

Knetter, M. M.(1989), "Price Discrimination by U.S and German Exporters", *The American Economic Review*, 79(1 March), 198-210.

Knetter, M. M.(1993), "International Comparisons of Pricing-to-Market Behavior", *The American Economic Review*, 83(3 June), 473-486.

Knetter, M. M.(1994), "Is Export Price Adjustment Asymmetric? Evaluating The Market Share and marketing Bottlenecks Hypotheses", *Journal of International Money and Finance* 13, 55-70.

Knetter, M. M.(1995), "Pricing to Market in Response to Unobservable and Observable Shocks", *International Economic Journal*, 9(2), 1-26.

Koutmos, G. and A. D. Martin(2003), "Asymmetry Exchange Rate Exposure: Theory and Evidence", *Journal of International Money and Finance* 22, 365-383.

Krugman, Paul R.(1987), "Pricing to Markets When the Exchange Rates Changes'" in J. David Richardson and Sven Arndt(eds.), *Real-Financial Linkages among Open Economics, The MIT Press*, Cambidge.

Kwon, Taek Ho, Sung C. Bae and Jay M. Chung(2005), "Do Foreign Investors Price Foreign Exchange Risk Differently?", *Journal of Financial Research*, 28(4), 555-573.

Le Cacheux, J. and L. Reichlin(1992), "Exchange Rate and Import Prices: Evidence of Pricing to Market in European Car Market", in *International Trade Modelling*(M. G. Dagenais and P. A. Mute, eds), Londen Chapman & Hall.

Marston, R. C.(1990), "Pricing to Market in Japanese Manufacturing", *Journal of International Economics* 29, 217-236.

Martin, Anna D. and Laurence J. Mauer(2004), "A Note on Common Methods Used to Estimate Foreign Exchange Exposure", *Journal of International Financial Markets, Institutions and Money*, 15(2), 125-140.

Mayers, D. and C. W. Smith, Jr(1982), "On the Corporate Demand for Insurance," *Journal of Business* 55, 281-296.

McRae, T. W. and D. P. Walker, "*Foreign Exchange Management*", Prentice-Hall, 1980.

Miller, K. D. and J. J. Reuer(1998), "Asymmetric Corporate Exposures to Foreign Exchange Rate Changes", *Strategic Management Journal* 19, 1183-1191.

Muller, Aline and Willem F. C. Verschoor(2006), "Asymmetric Foreign Exchange Risk Exposure: Evidence from U.S. Multinational Firms", *Journal of Empirical Finance* 13, 495-518.

Nance, D. R., C. W. Smith Jr. and C. W. Smithson(1993), "On the Determinants of Corporate Hedging", *The Journal of Finance*, 48(1), 267-284.

Nguyen, H. and R. W. Faff(2006), "Foreign Debt and Financial Hedging: Evidence from Australia", *International Review of Economics and Finance* 15, 184-201.

Ohno, K.(1989), "Export Pricing Behavior of Manufacturing ; A U.S. - Japan Comparison" *IMF Staff paper,* 36(3), September, 550-579.

Prindle, Andress R., "*Foreign Exchange Risk*", John Wiley & Sons Ltd., 1976.

Ross, S.(1976), "The Arbitrage Theory of Capital Asset Pricing", *Journal of Economic Theory*, 13(3), 341-360.

Scholes, Myron and Joseph Williams(1977), "Estimating Betas from Nonsynchronous Data", *Journal of Financial Economics* 5, 309-327.

Shapiro, Alan C.(1975), "Exchange Rate Changes, Inflation, and the Value of the Multinational Corporation", *Journal of Finance*, 30(2), 485-502.

Shapiro, Alan C.(1977), "Defining Exchange Risk", *Journal of Business*, 50(1 January), 37-39.

Smith, C. W. and R. Stulz(1985), "The Determinants of Firms' Hedging Policies", *Journal of Financial Quantitative Analysis* 20, 391-405.

Ware, R. and R. Winter(1988), "Forward Markets, Currency Options and Hedging of Foreign Exchange Risk", *Journal of International Economics*, 25(3/4), 291-302.

White, Halbert(1980), "A Heteroskedasticity-Consistent Covariance Matrix Estimator and Direct Test for Heteroskedasticity", *Econometrica* 48, 817-838.

Williamson, Rohan(2001), "Exchange Rate Exposure and Competition: Evidence from the Automotive Industry", *Journal of Financial Economics* 59, 441-475.

찾아보기

(ㅇ)

(ㅈ)

(ㅊ)

(ㅌ)

(ㅍ)

(ㅎ)

(기타)

● **한국 제조기업의 환위험관리**

초　판 1쇄 인쇄 —— 2016년　2월　5일
초　판 1쇄 발행 —— 2016년　2월 10일
지은이 —— 권 택 호
펴낸이 —— 전 두 표
펴낸곳 —— 도서출판 **두남**
서울시 강동구 성내로6길 34-16 두남빌딩
신 고 : 제25100-1988-9호
TEL : 02) 478-2065, 2066, 2067, 2311
FAX : 02) 478-2068
E-mail : dunam1@unitel.co.kr
http://www.dunam.co.kr
● **정가 22,000원**

ISBN 978-89-6414-655-2　93320